开拓管理之路

浙江省送变电工程有限公司　编

ZHEJIANG UNIVERSITY PRESS
浙江大学出版社
·杭州·

序

习近平总书记强调："党对国有企业的行动是政治领导、思想领导、组织领导的有机统一。"①创新发展有中国特色的企业管理制度，是国有企业做优做强的重要保证，是提高核心竞争力的根本途径。

近年来，浙江省送变电工程有限公司坚决贯彻国家电网有限公司和国网浙江省电力有限公司决策部署，紧抓"双百改革"的先行优势，创新求变、谋篇布局，积极应对市场环境、技术环境、社会环境等带来的各项挑战，在新型电力系统省级示范区建设新征程中彰显"浙送力量"，为浙江省共同富裕示范区建设"充电赋能"。

在改革发展极具挑战的新形势下，公司每一步的成长和发展都离不开全体员工的共同努力。公司政研工作紧密围绕"一业为主，双轮驱动，全要素发力"的发展思路，开展了大量卓有成效的课题研究工作，在党的建设、深化管理、作风建设、改革发展方面均取得了显著成效，为企业发展提供了坚实的科学理论支持和思想政治保障。

本书收录的管理创新课题和政研论文是2020—2021年公司各相关单位课题组成员，以及编委会和编审组智慧的结晶，调研深入、分析透彻、建议实在，其中不乏真知灼见，既是一次调查研究成果的展示，也是一部做好公司各项管理工作的参考文献。希望公司各部门、各单位借鉴其中的成功经验，围绕"两个第一、两个领先"，创新实践、积极作为，统一思想共识，凝聚发展合力，为"走在前、作示范，打造全国送变电行业先行示范窗口"做出新的更大贡献。

①　坚持党对国有企业的领导不动摇　开创国有企业党的建设新局面 [N]. 人民日报，2016-10-12（01）.

1

目录
Contents

队伍建设

群团工作

企业管理

转型发展

安全
生产

开 拓 管 理 之 路

压紧压实安全责任，提升提高安全意识

冯水良　应维盛　蔡金木

一、课题背景

安全生产，重于泰山。以习近平同志为核心的党中央高度重视安全生产，始终把人民生命安全放在首位。习近平总书记多次对安全生产工作发表重要讲话，做出重要批示，深刻论述安全生产红线、安全发展战略、安全生产责任制等重大理论和实践问题，对安全生产提出了明确要求。安全生产一直以来都是工程施工的重中之重。

目前我国安全生产形势日趋严峻，国家电网有限公司制定了多项规章制度加强对施工现场的安全管控工作，以期达到安全生产的目标。然而安全事故仍时有发生，"11·24"江西丰城电厂冷却塔倒塌事故、"7·3"辽宁送变电工程公司劳务分包人员死亡事件，都对人民生命财产安全造成了重大损失。如何真正把安全生产工作落实到位，有效提高施工生产安全，也是我公司目前亟待解决的难题。

国家电网有限公司有关安全生产工作的规章制度日益完善，但各项规章制度存在贯彻执行难度较大、现场实施成效达不到预期效果的问题，这又会导致制定新的规章制度来监督落实上一个制度的贯彻执行的情况发生，以至于管理工作投入过大，基层减负政策成为空谈。因此，落实安全责任、提高现场人员安全意识、促进各项安全规章制度的落实执行显得格外重要。

二、现状分析

公司专业分包队伍、劳务分包队伍施工人员素质普遍不高，安全意识相对淡薄，对公司各项安全规章制度的实施仍然存在抵触情绪，执行过程中敷衍了事的现象较为普遍。这便导致公司在安全生产管理上投入的人力物力很多，但规章制度的执行率不足，取得的管理成效不明显等问题，给公司的安全生产工作带来较大的压力。

三、主要措施

（一）压紧压实安全责任

1.宣贯培训，落实安全责任

加强公司各级安全责任的宣贯培训工作，完善各级安全责任书签订事宜，将安全责任层层分解、落实到人。贯彻"安全第一，预防为主，综合治理"的方针，树立科学全面的"大安全"观，实行全面、全员、全过程、全方位的安全管理，建立一级抓一级，一级对一级负责的安全责任制。

2.严格考核，规范问责制度

坚持"谁主管、谁负责"，"管业务必须管安全的原则"，严格考核各机构和各岗位人员安全责任执行及履责记录，规范执行问责制度，逐步做到各司其职、各负其责、密切配合，落实各项安全生产措施，以确保工程施工安全。

（二）提升提高安全意识

1.加强审核，抓好人员进口关

分包单位施工人员进场前加强审核工作，认真执行安全教育培训工作，规范安全工作规程上级考试制度，核实施工人员特殊作业证件的有效性，及时制作"一人一卡"，确保施工人员作业资格、身体条件、安全知识等符合施工要求，为后续工程施工安全管理工作打好基础。

2.注重创新，教育培训多样化

在对施工人员进行安全教育培训及国网安全事故（事件）分析学习时，采用多样化的教育培训方式，提高安全教育培训的效果。注重理论学习，确保安全应知应会内容的掌握和理解；将典型安全事故制作成动画视频观看，加强警示教育效果；对习惯性违章行为进行现场模拟，讲解施工安全注意要点；对应急处置及应急救援进行桌面推演，明确应急处理方法和程序强化应急处置能力。将多样化的教育培训结合起来，加深印象、增强培训效果，提高施工人员安全责任意识。

3.转变思想，充分调动能动性

通过各级安全责任的层层落实、各项安全规章制度的宣贯实施，以及安全教育培训的不断引导，提高现场施工人员的安全责任意识，调动各级人员安全生产能动性，逐步完成从规章制度要我们安全生产，到为了安全施工生产我们要执行规章制度的转变。依托施工人员安全施工生产的主观能动性，弱化各项安全规章制度落实实施的阻力，提高安全管理工作成效。

四、实施效果

落实各机构、各岗位人员安全责任，做到各司其职、各负其责、密切配合，确保安全生产各项措施执行的广度和深度，确保施工安全；提高现场施工人员的安全责任意识和主观能动性，逐步消除安全规章制度执行的阻力，确保各项规章制度切实落到实处、执行到位，提高安全管理工作效率，改善安全施工生产环境，以人员素质为出发点，逐步消除人的不安全行为、物的不安全状态和环境的不安全因素对安全生产带来的隐患，切实保障施工安全生产工作。

以提升本质安全为目标的"一标双控"安全管理实践

王　劼　陈　良　杜光跃

一、课题背景

（一）面临的安全形势

1.党中央对安全生产的要求越来越高，依法治安更趋严格

过去一年，习近平总书记多次强调"人民至上、生命至上"[①]，"坚持以人民安全为宗旨"[②]，亲自批准部署全国安全生产专项整治三年行动，要求针对安全生产事故的主要特点和突出问题，狠抓整改落实，从根本上消除事故隐患。全国人民代表大会常务委员会第二十九次会议于2021年6月10日通过了《全国人民代表大会常务委员会关于修改〈中华人民共和国安全生产法〉的决定》，进一步强调了企业主体责任落实、加大了安全生产违法行为处罚力度，明确了双重预防机制有关要求，这些都将产生深远影响。近几年国家能源局对公司多个项目开展电力安全执法检查，重点检查习近平总书记安全生产重要论述、国家安全法律法规、国家能源局相关文件精神在公司的宣贯落实情况，查验在基层单位的执行情况。这都体现了国家对企业安全生产的要求越来越高，尤其对安全履责要求越来越严。

[①]　中国共产党第十九届中央委员会第七次全体会议公报 [EB/OL]. (2022-10-12)[2022-10-15]. http://www.gov.cn/xinwen/2022-10/12/content_5717943.htm.

[②]　坚持系统思维构建大安全格局 为建设社会主义现代化国家提供坚强保障[N]. 人民日报，2020-12-13（01）.

2.国网系统内安全形势依然严峻，要求也越来越高

自 2017 年以来，国家电网公司先后出台了"十二项配套措施""四个管住""最小作业单元""e 安全"等一系列办法和措施，推动现场安全管理变革，下大力气夯实安全管理基础，解决安全突出问题，彰显了国家电网有限公司、国网浙江省电力有限公司对安全工作的极度重视。但近年来国网系统内事故仍然频发，给我们敲响了警钟，提醒我们要居安思危、临事而惧，坚持"严"字当头、"真"字当头、"实"字当头，把安全责任压紧压实，全力保障施工生产安全。

3.公司面临的安全压力越来越大，依然存在薄弱环节

2020 年，公司安全生产形势稳中有忧、稳中有险。从 2020 年各级现场安全督查情况来看，2 个施工现场被国家电网有限公司停工，4 个施工现场被公司停工，反映出公司安全生产还有不少薄弱环节。主要表现在：一是部分人员对安全生产的复杂性、长期性、艰巨性认识不够，抓安全存在时紧时松、抓而不实、抓而不严等问题，安全责任压力层层衰减。二是输变电工程建设的高标准、严要求与现有从业人员能力素质不足间的矛盾突出。部分作业班组骨干人员技能水平不高，在现场未能真正尽职履责，未起到应有的作用；对分包队伍的"四统一"管理不到位，核心分包人员流动性过大问题尚未得到根本性遏制。三是部分现场分包人员安全意识较差，恶性违章现象仍然较多。

（二）安全风险管控的基本思路

公司作为隶属于电力系统的施工企业，主要承担浙江省内外重点施工任务及省内部分检修任务，除跨海跨江高塔等个别项目外，绝大部分业务存在相似特征，即劳动力密集、作业点多且分散、相同工序重复多、作业人员的需求素质与实际能力差距大等。根据安全管理的各种理论，结合本公司实际情况，其风控的核心在于"管人"，而管人的前提在于可见。

1.对电力基建工程特点的分析

（1）劳动力密集

因输电走廊日趋狭窄，目前高压输电网络的选址多为山区、滩涂、受限区域（苗木地），大型施工机械难以出入，无法借助国内充沛的机械租赁市场，只能依靠人畜、货运索道等简易手段运输工器具、材料进行施工。能够大量使用机械施工的土建作业并不多，装饰装修、电气安装与调试等必须依靠人力，导致电力工程几乎主要靠人海战术。

（2）作业点多且分散

近几年，电力工程施工任务依然繁重。预计 2021 年施工高峰期仅立塔、架线劳务班组就达到 150 组共计 3000 人，散布在省内外各地市。作业点的分散不仅降低了工效，增加了施工成本，最重要的是稀释了管理力量。

（3）作业人员素质期望与实际能力差距大

电力基建工程均为野外作业，条件较一般基建工程更为艰苦，因此愿意从事该项工作的作业人员基本来自云贵川等经济较为不发达的省。外包公司的劳务工学历低，其技能的积累和学习靠公司内部拜师学艺，没有接受过正规培训。

2.电力基建工程安全管理的难点

特点与难点互为因果、息息相关。劳动力密集使得人员管理成为重点，作业点分散使得管理学中"他人监管"手段受限，相同工序的重复使得作业人员易麻木懈怠，这三个特点使得人员个人素质显得尤为重要，而这恰恰与第三个特点——人员素质低下形成鲜明反差，成为一对主要矛盾。

审视其他领域的历史经验，我们对人员管理的迫切性和必要性就有了新的认识。比如，军队的现代化建设，首重人员素养而次重体系、装备建设；经济建设，尤其是新型经济模式的发展，首重人才培养应用而次重投资。各种行业、领域的管理均反映了一个亘古不变的铁律：人是一切问题的核心所在，而人往往又是最难掌控的。人员规模的增长，带来了一系列问题，且呈爆发式增长趋势。

二、课题研究展的内容及主要做法

（一）设定管控的初步目标

现阶段解决问题的方式应当是可见、敢管。既然电力基建的特点和难点均围绕人而展开，那么控制住可能发生事故并受到伤害的作业人员就是当务之急。在夯实安全保障体系、紧紧依靠一线作业负责人的基础上，有必要引入一套新的系统，将业务流转变为数据流、信息流，使现场情况能在后方清晰可见、完整重现，从而做强安全监督体系，确保对安全生产有所关切的管理人员能够随时调阅现场作业行为。

（二）既定目标实现的初步设想

重点探究构建安全稽查新模式，整合线上和线下资源，采取"线上线下相结合"的方式，构建远程监控和现场稽查双轨并行的管理模式。线上安全稽查管理模式即基于远程视频监控指挥系统成立远程视频监控中心，实行全过程值班模式，制定有针对性的管理流程，利用现场移动监控设备，实现智能化网络监控、远程图像控制、录像存储与回放、实时语音指挥和整改通知等功能，完成"线上"安全稽查工作。线下安全稽查管理模式即成立现场安全稽查组，根据远程视频监控中心数据信息，有计划性地开展线下"四不两直"（即不发通知、不打招呼、不听汇报、不用陪同接待、直奔基层、直插现场）现场稽查，对现场安全标准执行，关键人员到岗到位管理形成有力威慑。

（三）既定目标实现的主要路径

1. "线上"安全稽查管理

"线上"管理中，运用现代安全管理理论，结合视频、互联网＋等技术，建立公司、分公司、现场项目部三级监控中心，利用远程视频监控指挥系统对工程施工现场进行远程监视，对危险性较大的风险作业进行点对点督查，预防事故的发生，确保公司所辖工程安全有序推进，为公司安全生产提供强有力的科技支撑。

（1）系统构成

采用先进互联网＋技术开发远程视频监控指挥系统，系统通过自建的运营监测平台，对接入系统的各类设备实现统一管理与配置；系统采用直接嵌入功能支持接入不同厂商的多种视频设备。该系统按监控场所分为公司监控中心、分公司监控中心、项目部监控中心。

（2）管理模式

公司远程视频监控中心实行全过程值班模式，配置全职工作人员，制定有针对性的管理流程，重点开展三级及以上风险作业远程安全稽查工作，有效落实远程安全稽查职能，同时配合现场安全稽查组对三级及以上风险作业点开展"四不两直"安全督查。

2. "线下"安全质量稽查管理

"线下"管理中，结合"线上"安全稽查管理模式，变革传统线下稽查模式，充分认识其管理特点，科学调配稽查力量，强化稽查组织自身建设，科学地策划稽查计划，定期总结与评估安全稽查工作，最大限度地发挥现场安全稽查的作用。

（1）人员管理

"线下"安全稽查工作是一项技术性、原则性很强的工作，对安全稽查人员的知识面和业务水平有较高的要求，而由于安全稽查工作的主要对象是"人"，决定了稽查人员还需具有良好的沟通技巧。故科学调配稽查力量、精心选配人员是做好安全稽查工作的必要前提。其日常管理模式如下。

①现场安全稽查组根据稽查工作计划，以 2~3 人为一个检查组，设立临时组长，负责制定具体检查行程。

②现场安全稽查组专配交通车辆，采用"四不两直"的形式直接到作业现场。

③现场安全稽查人员严格遵纪守法，执行科学、公正的职业道德和职责要求。

（2）计划管理

现场安全稽查组以计划为工作导向，根据风险作业"一本账"滚动修编周计划，合理化分组开展现场安全稽查工作。

①根据专业部门定期汇总的在管项目安全预控计划（周计划、月计划），提前制订安全稽查计划，独立开展巡视检查。

②响应专项活动、事故教训、季节性天气等特殊事件的要求，及时确定安全稽查的重点、范围，牵头开展随机排查。

（3）报告管理

编制发布工作报告，总结分析上一阶段稽查工作中发现的共性问题和突出问题，结合阶段性的安全工作重点和各项目部的安全管控情况，对下阶段安全稽查的重点进行分析和布置，做到有的放矢。确保现场稽查组的工作内容充实、重点突出，确保稽查工作有针对性、有实效。

①安全稽查组现场检查发现的问题留存照片资料，台账核查发现的问题留存检查痕迹，并在检查过程中根据相关单位和个人的履职情况实施量化考核记录。

②安全稽查组由组长汇总各检查成员的意见，形成统一的"问题整改单"，并与受检项目部共同签证，各自留存。

③安全稽查组根据整改期限要求，组织开展复查。

④定期发布检查通报（月度、季度），并对相关项目和个人实施量化考核排序。

3.违章惩处管理

建立违章惩处机制，严格违章约束惩处，重点采取以下惩处措施。

（1）强化国家电网有限公司违章考核要求的应用

对于符合《国家电网有限公司关于加大安全生产违章惩处力度的通知》（国家电网安监〔2021〕418号）文件中提到的69条严重违章的，Ⅰ至Ⅲ类严重违章分别按六至八级安全事件惩处，对重复发生严重违章的相关单位责任者，自第二次起提升惩处等级，直接按五级安全事件惩处（见表1）。

表1　国家电网有限公司69条严重违章惩处规定

适用范围	违章类别	对应处罚事件等级	处罚金额/元	处罚对象（负有相应责任者）
基建项目、生产项目	Ⅲ类严重违章	八级事件	500～1000	1.违章人员 2.负有责任的工作（作业）票负责人、安全监护人、施工队长、项目部关键管理人员 3.分公司主要负责人
	Ⅱ类严重违章	七级事件	1000～2000	1.违章人员 2.负有责任的工作（作业）票负责人、安全监护人、施工队长、项目部关键管理人员 3.负有责任的分公司管理人员 4.分公司主要负责人
	Ⅰ类严重违章	六级事件	2000～3000	1.违章人员 2.负有责任的工作（作业）票负责人、安全监护人、施工队长、项目部关键管理人员 3.负有责任的分公司管理人员 4.分公司主要负责人 5.负有责任的业务部门专职、主要负责人
	重复发生严重违章	五级事件	3000～5000	1.违章人员 2.负有责任的工作（作业）票负责人、安全监护人、施工队长、项目部关键管理人员 3.负有责任的分公司管理人员 4.分公司主要负责人 5.负有责任的业务部门专职、主要负责人

（2）强化国网浙江省电力有限公司、公司违章考核要求的应用

除了《国家电网有限公司关于加大安全生产违章惩处力度的通知》中提到的69条严重违章以外，其他的违章分别按照以下要求记分：生产项目违章按照《国网浙江省电力有限公司关于进一步加强反违章安全稽查工作的通知》（浙送变电安〔2018〕684号）的要求记分，基建项目违章按照《浙江省送变电工程有限公司输变电工程建设安全责任考核实施规范》（浙送变电安〔2021〕65号）的要求记分，全民员工每记1分扣300元，其他性质用工人员经济处罚减半执行。

（3）强化国网浙江省电力有限公司、公司基建项目季度量化考核结果的应用

严格按照《浙江省送变电工程有限公司输变电工程建设安全责任考核实施规范》要求执行，具体考核结果应用如表2所示。

表2　省公司、公司基建项目季度量化考核结果应用

适用范围	工程量化考核得分率	处罚金额／元	处罚对象
基建项目	70~80分（不含80分）	扣项目部5000	负有责任的项目部、班组关键人员，如项目经理、总工、技术员、安全员、质量员、班组长、骨干人员等
	70分以下（不含70分）	扣项目部10000	

（4）强化停工项目考核

各类基建项目停工严格按照《浙江省送变电工程有限公司输变电工程建设安全责任考核实施规范》要求执行，具体考核要求如表3所示。

表3　停工项目考核要求

适用范围	停工类别	项目部处罚金额元／次	分包单位扣罚金额元／次	处罚对象
基建项目	公司停工	2000	5000	负有责任的项目部、班组关键人员，如项目经理、总工、技术员、安全员、质量员、班组长、骨干人员、违章人员等
	省公司停工	5000	10000	
	国网公司停工	10000	20000	

（5）强化违章人员的记分考核

记满 12 分的违章人员，要停工学习，重新准入，考试合格后方可进场作业；对重复发生严重违章的分包人员，取消准入资格，1 年内禁入公司现场作业，期满自动解除禁入。

（6）强化分包队伍的违章考核

分包队伍的考核按《浙江省送变电工程有限公司输变电工程建设安全责任考核实施规范》要求执行。发生事故（事件）的分包单位按照事故（事件）等级在相应时间内执行禁入政策，不得在公司范围内承揽分包项目。对于一年内考核扣分超过 12 分的分包队伍，考核分扣完即日起当年内禁止其授标资格，并取消下一年度的框架招标资格。

三、课题研究的成果

安全稽查管理新模式将充分发挥视频监控检查和现场"四不两直"检查相结合的作用，进一步提升安全稽查管理水平。远程视频监控中心应用远程监控、大数据等现代科技辅助决策手段，实现工程作业内容和现场安全文明施工的远程实时图像监控管理。现场稽查队伍合理配置专业人员，增强现场稽查力量，以监控中心数据信息为支撑，提高"四不两直"现场安全质量稽查的准度、频度和广度。

（一）"四不两直、全覆盖"稽查管理作业现场

远程视频实时监控系统的开发应用，实现了监控中心管理人员远程多层面参与稽查管理，重点实施远程稽查现场安全质量稽查无法直达的偏远高山区域，通过系统检查各项目部工作任务执行情况和任务完成率，根据视频稽查反馈作业不规范的行为，下发整改通知书，提出整改意见。在人员和车辆有限的情况下，远程视频实时监控系统可有效补充完善现场安全稽查工作。现场安全稽查队伍和远程视频实时监控中心的协同合作，既满足了安全稽查管理"四不两直、全覆盖"要求，也提高了安全管理工作效率，真正解决了"查而不全"的问题。

（二）大幅提升风险作业刚性执行率

远程视频实时监控中心的成立改变了原有风险管控力度不够、报备准确性

不足、刚性执行率较低等状况，全面推进了执行施工安全风险监督管控值班机制，每周汇总各项目三级及以上风险作业计划，形成"一本账"，专人值班开展三级及以上风险精准管控工作，大幅提升现场风险作业刚性执行率。

（三）制止违章，严考核，提升安全敬畏心

自视频监控中心启用以来，安监部按照《现场视频监控系统管理规范（试行）》，按违章性质分别采取处罚、约谈、停工等惩处措施。

经过多次谈话、处罚，现场违章作业得到了一定程度的遏制。

四、课题应用情况及前景

毋庸置疑，在当前电网建设过程中违章作业仍处于多发、频发的状态，安全稽查工作是确保电网建设安全生产的最后一道防线，在实际工作中，对遏制违章、防范事故发挥了重要的作用。通过构建与整合安全稽查管理模式，发挥传统安全稽查管理模式和远程视频实时监控系统的优势，有效强化安全稽查队伍力量，精准管控三级及以上风险作业，着力解决安全稽查组织管理薄弱环节，真正实现作业现场"四不两直、全覆盖"稽查管理。与此同时，通过远程视频实时监控系统深度开发应用，分析公司安全生产情况，总结工作规律，改进管理方法，有针对性管控现场，提高安全稽查的针对性和工作效率，推动公司安全管理水平的全面提高。

下一阶段，随着大数据、云计算、人工智能等新技术应用带来的行业变革，要顺应潮流、与时俱进，把推进科学稽查作为安全稽查工作与信息技术深度融合的突破口，不断改进和完善安全稽查管理模式，使其产生更好的安全管理效应，为公司实现本质安全奠定坚实的基础。

抓安全、促效益、增活力，促进公司高质量发展新局面

李少华　段溢剑　马　震　陈　杰　陆冬冬　李其昌

一、为什么要抓安全生产

安全管理工作是企业管理的一个重要部分，为实现企业总目标提供安全保障。任何一个企业的经济发展均离不开安全的保障，两者相互依存。安全生产是前提，只有扎实地搞好安全生产才能发展经济。企业要想长期稳定发展，必须认真解决好安全生产与经济效益的关系，没有安全，企业就没有效益，就无以发展，难以生存。合理安排安全投入，就能减少事故的发生，提高经济效益。任何企业一旦未做好安全管理工作，各种安全事故的发生，将由此会引起各种直接或间接损失，影响经济效益，导致公司活力下降，严重影响公司后续的发展。公司发展想要开创新局面，必须做到安全生产，达到抓安全、促效益、增活力的效果。

二、如何加强安全管理工作

安全生产是企业生产经营活动成败的关键所在，安全管理工作的好坏，直接影响企业的经济效益。加强企业的安全管理工作，要从系统分析着手，寻找事故发生的原因与规律，提高防范能力。针对输电线路施工过程中的实际情况，安全管理重点则是现场施工过程中的安全管理，抓好现场安全，则从源头上控制了事故的发生，从而减少事故发生的可能性，达到安全生产的效果。针对输电线路现场实际情况，下面从"人、机、料、法、环"5 个方面进行安全管理

分析。

人：在施工期间，人的不安全行为是导致出现问题的重要因素。做好人的安全管理，是减少安全事故的必不可少的工作。对于管理者，要增强责任意识，加强履职，正确组织施工，排查安全隐患，对现场安全隐患情况进行全面的把控。对于施工人员，要接受安全教育培训并进行认证，提高安全意识。根据施工现场实际，针对性进行安全教育和反违章培训，保证安全培训质量，确保培训效果，减少因人的不安全行为导致的事故的发生。

机：机械伤人在输电线路施工中也占据着很大比例，因此，在施工过程中，要做好施工机械及工器具的管理，尤其是对大型机械，如起重机、抱杆、旋挖钻机、牵张机等的使用管理。好的设备能够大大提高工作效率，而劣质的设备不仅会降低效率，而且还会给安全工作埋下"炸弹"，一旦发生"爆炸"，后果不堪设想。施工机械进场前必须做好检查工作，核对检验报告是否齐全，性能是否良好，操作人员是否持证上岗，是否具备相应的技能水平等。同时，建立特种设备及设施清单，定期检查保养，发现不合格者立刻予以清退。对机械及工器具做到"登记造册、妥善保管、正确使用、定期检查、损坏销毁"。

料：物料管理是安全生产的基本因素，是安全质量的保证。在作业中，一旦物料发生问题，如地脚螺栓质量不合格、塔材变形、混凝土等级以小代大等，导致事故的发生，后果难以想象。因此，要建立周密的物料管理制度。建立进料检验、入库保管、标识发放制度，并认真执行，严格控制质量。施工的原料或半成品，必须符合技术文件的规定。应明确物料管理人员的职责，对不合格品有控制办法，如进行有效隔离、标识、记录和处理等。同时要做好物料的堆放工作，杜绝因乱堆乱放造成的安全隐患。

法：正确的施工方法是安全生产的保障，是作业过程中必须严格遵守的基本要求。现场作业，必须严格按照工艺施工，不得擅自更改施工方案。在编制施工方案时，要严格根据现场实际情况，选用合适的方法进行作业，不得脱离实际编写。施工方案要详细清晰，层次清楚，对重点部分、关键环节、危险因素等进行重点强调，方便现场施工人员正确识别并严格执行，保障现场的安全生产工作顺利进行。

环：在生活水平日益提高的同时，人们越来越意识到环境的好坏对一个人的健康起着重要的作用，环境因素也成为安全生产一个必不可少的因素。在施工期间，要严格按照国家环境保护和水土保持相关措施，对现场进行标准化布置，做好减扬尘防噪声的基本措施。对开挖出来的基础工程现场要做到下垫上盖，机械下堆放吸油毡防止机油流失等。

企业经营的第一目标是经济效益，追求经济效益并不意味着忽视安全生产，安全生产与经济效益紧密相关，互相支撑，缺一不可。在企业高质量发展的过程中，必须严抓安全，从严管理，把握重点，警钟长鸣，围绕发展抓安全，抓好安全促发展，才能从根本上开创企业安全管理新局面，创造良好发展环境，提供重要安全保障，为企业发展注入新活力，提高新效益。

党的
建设

开 拓 管 理 之 路

安全为本，党建为根，
根植安全理念，提升党建实效

沈群武

2019 年公司的发展主线是"抓安全、促效益、增活力"，应急抢修中心党支部提出的"围绕安点""抓安全、促效益、增活力"的全年主线，为党支部开展党内活动提供了载体，为共产党员发挥先锋模范作用提供了平台。

一、根植安全理念，增强"三种意识"

应急抢修中心党支部围绕中心工作，服务现场，发挥凝心聚力、创新实践的旗帜作用，通过创新和丰富党内特色活动，不断增强党员、员工的"三种意识"，在"稳、精、实"中下功夫、做文章，增强党支部的活力和战斗力，有效发挥党组织作用，扎实做好抢修中心全年生产工作。

（一）增强安全生产意识，持续安全平稳态势

2019 年，公司围绕"抓安全"要求，不断增强安全生产意识，持续保持抢修中心安全工作的平稳态势。党支部党员同志及全中心人员认真履行安全职责，把安全生产工作列入重要议事日程。紧紧围绕安全生产，广泛开展有针对性的安全主题活动。让党建工作和业务工作合二为一，将思想政治工作与安全文化建设有机融合，形成强大的安全生产管理合力，把党支部的党建优势切实转化为推动安全生产的动力，促进中心检修工作的安全发展、科学发展。

开展各类学习活动，结合主题党日活动、月度生产例会、周安全活动等学习方式，在员工中开展学习安全知识、学习实用技能、学习党建知识等活动。结合生产实际，按照"干什么、学什么、缺什么、补什么"的原则，把教育培

训从课堂搬到生产现场。通过学习，提高员工综合素质，强化制度落地执行能力，增强安全生产意识。

（二）增强检修责任意识，提升精益检修水平

2019年，在各项检修工作中，增强检修责任意识，树立"我是设备管家"理念，营造"责任意识保检修，精益检修为电网"的氛围。

2019年，围绕公司"促效益"要求，在员工中增强效益观念，党建工作要起到宣传引领作用，把员工的想法统一到公司全年发展的思路上。

持续学习，提高员工业务能力，抢修中心员工不仅要思想素质过硬，还要业务素质过硬，力争浙江省线路检修的排头兵、线路抢修的急先锋。

（三）增强服务现场意识，确保党建工作实效

2019年，围绕公司"增活力"要求，抢修中心党支部围绕中心工作，把党建工作融于中心工作中，以完成各项工作任务为目标，服务现场，推动各项创新、创效活动举措，做到"思想上同心，目标上同向，任务上同担"。

运检公司党支部开展"抓整改、除积弊、转作风、为人民"的主题党日活动，扎实开展"不忘初心、牢记使命"主题教育，进一步强化广大党员身份意识、党性意识。此次活动坚持问题导向，深入现场实际，努力将安全生产与主题教育相融合，保障公司运检业务实体化运作的价值输出。同时，结合现场具体工作，面对面、心贴心地听取职工关于安全生产等方面的意见和建议，实打实、点对点地解决职工在施工中面临的热点、难点问题。

在抢修中心营造思想和谐、干群和谐的良好氛围，树立"抢修中心是我家，和谐团结靠大家"的理念，把党建工作同解决职工群众实际问题结合起来，为职工群众真心实意办实事、坚持不懈办好事、竭心尽力解难事，着重解决事关职工群众切身利益的问题。

二、根植安全理念，夯实两项融合举措

党建工作与安全生产两项举措的互补融合，是实现党政齐抓共管、共同围绕中心任务开展工作的有效途径，更是充分发挥基层党组织的战斗堡垒作用和党员的先锋模范作用，进一步提升安全管理的重要手段。

（一）党建文化与安全生产文化的融合

将安全生产培训纳入"三会一课"日常学习中，为党支部搭建随时掌握员工思想动态、工作状态、安全意识的平台，做到时时刻刻学党建，时时刻刻讲安全。设立"党员安全责任区""党员示范岗"等，让党员带头学技术、学管理、抓培训，主动让周边员工去监督，带动责任区内员工技术水平的不断提高，充分发挥党组织和党员在安全生产中的典型示范和引领作用。

通过安全文化的宣传、参与、教育、引导和熏陶，帮助广大员工树立正确的安全意识、安全行为、安全习惯，强化企业安全文化建设、安全成果运用和安全文化宣传的有机结合，为构建安全文化体系奠定思想基础和群众基础，切实落实和强化安全生产责任，筑牢安全防线。通过创新宣传载体，丰富安全文化内涵，使安全文化走脑入心，将普及安全知识、提升安全意识、宣传安全文化、提升安全本领纳入党支部"两学一做"和"三会一课"中，对安全生产法律法规、安全规程规范进行重点学习和培训。

通过开展安全培训、岗位练兵和劳动竞赛，提高职工安全生产技能。通过安全日讲堂、主题党日活动、支部成员讲解事故分析，督导重点任务落实，增强全员安全意识，帮助其找差距、理思路、定措施、解难题，充分调动各方面的力量，形成强大的安全生产管理合力，把党组织的政治优势切实转化为推动安全生产的动力，促进中心检修工作安全发展、科学发展。

（二）党建与安全生产考核融合

运检公司构建党建引领安全生产工作机制，在日常生产过程中，构建起党支部引领、研究、推动安全形势分析—安全目标确定—安全措施落实—安全监督考评等全过程融合机制，强化了党组织和党员的安全职责。

运检公司成立伊始，健全考核机制，加大考核督查力度，细化考核指标，适时进行督查，把安全生产落实情况纳入日常工作检查、跟踪督导、绩效考核等环节，确保安全生产工作责任到位、认识到位、措施到位、落实到位。

党支部履行落实监督、检查、考核责任。第一，不断明晰职责边界。切实解决在安全监管过程中"越位、错位、缺位"等问题，切实做到明责、知责、尽责，有效防范和遏制生产安全事故的发生。第二，加强督促检查，建立健全科学有效的督查工作体系，经常深入基层、深入项目、深入工地，将做决策、抓督查、保落实一体部署、一体推进。第三，创新督查方式，不断增强督查实效，通过督查，及时发现和解决存在的安全问题，不断总结经验，不断深化和拓展工作成果。第四，强化问责，采取有效措施保证安全工作要求落实到位，保证各项安全措施落实到位，敢于动真碰硬，只有作风务实了，措施扎实了，工作落实了，安全才能真正得到保障。

实现党建工作融入安全生产管理，党建实了、安全稳了、工作活了，既是新形势下发挥党支部政治优势的重要途径，也是提升公司安全管理水平的重要手段，更是提升党支部先锋模范作用的重要平台。积极探索"党建＋安全生产"的新模式，充分挖掘其新内涵，开创性地加以实践，紧跟时代脉搏，必将为公司健康持续发展不断注入新生动力。

国有企业基层党建工作"支部建在连上"工作模式的探索和实践

徐永刚　李　栋　孙万鹏

一、实施背景

国有企业是中国特色社会主义的重要物质基础和政治基础，是我们党执政兴国的重要支柱和依靠力量。坚持党的领导、加强党的建设是我国国有企业的光荣传统，是国有企业的"根"和"魂"。面对企业发展的新形势和新挑战，国有企业的党建工作面临诸多的风险和挑战，更好地发挥党建工作的引领作用，对于动员全体职工满怀信心投入全面建设社会主义现代化国家新征程、推进中华民族伟大复兴的历史伟业具有重要意义。浙江省送变电工程有限公司紧抓"双百改革"先行优势，围绕"走在前、作示范，打造全国送变电行业先行示范窗口"的目标定位，与时俱进、聚焦突破，发挥"支部建在连上"的光荣传统，不断加强公司党建工作水平，推动公司党的建设和公司发展呈现出蓬勃生机，焕发出昂扬活力，探索出一套行之有效的基层党建工作新方式。

二、实施办法

浙江省送变电工程有限公司成立于 1958 年，是一家拥有电力工程施工、承装、调试、大件运输、监理、设计、消防等多项资质的工程企业。不仅担负着浙江省乃至全国超高压、特高压电网的建设重任，而且还积极实施"走出去"战略，远赴南美洲、东南亚等国家承担电网工程任务，为践行"一带一路"倡议贡献了重要的力量。

由于临时性事务较多，点多面广、人员分散等情况尤为明显，党员分散在各大重点工程，使党支部工作不能及时深入一线，甚至容易出现党支部战斗堡垒作用不断减弱的现象。为了切实发挥好党组织的思想引领作用，临时党支部成为各个基层党支部应对临时性任务的重要载体。在工程建设全过程中抓实抓细党建工作，形成临时党支部建设引领重点工程建设、推进党建工作提质增效的新模式，充分发扬了"支部建在连上"的光荣传统。

三、主要做法

（一）课堂开在"连上"，提升思想引领力

习近平总书记强调："坚持党对国有企业的领导是重大政治原则，必须一以贯之；建立现代企业制度是国有企业改革的方向，也必须一以贯之。"[1] 要把加强党的建设和完善公司治理统一起来，推动国有企业党建工作与生产经营等专业的深度融合。这是国有企业保持正确发展方向的关键，也是国有企业工作的生命力之所在。

浙江省送变电工程有限公司党委把临时党支部建设中的政治建设摆在首位。依托临时党支部，在现场开设学堂，进一步强化学习教育，引导广大党员牢固树立"四个意识"，切实坚定"四个自信"，深入贯彻"两个维护"。把学习贯彻习近平新时代中国特色社会主义思想作为首要政治任务。

在推进临时党支部引领重点工程提质增效这一特色做法的基础上，浙江省送变电工程有限公司持续探索推进党建工作和工程建设双覆盖。以舟山500千伏联网输变电工程为例，公司建设性开设"劳模讲堂""工匠学堂""青年学堂"等教育培训基地，为高塔建设提供理论"补给站"和人才"孵化器"。共产党员示范讲、示范学，按照"学以增才、学以长干、学以致用"的思路，深度融合工程实际，开展现场攻关，创新研制座地双平臂抱杆等新型工艺，取得了基础锚杆定位等多项专利，有效解决了高塔施工难题，数倍提升了施工效率，让"抓学习、强本领、鼓士气"成为攻克现场施工难题的一剂良方。

---

① 坚持党对国有企业的领导不动摇 开创国有企业党的建设新局面 [N]. 人民日报，2016-10-12（01）.

"体现了现场党员团结带领一线员工，带动大家共同推进工程建设的良好氛围，值得肯定推广。"这是2018年10月，时任国家电网公司党组副书记、副总经理辛保安在视察工程时给予的高度评价。

不仅如此，为响应培养复合型人才的政策，临时党支部积极鼓励党员干部讲"双课"，即党员干部既要讲党课，也要讲技术（管理）课，党员技术专家既要讲技术（管理）课，也要讲党课，利用现场课堂优势，双向共进，融合互通。同时，持续深化党史主题教育，多措并举开展党史学习教育活动，充分发挥重温誓词、政治生日、"三亮三比"等政治仪式的浸润作用，推动思想教育入脑入心，不断提升政治领导力，增强思想引领力，确保党组织的旺盛生命力和强大战斗力。

（二）阵地建在"连上"，提升专业融合力

为实现党建工作与生产经营等业务工作的深度融合，浙江省送变电工程有限公司在阵地建设方面下足功夫、聚焦实际、突出成效。从标准入手，探索临时党支部阵地建设标准化、制度化，使党建工作实现从无形向有形推进；以体系为基，促使临时党支部任务项目规范化、清单化，使党建工作实现从有形向有力推进；以机制为绳，确保临时党支部组织生活严格化、常态化，使党建工作实现从有力向有效推进。建立标准、体系、机制三位一体的"连上"党建工作新阵地，以高质量党建引领生产经营、科技创新等专业业务的高质量提升。

临时党支部的活动阵地建设，不断强化了"抓思想、促基建"意识。依托党建阵地，运用"党建+"思维谋划和推动电网建设工作，切实把党建政治优势转化为电网建设的强大动能。树立融合思维、形成融合习惯，着力消除"党建+基建"空白点，把"党建+"的目标、措施和要求落实到现场每名党员。着眼于提高工作质量，破解工程难题，全面提升工程安全、质量、进度、造价、技术等专业管理水平，让思想能量注入切实转化为生产价值输出。

工程参建人员中不乏骨干和尖子，长期在项目间"漂流"，组织关系所在的常设党支部对他们的情况掌握不够"及时精准"，临时支部又无发展党员的权限，因而出现了常设党支部"掌握不清"，临时党支部"发展不行"的两难情况。按照"双轨并行，十步推进"工作法，由常设党支部和临时党支部同时培养推进，联合党支部侧重过程管理，把握人员思想、学习培养质量，常设党

支部侧重各项流程、资料真实留痕，符合规范要求。国网浙江省电力有限公司劳动模范李少华等就是按照"双轨"制培养，并顺利加入中国共产党的。以浙江丽水丽西—莲都双回 500 千伏线路工程为例，在工程建设期间，共有 7 名员工向临时党支部提交入党申请书，经考察确定，有 4 名被确定为入党积极分子，1 名发展对象转为预备党员，确保了党员队伍的源头活水，促进了工程现场的积极氛围。

（三）模范创在"连上"，提升全员战斗力

干好事业，关键在党；建好工程，关键在人。浙江省送变电工程有限公司一直秉承通过现场一线来培育管理专家、技术专家、技能专家、思想政治工作专家的"四专"人才模式，使电网建设的事业薪火相传，后继有人。

人才培养的关键是突出旗帜，凸显领航作用，发挥劳模工匠和党员先锋的示范带动作用是提升全员技术技能的重中之重。依托临时党支部的党建阵地，组织广大党员冲锋在电网建设主战场、工程建设第一线、急难险重最前沿。深化"三亮三比"主题活动，创建党员责任区、示范岗，践行党员"向我看、跟我干、让我来"承诺。在重点工程临时党支部成立党员突击队，配强突击队长和优秀队员，充分彰显党员冲锋在前、攻坚争先的先锋底色，用坚强的党性保安全、保质量、保工期。

劳模、工匠不仅自身本领响当当，还得在企业中起到模范带头作用。"劳模工匠宣讲"成了浙江省送变电工程有限公司在"连上"的必选项目。劳模、工匠深入基层，扎根一线，面向党员干部、面向青年团员、面向施工工人，展开宣讲。宣讲团从轰轰烈烈处讲述开荒拓路的伟绩，从细小末微处讲述精益求精的态度，从情深意切处讲述家国奉献的情怀，让全体员工在思想上树起灯塔，在情感上获得共鸣，在行动上对齐标杆，学劳模、赶先进、讲奉献，激发爱岗敬业、勇于奉献的工作热情，促进队伍整体素质的提升，营造积极向上的工作氛围。同时深化师带徒、教导队等新员工培养模式，"搭台子、选苗子、铺路子、压担子"，畅通职业发展通道，加快青年员工成长成才。

（四）港湾设在"连上"，提升队伍凝聚力

浙江省送变电工程有限公司秉承全心全意依靠职工办企业的方针，坚持以职工为中心的工作导向，依托临时党支部的党建阵地，在"连上"建设有温度

的工地港湾，进一步提升服务职工的能力，形成办实事工作合力，做精做实职工服务，做好做细职工关怀。以一线职工所需所求为出发点，以改善现场艰苦工作和生活条件为立足点，不断深化户外作业"休憩小站"和现场"文体驿站"建设，改善现场工作环境。深化省内外重点工程"家属工地探亲"活动，稳定职工队伍，使职工幸福感、获得感更加充实，该模式成效显著，在全国电力建设行业内得到认可，并作为重点课题加以推广。

临时党支部通过定期组织谈心谈话，及时掌握一线施工人员的思想动态、合理诉求，妥善解决职工群众所急所盼所忧的问题，维护队伍和谐稳定。发挥党员"传帮带"作用，带思想、带技能、带业绩，形成全员工作合力。加强与相邻临时党组织及项目所在地党组织结对共建，对内比武交流、建强队伍，对外创新服务、扩大影响，破解属地协调难题。

（五）品牌立在"连上"，提升宣传影响力

浙江省送变电工程有限公司依托临时党支部的党建阵地，立足一线广泛开展宣传工作，承担起"举旗帜、聚民心、育新人、兴文化、展形象"的使命任务，激发昂扬奋进的正能量。通过构建宣传阵地进一步拓宽思想政治工作的广度和深度，创新工作形式，全方位辐射每一位职工。针对行业发展形势、企业改革发展方向和工程建设要求，精准把握职工思想趋势，创造使命担当、愿景统一、价值共鸣的思想文化环境，引导职工聚力攻坚、开拓进取。

以加强临时党支部宣传为主要抓手，不断加强典型选树，大力弘扬劳模工匠精神，发掘身边先进人物和感人事迹，创新宣传体系和传播手段，因势利导，利用企业网站、社会媒体、微信公众号等各种宣传载体，策划工程建设报道，讲好工程一线故事，展现"新时代电力铁军"风采，提升社会影响力和美誉度，树立"责任央企"的形象，不断强化职工的归属感和自豪感，让思政工作在广泛的认可中强化落实，提升成效。

四、分析与思考

浙江省送变电工程有限公司紧紧围绕新时代党的建设总要求，以全面深化临时党支部建设为重要抓手，形成了有特色、可复制、可推广的重大工程"临

时党支部标准"，夯实工程一线党建工作基础，打造思想教育的前沿阵地、铁军形象的展示窗口、攻坚克难的坚强堡垒、团结群众的连心纽带、党风廉政的重要关口，使临时党支部成为党性锻炼之"炉"，凝聚人心之"桥"，展示作为之"窗"，开辟出党建工作新的"根据地"，将企业思想政治工作不断向纵深推进。通过深入贯彻"支部建在连上"的工作模式，浙江省送变电工程有限公司优质高效地完成了工程建设任务，安全规范做好施工全过程管理，进一步实现了党的建设与工程建设双促进、双提升的新局面，为全国电力工程建设行业基层党建工作探索新模式、开辟新路径提供了经验和参考。

党建工作在工程建设中价值引领与有效落地的探索

贡月秋　胡飞达

一、实施背景

2019 年度党建工作总体思路是：深入学习贯彻党的十九大精神，以习近平新时代中国特色社会主义思想为指导，以党的政治建设为统领，以"基层党建重点任务推进月"活动为主抓手，突出政治领导力、思想引领力、基层组织力、党员示范力，全面加强党的政治建设、思想建设、组织建设、作风建设、纪律建设。送电一公司党支部以党小组为基点落实制度，实现组织生活的真正落地，党建工作能够有效结合生产、融入生产、助推生产。

二、现状分析

送电一公司党支部始终坚持以"围绕中心，服务大局"为党建工作的出发点，牢牢抓住中心工作开展组织生活。但由于支部在支撑、服务施工生产任务方面的深度不够、创新不足，导致组织生活落地不到位，党员认知有偏差。

三、总体思路及预期目标

（一）总体思路

为进一步落实"旗帜领航、三年登高"计划和党支部标准化建设要求，提高党小组活动的积极性，送电一公司党支部以党小组为基点落实制度，实现组织生活的真正落地，使党建工作能够有效结合生产、融入生产、助推生产。

（二）预期目标

1. 党小组活动能够有效融入中心工作，助力生产

提高党小组活动的积极性、主动性、自主性、灵活性。因地制宜、实事求是开展党小组活动，实现组织生活的真正融入生产实际。

2. 创新基层党组织的活动的内容和方式

增强基层党组织的活力，贴近实际需求开展主题活动，进一步推动基层党组织发展，服务一线职工、凝聚人心、促进和谐生产。大力创新党小组的活动形式，使得现场活动开展更加细致化、具体化。

3. 实现全员全方面全覆盖，提高党员参与度，将组织生活有效落地

3 个党小组根据工程实际，一年之中自行策划两次主题党日活动。年初将活动时间、活动主题上报党支部，党支部根据年度计划、上报时间做适当调整和指导。在活动实施过程中，支部全力配合党小组办好主题党日活动，融入党员服务队、突击队、传帮带及实践类活动，提高每个党员的参与度，做好组织指导、费用支撑、过程记录和经验总结。

4. 推行党支部"特派员"和小组长列席制度，强化指导和借鉴

尝试推行党支部"特派员"和小组长列席制度，即每次活动支部至少有一名委员参加党小组的活动，至少邀请一名其他党小组的组长列席，强化指导和借鉴，特派员对每个党小组每次活动的开展情况进行点评，提出意见建议。

四、主要措施和实施效果

第一，党小组作为党支部的组成部分，在党的建设和党的组织体系中占有重要地位。送电一公司党支部加强党小组规范化建设，努力创建学习型党小组，基层党组织的战斗堡垒作用、党员的先锋模范作用得到了有效地发挥，形成了基层组织建设与生产相融并进的良好局面，使得党小组活动有效融入中心工作，助力生产。

第二，创新组织活动形式，活动开展细致化、具体化。结合党员"培双能"，职工"有双联"的要求"以一带三"，即一名党员帮带三名群众，从思想、作风、业务上进行全程跟进、交流、帮带，及时了解帮带人员的思想动态、困难需求，积极答疑解惑、排忧解难。

第三，送电一公司党支部为使党的组织生活逐步向多样化、现代化发展，在继承和发扬优良传统的同时，不断开拓组织生活的新形式，使形式更富有时代气息、更好地为内容服务，适应广大党员的需求，赋予党组织新的生命力，突出党员教育管理的有效性。送电一公司努力实现全员全方面全覆盖，提高党员参与度，将组织生活有效落地。为此，送电一公司党支部基层党支部进行了积极有益的尝试，使组织生活形式好、内容好、影响大，真正起到教育党员的作用。

第四，推行党小组集中组织学习、讨论、活动，更有利于监督和推进党员执行支部的决议，而且支部通过党小组把一部分工作和任务分散到多人身上，可以调动和发挥更多人的积极性，从而强化指导和推进工作。

基层党组织是党联系基层的纽带，而党小组是保证"纽带"发挥作用的根基。送电一公司党支部切实增强党小组的组织协调性，提高党员的参与程度。党小组长需要结合本小组各党员的生产工作有效开展活动，同时积极与党支部保持密切联系。党支部需要全力配合党小组办好主题党日活动，做好组织指导、费用支撑、过程记录和经验总结。党小组在党支部的领导下，以自己的积极活动来实现党支部的决议和担负党支部不便集中进行的一部分工作，保证党支部各项任务的完成。党小组作为最基础的"党员之家"，同时也是组内党员的"感情依托"，党小组和党员的"配对"尤其重要。在党小组划分时，结合各支部党员的实际情况，主动权交给党员自己，党员根据自己的意愿，自行选择党小组，参加组织生活。这样，让党员由"被动邀请"变为"主动参与"，提升党员参加党小组活动的积极性，使得党建工作的价值引领作用能够切实有效地在工程建设中落地。

在"管理提升年"契机下探索党建工作与生产经营深度融合研究

张杰锋　吴继顺　谢逾烨　马飞翔　范荧柯　彭　溢

一、调研背景

为更好地落实公司"双百改革",同时结合浙江省送变电工程有限公司党建工作的开展,变检公司以"管理提升年"为契机,把抓基层、打基础作为长远之计和固本之策,不断增强基层党组织的政治功能和组织力。同时采取多项举措强化现有生产经营管理制度,并对分公司生产、经营体系进行补充完善,确保公司生产经营工作的优化开展。

二、调研基本情况概述

变检公司全面地认识和把握国企党建和生产经营的辩证关系,充分发挥党建工作和公司治理两方面优势,以实际数据为分析重点,精准找到最佳融合点。在现有生产经营管理制度的基础上,编制了《变电检修(调试)公司信息报送实施细则》,确保生产现场的信息实时传达至各职能部门,确保作业现场的安全、质量、进度管控。同时结合公司生产实际编制了《变电检修(调试)公司分包队伍考核实施细则》《变电检修(调试)公司外委辅助用工一体化考核方案》,加强对作业现场分包人员的管控及分包作业质量的提升,多举措落实管理提升,使现有的生产经营管理制度贴近现场实际。

三、调研内容

（一）将党建工作与生产经营深度融合的重要性

习近平总书记关于两个"一以贯之"的重要论述，深刻回答了新时代发展和壮大什么样的国有企业、怎样发展和壮大国有企业、为什么要坚持和推动党建工作与生产经营深度融合等重大问题，为正确处理党的领导和公司治理的关系、完善中国特色现代企业制度提供了根本遵循。党建工作做实了就是生产力、做细了就是凝聚力、做强了就是竞争力。

（二）如何将党建工作与生产经营进行深度融合

中国特色现代国有企业制度，"特"就特在把党的领导融入公司治理的各个环节，把企业党组织内嵌到公司治理结构之中。

1.塑造正确核心价值观

变检公司作为主要从事变电生产检修及基建调试的业务单位，根据公司总体转型升级及改革发展需要，提出"一二三"管理理念，即一种精神、二个使命、三项业务。"一种精神"是指工匠精神，是基于变检公司的调试出身特质和生产类项目的业务需要而提出的；"二个使命"是指人才和创新，是基于变检公司高素质人才储备和承担业务的科技含量而提出的；"三项业务"是指变检公司所承担的生产、基建和市场化业务三项基本工作。在工作中，按照自己所建立的理念，一方面从思想源头上强调精品意识、领先意识和责任意识等工匠精神；另一方面在目标愿景上，激发广大员工的工作积极性和创新热情，让分公司的青年才俊们有想法、有目标、有动力；同时，在工作业务中，切实做好生产经营等各项工作。

2.完善标准化施工体系

按照"强基础、补短板，抓管理、促效益"工作思路，扎实开展"管理提升年"活动，做到合规管理严、安全管理严、质量管理严的要求，落实公司生产信息报送管理规范，制定《变电检修（调试）公司信息报送实施细则》，确保生产类和基建类项目信息快速、准确流转，提高分公司各专业协同配合能力，促进生产类和基建类项目管理系统高效运作，保障人身、设备、电网安全可靠运行。

信息报送实施细则明确了分公司生产类和基建类项目信息报送的职责、流程和考核等具体要求。为推进生产类和基建类项目信息报送工作，变检公司建立汇报信息专用微信群：变检公司管理群、变检公司日报群、变检信息快报群、变检公司计划管理群，并在月度安全生产例会上通报检查情况，对相关责任人及相应班组进行考核。

3.创新员工薪酬激励机制

为了进一步规范变检公司辅助用工管理，完善变检公司的薪酬分配体系，建立科学合理有效的激励和约束机制，充分调动员工的工作积极性、主动性和创造性，结合实际情况编制《变电检修（调试）公司分包队伍考核实施细则》《变电检修（调试）公司外委辅助用工一体化考核方案》，打造优质电网产业工人队伍，推动构建"岗位活""用工活""薪酬活"的内部体制机制。

一体化考核方案坚持分类分级，覆盖全员；注重实绩，科学量化；强化应用，持续改进。每月将对队（室）进行绩效考核，主要从产值、安全质量等方面进行考核评价。考核结果分为优、良、合格三等，在对月奖进行分配时，按原分配基数的1.05、1.0、0.95核发。每年将进行一次理论考试，时间为7月至9月间，考试人员范围为技术类、技能类技能二级及以上人员，考试成绩与月奖挂钩。

4.攻坚克难融入重点工作

依托金华换流站、绍兴换流站等重点工程，联合公司部门开展多次支部联建活动，提高变检公司生产经营管理能力与现场项目生产经营意识；通过"党建+工程"形式与南瑞能源有限公司开展支部共建，以党建为载体，以项目为抓手，实现"党建服务项目，项目促进党建"，全面推进"党建+生产"模式。建立生产系统党建联盟，发挥"党建+生产"联盟优势，坚持生产特色，深化品牌建设，提高资源利用效率，优化项目合作机制，有序推进各项标准在基建工作中的落实，提升综合管理工作水平。

"全要素发力"，结合党建优势，调动企业发展全要素资源，优化资源配置，在施工生产、安全质量、经营管控、人力资源、科技创新等领域形成发展合力，推动企业绿色转型，提升企业效益创造力和核心竞争力。

5.廉政建设营造良好环境

全面从严治党要求，积极发挥党风廉政建设执行者、推动者作用，切实把主体责任扛稳、抓牢、做实，坚定不移推进党风廉政建设和反腐败工作。严格落实"一岗双责"，签订党风廉政建设责任书，明确党风廉政建设责任，提高公司重要岗位人员廉洁自律意识。

发挥党建引领，深入领会习近平新时代中国特色社会主义思想，定期组织召开党风廉政建设座谈会，贯彻中央八项规定精神，轮流开设廉政课堂，落实廉洁谈话制度，加大廉政监督力度，筑牢拒腐防变的思想防线，确保生产经营工作在廉洁环境下健康开展。

（三）持续推进党建工作与生产经营融合的有效措施

在"管理提升"的背景下，如何将改革的目标逐步实现，需要变检公司进一步提升市场化运营和经营责任意识，紧紧围绕公司党委要求，解放思想，加强制度设计与体系建设，强化经营、成本、市场和竞争理念，大力增强分公司的经营管理能力、成本管控能力、市场开拓能力，提高分公司的市场认可度和业务争取能力。

新发展思路不是横空出世的"飞来峰"，而是从实践经验中总结出来的，是从挑战中探索出来的。结合分公司生产、安全、经营等工作情况，重点开展梳理工作，总结经验，归纳成效，推出亮点。

四、结束语

坚定不移推进党建工作与生产经营深度融合，促进互融互进、同频共振，进一步融合党建和生产经营，统筹规划党建工作体系，形成与企业治理相匹配的体系结构，系统提升业务指导能力，真正使党的政治优势有效转化为市场竞争优势，实现公司效率最优化、效益最大化，形成不断创新发展的强劲动力，助力打造全国送变电行业的"先行示范窗口"。

学党史、践宗旨、抓管理　坚强党建提升工程管理

贡月秋　田孟林　赵树春　张　盛　王　冠　黄宏豪　郑金芳

一、背景

2021 年是中国共产党成立 100 周年。习近平总书记在党史学习教育动员大会上指出："党的历史是最生动、最有说服力的教科书。我们党历来重视党史学习教育，注重用党的奋斗历程和伟大成就鼓舞斗志、明确方向，用党的光荣传统和优良作风坚定信念、凝聚力量，用党的实践创造和历史经验启迪智慧、砥砺品格。"[1]习近平总书记的重要讲话为开展好党史学习教育指明了努力方向、提供了根本遵循，为全党从党史中汲取智慧和力量、走好新时代的长征路提供了科学指引。

落实好党中央要求，开展好党史学习教育，消防公司全体干部职工切实把思想和行动统一到习近平总书记重要讲话精神上来，在学习百年党史中汇聚爱党爱国爱企的强大正能量，在新时代担当新使命，奋斗新开局，开启新征程，为建设全国电力系统不可或缺的综合型消防公司而努力奋斗，为电力系统消防安全贡献力量！

二、总体思路

"六个着力""三个强化"，以坚强党建提升工程管理。

"六个着力"主要指：深刻感悟思想伟力，着力在学思践悟上见实效；深刻把握规律大势，着力在把握方向上见实效；深刻强化党性宗旨，着力在为群众

---

[1]　习近平.在党史学习教育动员大会上的讲话[J].求是，2021（7）：4-17.

服务办实事上见实效；深刻总结历史经验，着力在主动下好先手棋上见实效；深刻汲取奋进力量，着力在焕新红色央企精神上见实效；深刻坚守政治本色，着力在坚决做到"两个维护"上见实效。

"三个强化"主要指：强化党建基础，提升战斗力；强化作风建设，提升行动力；强化人才管理，提升生产力。

三、主要做法

（一）六个着力

1.深刻感悟思想伟力，着力在学思践悟上见实效

消防公司开展党史学习教育，坚持学思用贯通、知信行统一。教育引导广大干部员工感悟马克思主义的真理力量和实践力量，深化对中国化马克思主义既一脉相承又与时俱进的理论品质的认识，切实将思想伟力转化为实践伟力。

深入开展党史学习教育，党支部书记带头讲党课，深学细研各类党史学习教育资料，每名党员结合自身岗位谈感受、谈认识、谈不足，着力在学思践悟上见实效。

2.深刻把握规律大势，着力在把握方向上见实效

顺势而为，奋发有为，才能够更好前进。我们党之所以能发展壮大，成为百年大党，一个重要原因就是始终以马克思主义基本原理分析把握历史大势，善于抓住和用好各种历史机遇。

作为国家电网系统内唯一一家具备独立施工能力的综合型消防公司，应更为认真地学习与思考，立足新发展阶段、贯彻新发展理念、构建新发展格局，全面增强工作的系统性、预见性、创造性与目标性。

3.深刻强化党性宗旨，着力在为群众服务办实事上见实效

我们党的百年历史，就是一部践行党的初心使命的历史，就是一部党与人民心连心、同呼吸、共命运的历史。为学之实，固在践履。

消防公司切实落实好为群众服务办事的宗旨，党员带头在一线开展调查研究，谈心谈话，搜集问题，汇总分析，剖析不足。

4.深刻总结历史经验，着力在主动下好先手棋上见实效

居安思危、未雨绸缪，方能行稳致远。增强忧患意识，不断提高底线思维

能力，是我们党一贯的优良传统。

从外部环境看，受疫情持续蔓延、全球经济下行波动等影响，竞争进一步加强，对工程安全提出了更高的要求；从内部环境看，电力系统内的消防安全水平仍然有待进一步提升。消防公司分析电力系统内各类火灾事故，结合自身的专业特性与技术技能，提前谋划布局"八+X业务板块""八项调研课题"。

5.深刻汲取奋进力量，着力在焕新红色央企精神上见实效

人无精神不立，企业无精神不兴。

消防公司将公司史的学习与党史学习结合起来，激励员工拼搏奋进。浙送铁军从1958年走到如今，栉风沐雨，历经坎坷；一路成长，斩获了无数荣誉奖项；一路壮大，创造了多项世界第一。"风餐露宿讲奉献，优质高效争一流"是我们艰苦奋斗精神的传承和延续，是浙送人的"根"和"魂"。

6.深刻坚守政治本色，着力在坚决做到"两个维护"上见实效

旗帜鲜明讲政治、保证党的团结和集中统一是党的生命，也是我们党能成为百年大党、创造世纪伟业的关键所在。

消防公司开展党史学习专题组织生活会，全体党员实事求是地开展了批评与自我批评，按照团结—批评—团结，相互之间摆问题、提意见、讲真话、说实话，沟通了思想，交换了意见，增进了团结，达到了交流思想、增进团结、明确方向、促进整改的目的，并进一步增强"四个意识"，坚定"四个自信"，做到"两个维护"，进一步守好"红色根脉"。

（二）三个强化

1.强化党建基础，提升战斗力

（1）思想建设是基础的基础

思想建设是根、是魂，是一切行动原动力产生的基础，思想不清，方向不明，工作推进就难以有强大的底气。为此，我们牢牢把握党建基础性、根本性一环，全力做实工作，进一步凸显党建的引领功能。

（2）支部建设是关键的基础

支部建设是轴、是纲，是开展活动主心骨硬气的依托。只有支部强、班子硬，党务工作才能真正落实到位。因此，我们把基层党支部建设作为一项十分重要的工作来抓，定标准、强责任、塑品牌，推动党支部建设不断迈上新层级。

（3）廉政建设是保障的基础

廉政建设是镜、是律，是党风向好、正能量凝聚的根本。如果廉政不为，效能不彰，纪律规定就会难以发挥约束作用。因此，在实际工作中，我们"担主责、抓主业"，正风肃纪，严抓落实，推动廉政建设不断迈上新层级。

2.强化作风建设，提升行动力

（1）"铁"是纪律作风建设的基本要求

全面落实会风要求是硬化纪律作风建设的"起跑线"。只有会风严，开会不走空，纪律作风建设才能开好头。认真落实管理制度是硬化纪律作风建设的"导向标"。我们坚持纪律面前人人平等的原则，加强纪律作风建设。

（2）"硬"是工作作风建设的支撑要件

工作执行动真格是强化工作作风建设不可逾越的环节。我们营造工作状态新气象，做到态度端正、专心致志，努力追求业务"干精、干好、干到位"的最佳境界；倡导落实自主新作为，用谋用智，把工作"做细、做实、做精彩"。工作行为上的认真负责是强化工作作风建设的不可缺少的要素。我们坚持党员干部在位行使的每项权利、在岗的每个行为"为企业负责、为职工负责，为自身负责"的原则不动摇，保证日常下井检查。我们坚持现场出现急难险重问题，不管哪个时段，担负相应管理责任的党员干部"第一时间赶赴场，组织处理"的原则不动摇，定了的事情真抓不放、真干到底，做到敢担当能干事，用自身的辛苦指数、奉献指数换取职工的满意指数和幸福指数。

（3）"实"是服务作风建设的应有灵魂

党员干部服务作风好不好是关系到党的宗旨能否落实到位的关键所在。党员干部应本着真诚服务的态度确立包保对象，熟悉对方的家庭生活、开支等基本情况，开展经常性的谈心活动，定期向所在党支部、工会组织反馈职工的诉求信息；定期组织职工代表召开座谈会，诚心诚意听取群众需求意愿，完成好"用真情问民需，倾听群众心声"的任务。

3.强化人才管理，提升生产力

（1）加强政治素质建设

坚持把"政治过硬""立场坚定"作为首要标准，加强人才梯队建设，针对性设立岗位，以一岗多责、一专多能为要求，有意向地给优秀青年人才压担子。同时，在消防公司内部加强拼搏进取的文化建设，引导全体员工在实践中、工作中、生活中把准政治方向，提升政治能力，锤炼政治品格。消防公司生产技术部主任张盛、消控施工队队长郑金芳积极向党组织靠拢，已光荣成为中共预备党员，全体职工中，党员占比达67%。

（2）加强综合能力建设，提升执行力水平

电力消防是一个全新的行业，需要全体员工进一步加强工作能力、协作能力、执行能力、创新能力等，消防公司全体员工自我加压，比学赶超，对专业保持"饥饿感"，对工作保持"奋进感"，常态化开展分散式线上学习、集中式线下培训、攻关式线上线下无时差办公推进。消防公司工作群工作协同常年至后半夜。消防公司赵树春同志、张盛同志分别获2019年度、2020年度"浙送劳模"。

（3）加强大局观念建设

在日常工作中，消防公司提倡抓主要矛盾和矛盾的主要方面，加强优秀青年人才领导力、管理力锻炼，要求立足岗位成才，善于从整体、大局、全局上考虑问题，在工作中要坚决做到着眼大局，把握大局，服从大局，以主人翁的心态对待工作，以消防人的姿态推进全局，敢闯敢拼，敢试敢干，敢为人先，先后探索了"PC""EPC""P+C"等多种业务承接模式，消防公司自揽业务量占比70%以上。

四、加强党建提升工程管理

金华换流站抗爆门改造项目主要指针对阀厅外墙封堵洞口处，加装固定式防爆门，以减小发生紧急情况时爆炸力对阀厅的冲击。阀厅抗爆门安装工程，共由12台高端换流变阀厅抗爆门与12台低端换流变阀厅抗爆门组成。2020年度停电检修期间，共计完成5扇抗爆门改造。2021年金华换流站消防提升项目重点任务就是确保抗爆门改造项目的实施进度。

消防公司克服停电时间短、作业人员不熟练、工作交叉多等重重困难，发挥党员先锋模范作用，推行"门长负责制"，定人定岗定责，对金华换流站抗爆门改造项目进行提前预控，全面交底。

（一）提前预控，交底到位

在金华换流站未停电前，消防公司结合 2020 年度金华站、绍兴站抗爆门改造项目的相关经验，组织人员对该项目进行提前预控，对于细节点、关键点与风险点进行逐条梳理，共计梳理问题 30 余项，并提前与武汉南瑞公司进行对接沟通，并进行逐条落实。

在正式停电开工后，针对现场关键风险点，第一时间联合工作负责人、监理、工作监管人等共同开展安全交底工作，安全交底细致、到位，确保抗爆门改造工作安全有序推进。相关做法受到检修公司"红榜"表扬。

（二）迅速介入，接替指挥

在项目实施推进过程中，针对大部分施工人员对脚手架搭设与吊装作业的不熟练，出现项目推进滞缓等情况，消防公司第一时间组织技术、安全、施工等专业人员对问题进行诊断，并开出针对性的处方，即采取"门长负责制"，为每一扇抗爆门改造指定一名门长进行总负责。

同时，紧急制定脚手架搭拆与抗爆门吊装两项施工标准化模板流程，并采取样板先行先试，再全面批量施工模式。消防公司自有人员负责样板施工的全流程管理，同时组织所有门长集中观摩样板施工，再由各门长按照两项施工标准全面推进抗爆门改造。

（三）严格考核，高效运转

在紧张的停电时间内，既要确保安全与质量，也要高效推进改造项目，消防公司针对安全、质量、效率 3 个层面分别制定了考核细则。

安全方面，罗列施工过程中的安全风险点，并制定处罚措施，例如脚手架未接地，单次扣罚 1000 元；质量方面，分析各个环节的质量控制关键点，并制定处罚措施，例如单颗螺栓不紧固扣罚 10 元；效率方面，以"吊机不等人"为考核，确保吊机时刻处于高效运转状态，并制定处罚措施，例如准备工作不充分导致吊机停滞单次扣罚 500 元。

以田孟林等同志为代表的一线党员通过提前预控、交底到位，迅速介入、接替指挥，严格考核、高效运转的工作模式，短短 6 天时间内共计完成 13 扇抗爆门改造工作，在天气等客观条件更为不利的情况下，"完胜"对侧宜宾双龙换流站的 7 扇，受到国网浙江省电力有限公司和检修公司的高度认可，相关现场管控经验已报国网特高压部。

五、取得成效

（一）组织优势发挥明显

通过不断加强思想教育，党员干部职工进一步坚定了理想信念，树牢了"四个意识"，坚定了"四个自信"，坚决做到"四个服从"和"两个维护"，在大是大非面前能够坚定政治立场，敢于同不当言论做正面斗争、据理力争，并坚决抵制和纠正有损党中央领导权威及党和国家形象的错误言行。根据形势变化和实际需要，通过持续深入地开展形势任务教育，引导干部职工正确认识企业当前面临的形势，进一步统一了全员思想，凝聚了攻坚克难、干事创业的合力，为企业高质量发展提供了坚强的基层组织保证。

（二）作风建设持续提升

结合当前企业决策落实节奏快、要求高，推进高质量发展的任务重、难题多的实际，各级管理人员坚持身先士卒、身体力行，以身作则、率先垂范，在贯彻重大决策、落实重点工作方面一马当先，亲力亲为，围绕各类工作难题，积极担当作为、创新进取，时时处处充分发挥示范引领作用，形成了"一级做给一级看，一级带头一级干"的良好氛围，确保了各项工作有序落实到位。

（三）人才活力竞相迸发

持续落实选才用才机制，优化了管理队伍梯队层次和结构，工作动能有了新提升；规范全员培训标准和流程，常态化开展"岗位练兵、技术比武"活动，有效提升了全员安全素质和操作能力。以全员技能素质的提升作为硬件支撑，加大开展创新创效工作，加快创新项目实施和转化。同时，认真梳理创新性强、科技含量高、创效成果显著的项目，及时申请专利保护和标准认定，进一步提升了公司的核心竞争力。

完善党建工作与生产经营深度融合研究

王成波　陈红翔　叶国钢　许　慧　姚哲渊　叶谢平

一、引言

随着我国市场经济的不断发展，企业经济结构不断得到完善，其对于整个社会经济的发展发挥着重要的作用。在习近平新时代中国特色社会主义思想的引领下，企业经济结构不断得到深化及调整，企业的发展类型及模式呈现多样化，数量不断增多，通过对企业基层党组织的建设，可以做好企业发展方向的引导工作，从而推动国家经济的稳健发展。随着城市化发展进程的不断加快，各类企业管理及发展体系不断健全，为了适应市场的未来发展趋势，必须实现企业经营管理模式与基层党建模式的结合。

二、健全公司章程，明确党建要求

电缆公司新成立，建章立制是第一步工作。在各项章程和规章制度中，电缆公司旗帜鲜明地把党建要求写入各类规章、制度中，以确立党组织在公司治理中的法定地位，实现支委会、经营层等多元主体的利益意志趋向统一，促进党组织作用系统化、规范化、制度化。

电缆公司完善内部组织架构，梳理出岗位职责、工作任务，制定人员绩效考核管理办法，完善员工激励措施；制定经营管理活动相关规范，强化经营意识，提升经营效益；修订工程项目管理、技术管理、现场管理制度，明确岗位人员责任，落实安全质量、文明施工要求，完善技术方案审批流程，提高工程计划执行精度，规范分包队伍现场作业行为；编制内部学习培训制度，促进技术人员水平提升；完善办公、后勤、党团工会、车辆、废旧物资等综合管理制度，保障各项工作都有制度可依。

三、推动党建职能融入人力资源工作

电缆公司党支部充分发挥公司党委把方向、管大局、保落实的领导作用，把党的政治优势、组织优势、密切联系群众优势充分运用于人力资源和人才队伍建设方面，通过创新管理方法和手段，最大限度地激发人的内在潜能，使党的政治优势有效转化为市场竞争优势，实现企业效率最优化、效益最大化，形成企业不断创新发展的强劲动力。

（一）党支部严把人才引进质量关

电缆公司党支部副书记切实组织招聘工作，深入各大院校走访调研，挖掘电缆工程技术人才，并参与组织面试、选拔等环节，对面试者进行专业、素质等多方面进行考察，已为电缆公司引进十多个市政、电缆施工方面的专业人才。

（二）党支部带头完善技术人员培养机制

针对目前技术人员对口电缆专业程度较低、学习交流培训的机会较少、学习资料和平台缺乏的问题，电缆公司党支部带头通过设立电缆技术课程体系、开辟线上线下培训课堂和技术论坛、开展定期内部骨干或外聘专家授课、定期进行考试评估等方法激发技术人员学习积极性，提高队伍技术技能水平。

（三）党支部加强劳务分包队伍管理素质培养

针对劳务分包队伍目前现场管理松散、人员素质普遍低下的问题，电缆公司党支部制定出一系列的培养方案和制度规范，制定落实分包队伍现场管理办法、分包队伍月度考核办法、分包人员教育培训办法等措施，抓好分包队伍的入口关、现场关、培训关，培养核心队伍、核心骨干。电缆公司党支部副书记更是亲力亲为，对劳务分包队伍进行军事化培训，提升劳务分包队伍的人员素质。

四、党建引领基建，提升了党建工作的
驱动力、影响力、创造力

党建工作紧密围绕生产经营活动统筹谋划，通过党建联盟，积极对标省内、系统内优秀电缆施工企业，通过"学标杆、强内功、做精品、树品牌"，打造具有较强施工实力和市场影响力的专业化电缆施工单位；组建电缆应急抢险队伍，发挥党员冲锋在前的先锋模范作用，实现党建与基建工作双促进、双提升；党员活动与基建工作相融合，通过工程现场岗位实践，不断激发支部活力，提升支部的凝聚力、战斗力、创造力。

（一）党建联盟，学习优秀电缆施工企业

为了尽快构建起科学合理、完备高效的管理机制，锤炼出一支敢打硬仗、能打胜仗的高素质员工队伍，做实做精电缆业务，电缆公司积极对标省内、系统内优秀电缆施工企业，组建党建联盟，通过结对共建平台，加强交流，互通有无，做到组织共建、活动共抓、党员互学，学标杆、强内功、做精品、树品牌，打造具有较强施工实力和市场影响力的专业化电缆施工单位。

（二）党支部带头组建电缆应急抢修队伍

为践行"人民电业为人民"的企业宗旨，传承发扬"风餐露宿讲奉献，优质高效争一流"的优良传统，电缆公司党支部带头组建电缆应急抢修队伍，以加强公司处理安全生产突发事故的反应能力，最大限度地控制、减轻和消除突发事件引起的严重危害，应对各类突发电缆外破事件，为经济社会发展和人民群众生产生活提供坚实保障。

（三）党员活动与基建工作有机融合

电缆公司通过主题党日活动，组织党员深入基层工作岗位实践，加强与一线人员的沟通和交流，不仅切实解决一线人员的工作生活难题，为群众办实事，也以此方式不断激发党支部活力，提升党支部的凝聚力、战斗力、创造力。

国有企业创新"党建＋经营"工作模式初探

朱晓峰　潘建明

一、引言

在新的历史发展时期里，国有企业必须顺应时代大潮趋向，应牢牢树立起与时俱进的改革精神，应及时更新企业发展观念，使得思想能与时代保持同步，不掉队，不落伍，以更好的姿态，适应社会环境的变化。基于此，在改革背景下，必须充分提高思想觉悟，力促企业创新发展，改变传统的经营管理模式，积极地参与市场竞争，继续发挥出国有企业的建设积极性，以更好地引导社会经济朝着正确方向发展，解决更多现实性生产与管理问题，这样才能优化企业生产管理目标，提高创新能力。同时，党员干部必须肩负新使命，增强责任感，不忘初心，深入学习党的十九大精神，并充分运用到企业内部改革当中，以发挥出更大的作用，全力打造好新的国有企业"品牌＋形象"，努力推动企业内部党建工作，以不断推动企业向前发展，在市场中发挥出更大的作用。

二、国有企业及党建简述

国有企业的性质是国务院及地方政府机关代表国家履行出资人职责的国有独资企业、国有独资公司及国有资本控股公司，这里的独资企业也包括中央及地方国有资产监督管理机构认证后而逐级形成的企业单位。中央或地方政府机关对国企单位具有绝对的控股权及所有权，政府机关的意志决定了国有企业的发展走向及经营活动，是推动国民经济发展的中坚力量，是建立中国特色社会主义的基础。"党建"的全称是党的建设，属于中央或地方党组织的职能，是党务工作的概念之一。党为了始终保持自身性质，开展的一系列自我完善的活动均为党建工作，包括党的政治建设、思想建设、组织建设及作风建设等，为国企党纪机制的建设提供坚实的理论依据。除党的中央组织之外，党的地方组织、基层组织均需重视党建工作的开展，周期性讨论党的宣传工作、教育工作、组织工作、纪检工作、群众工作及统一战线工作，并针对阶段性党建工作进行自我检查，逐步完善我党内外思政状况[1]。

三、做好国有企业党建工作与经营工作深度融合的思考

（一）重视党建宣传，发挥榜样力量

公司党委非常重视党建宣传阵地建设，打造了"三廊五室"党建宣传阵地，把党的政策方针、公司党建经营动态、先锋模范事迹等及时传达到一线，把党员活动室、生产交接班室建设成广大党员、职工政治学习的中心和思想教育的阵地。同时注重在日常工作中总结经验、树立典型，做好引领和示范，充分利用党建宣传栏、微信群、公众号等信息平台，对企业先进事迹、先进团队和先进个人进行广泛宣传，营造"学习先进、崇尚先进、争当先进"的工作氛围，在战疫情、保经营的冲锋线上，广大党员在关键时刻显担当，为全体职工做出了表率，充分发挥了党组织的战斗堡垒作用和党员先锋模范作用。

（二）确保党组织的领导核心作用

习近平总书记在《中国共产党领导是中国特色社会主义最本质的特征》一文中深刻指出："我国社会主义政治制度优越性的一个突出特点是党总揽全局、协调各方的领导核心作用。"[2]国有企业在企业发展的复杂体系中，要以中国共产党为核心，要不断加强企业党委对企业各方面工作的领导。[3]党委要坚持从战略层面、社会责任角度统筹规划企业发展方向，通过召开战略研讨会、经济形势分析会等会议，分析国家战略发展方向、行业发展方向、研判市场风险，明确年度重点工作，把握企业的发展方向，为企业职工指明前进的道路。企业

---

① 钱军林．提高国有企业党建工作质量初探 [J]．中国有色金属，2020（08）：70-71.
② 习近平．中国共产党领导是中国特色社会主义最本质的特征 [J]．求是，2020（14）：4-17.
③ 沈建生，王玉峰，王鹏，等．有效提升国有企业党建工作质量 [J]．唯实，2020（04）：37-42.

党委在把握方向的同时，更需要通过思想教育强化职工的行动自觉，做到思想与行动同向、统一，确保企业党组织的领导核心地位。[①]企业党委通过党委会、党代会等会议，研究并部署企业思想教育工作，将思想教育工作融合到企业的生产经营当中，通过上党课、开展党日活动、谈心谈话等形式，教育和引导广大企业职工树立正确的价值取向，凝聚国有企业改革发展的强大合力，在推动企业前进的步伐中真正做到"心往一处想，劲往一处使"。通过思想教育和工作部署，让职工自觉地将行动统一到党组织的决策部署上来，确保上级党组织和公司各项决策部署迅速落到实处。

（三）转变国有企业党建工作观念，加大创新力度

在国有企业发展过程中，绝大多数国有企业把经济利益放在第一位，这是无可厚非的，但是单纯地重视经济工作而忽视了党的建设，削弱了党的领导的作用，长此以往，国有企业将丧失竞争力和生命力。其实我们更多地应该站在国有企业发展战略全局的角度去把握，理解加强党建工作对国有企业发展的重要性和迫切性的认识，深刻领悟在社会主义市场经济的大环境下，国有企业必须承担起抓党建工作的社会责任的必要性。思想上重视，行动上才会跟进。[②]从一般角度来看，都是要实现由党建工作去引导其他各项工作，保证各级党组织的政治正确性。

（四）关爱职工，丰富企业文化生活

组织开展职工运动会、知识竞赛、演讲比赛等文体活动，营造积极向上的工作氛围，扎实做好员工慰问、困难职工帮扶、职工子女助学、女职工关爱、员工职业健康、优秀青年员工培养等工作，推进和谐企业文化建设，让全体员工伴随着企业发展有更多的获得感、幸福感。

（五）工作力量深度融合

在党建工作与业务工作的融合过程中，为了确保二者的深度融合，必须具备 5 个条件：第一，建立优质党委班子，贯彻落实"双向进入、交叉任职"的

① 郑浩.关于提升国有企业党建工作质量的思考[J].江汉石油职工大学学报,2019,32(05):71-73.
② 龙秀均.新形势下国有企业高质量党建思考研究[J].办公室业务,2020(07):12-13.

发展理念，始终坚持党的领导。第二，建立优质支部班子，企业党支部作为党建工作的基层组织，必须保证自身积极效用的充分发挥，必须配备综合素质较高的优秀党员，落实我党"一岗双责"的任职理念。第三，树立党建标杆，在党建工作的开展过程中，员工需要一个标杆人物用以学习或模仿，任命党员骨干兼任党小组组长，在党建过程中起到模范带头作用。第四，强化党员队伍建设，培养基层党员的党建意识，利用党性约束自身，将党员培养成骨干标杆，以此保证党员队伍的政治先进性及业务先进性。第五，凝聚职工群众，国企单位内部并非全部都是党员，部分职工群众仍然需要党支部进行团结，依靠党建工作优势转化为企业发展优势，保证党建与业务的同计划、同部署、同开展及同考核。①

四、结语

作为国有企业基层党组织，应当以习近平新时代中国特色社会主义思想为指引，全面贯彻新时代党的建设总要求，落实好中央企业"党建巩固深化年"部署，不断深化党建工作，提升党建质量，努力把党的政治优势转化为企业的发展优势，推进企业改革创新和高质量发展。

---

① 杭修勇.关于提升国有企业基层党建工作质量与效果的探索 [J].淮北职业技术学院学报，2019, 18（02）: 15-17.

新时代送变电企业党建带团建工作的思考

钟林海　谢全兴　王建华　傅骏峰　陈　骋　许　梅

一、引言

随着浙江送变电"双百企业"综合改革工作逐步深入，送变电企业依托"党建带团建"加强送变电企业共青团工作，让广大的团员青年为企业的改革、发展稳定发挥应有的带头作用。共青团作为党领导下的先进青年群众组织，送变电企业通过加强党建带团建工作，确保了共青团组织与党建、企业发展及党中央相关号召有机结合，努力塑造富有工作激情及活力的高素质青年员工队伍，为送变电企业进一步发展提供充足的人才保障。

二、党建带团建工作的重要意义

首先，以党建带团建工作作为新时期党加强共青团工作领导实际需求，自中国共产党成立以来便重视共青团工作，共青团的发展也与党的发展紧密相连。基于当前发展新形势下，浙江省送变电工程有限公司坚持及发扬"风餐露宿讲奉献，优质高效争一流"的优良传统，保证浙江省送变电工程有限公司共青团工作有效运转，重点在于提升党建带团建工作质量。其次，加强基层党建带团建工作质量，能有效促进企业深入发展，共青团作为党联系企业青年的重要手段及措施，党组织应当格外重视青年工作，关心企业青年成长质量。基于党建带团建工作，确保共青团在青年工作过程中的核心地位，促使青年构建正确的政治观念，企业内部应营造尊重青年及重视青年的良好氛围，保障企业正常运营发展。最后，强化党建带团建工作质量，提升党建科学化水平。现阶段国家重点强化送变电企业党组织建设质量，企业党组织均应制定多种措施，重点带动基层团组织建设速度，加强基层团组织建设质量。基于当前新形势下个别基层团建工作难以达到相关要求，所以企业党组织应当重视党建带团建工作。

三、当前送变电企业党建带团建工作问题

（一）个别党组织对团建工作的重视程度偏低

部分基层单位把党建工作和团建工作当成两个独立的个体来看待，没有将二者融合在一起，没有把团建工作放在心上，甚至认为是可有可无的，工作思维较为固化，没有用发展、联系的眼光看待党建和团建之间的关系，致使基层单位团建工作力度上不去，造成团建工作开展难、新团员发展难的"两难"局面。

（二）基层组织的服务能力弱化

无论是党建工作的开展，还是团建工作的具体执行，都需要充分发挥基层组织的作用，高效落实各项工作。在具体实践中，存在着组织服务能力没有全面发挥的问题。具体体现在以下几个方面。一是基层单位工作机制不健全，落后于发展要求。若想推动企业健康发展，必须要强化党建工作和团建工作，将两项工作有机融合到企业管理工作中。然而受到思想认知及企业工作模式的影响，很多人对共青团工作的重要性缺乏有效认识，没有认真贯彻落实，并将此项工作完全融入企业生产和经营等工作实践中。二是团建活动形式落后，难以更好地适应新发展形势的要求，难以发挥出应有的作用。

（三）基层单位团组织资源少，活动开展难度大

对于基层团组织而言，其相关资源基本利用行政手段获得，但整体经费及人员较少，其会在一定程度上降低相关人员的工作积极性及主动性。同时青年素质及技能培训均需要团组织提供大量机会及规范化服务，但现阶段青年学习活动区域硬件设施数量少，企业新入职青年员工人数少，送变电企业施工生产任务多，假使组织活动需抽调一定人员，就可能会对正常生产活动造成一定的影响。

四、依托党建带团建，提升送变电企业共青团工作水平的有效措施

（一）抓住党建带团建的支撑点，建立健全科学、规范的运行机制

在实施党建带团建工作中，发挥制度的驱动作用是至关重要的。一方面各级团组织主动争取党组织制定相应的"大制度"，硬化工作政策，做到"三同步""四纳入"。即党团建设同步抓、党团教育同步搞、党团考评同步过；团建考核纳入党建目标考核之中、推优工作纳入党员发展之中、团干培训纳入党的干部培训规划之中、团的建设纳入党委工作日程之中。按照活动共建、责任共建、阵地共建的原则，把团建纳入党建的范畴，做到统一部署、统一要求、统一落实。另一方面各级团组织在已有政策用好用足的基础上，抓住目前困扰基层共青团工作的一些突出问题，争取党委支持，制定符合本单位、本部门实际情况的"小立法"，优化工作环境。

（二）树立以青年为核心的工作理念

送变电企业青年员工占比较大，是企业持续发展的重要力量。在具体实践中，发挥党建带团建的作用，助力青年成才。树立以青年为核心的工作理念，将关爱青年员工成长作为常态化工作具体落实。以康达公司为例，在青年队伍的建设中，充分发挥党建带团建的作用，结合工作实际，助力青年成才。

（三）充分发挥团组织优势和作用

为了在党建带团建工作中充分发挥团组织的重要作用，首先在对青年团员开展思想政治工作时，重点针对提升青年团员的大局意识、发展意识及责任意识等方面来开展思想政治工作，而且以企业的决策部署为基础来引导青年团员的思想和行动的统一，实现推动企业健康和稳定发展的目标，且在过程中发挥青年团员的推动作用、支持作用及维护作用。其次就是让共青团参与到企业的民主管理工作中来。结合党建带团建工作要求，针对企业的团支部书记是党员的可以让团支部书记参与到企业的党组织会议中来，而且在企业进行重大决策的制定和推行过程中，尤其是针对其中涉及青年团员利益的决策，还需要青年团员的代表及职工代表参与其中，并且在制定重大决策的过程中要充分听取青

年团员的意见，逐渐提升在单位职代会中青年职工的比例，并且可以由团支部书记参与到职代会等单位会议中来。再次就是在围绕企业中心工作来组织共青团活动。这不仅需要提高对共青团工作的重视，在企业的工作总体规划中将共青团活动作为重要部分，在给予共青团一定任务的同时也给予其建设性的意见、建议和要求，还应充分给予共青团足够的建议权和决策权来妥善解决青年问题。此外，在企业的有关会议中应保证团组织负责人的出席，确保共青团活动开展过程中贯彻党组织意志并与企业的中心工作相结合。最后就是要推动共青团工作的创新发展。为了确保共青团活动对企业生产经营任务的促进作用，保证企业的稳定改革和发展，需要做好青年团员的队伍建设工作，在对青年团员的工作评价标准和考核办法进行深入研究的同时，对其工作机制进行创新，对考核评价体系进行完善，不断提升团组织对全局的服务水平。

（四）坚持塑造党建的整体格局

共青团是我们党和社会广大青年之间的纽带。在性质上要求共青团必须坚持党的领导，统一思想，增强团体组织在改造社会时的凝聚力。换言之，共青团的任务就是把青年团结好，把广大青年群体团结在党的周围。在新形势下，企业的党建团建工作一定要符合基层组织情况的计划。同时，在团建过程中采用不同的形式大胆创新、努力探索，跟上党前进的步伐。根据地理区域将团队成员分成小组。每个小组都最大限度地发挥其日常群体活动的地方特色，使年轻员工不断提高知识和阅历。新常态下的团建任务还要优化组织上的管理。所以说依靠共青团的工作展开来塑造党建的整体格局，是顺应潮流的。只有将更多青年组织聚集在一起，才能建立以共青团为核心的社会主义党建人才后备军。

（五）坚持党建带团建，加强网络媒体宣传力度

根据青年团员喜欢新鲜事物、热衷于潮流时尚这些特点，党建带团建则需要把网络媒体纳入进来。网络媒体是青年人最为聚集的地方，如今抖音、微博、钉钉等网络媒体无处不活跃着青年人的身影，它们对青年人的影响可谓是方方面面的，因此，可以运用网络媒体资源增进青年团员对党建带团建的认识。例如，总公司党建宣传部注册了"浙个送电工"的微信视频号，在上面以创新的表达方式，发布了一些关于团建的相关内容，利用这种方式，大大提高了青年人对团建工作的认同感。

综上所述，党建带团建工作的开展，不仅能够促进组织建设，而且还能推动送变电企业良性循环和健康发展。为充分发挥其作用，要注重创新和完善党建带团建工作。在具体实践中，采取依托互联网，丰富党建带团建工作形式，树立以青年为核心的工作理念，发挥党员的带头作用，注重队伍建设，提升基层组织战斗力，建章立制等措施，提高工作水平，为公司3年内（到2023年）实现"两个第一、两个领先"的发展目标，明确打造全国送变电行业的"先行示范窗口"的战略目标定位，启动企业发展的新引擎做出新的更大贡献。

以"互联网+"模式助力党内组织生活的实践探索

孙万鹏

一、引言

近年来，由于疫情散发不断，公司工程又遍布浙江省乃至全国各地，工程建设强度及安全生产压力逐年增大，现场结构性缺员现象越发凸显，现场职工往往都是"一个萝卜一个坑"。在进行相关调研后发现，不少支部存在一线党员组织生活参加困难，"三亮三比"弱化、形式化的现象。

经问题分析及全方位思考，发现充分发挥"党建+"工程的强大生命力，运用互联网平台"线上+线下"多形式开展组织生活是个较好的方式，用互联网思维打破地理分隔的束缚，减纸少会，杜绝基层党建形式主义现象，提升党员扎根一线的自身意识和表率作用，达到党员带头引领示范，保质保量完成工作任务的同时，带动身边的人一同守护安全。

二、实施背景

为进一步巩固落实党史学习教育活动成果，检验公司"管理提升年"活动成效，党建部在党组织管理中积极探索管理提升突破口，在基层党支部中选取3个基层单位党支部、1个临时党支部进行调研，通过座谈会、主题党日、面对面谈心等多形式，倾听基层党支部和一线党员真实心声，掌握了不少关于党支部组织生活和一线党员如何发挥作用等相关情况，为后续的管理提升找到"突破口"。

通过多次走访调研，了解基层单位党支部党内组织生活的痛点难点，累计开展座谈会 3 次、参加主题党日活动两次、面对面谈心 12 人次，基层党建特色鲜明，均能做到党建工作"高度、深度、温度"并存。

一是把握党建引领作用有高度。党员同志均有做好国民经济保障者、能源革命践行者的行动自觉，能够为全力支撑电网建设、生产等中心工作不懈努力，在群众中树立起党建引领的标杆。

二是实施"党建+"工程有深度。发挥专业优势提升项目管理效率效能，破解施工生产过程中的痛点难点，形成以党史学习教育为指导的"党建+"工程落地实践。

三是党建带群团工作有温度。基层党支部能够常态化扎实开展"我为群众办实事""为基层班组减负"等活动，在职工群众中树立"暖心浙送"品牌。

三、存在问题及主要做法

发现亮点的同时，也发现了部分支部存在一线党员因驻地分散、工程节奏紧张等客观原因，参加组织生活困难、政治理论学习不到位、"三亮三比"弱化形式化等现象。

（一）主要存在问题

一是党支部组织生活开展受疫情和项目地点限制，经常出现党员较难出席，难以组织的情况。

二是党员政治理论学习形式单一，自主学习动力不足，出现政治理论学习虚化弱化现象。

三是部分一线党员参加组织活动流于"形式主义"，工作节奏紧张，先锋模范作用未能有效发挥。

（二）主要做法

经问题分析及全方位思考，建议充分发挥"党建+"工程的强大生命力，运用"互联网+"模式，以微信群、公众号、钉钉视频会议等多形式开展组织生活和各类学习，减纸少会，提升党员扎根一线的自身认识和表率作用，达到党员带头引领示范，保质保量完成工作任务的同时，带动身边的人一同守护安全，为工程建设的有序进行打下坚实基础。

1.丰富活动日形式，打造便捷"线上组织生活"

结合党史学习教育要求，分析组织生活开展过程中遇到的党员较难出席的情况，初拟《关于公司各党支部组织生活线上开展的意见》，鼓励各党支部利用党员微信群、钉钉视频会等形式，定期推送各类学习材料，使党员可以摆脱工地回程不便的束缚，随时随地学习。

2.利用多媒体平台，引导党员"线下带头学习"

在"党建+"的大背景下，利用多媒体平台已经成了解决大部分问题的有效手段之一，公司党委对各党支部的标准化建设要求是"三本六盒一证，一室一栏一群"，其中对"一群"的使用还远远不足，很多党支部还停留在收党费、传资料上，要让党员微信群成为"互联网+组织生活"的重要桥梁，可以推出"每日一问""每月一谈"等微信群活动，形成线下学习线上交流的氛围。

3.减去形式绊脚石，建强党员"联系群众纽带"

在调研中了解到诸如有的部门对上级政策研究不深不透，或直接转发给下级，导致基层"消化不良"、茫然无措，或不充分结合实际仓促出台落实举措，朝令夕改，补充通知一个接一个，基层党支部反复被折腾，做了大量无用功。党建部将在今后的工作中把政策和制度密切联系职工群众加以优先考虑、为党员职工答疑解惑，排忧解难，把团结干事的火把举得更高。

四、取得成效

（一）丰富主题党日开展形式

"线上组织生活"不仅能调动党员参与组织生活的积极性，还能利用互联网思维，更加丰富组织生活的形式内容，各党支部能结合各自党员的兴趣需求创新主题活动，既解决了组织生活"组织难"的问题，又有效解决了党员活动形式单一枯燥等问题。

（二）拓展主题党日学习内容

通过线上线下相衔接的新颖形式和丰富的学习内容，党员的学习力、执行力得到进一步提升，党员队伍的整体素质和凝聚力也有了明显提高。党员在工程建设中亮身份，时刻彰显出共产党员的先锋模范作用。党员组织生活常态化，不拘形式，注重实效，更加富有活力；主题鲜明，党建氛围浓厚，进一步推动了党建、工建、团建工作上台阶。

（三）便捷主题党日作用发挥

拉近党员与群众之间的距离，就是党员有效地发挥了先锋模范作用，党的政策得到及时传达贯彻，使之成为提高基层党支部凝聚力和战斗力的新载体，实现了党支部和党员、群众之间"即时""微距"接触。"三亮三比"在施工现场一线发挥了应有作用，为工程建设的有序进行打下了坚实基础。

新形势下党建工作推进后勤服务
创新管理的思考和实践

杨　婷　金　桥　甘振华　任　攀

一、背景

2021 年 4 月 6 日，在中国共产党浙江省送变电工程有限公司第四次代表大会上，明确指出当前和今后一个时期公司党的建设总体思路是：坚持以习近平新时代中国特色社会主义思想为指导，深入学习贯彻党的十九大和历次全会精神，坚决贯彻党中央关于加强国有企业党的建设工作要求，落实国网电力有限公司党组、国网浙江省电力有限公司党委决策部署，全面推进党的政治建设、思想建设、组织建设、作风建设、纪律建设，把制度建设贯穿其中，大力弘扬"红船精神"，着力推进管理提升，深刻践行"新发展理念"，努力书写好"落实六个强化、提升六大力量，形成高质量改革发展新局面"的时代答卷，以风清气正的政治生态和风生水起的发展生态，为公司在经济"双循环"新格局下的改革发展提供坚实保障。

浙江银桥旅业有限公司（以下简称银桥公司）作为浙江省送变电工程有限公司后勤服务的执行部门，业务板块主要包括：物业、职工疗休养、宾馆酒店、防疫后勤、物资贸易、食堂后勤、广告制作等专项服务。服务工作点多、面广、事细，员工队伍老龄化严重、性别结构失衡、整体学历偏低的问题比较突出。在新形势下如何立足自身实际，找准发力点，精益管理、大胆创新、跳出思维定式、破解发展困局，为公司在经济"双循环"新格局下的改革发展提供坚实保障是摆在银桥公司面前的一个关键课题。

二、主要做法

近年来，随着银桥公司业务范围不断拓宽，营业收入逐步提升，在送变电公司高质量改革发展的要求下，持续推进精益管理工作，既是顺应发展趋势的必然，也是保障企业合规合法、稳步前行的关键。银桥公司从党史学习中汲取奋进力量，提出精益管理提升"三步走"方案，催发内生动力，突破瓶颈制约。

（一）完善管理制度，企业监管机制"稳步推行"

"长板不长跑不快，短板不补走不稳"，"锻长板"和"补短板"是企业行稳致远的"钥匙"。银桥公司聚焦工作流程，切实围绕"学制度、讲规矩、比精细、转观念、促提升"主题党日活动要求，向基础管理要成效，深入推进内控标准化管理。完善清晰的管理规范，建立行之有效的规章制度、落实明确的岗位职责。银桥公司重新修订"三重一大"决策实施细则、配套议事规则、现场后勤管理工作方案；完善合同管理制度、采购管理制度；逐步推进落实采购文件编制和评分细则的制定工作；试行"红船先锋存折"积分管理制度。从政治素养、理论学习、作风建设、先锋作用4个大类和17个小项，对党员进行量化考核管理。整合管理资源，消除无用内耗，实现精益和标准合二为一、提升优化企业监管机制。

（二）树立创新理念，后勤服务软硬件"同步提升"

后勤服务保障涉及面广、内容繁杂，新形势下也面临许多新问题、新矛盾和新挑战，运用系统的思维，全方位对后勤服务保障各要素、各方面进行重新整合，运用智能化、系统化、信息化等技术与手段，将管人、管财、管物和事前、事后进行有机统一，实现工作任务标准化、组织管理网络化、保障要素集约化、服务过程可视化、效果判断精确化。

2021年，银桥公司整合现有资源，引入先进技术，完成ERP（enterprise resource planning，企业资源计划）平台、合同系统上线，试运行供应链、物资管理（商贸类及重点物资）、合同管理及结算管理等线上操作流程，初步实现合同、物资、人资和财务等全流程的线上运行。银桥综合服务公众号完成升级优化，银桥商城端口开启。以平台为依托，将精益管理和创新驱动相融合，层次分明、责任清晰、分工明确，后勤服务管理效率和精准度得到快速提升。

建设高素质专业化人才队伍是深入贯彻习近平新时代中国特色社会主义思想和党的十九大精神的重要体现。后勤服务企业要发展，员工是关键。长期以来固步于传统意义的劳动力密集型后勤模式，导致员工队伍性别结构失衡、文化程度偏低。为此，银桥公司深化薪酬体系改革，对外引入市场化考核激励机制，对内加强绩效考核力度，组织开展专业技能培训，落实员工家属关怀机制。通过建机制、搭平台、强保障，加强人才梯队建设，努力打造高素质专业化后勤人才队伍。

（三）凝聚改革共识，锚定发展目标"齐步奋进"

凝聚改革共识是实现中国梦的基本要求，通过凝聚改革共识可以消除思想观念上的障碍和束缚。当前出现员工老龄化明显的趋势，一线老员工观念陈旧、安于现状，缺乏创新动力，改革意识滞后。银桥公司立足实际，以"管理提升年"为依托，结合红船党员服务队活动，激活党员主体意识。以基层部门为单位，结合党员岗位实际进行一线驻点带学，邀请青年骨干开展形势宣讲，解决一线服务区块分散、理论学习教育覆盖率低、改革意识落地困难等问题。坚持在集中学、一线谈、立行改、长久立上下功夫，引导老员工转变旧思想，树立新观念，逆向发挥"传帮带"作用。

三、获得成效

（一）企业内控机制由粗放型向标准化转变

通过对内控缺陷的整改，制度短板的完善，避免过于追求眼前利益，不顾长远发展潜在风险性经营行为的发生，在理顺、规范管理制度和业务流程的同时，持续按照企业内外部环境和发展需求进行优化，将标准化管理作为常态化工作落实。

（二）后勤服务模式由传统型向系统化转变

后勤服务保障能力的增强，需要打破原有的后勤服务模式。银桥公司借助数智化科技手段，构筑一体化操作平台、建立协同化联动机制、打造专业化人才队伍，有效实现后勤管理的科学化、服务保障的精确化、员工队伍的高素质化。

（三）员工思想观念由求稳型向多元化转变

从专题教育、难题征集、座谈研讨、志愿帮扶，以及党史概况、纪律法规、重要讲话、榜样故事等多方面入手，开展形势教育引导，由点及面统一思想，全面增强员工改革动力。

通过探索和实践，银桥公司坚定不移围绕浙江省送变电工程有限公司党的建设总体思路，树立规矩意识、整合现有资源、跳出思维定式，坚持以党建工作持续推进精益管理各项举措，破解发展困局，核心竞争力和可持续发展力得到了有效提升。

基于 TOC① 约束理论的支部党建"同频共振"协同协作管理

谭舟洋　王　臻　张小卫　王苏兰　茹一岚

一、引言

在全面从严治党新常态下，公司转型进入"双百行动"纵深推进的新阶段，企业发展面临更大压力、更多挑战，迫切需要基层党支部加强自身建设，充分发挥战斗堡垒作用，凝聚力量、攻坚克难，带头完成各项关键任务。综合管理中心（以下简称中心）党支部立足"后勤不后，勤字为先"的工作理念，在"管理提升年"指引下，结合管理现状和现实需要，将现代管理的理念和方法引入党建领域，基于TOC约束理论，坚持问题导向、实践导向、创新导向，从克服约束着手，努力提高系统产出，力求答好基层党支部"做什么、怎么做、做得怎么样"这张问卷，将全面从严治党的工作部署转化为支部党建的具体行动，切实担负起党支部"建、管、控"的主体责任。

二、课题背景

中心支部建设在具体工作中仍存在人员不足、工作弱化、党建虚化问题，主要体现在部署泛化、过程浮化、责任模糊化等方面，在一定程度上制约了基层党支部作用的发挥。

---

① TOC：即 The Theory of Constraints，中文译为"约束理论"，指企业识别并消除在实现目标过程中存在的制约因素（即约束）的管理理念和原则。

（一）党建目标"部署泛化"

分公司党支部因为处在党建管理的末梢，在传统的单链条管理状态下，往往产生党建部对支部辐射带动力不足的情况，支部自我管理能力欠缺、价值创造能力不足，出现党建与业务两张皮、党建工作游离于业务之外、为党建而党建的问题，需要结合实际创新形式突破管理瓶颈，在进一步强化基层党支部建设上与时俱进、创先争优。

（二）党务工作"过程浮化"

中心党支部基层基础建设仍存在薄弱环节，由于欠缺有效的工作方法，真正管用的党建措施不多，结合单位特色的工作不足，党建任务实施常常浮光掠影、蜻蜓点水，满足于"我做了"，满足于开了几个会，流于形式、走过场，需要找准党建工作切入点和着力点，在进一步提升党建工作质量上下功夫。

（三）支部工作"责任模糊化"

由于缺乏考核机制，党建压力传导不够、支部分工履责不力、抓党建的责任边界不清晰等常见问题依然存在。同时近年来，中心面对结构性缺员这一现实难题，党务人员各方面综合能力有待进一步提升，后备人才缺乏问题日益凸显，关键岗位骨干较难流动，愿意专职从事党建工作的人不多，落于疲于应付的境地，迫切需要加强组织引导和带动提升，压实压紧每位党员责任，不断激发全体党员积极性和创造力。

三、主要做法

运用现代管理理念，将TOC约束理论的理念和方法引入党建领域，找出支部党建系统中存在哪些约束，找到突破瓶颈的办法，使党建活动服从于提高瓶颈利用率的各种措施，并在实践中持续改善，创新提出支部党建"同频共振"协同协作管理模式（见图1），即构建"工作领导小组—业绩评价小组—协同协作小组"的"三层"工作体系，建立"党员联建、组织联合""工作联动、阵地联享""平台联用、考核联通"的"六联"工作机制，切实增强中心组织凝聚力，发挥出支部党建大合力，形成齐抓共管、统筹推进的党建工作新格局，实现党建业务相融合、同频共振促发展。

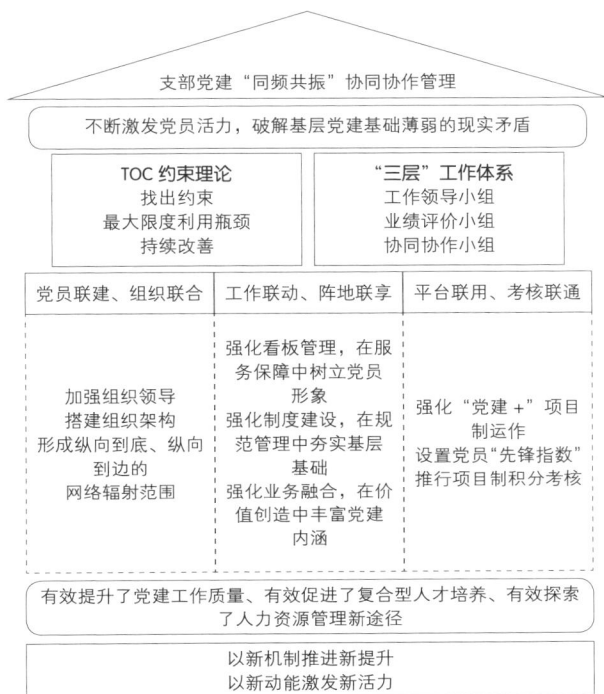

图 1　基于 TOC 约束理论的支部党建"同频共振"协同协作管理的内涵示意

（一）坚持问题导向，推行党员联建，实现组织联合

根据 TOC 约束理论，如果组织想达成预期目标，必须从最弱的一环，也就是从形成瓶颈/约束的关键一环下手，才可得到显著的改善。结合当前国有企业党建工作的形势任务要求，认真分析梳理支部党建工作存在的突出问题，围绕问题找出路，强化上层设计，制定对应措施，力求通过协同协作管理模式解决实际问题——人员不足、工作弱化、党建虚化。在新模式探索初期，加强组织领导，搭建组织架构，形成纵向到底、纵向到边的网络辐射范围。

组织架构主要分为 3 个层面（见表 1）：设立领导机构——工作领导小组。工作领导小组由中心班子成员（含协理、五级职员）组成，负责明确中心党建管理提升思路和落实措施，组长由中心主任兼党支部书记担任，加强对党建"同频共振"协同协作管理的组织领导。设立管理机构——业绩评价小组。业绩评价小组挂靠中心综合管理部，由党建、人资、行政管理等有关人员组成，负责制定协同协作小组重点任务清单，负责组织党建"同频共振"协同协作管理的业绩评估、考核和应用。设立实施机构——协同协作小组。协同协作小组由在各部门、各班组中的党员骨干组成，"协同协作"党员负责协助党支部、党支部书记及专职党务开展具体工作，并分块协调部门/班组开展相关活动，为支部分忧、为组织尽责，多干一点，多迈一步，保障工作不"脱档空转"。中心也通过具体实践加快培养兼职党务的专业人才。

表1　组织架构名单一览表

序号	姓名	职务
一、工作领导小组		
1	张小卫	中心主任、党支部副书记
2	王苏兰	党支部书记、中心副主任
3	谭舟洋	中心副主任
4	朱　胜	中心副主任
5	陈胜辉	三级协理
6	韩永杰	四级协理
7	冯　波	五级职员、物业维修班班长
二、业绩评价小组		
1	谭舟洋	中心副主任
2	王　臻	主任助理、综合管理部主任
3	王　恺	综合管理部专职
三、协同协作小组		
1	冯　波	五级职员、物业维修班班长
2	汪屹欣	医务所班长
3	濮　卫	小车班班长
4	丁智颖	综合管理部专职

（二）坚持实践导向，推行工作联动，实现阵地联享

TOC约束理论指出，要最大限度利用瓶颈，可通过化解日常的冲突、进行授权、通过团队建设达成挑战性目标、构建良好的方案以消除负面效应等措施提高瓶颈利用率。为有效开展工作，中心以推进党支部标准化建设夯实党建基础作为目标，业绩评价小组按照党建工作的具体任务和要求，除支部党建标准化建设外，另划分了思想建设、组织建设、纪律建设等工作模块，使党员骨干在协同协作中，明确自己的兼职岗位内容，配合专职人员开展相关工作，做到"补位"不"越位"（见表2）。

表2　支部党建分工情况一览表

序号	工作分工	责任人	专兼职情况	工作要求
1	标准化建设	王 臻	专职	加强党支部标准化规范化建设
2	思想建设	丁智颖	兼职	加强党员教育培训，强化党员管理
3	组织建设	冯 波 汪屹欣	兼职	结合中心工作开展党组织活动
4	纪律建设	濮 卫	兼职	严肃党组织生活，加强党员监督

除兼职岗位工作外，坚持又红又专、以文育人的方针，搭建实践性创新活动阵地，促使"协同协作"党员在解决实际问题的实践中，将党建与业务联动，进一步提升理论水平、实操技能和履职能力。具体举措如下。

1.强化看板管理，在服务保障中树立党员形象

实施"党建+"看板管理，推行支部定计划（工作指令）、党员领任务（目视管理）、绩效重反馈（改善工具），围绕"坚持高标站位、坚持融入中心、坚持党建创新"等原则，制定党建引领防疫情、党建引领保安全、党建引领强保障等配套措施，探索开展"党日轮值""党员直接联系项目""党建联系职工群众'最后一米'"等系列活动（见表3），推进中心全体党员专业素质和技能水平提升。其中，工作领导小组用好政治理论学习制度、谈心谈话制度，业绩评价小组用好党务公开制度、民主评议制度，推动"协同协作"党员通过带头做榜样，践行党员标准争取群众的认可，树立良好的形象。协同协作小组还可通过轮流主办、组织联谊的形式，让"协同协作"党员轮流担任"东道主"，独立策划和组织"党日轮值"活动，深入开展"凝聚转型共识，抢抓发展机遇""学战略、讲担当、干精彩"等多个系列主题党日活动，有效调动全体党员参与党建工作的热情，实现阵地联享。

表3　"党建+"看板管理项目清单

序号	项目名	党员责任人	进展
一、"党日轮值"系列			
1	凝聚转型共识、 抢抓发展机遇	汪屹欣	已完成
2	学战略、讲担当、干精彩	冯 波	已完成
3	学制度、讲规矩、比精细、 转观念、促提升	濮 卫	已完成

续表

序号	项目名	党员责任人	进展
4	学党史、悟思想、办实事、开新局	丁智颖	已完成
二、"党员直接联系项目"系列			
1	构筑小型基建战斗堡垒，激发攻坚克难动力	冯波	正在推进，直接联系小型基建维修改造项目，鼓励党员扬旗帜、勇担当，解决基层用房和后勤设施短缺问题
2	推行精益化管理，架起党群连心桥	丁智颖	正在推进，直接联系园区物业服务项目，激励党员增强服务群众能力，打造快速响应的后勤服务体系
三、"党建联系职工群众'最后一米'"系列			
1	疫情防控当先锋，关键时刻显党性	汪屹欣	正在推进，组织党员开展现场"战疫情、保服务"、疾病诊疗服务，加快推进疫苗接种工作，做好劳动者安全健康防护
2	打造党员突击队，打赢应急攻坚	濮卫丁智颖	正在推进，组织党员开展兰凤线现场抢修、武义站年度检修后勤保障及送清凉活动，引导党员争当为民服务标兵

2.强化制度建设，在规范管理中夯实基层基础

根据中心党建实际，工作领导小组明确年度党建重点任务，即深入贯彻从严治党要求，全力推进党风廉政建设，梳理排查廉政风险点，健全完善内控机制。党建重点工作由业绩评价小组牵头、协同协作小组配合参与，开展"党员身边无违规"活动，不断健全现代后勤管理机制、标准流程体系及长效机制。目前已优化完善小型基建项目、维修改造项目管理操作流程，完成公司后勤专业与所属子公司、省管产业单位关联交易操作规范，加强廉政建设协同监督，防止前清后乱。同时完善党员亮身份制度，要求"协同协作"党员以"讲任务、讲规矩、讲提升""政治引领、作风引领、方法引领"等主题为抓手，结合自身工作实际，因地制宜、因人而异地开展特定的理论学习、党课教育、专题讨论活动，把"处方权"往下放，让党员骨干当"小郎中"，充分发挥他们的积极性、主动性和创造性。

3.强化业务融合，在价值创造中丰富党建内涵

"协同协作"党员在日常工作中往往承担重点工作，要求他们走出办公室、走进主战场，发挥党员先锋模范作用，积极参与中心党员责任区、党员示范岗建设等各类党团活动，积极申报各类管理创新或党建品牌攻关项目。在中心今年重点开展的"党建+房地运营"项目中，"协同协作"党员组成党员攻关专项团队，结合工作内容，从园区发展规划管理、后勤核心资产管理、对外房屋租赁管理等方面，划分"党员责任区"，争创"党员示范岗"，将党员先锋模范作用发挥与岗位实践、企业创效相结合，要求党员冲锋在前、吃苦在前，下大力气解决历史遗留问题，优化园区楼宇资源，改善配套设备设施，完成改造项目核准与规划方案公示，有效盘活公司康达新大楼、沈半路园区、物流园区等房地资产，不断提高房源利用效率，极大地促进了存量资产价值释放，2021年为公司增收3344万元。

（三）坚持创新导向，推行平台联用，实现考核联通

TOC约束理论强调在打破瓶颈的同时，要设法持续改善，不能让惰性成为系统的约束。因此，支部党建"同频共振"协同协作管理为强化"党建+"项目制运作，定期更新项目库，促进"人人有项目，个个有平台"，进一步发挥党员党的肌体细胞和活动主体作用。同时，设置配套的党员"先锋指数"（见表4），"协同协作"党员对照党建重点工作任务，定期进行成果展示与数据分析，既能压实"担子"，又能干出"样子"，在实践中跨专业联合培养优秀人才，让业务骨干身兼党建专业岗位，让每个党员找到发挥作用的平台和舞台，形成"一人一业务岗一党建岗"的新格局，为解决党建工作中长期存在的人员不足、工作弱化、党建虚化等问题提供了新的思路。

表4 "协同协作"党员"先锋指数"

序号	指数名称	工作要求	积分计算
1	党务兼职责任	根据党建部任务下达情况，积极承担相应工作	工作时长×1分
2	组织生活参与	认真参与三会一课、理论学习、相关培训等	参与次数×1分
3	重点项目承接	根据支部制定的重点项目清单，主动牵头承接党建重点项目	所承接的项目积分求和
4	重点项目参与	根据党建重点项目开展情况，积极参与其中，发挥先锋模范作用	参与次数×1分

同时，业绩评价小组对"协同协作"党员建立动态档案，记录其完成的工

作及评价，注重工作绩效，推行项目制积分考核，并量化评价，切实培养既懂党建又懂业务的复合型人才，在年度二次分配时，让兼职党务工作的党员骨干能得到与实际工作情况匹配的业绩激励。对表现良好的党员骨干，依据其动态党员评价记录，在绩效考核时给予所在部门加分，确保工作整体活力。

四、主要成效

（一）有效提升了党建工作质量

随着支部党建"同频共振"协同协作管理的实施，中心党建工作人员力量得到了明显加强。一方面，专职党务有了时间精力，负责党建整体工作的统筹协调，更好地落实落细"三会一课"制度、组织生活会制度、标准化建设要求。另一方面，"协同协作"党员将日常工作与党建保持同谋划、同部署、同推进，推动党建述职、评议、考核、汇报等支部常规工作有了新载体，不再泛泛而谈，不再流于形式，同时党建特色工作应运而生，基层创新实践更加生动。支部党建工作加快由"应付型、宽松型、零散型"向"主动型、活力型、规范型"转变。

（二）有效促进了复合型人才培养

通过支部党建"同频共振"协同协作管理实践，为中心党员骨干拓展了更大的成长空间，提供了更多的学习平台、创新平台和交流平台，引导党员加快工作节奏，提升工作效率和质量，积极投身企业转型发展、"双百行动"综合改革大潮，做到政治信仰不动摇、政治立场不含糊、政治方向不偏移。中心党员大局意识、责任意识不断增强，执行力不断提高，先锋模范作用得到了有效发挥。

（三）有效探索了人力资源管理新途径

支部党建"同频共振"协同协作管理的模式，不仅对基层党建产生了积极影响，也对新时代基层党组织如何在结构性缺员的矛盾下进一步开发人力资源开展了有益的尝试，提供了新的思路。中心通过不断锤炼和提高党员的党性意识，促进党员更好地立足岗位、创先争优，为公司发展贡献力量。

五、实践体会

（一）以新机制推进新提升

支部党建"同频共振"协同协作管理的实施，在工作内容、形式、主体等方面都发生了改变，破除了部门壁垒、职务壁垒，使党员在民主、积极、争先的氛围中互相学习、交流思想，增强了支部工作的吸引力和创造力。同时，以多项措施为保障，形成了党员参与支部工作的常态机制，破解了党建与业务两张皮的难题，走出了一条高质高效发展的新路子。

（二）以新动能激发新活力

支部党建"同频共振"协同协作管理牢牢把握"人"这一关键要素，着眼于分公司党务人员结构性缺员、党建质量不高等重点问题，坚持以人为本、融入中心、服务大局，创新思路、改进管理，在解放思想、打破固有框架上做文章，在瞄准方向、激发人的动能上下功夫，实现了互相促进、共同提高，充分激发了党建工作活力，形成了中心上下同心同德、共谋发展的强大凝聚力和向心力。

高质量推进新时代国有企业党建管理体系建设的探索和实践

王　浩　潘建明

一、引言

随着时代的不断发展，国有企业改革更为深入，传统的党建工作思路和工作模式已经难以满足新时期国有企业创新发展的要求。在这一背景下，党建工作更注重管理的精细化，精细化管理理念作为一种创新优化的管理思路，在国有企业党建工作中发挥重要作用[①]。以精细化管理推动国有企业的持续发展，不断优化国有企业经营管理决策，营造积极健康向上的国有企业文化，让国有企业发展进入改革的新阶段，奠定国有企业党建、文化建设及稳定经营与发展的基础。

二、在表单规范上用力，推进党建标准化建设向前迈进

公司党委专门编制了基层党组织按月度填写的"作业表单"。表单设置了党员参加"三会一课"的个人签到、发言记录、学习体会等，以及"四创"工程和项目制党建季度进展，党风廉政建设推进事项，季度员工思想动态分析和综合评价，领导干部联系基层开展调查研究情况，党费、党组织工作经费使用明细，党支部特色亮点工作动向等内容。基层党组织只要开展党的活动，都有对应的表单进行记录，有效解决了基层党建工作的盲目性、随意性问题，进一步提高了党建工作效率。比如，对基层党建工作进行现场检查时，只要查看基

---

① 马奇峰. 新时期国有企业党建精细化管理探讨 [J]. 智库时代，2019（50）：12-13.

层党总支（支部）、党小组工作台账即可。这样既提高了基层党建工作的规范性，又完善了基层党建档案管理，便于过程监督和自我改进。

三、坚持贯彻落实党的群众路线

"全心全意为人民服务"是党的宗旨，也是国有企业党建工作过程中应当充分体现的一个原则。在国有企业基层党建工作中体现这一原则的主要目的是将国有企业基层党建工作与国有企业职工的实际生活相关联，以此提高国有企业职工对基层党建工作落实意义的认识，进而保证基层党建工作在国有企业管理中的作用发挥。因此，鉴于当前部分国有企业在基层党建工作中所出现的制度建设、活动创新、队伍建设等问题，国有企业管理人员应当坚持贯彻落实党的群众路线。国有企业在坚持贯彻落实党的群众路线时可以从制度、活动、队伍建设等几方面出发。首先，就制度建设来讲，国有企业管理人员可以结合当前国有企业管理过程中所出现的问题建立符合国有企业实际情况的制度体系，确保制度能够为国有企业的发展提供保障，并且在制度建设时也应当充分体现人性化的原则，确保在发挥制度管理效应的同时保障员工的权利与利益；其次，就活动创新来讲，国有企业管理人员可在党建工作落实过程中重点关注那些工作上、生活上、心理上需要帮助的职工，并在重大节日、纪念日等时间点去探望那些需要关心和帮助的困难职工，尽组织所能帮助其解决工作、生活中遇到的问题；最后，就队伍建设来讲，国有企业管理人员可以制定相应的人才培训制度，即国有企业的员工应定期参加国有企业组织的各类技能培训和党的理论知识培训活动，并对培训过程中成绩较为优异的员工进行奖励，这样不仅可以提高员工的工作技能，而且也能够为国有企业党建工作落实营造良好环境。

四、强化并完善国有企业党建制度建设

鉴于当前国有企业党建工作制度不健全的实际，必须从三类机制的重点建设入手。一是要抓好党建品牌机制建设，打造学习型、服务型及创新型的党组织，加强党员联动，从党员到团员，从团员到群众，从思想到作风，从作风到业绩，在党建工作的各个环节渗透品牌理念，突出党建工作的特色化。着眼于

员工需求，为员工搭建展示自我的平台，也让基层党建工作具备强大的动力，发挥新媒介的宣传作用[1]。借助微信、微博、抖音、快手等进行党建宣传，强化员工对党建工作的重视度和认同感。二是要抓好发挥作用机制。重点是实行任务领办和任务定制，为确保党员工作任务量，对标定向定量发布，确保工作实效，也提升党建工作的针对性。而制度机制，对党员干部工作起到约束和激励作用，激发党员干部争先进、创先进的热情，也带动党建工作与国有企业经营管理的融合，切实发挥党建工作实效。做好服务联络机制，党员帮扶结对，让党员深入基层，深入群众，了解员工的需求和困难，加强同群众的联系，在多元服务载体和信息化技术手段的支持下，拉近党员与基层员工的距离。让基层员工的信息反馈更及时更真实，也让党员认识到党建工作开展的不足，积极听取基层员工的意见和建议，提升党建工作的服务能力和服务水平。

五、建立健全党建工作信息化管理建设团队

通过严格的选拔与培养考核机制，培养出一大批既对党忠诚、党建业务工作精通，又掌握了现代化信息技术的年轻职工队伍，这是新时代国有企业推进信息化党建工作的基本要求[2]。"十四五"规划已经明确将信息技术作为建筑业发展的主要工具，推进党建工作信息化成为"十四五"国有企业管理的重中之重，"十四五"期间，国有企业的党务干部必须做到年轻化、信息化，以适应新时代新要求，要及时学习培训，在掌握党建工作业务的同时，熟练掌握信息技术和应用现代化科技成果，方能提升自身素质，适应新时代建筑行业的宏伟目标和要求，承担起做好党建工作信息化建设的时代重任。同时在基层单位，要积极适应国有企业职工年轻化的趋势，通过喜闻乐见的培训形式和公开透明的选拔方法，以项目现场支部建设为着力点，抓好重点项目党建工作提升，探索建立党建工作信息化的示范项目党支部，以点带面，通过榜样的力量来培养一批优秀的能将项目施工生产经营与党建工作信息化同步提升的复合型管理人才队伍，让党旗在项目施工一线高高飘扬，将党的优良传统代代相传。

---

[1] 郭佳琪.新时代国企党建新模式构建探究 [J].老区建设,2019（02）:14-20.

[2] 李伟萍.国有企业党建与国有企业文化建设管理工作的思考 [J].农家参谋,2018(17):279

六、用信息化手段搭平台，探索党建引领的创新尝试

在持续推进党建管理体系建设中，公司党委积极借助计算机先进技术和现代网络平台，不断扩大管理体系覆盖范围，创新打造党建管理体系信息化管理平台，努力培育"电子党务"工作品牌，坚持以先进理念创新基层党建工作，更好地融入中心，服务大局，促进体系建设工作与党委年度工作深度融合，初步实现了宣传引导、过程管理、实时分析、绩效考评等功能。使基层党建工作全数据管理、全过程管理、全天候管理，较好地解决了检查和管理成本问题，缩短了决策时间，以"智能化"赋能基层党建。近期，公司党委重点在干部胜任力模型建立、深化党建"网上考核"、长兴二期"智慧宿舍"筹建等工作上发力，集中优势"兵力"打歼灭战，为全面提升党建工作质量，助力国有企业高质量发展再谱新篇章。

七、结语

基层党建工作对于国有企业管理有着重要的意义，所以在新的发展时期国有企业管理人员应当采取转变工作思路、创新工作方法、坚持贯彻落实党的群众路线等措施来保证国有企业基层党建工作质量，从而发挥基层党建工作在国有企业管理中的作用。

践行"全生命周期"党建理念
释放项目建设"红色生产力"

罗进圣　徐永刚　彭立新　李佳琪　李　栋

一、课题研究的背景意义

（一）是弘扬"支部建在连上"光荣传统的现实需要

1927 年"三湾改编"首次提出"支部建在连上"。中共中央印发《中国共产党支部工作条例（试行）》开篇就强调："弘扬'支部建在连上'光荣传统，落实党要管党、全面从严治党要求，全面提升党支部组织力，强化党支部政治功能，充分发挥党支部战斗堡垒作用，巩固党长期执政的组织基础。"进入新时代，习近平总书记在多个场合重提"支部建在连上"的组织原则，要求全党弘扬"支部建在连上"的光荣传统，把全面从严治党落实到每个支部、每名党员，推动全党形成大抓基层、大抓支部的良好局面，正是意在激活"神经末梢"，畅通"毛细血管"，打通党的组织体系的"最后一公里"，推动全面从严治党向基层延伸，加强党的全面领导。而"支部建在连上"这一光荣传统，穿越时空、历久弥坚，依然闪耀着"真理的光芒"，对于全面提高新时代党支部建设质量，具有重要的现实意义。

（二）是践行"意志高塔、精神高塔"的内在要求

2018 年 10 月 26 日，时任国家电网有限公司党组副书记、副总经理辛保安来到舟山 380 米世界第一输电高塔工程现场，实地考察了高塔工程建设和设在现场的工程临时党支部，他指出："舟山 380 米高塔不但是输变电工程的高塔，它体现了中国人的智慧，更展现了国网人的责任担当和创造力，是国网人意志

的高塔、精神的高塔。"这句话为深化临时党支部建设指明了方向。随着新型电力系统建设的不断加快，公司迎来"双百改革"的转型发展机遇期。公司从"专业型、服务型、技术型"角度出发，打破原有壁垒，着力提高全体员工技术技能水平。这不仅是对公司电网施工水平、技术能力的一次新挑战，更是对党员如何发挥先锋模范作用的一次新考验。公司党委认为，必须以习近平新时代中国特色社会主义思想为指导，最广泛地凝聚智慧，统一思想，打造"思想新高度"，加强临时党支部建设，在工程建设全过程中抓实抓细党建工作，形成临时党支部建设引领重点工程提质增效的"浙送模式"。

（三）是落实党建全面引领工程建设要求的重要举措

党的十九大报告关于新时代党的建设的总要求，第一句话就是"坚持和加强党的全面领导"，突出了党的领导的核心地位。基于"全生命周期"党建理念的临时党支部标准化建设是落实党建全面引领工程建设要求的重要举措，紧紧围绕新时代党的建设总要求，大力弘扬"红船精神"，坚持旗帜领航，建立"党建＋基建"双促进双提升的党建工作新机制，实现了"工程建设到哪里，党组织就建到哪里，党组织堡垒作用和党员先锋作用就发挥到哪里"，把现场党组织打造成思想教育的前沿阵地、铁军形象的展示窗口、攻坚克难的坚强堡垒、团结群众的连心纽带、党风廉政的重要关口，实现党的建设与工程建设双促进、双提升，确保安全、优质、高效、规范完成工程建设任务。

二、课题研究的理论内涵

（一）项目工程党支部建设现状分析

浙江省送变电工程有限公司是一家担负着电网建设、电网检修、应急抢险重任的电网基建单位。同时，公司还积极实施"走出去"战略，远赴南美洲、东南亚等国家承担电网工程任务。由于电网工程存在点多面广、人员分散等情况，党员分散在各大重点工程，党支部工作不能及时深入一线，以至于容易出现党支部作用越来越淡化的情况。近些年来，公司落实国资委党委"中央企业党建巩固深化年"部署要求，扎实推进"基层党建巩固提升年"、深入实施"党建＋工程"，推动党建工作与生产经营深度融合、相互促进，项目工程党支部建设取得了新的明显进步，但面对新形势、新任务、新要求，就党支部建设的现状而言，还存在一些不足，需用改革的精神，发展的办法去研究解决（见图1）。

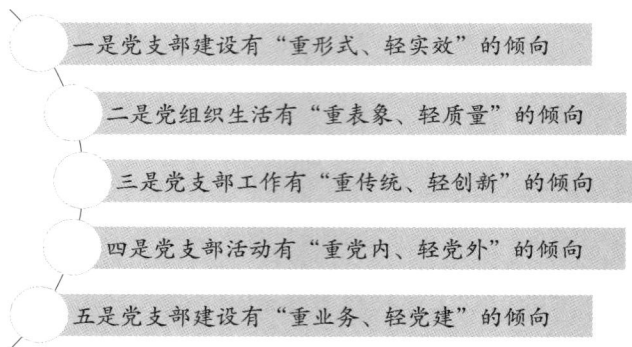

一是党支部建设有"重形式、轻实效"的倾向

二是党组织生活有"重表象、轻质量"的倾向

三是党支部工作有"重传统、轻创新"的倾向

四是党支部活动有"重党内、轻党外"的倾向

五是党支部建设有"重业务、轻党建"的倾向

图1　项目工程党支部建设存在的部分问题倾向

（二）新时代党支部建设的基本遵循

2018年9月，中央政治局会议审议通过《中国共产党支部工作条例（试行）》，10月28日由中央印发，要求各地区各部门认真遵照执行。这部被誉为中国共产党第一部关于党支部建设的基础骨干法规，被评价为既传承了"支部建在连上"光荣传统，又体现了党支部建设的新做法新经验，具有很强的指导性和时代感，为全面加强新时代党支部建设提供了基本遵循（见图2）。

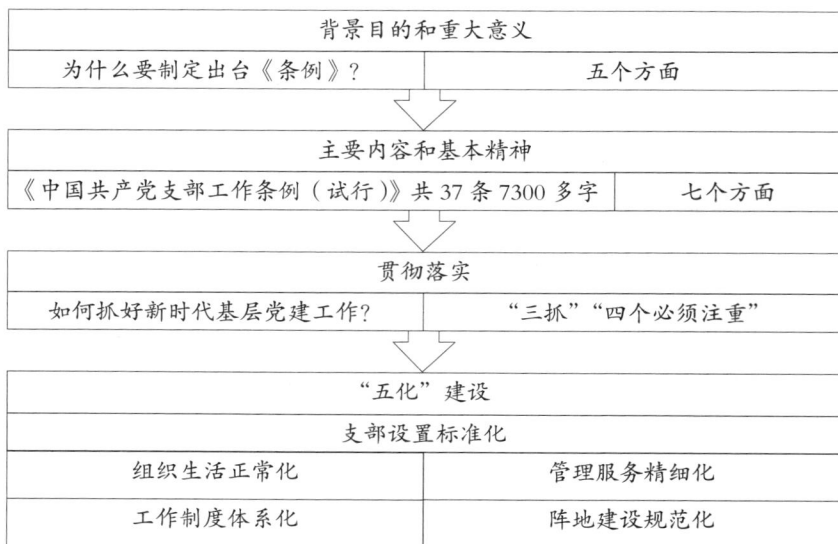

背景目的和重大意义	
为什么要制定出台《条例》？	五个方面

主要内容和基本精神	
《中国共产党支部工作条例（试行）》共37条7300多字	七个方面

贯彻落实	
如何抓好新时代基层党建工作？	"三抓""四个必须注重"

"五化"建设	
支部设置标准化	
组织生活正常化	管理服务精细化
工作制度体系化	阵地建设规范化

图2　《中国共产党支部工作条例（试行）》框架

（三）标准化临时党支部建设创新内涵

公司党委按照"工程项目建设到哪里、党建工作就延伸到哪里、党员先锋模范作用就发挥到哪里"的整体思路，以党的政治建设为统领，以提升组织力为重点，牢固树立党的一切工作到支部的鲜明导向，围绕"政治坚定、组织健全、队伍过硬、机制完善、服务优良、保障有力"的总体目标，践行**"全生命周期"**党建理念，结合"党建+基建"和"党建+工程"常态化开展，推动党建与工程建设深度融合，突出抓基层、打基础，强功能、补短板，重创新、求实效"的方针，伴随工程建设全过程抓实抓细党建工作，将支部建在项目上，把党旗插在工地上，实现临时党支部标准化建设的**"全链条管控"**，将临时党支部的组织优势、政治优势转化为推动项目建设的强大动力，为推进动电网高质量建设不断释放出更多**"红色生产力"**（见图3）。

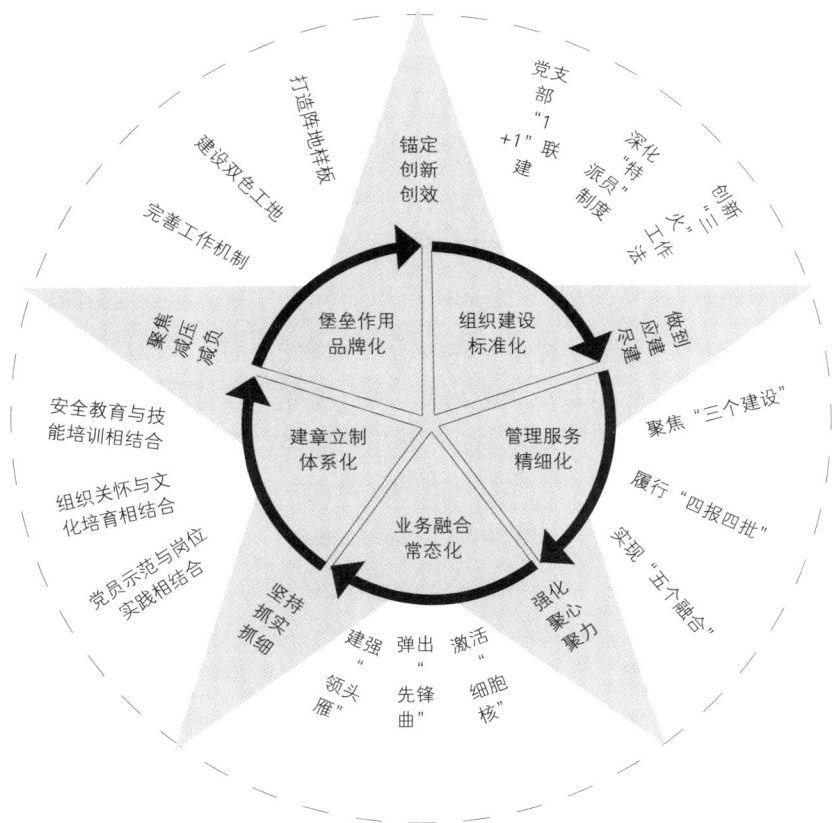

图 3　标准化临时党支部建设创新内涵

三、课题研究的实践探索

（一）组织建设标准化，做到临时党支部应建尽建

1.聚焦"三个建设"

一是聚焦"队伍建设"这个基础，选举党性强、素质好、业务精、事业心和责任感强、具有奉献精神和一定党务工作经验的同志担任党支部书记和支委会成员，使其真正发挥示范表率作用。二是聚焦"能力建设"这个关键，实施"党员素质提升工程"，建立党员基础信息台账，通过党员骨干轮流上课，提高工作人员专业技能。三是聚焦"阵地建设"这个重点，按照节约使用的原则，根据标准化党支部要求规划布置，建立"一室一栏一群"。建设现场的党员活动室设立了"红色书柜"，为党小组配备党史学习教育书籍，充分利用微信群、学习强国APP等微媒介，多次组织开展了集中教育学习和自主学习主题活动，全面提升党员的思想认识，增强大家的政治意识。

2.履行"四报四批"

一是根据《中国共产党支部工作条例（试行）》相关规定，严格履行组织程序，项目部四次上报、党委四次批复成立临时党支部，通过召开支部党员大会的形式选举产生支部委员会，支部委员会选举产生临时党支部书记并进行委员分工。二是通过"四报四批"，选拔出组织协调能力强、党务业务知识精、职工群众威信高的支部班子，使其真正发挥示范表率作用。三是经常性开展思想动态分析，抓好党员和职工的思想引领工作，定期"送温暖""送清凉"，把党组织的温暖送到一线员工的心坎上。严格组织生活制度，按要求开展"三会一课"和"主题党日"活动，让来自各方的党员同学习、同讨论、同交流、同进步，激励党员在工程建设中大显身手、建功立业。

3.实现"五个融合"

一是在机制上实现融合，通过党支部工作与工程项目管理工作同布置、同安排、同分析、同检查，使党建工作机制与工程项目管理机制相互融合、相互衔接。二是在平台上实现融合，借助临时党支部这个思想建设平台，切实做好思想政治工作，围绕项目施工情况开展批评和自我批评，有效提升项目管理水平。三是在目标上实现融合，临时党支部围绕工程建设任务建立了"双约谈"机制，坚持党建统领抓好工程建设，对任务完成进度慢的个人，由相关工作负

责人和临时党支部书记进行约谈。四是在考核上实现融合，制定临时党支部工作考核评价体系，将党员是否发挥先锋模范作用作为党建考核的一项重要内容，使广大党员在重大工程建设中冲锋在前。五是在文化上实现融合，借助临时党支部这个文化建设平台，切实做好公司使命、宗旨等企业文化的宣贯工作，充分发挥凝心聚力作用，保障工程按期保质推进。

（二）管理服务精细化，强化临时党支部聚心聚力

1.强化思想武装，建强"领头雁"

基层党组织书记是各单位抓党建工作的"第一责任人"，是基层党组织的"领头雁"，支部书记业务能力和综合素质的高低，直接影响到党建工作的执行力。公司组织党支部书记开展党务工作培训，对党支部标准化建设、组织生活会、发展党员等支部业务知识和常见问题进行宣讲和交流。一是明确党支书记工作任务清单，坚持围绕中心、融入中心、服务中心，突出教育、文化、制度、监督、问责五个抓手作用，切实建强基层支部书记综合素质，为公司工作发展提供有力的组织保障。二是以党务知识为重点，突出经常性教育，采取集中培训、个人自学等方式，努力提高基层支部书记的工作能力；以提高基层支部书记指导工作实践的能力为目标，采取定期召开支部工作经验交流会、专业培训等方式，着力提高基层支部书记认识问题、分析问题、解决问题的能力，推进基层党建工作上台阶、提水平。

2.实施积分管理，弹出"先锋曲"

党支部是企业党组织开展工作的基本单元，是党的全部工作和战斗力的基础。为充分发挥党支部的战斗堡垒作用，将中心工作融入党建工作，实施党支部积分制管理，实现了定性项目实量化，使党支部建设工作由"软指标"变为"硬约束"，激发出基层党组织的生机与活力。一是将党支部的积分的基础分定为50分，在基础分的基础上用积分做"加减法"，把党支部工作动态、成绩、亮点、特色及失误都一一纳入，以前笼统的工作评比有了切实可行的量化标准。二是实行轮值考核制度，由各党支部轮值作为考核员，对各党支部积分情况进行月度考核，并将考核得分情况作为评选先进党组织的重要参考依据。

3.开展支部联创，激活"细胞核"

基层党支部是党建工作中最具活力的"细胞"，激活这个"细胞"，基层党

支部的前沿阵地和战斗堡垒作用就能得到充分发挥，企业的发展就有了"源头活水"。一是公司党委牵头各参建单位党支部开展联盟共建，成立临时党支部的基础上建立党建工作定期会商机制。通过定时、定责、定向、定量"四定"原则，引领重大电网工程建设。定时，即由公司党委牵头，在工程一线每季度召开一次党建专题会议；定责，即细化临时党支部成员在工程建设中的引领带头任务与职责；定向，即根据工程推进过程的各个重大节点，确定党建着力和宣传方向；定量，即对党建重点工作进行划分，结合实际推进标化建设，突出量化管理，强化价值创造。二是把基层党组织建设列入年度调研课题，通过实地走访、召开座谈会、发放专题调研问卷等形式，开展了专题调查研究。针对调研发现的问题，以支部联创活动作为激活"细胞核"的有效载体，通过"支部联建、业务联强、作风联转、人才联育、活动联谊"五部曲，切实增强基层党组织的工作活力，为推动企业科学发展提供坚强保证。

（三）业务融合常态化，坚持临时党支部抓实抓细

1.党员示范与岗位实践相结合

坚持一线党员成长成才在现场、作用发挥在现场，以党员带动群众，筑牢安全生产责任体系。一是压紧压实安全生产责任。督导各级党员干部严格落实安全责任制，党员带头落实本质安全各项规定，促进安全生产无违章目标实现。2020年以来，公司领导班子成员、安全管理部门人员共赴一线督导检查，发现整改问题隐患146项，深入推进16项本质安全建设重点任务，有力压紧压实安全生产责任。二是深入开展"三亮三比"活动。细化不同专业、岗位党员发挥先锋模范作用、践行先进性的内容和要求，分层分类亮身份、亮职责、亮承诺。三是积极创建党员安全责任区、示范岗。积极开展"党员身边无违章""本质安全、党员争先"系列活动，以党员先锋模范作用，带动全体施工人员讲安全、要安全、会安全。

2.组织关怀与文化培育相结合

坚持以人为本，充分发挥组织关怀"疏导"作用和安全文化"引领"作用，通过"疏导"缓解一线员工心理压力，通过"引领"强化一线员工安全意识，双管齐下保障现场安全可控在控。一是深化运用"六必谈六必访"工作机制。一方面，紧紧抓住一线人员公司开会、办事时机，开展访谈工作；另一方面，

督促各级领导班子成员积极赴一线开展调研访谈，及时将组织的关怀送到员工身边、暖到员工心里。二是强化安全亲情关爱。依托现场临时党支部，先后组织开展家属现场探亲、健康大讲堂、送美食进工地等活动，充分体现人文关怀，有效增强团队凝聚力。三是加强安全文化培育。积极开展"安康杯"竞赛、安全微视频制作竞赛、安全主题宣讲等活动，营造浓厚安全文化氛围。

3. 安全教育与技能培训相结合

为确保各项工程高质量投入运行，临时党支部积极运作，充分调动内外部资源，协调上下级工作，通过安全教育解决"要安全"问题，通过技能培训解决"会安全"问题，注重组织生活与安全教育有机结合，积极推进"党建+基建""党建+安全"工作模式。在开工之初，即对在建工程的安全双准入、作业计划管控及施工现场管控情况进行严格筛查，严格落实省管产业"聚一线、盯现场、防事故"安全管理要求，做到各项风险可控、在控，防微杜渐。在施工现场，每逢三级及以上风险施工，小组成员内的各参建单位都会准时到岗到位，发挥攻坚和表率作用。在工程建设过程中，支部成员严把建设关口，确保变电站建设从主体结构到分部单元，从实物外观到单体内部，从安装工艺到技术参数，均符合工程要求。

（四）建章立制体系化，聚焦临时党支部减压减负

1. 完善工作机制

一是根据国网公司党建〔2020〕18号文件临时党支部标准化建设要求，结合实践情况，将党支部组织建设、组织生活、活动阵地、党员教育、创先争优、党风廉政建设、群团文化、宣传工作等8个方面的党建任务详细分化为46条工作标准，并具体盘点梳理为"基础工作标准化清单""精益工作标准化清单""重点工作任务参考清单"等"三个清单"，分别设置"流程图"和"分解表"，建立标准化、规范化的工作流程。二是以"全生命周期、全链条管控"为理念，找准基础模块，创新支部引导，结合浙江送变电公司实际特点，从内容的实用性、可操作性及呈现方式的创新性上做补充和优化，输出具有创新性指导意义的《临时党支部标准化建设指导手册》，规范指导工程项目临时党支部的标准化建设。

2.建设双色工地

一是红色引领,凝聚攻坚合力。深入开展"党建+基建""支部+项目"工作,以项目为单位,组建临时党支部,建立"一书一单一册"现场履职体系,加强党员教育管理与工作协同,凝聚攻坚合力。结合公司"一业为主,双轮驱动,全要素发力"的转型发展新形势,将党建联盟划分为"基建""生产"两大领域,在基层单位党支部组建形成"党建+基建""党建+生产"党建联盟。二是党员带头,铸就金色品质。在电网建设现场,发挥"一名党员就是一面旗帜"的作用,以工程临时党支部、工程一线党小组等为抓手,进一步培育"聚是一团火"的队伍凝聚力和"散是满天星"的党员战斗力,确保党支部战斗堡垒扎根一线、党员先锋模范引领基层的"N+1+X"党建工作模式进一步落地。

3.打造阵地样板

一是围绕场所布局合理、基本设施配套、管理措施完善、整体功能优化的目标,突出党建引领、坚持服务导向、整合资源下沉,完善活动服务场所等相关基本设施,延伸服务项目领域,提升综合服务效能,探索创新"智慧党建"实现路径,推进线上和线下阵地深度融合,逐步实现基层党建工作的智能化、可视化、痕迹化管理。二是按照"七个一"(即一种精神、一面旗帜、一个阵地、一句口号、一套机制、一种风尚、一份愿景)核心要素,结合所在地域的红色精神传承和传统道德风尚,选择一个具有代表性的送变电工程施工现场作为试点,进行临时党支部标准化示范点的打造,把工程一线党组织打造成思想教育的前沿阵地、铁军形象的展示窗口、攻坚克难的坚强堡垒。三是临时党支部在项目工程现场建立党员活动室,制作了可拆卸、移动式"八屉桌",该桌四面设置了八个抽屉,在"六盒"逐一入屉的同时,又将党建会商资料、结对责任书、技术人才信息表储存其中,达到了标准建设"八屉满"、员工信息"一桌全"。

(五)堡垒作用品牌化,锚定临时党支部创新创效

1.党支部"1+1"联建

按照省公司统一部署,结合施工企业实际,公司实施了"1+1"党支部联建活动,本部门党支部与基层单位党支部结成联建对子,以"六个一"为载体,通过党课、实践类主题党日活动、大讨论等形式,联合组织开展业务交流与政

治建设。通过"1+1"联建活动，基层单位支部上接天线，对公司政策、规章制度有了更深刻的了解；本部门支部下接地线，在施工一线开展座谈交流，为现场解决实际问题。对于工程项目"漂流"党员按照"双轨并行，十步推进"工作法，由常设党支部和临时党支部同时培养推进，有效解决了常设党支部"掌握不清"，临时党支部"发展不行"的两难情况。

2.深化"特派员"制度

在党务工作者中培养一批用习近平新时代中国特色社会主义思想武装头脑、指导实践的党建"特派员"，在攀登思想的高峰的同时，到电网施工的艰苦环境中去，苦干实干，始终走好党的群众路线，充分发挥临时党支部的党建引领作用。将各个临时党支部定为党建工作联系点，在深入开展调研指导的基础上，每月一次，轮流"上山下乡"。通过实施该制度，一是临时党支部日常学习加强了、组织生活夯实了，党员的党性也增强了，讲政治，敢担当，善作为，成为工程建设"排头兵"；二是公司党委和党建部成员，对工程一线的重点、难点，摸深摸透了，党委和党建部对基层党支部，尤其是重大工程临时党支部的工作指导也更加有了针对性，同时也促进了临时党支部和常设党支部之间经验的"无缝"交流。

3.创新"三火"工作法

临时党支部因地制宜加强红船共产党员服务队建设，实施"三火"工作法，即工程探路的火把，攻坚克难的火力，凝聚人心的火炉，为工程建设加油添力。工程探路的火把，即在工程建设初期，服务队来到项目沿线，下村入舍，坦诚沟通，做好工程前期用地等问题的协调工作，融洽工地环境氛围。攻坚克难的火力，即在施工阶段，通过队员们丰富的技术技能、现场管理及安全管控经验，来解决施工现场遇到的各类"疑难杂症"。凝聚人心的火炉，即在施工空档期，服务队成员持续为施工人员解决后顾之忧，将电网施工建设参建的各类人员拧成一股绳，推动电网施工建设持续向好"节节高"。

四、课题研究的工作成效

（一）流动党员有了"家"

长期以来，分散在各个工地的党员渴望得到组织的关心。临时党支部顺势而为，把工程建设各方的党员力量整合起来，为流动党员安个"家"，让他们感受到组织的关爱和温暖，充分激发和调动一线党员的工作责任心和积极性，形成了项目建设的突击队，增添了攻坚克难的力量。累计开展行走式党课教育培训 20 次，党员带动员工立足岗位、攻坚克难，不仅增强了党性认识，也促进了基建管理能力和电网建设水平的多方面提升。

（二）项目建设有了"魂"

坚持支部建在项目上，不断创新临时党支部设置形式，实现党建工作在施工生产一线全覆盖。一是全面建立重点工程临时党支部。在重点工程建设现场、重大项目保电一线全面建立临时党支部，相继成立丽西—莲都双回 500 千伏线路工程、白鹤滩—江苏输电线路工程、南阳—荆门—长沙 1000 千伏特高压交流电变电工程线路工程 3 个临时党支部，做到一个重点工程一个支部、一个支部一面旗帜。二是加强临时党支部日常管理。输出具有创新性指导意义的《临时党支部标准化建设指导手册》，规范指导工程项目临时党支部的标准化建设，明确临时党支部组织形式、管理重点及主要任务，有效促进支部和党员作用发挥。三是建立"党委—党支部—临时党支部"三级协同机制，及时传达工作要求、推送学习资料、组织现场活动、开展调研指导，形成组织有序、充分互动的良好局面。

（三）共建各方有了"根"

电网建设工程项汇集了来自业主方、施工方、监理方、属地协调单位的各类用工，汇集了党建、基建、监理等多个专业的人员，普遍存在参建方多、人员规模较大、党员比例较高等特点，工程初期必然缺乏宏观协调，管理上存在盲区。临时党支部能够迅速提升思想引领力、队伍凝聚力和攻坚战斗力，让各专业人员相互交流工作经验、分享问题处理方法，更好地发挥技术优势、专业优势，让党员带群众、让骨干带新兵，迅速调动起工作积极性。以党组织的形式，把共建各方纳入同一个支部，改变过去生硬的合同关系，大家主动参与，共同解决问题。

围绕安全、效益、活力开展党建工作

刘　刚　丁鹤松　沈锰炜

党建工作要围绕公司的中心工作来开展。企业中，党建工作的出发点和落脚点都是生产经营工作，应该以是否有利于安全、效益、活力来检查党建工作的成效。

浙电物流（浙江）有限公司（以下简称浙电物流公司）党支部紧紧围绕中心工作，正本清源，找准定位，强化党建引领，在新形势下开展有物流特色的主题党日活动和"不忘初心、牢记使命"的主题教育，主动融合，深度参与生产经营工作；党支部建设工作规范制度，狠抓落实，服务中心，创新发展；建立健全基层党组织标准化建设常态机制，深化"省送物流"红船党员服务队标准化建设、规范化管理、品牌化传播，强化举旗帜、聚民心、育新人、兴文化、展形象的宣传思想工作，凝聚人心，激发活力；积极组织开展党建系列活动，助力生产经营工作，取得了提质增效、面貌一新的良好效果。

一、认清现状　正视问题

浙电物流公司主要的生产任务是车辆管理服务（含维护保养）、大件运输、起重作业和普通电力物流服务四大块，其中车辆管理服务、起重作业主要针对送变电内部服务，大件运输和电力物流针对外部市场。

公司在生产经营工作中遇到的最大问题就是人的问题。截至 2020 年 11 月，公司职工有 63 人，平均年龄 52 岁，45 周岁以下的职工仅 9 人；康达公司直签 7 人；诚信、三利派遣人员 289 人（其中，技术管理及辅助岗位 27 人，驾驶员 217 人，修理工 23 人，大件队员 21 人）。

现状用 SWOT 矩阵分析如下。

（一）优势（strengths）

工作经验、人生阅历丰富，企业认同感强，凝聚力强。

（二）劣势（weaknesses）

平均年龄偏大，活力不足，新人尚未完全掌握核心技术和管理关键点，存在人才梯队断档的情况。

（三）机遇（opportunities）

电力物流市场前景广阔，业务稳定，是公司新型业务增长点。

（四）挑战（threats）

如何在现有人员不增加（职工人数因退休逐年减少）的情况下，确保员工队伍稳定，安全、优质完成原有车辆服务等业务及新增的电力物资配送业务。如何深入挖掘内部潜力，充分利用信息化平台，整合社会资源，实现良好的经济效益。

二、正本清源，找准定位

基层党支部的作用是什么，如何看待国有企业基层党建的定位，一直是困扰基层党务工作者的问题。现实情况是，基层党建说说重要，做起来却常常没有给予足够的重视。国有企业通常以经济效益为核心，还要承担社会责任，党建工作的地位和作用似乎并不明确，对党员教育培训后的效果经常是"听听激动，想想感动，回去没动"，流于形式，效果不好，也浪费了时间和资源。

2018年10月28日发布的《中国共产党支部工作条例（试行）》中是这样定义"党支部"的："党支部是党的基础组织，是党组织开展工作的基本单元，是党在社会基层组织中的战斗堡垒，是党全部工作和战斗力的基础，担负直接教育党员、管理党员、监督党员和组织群众、宣传群众、凝聚群众、服务群众的职责。"[①]

习近平总书记在2016年10月11日出席全国国有企业党的建设工作会议上

---

① 陈晨. 新时期国企基层党建工作的创新路径分析 [J] 企业党建, 2018（11）：50-51.

指出："国有企业是中国特色社会主义的重要物质基础和政治基础，是我们党执政兴国的重要支柱和依靠力量。""坚持党对国有企业的领导不动摇，发挥企业党组织的领导核心和政治核心作用，保证党和国家方针政策、重大部署在国有企业贯彻执行；坚持服务生产经营不偏离，把提高企业效益、增强企业竞争实力、实现国有资产保值增值作为国有企业党组织工作的出发点和落脚点，以企业改革发展成果检验党组织的工作和战斗力。"①

习近平强调："坚持党对国有企业的领导是重大政治原则，必须一以贯之。""中国特色现代国有企业制度，"特"就特在把党的领导融入公司治理各环节，把企业党组织内嵌到公司治理结构中，明确和落实党组织在公司法人治理结构中的法定地位。"②习近平指出："要明确党组织在决策、执行、监督各环节的权责和工作方式，使党组织发挥作用组织化、制度化、具体化。要处理好党组织和其他治理主体的关系，明确权责边界，做到无缝衔接，形成各司其职、各负其责、协调运转、有效制衡的公司治理机制。"③

2019 年 7 月 9 日，习近平总书记在中央和国家机关党的建设工作会议上提出明确要求："使每名党员都应成为一面鲜红的旗帜，每个支部都应成为党旗高高飘扬的战斗堡垒。"④

国有企业的有关领导应提升对党建工作的认知，明确定位，建立健全相关机制，确保国企基层党建工作能充分展现出自己的优势、发挥基层党建工作的作用、解决分析遇到的难题，为国企长远的发展提供帮助。

从以上这些党的制度和习近平总书记的讲话中，可以找到明确的答案，那就是：基层党支部是贯彻落实党和国家的方针政策和决策部署、完成上级党组织要求的战斗堡垒和最小单元，是实现企业目标的组织保障和政治保障。党建工作不仅仅是党建部和书记的事，也是组织行为和企业行为。弄清楚了这个根本问题，就能明白我们的职责是什么，我们应该做什么，工作应该怎样开展。

① 坚持党对国有企业的领导不动摇 开创国有企业党的建设新局面 [N]. 人民日报，2016-10-12（01）.
② 同上。
③ 同上。
④ 全面提高中央和国家机关党的建设质量 建设让党中央放心让人民群众满意的模范机关 [N]. 人民日报，2019-07-10（01）.

三、主动融合，深度参与

在基层单位中，生产经营工作是中心工作，党建工作也要服务中心工作。要让党支部发挥战斗堡垒作用，要让每名党员都成为一面旗帜。

具体到日常中，就是要把教育党员、管理党员、监督党员和组织群众、宣传群众、凝聚群众、服务群众等工作的成效反映到生产经营工作上，在企业中积极发挥党员的模范带头作用，担当作为，干事创业，弘扬正气，凝聚人心，把生产经营工作搞好，确保生产安全，廉政安全，队伍稳定。

在浙电物流公司，生产骨干（各部门、班组负责人及副职）基本上都是党员，所以党支部经常把党课或主题党日等活动与月度生产例会安排在同一天，这样既可以把生产和党建工作同时布置，又提高了工作效率，减少了重复召集人员。

在每次重大的生产任务中，党支部都会组织红船共产党员服务队，高举旗帜，党员冲锋在前，勇挑重担，树立了国网浙江省电力有限公司（浙电物流）红船共产党员服务队不怕苦、不怕累，攻坚克难的红船共产党员服务队形象。在抗击超强台风"利奇马"的战斗中，浙电物流红船共产党员服务队一马当先，冒着酷暑连续作业五天四夜，将新主变从嘉兴禾城变装车运输到台州椒江，拆除海门变故障主变，新主变卸车后整体就位至基础，旧主变装车移运至指定位置，确保了主网的安全按期投运，展现了铁军风采。

2020年，作为变电党建联盟的轮值盟主，浙电物流公司党支部积极联系协调联盟各家单位，策划筹办金华换流站、绍兴换流站的年度检修启动暨总交底仪式，鼓舞士气，为顺利完成重大生产任务保驾护航；联盟四家单位还联合开展了安全应急演练、安全大讲堂、安全知识竞赛、党建联盟联合巡查等一系列联盟活动，提高全员安全意识，助力公司安全生产，发挥了变电大联盟的优势，提高了资源利用效率，优化了项目合作机制，有序推进了各项标准在基建工作中的落实，提升了综合管理工作水平。

四、规范制度，狠抓落实

基层党建工作难在落实。制度有，但是怎么做到，并且做得有成效却是一个课题。三会一课、主题党日、思想政治工作、企业文化培育，以及标准化、信息化建设等，制度都有规定，上级都有要求，基层党支部的任务是把这些要求落实、做好，助力生产经营工作。

（一）明确认识，做好规定动作

三会一课是党的建设的组织保障和制度保障，绝不是可有可无的，是党内发扬民主，科学决策，完善自我的重要机制。从许多产生问题的党组织挖掘原因可以发现，缺少党内民主，组织生活流于形式，没有认真执行规定动作，都是普遍存在的现象，这从反面印证了执行组织规定和制度的必要性。

（二）加强检查，落实责任到人

物流公司党支部积极配合上级组织的巡视巡察、党务工作检查及互查等工作，以此作为提升业务水平、加强管理的重要手段。除此之外，支部还对自身存在的问题进行梳理，定期"体检"，除专职政工员外，支委委员、党小组长等人应分工明确，各负其责，生产工作和党建工作一起抓，做到两不误、两促进。

（三）强化闭环，整改问题

用业务管理的方法来抓党建质量，用PDCA法来解决党建存在的问题。PDCA循环是全面质量管理的方法（也称戴明环理论。P即plan，代表计划；D即do，代表执行；C即check，代表检查；A即action，代表的是最后一个环节行动）。在整个循环过程中，要准确找出影响质量的因素，及时采取措施对其进行弥补，最后应再次检测，质量过关才算达到预期目标，并把成功的经验总结出来，制定相应的标准。如果上一过程中检测出的问题并没有得到及时的解决，那么下一次循环将会继续对其进行处理。

对支部建设存在的问题，我们也采取了类似的方法进行整改和管理，以提高最终的质量。比如理论学习薄弱，工作质量不高等。我们通过集中学习、个人自学、上党课、写思想汇报、谈心谈话等形式，解决理论学习不深入，理解不全面等问题，并且强调抓反复，强化理解认识，入脑入心，起到了良好的效果；对党建工作基础薄弱，缺乏创新等问题，明确工作标准和工作目标，加强学习，反复实践，提高政工人员的理论素养和业务水平，对标先进支部，不断改进，提升工作质量。我们相信，通过持续的改进和提升，必将逐步解决问题，提高党建工作的水平，不断提升员工、上级领导、党员、人民群众的满意度。

五、服务中心，创新发展

党支部紧紧围绕中心工作，在新形势下开展有物流特色的主题党日活动和"不忘初心、牢记使命"的主题教育，推行党员与驾驶员安全行车一对一谈心制度，把党务和业务结合起来，创新党建方式，为企业的生产经营提供强大助力。

2020年6月份，浙电物流公司党支部与公司财务资产党支部举办"1+1"联建活动，两个党支部开展了"不忘初心、牢记使命"主题党日活动，邀请公司领导上党课，并围绕调研课题"省物资公司配网物资中心库配送管理运行模式"开展了专题讨论。在10月份两个支部联合进行的"抓整改、除积弊、转作风、为人民"主题党日活动中，两个支部的党员就物流公司业务中与财务相关的难点、痛点进行了交流和深入的沟通，对涉及高速公路路桥费报销流程、电力物资运输的保险、托管车辆设备的后续产权和固定资产处理等问题，提出了针对性较强的建议，有效解决了部分实际问题。主题党日活动的调研课题和学习研讨活动对浙电物流公司的生产经营工作都有很强的指导性和操作性，充分体现了党建工作的价值创造力。

在9月份与浙江省电力物资供应公司（以下简称浙电物资公司）物资供应部党支部联合开展的主题党日活动中，双方围绕正在执行的物流项目开展交流研讨，分析电力物流业务目前的运作情况，探讨解决问题的办法，了解彼此的需求和关注点。浙电物资公司物资供应部党支部对浙电物流公司的工作表示肯定，尤其是在抗击台风"利奇马"中的出色表现，赢得了国网浙江省电力有限公司的赞扬。浙电物资公司表达了希望与浙电物流公司加深合作与交流，进一步扩大电力物流业务量的意愿。

联合主题党日活动紧紧围绕中心工作，通过交流互动，强化沟通协作，及时反馈，解决问题，把党建工作和业务工作一起抓，避免了"两张皮"的现象，是对"不忘初心、牢记使命"主题教育活动的具体落实。

为了引导广大驾驶员遵章守法，勤查车况，及时发现和排除各种安全隐患，避免事故发生，物流公司推行了党员与驾驶员安全行车一对一谈心制度，根据驾驶员、车辆的实际生产情况，每个车辆管理班组的党员与基层驾驶员每月一对一谈心沟通，了解驾驶员工作现况和心理状况，最大限度解决驾驶员实际生活和工作中遇到的困难，引导他们遵循安全行车各项法律法规制度，努力为各用车单位提供优质、安全的服务。

在"不忘初心、牢记使命"主题教育活动中，党支部开展了"初心墙"活动，要求每位党员把自己入党的初心写在一张心形的卡片上，然后把所有党员的初心卡都贴在党员活动室的墙上，并让每人与自己的初心卡合影。这种活动进一步强化了党员的责任感和使命感，有效地激发了他们表率带头、干事担当的工作热情。

六、凝聚人心，激发活力

在企业生产经营工作中，人是决定因素，一切工作归根到底都要由人来完成。思想政治工作是做人的工作的，因此，思想政治工作（党建的主要工作）的效果就可以用是否激发了人的活力和创造力、是否提高了企业的经济效益来衡量。

浙电物流公司党支部的做法可以用四句话来概括：目标聚焦方向，宣传鼓舞士气，关爱温暖人心，文体增添活力。

在浙江省送变电工程有限公司"双百改革"、转型发展的新形势下，向全体党员和员工明确公司的发展定位是电网建设主力军、电网运行保障者、电网抢险先锋队；公司的发展方向是双轮驱动，多业并举，服务电网；发展目标是国际一流能源互联网发展企业；企业使命是为电网保平安，为企业谋发展，为员工谋幸福。浙电物流作为浙江省送变电工程有限公司新型业务的代表，承担着服务电网，支撑主业，创造效益的重任，可谓责任重大，使命光荣。对于浙电物流公司的全体党员和群众，唯有目标清晰，方向明确，才能在正确的道路上走得更远。

宣传工作是意识形态工作，有着政治引领、舆论导向、教育感化等诸多重要功能，是党和组织的喉舌，是党建工作中的重要内容。

浙电物流公司支部非常重视宣传工作，由支部书记亲自分管，对内网、微信群上的每篇稿件都逐字逐句审核，严把文字关。每年定期召开宣传报道会议，制订工作方案，明确宣传报道的主线和方向，并严加考核兑现；这些做法极大地调动了兼职通讯员的写稿积极性，保证了稿件的数量和质量。宣传稿主要内容是四条主线：反映物流公司的日常车辆服务工作（主体工程线），对抢修抢险等急难险重任务跟踪重点报道（重大任务线），讴歌各个岗位上拼搏奉献的员工（岗位奉献线），反映不同年龄、不同岗位员工的工作体验等（员工感悟线）。鉴于物流公司员工向来有认同企业、关心企业的传统，只是目前职工年龄偏大，缺乏活力；通过强化宣传和舆论导向，极大地鼓舞了全体员工的士气，增强了大家干事创业的热情，增加了企业的凝聚力。

浙电物流公司老职工多，身体不佳、生病住院的人也多，党支部（工会）认真做好关心关爱员工的工作，坚持做好"五必访、五必贺"工作，坚持做好高温现场慰问工作，促进企业和谐，用关爱温暖人心，增强了员工的归属感和工作热情，也激发了大家的工作活力。

群团工作能够反映一个企业的活力。物流公司组织员工积极参加各类文体活动和竞赛，发挥个人特长，取得了良好的成绩。物流公司派出的三名选手（王晓敏、胡陈冬、朱广福）参加公司十佳歌手大赛，二人分获第二、第三名，王晓敏还获得了最佳人气奖。此外，还积极参加了公司举办的国庆70周年庆系列活动，浙电物流公司独立完成的歌舞节目舞台效果惊艳，周静怡以原创作品参加了朗诵比赛，另有三人参加了其他的两个歌唱节目。2019年，由物流公司四人组成的网球队代表浙江省送变电工程有限公司参加省公司的网球比赛，获得了双打第八名的好成绩，创浙江省送变电工程有限公司在省公司球类比赛中的历史最好成绩。2020年，浙江省送变电工程有限公司乒乓球队成员四人中有三人来自浙电物流公司，他们将参加公司2020年强手云集的乒乓球比赛。这些员工为浙电物流公司乃至浙江省送变电工程有限公司争得了荣誉，反映了物流公司员工良好的精神面貌和积极向上的生活态度。

七、提质增效，面貌一新

以前，大件运输公司因业务不饱满，职工年龄偏大，导致平均主义、大锅饭思想比较严重，给人感觉是积极性不高，效率不高；今年，在总公司新的指导思想和新增业务的改变下，在总公司领导的直接指导下，物流公司领导班子和党支部大胆改革，开拓市场，盘活人力资源，做精传统业务，做优新型业务，取得了明显的改观和长足的进步：全公司上下的精神面貌、工作热情和活力又被激发出来了——大件队要完成特高压站主变的更换抢修，修理班要对300多辆车进行检修、保养和年检，吊机、登高车、货车、工程车仍然运转在各个送变电工程现场，为每个项目提供坚强的支撑和机械设备保障。

每天进出厂区满载"东西帮扶"电力物资的物流车辆——计量中心的电表运输、中心库配网物资的运输、基础工程的钢筋运输等，都承载着物流人对明天的美好希望。浙电物流公司的滚滚车轮驶上了转型发展的快车道。

2020年，浙电物流公司预计完成产值1.4亿元，实现利润2000万元，其中，电力物流业务贡献产值1000万元。转型发展后的浙电物流公司将为浙江省送变电工程有限公司实现多业并举、提升经济效益做出应有的贡献！

以"学习+"打造实战学习型党支部

庄迪英　王　臻

一、实施背景

作为国有企业，党组织根植于企业生产经营的各个环节。在国网浙江省电力有限公司全面推进"三型两网、世界一流"战略，浙江省送变电工程有限公司作为国资委"双百行动"改革试点单位，企业发展迎来新的转型窗口期和发展机遇期的关键时期，党组织的使命与企业的中心工作更需紧密结合，发挥更强的学习力、创造力，以党建引领和价值创造助推企业的高质量发展。

综合管理中心作为公司后勤主要业务支撑机构，以公司"为电网保平安，为企业谋发展，为员工谋幸福"的初心使命为己任，始终立足"服务公司、服务现场、服务员工"的工作理念。伴随着企业转型发展新格局的到来，党支部在具体工作中战斗堡垒的作用须进一步彰显，广大党员干部必须始终坚持用理论武装头脑，必须深刻领会新要求，必须持续提升履职能力水平，以饱满的精神状态、强烈的担当意识，在奋力实现公司新时代战略目标的新征程中，走在前列、争当排头。实战学习型党支部的全力打造，将进一步坚定"电网建设主力军、电网运行保障者、电网抢险先锋队"的发展定位，融入中心、担当作为。

二、实施目的

第一，使党组织和广大党员干部更加自觉和勤奋地学习，切实提高思想理论水平，引导广大党员把学习作为一种政治责任、一种精神追求、一种生活方式。

第二，使党组织和广大党员干部更加重视和善于学习，努力掌握和运用一切科学的新思想、新知识、新经验，实现知识的不断更新，提高推动企业发展的能力。

第三，使党组织和广大党员干部在新的实践中重新学习、继续学习，不断提高综合素质，引导党员干部向实践学习，增强创新和实践能力。

三、具体做法

（一）创新"学习＋模式"，激发学习热情，提高业务能力，强化政治担当意识

一是中心领导班子带头学，在中心组集中学习的基础上，积极探索"每会一学"。即在各项会议前半小时，集中学习近阶段公司会议精神、交流近期思想政治重要资讯等，不断武装头脑、与时俱进、开拓思路。二是坚持全体集体学习。开展"班组微课堂"系列活动邀请各部门、班组的行家里手定期到党员活动室为全体党员传道授业解惑，落实"每天自学一小时、每月一次集中学习、每季度一次党课、每年一次知识竞赛、年度一次考评"这"五个一"要求，建立促学考学评学机制，跟进全体党员的日常学习情况。三是打破传统陈旧的学习教育形式，丰富创新学习形式，深化"学习＋互联网"，发挥"两微一平台"作用，用好"学习强国平台"、微信群、班组微课堂等平台，把学习型党支部建设融入全体党员干部的日常生活之中。中心党支部高度重视推进"学习强国"平台学习工作，中心党员干部带头参与学习，党员同志纷纷通过手机"学习强国"APP，看要闻、学思想、做试题、晒"积分"，利用工作之余进行学习，掀起了一股学习热潮。党支部把"学习强国"学习和日常工作融为一体，开展"学习强国"平台挑战答题知识竞赛、将学习积分最靠前的"学习标兵"在党支部微信群、支部会议上通报表扬，引导大家对标先进，带动广大党员学习的积极性。同时，要求每名党员同志明确日均得分，推进常态学习，并每日督促，确保全员登录、全员覆盖，力争每个党员都学有所获。

（二）深化"学习＋交流"，提出新思路，提升服务水平，推动工作"提质增效"

一是持续深化党支部"1+1"联建活动，以"党员互动、活动互联、资源共

享、共同提升"为途径，以进一步转变党员干部作风、促进支部党建工作相互对接、相互融合、相互促进为重点，推动党建、服务、管理工作协调发展。以"共建共享、共建共赢"为目标，着力构建开放式的党建新格局，努力把党的组织优势转化为企业的发展优势，让党员先锋模范作用发挥更为明显，员工团结奋进正气意识更为凸显，党建登高步伐更为扎实。通过和离退休党支部联合开展"传承历史文化、坚定文化自信""绿水青山映初心、扬帆奋进再启程"等"不忘初心、牢记使命"主题教育活动，走访良渚博物馆、安吉余村等地，激发党员坚定理想信念，争创先进的热情，进一步提升自身履职担当能力。二是注重"走出去、引进来"，通过与湖北送变电、江苏送变电、综合服务分公司、华云置业等兄弟单位学习、调研、交流、座谈，切实将外面的先进经验及做法引入中心，不断提出新思路新对策。大力弘扬理论联系实际的学风，切实把学习成效转化为推动工作发展的实际能力。把建设学习型党支部作为战略性基础工作抓紧抓实，不断打造党支部的创造力、凝聚力和战斗力。

（三）开展"学习＋服务"，深入基层一线，革新服务理念，与公司转型发展"同频共振"

一是践行"服务公司、服务现场、服务员工"工作理念，亲临现场掌握第一手资料，以提供服务的姿态，扶持现场，将"党建＋"工作融入重点工程项目。支部党员带头深入基层交流调研，现场办公，切实解决实际问题。在抗击台风"利奇马"、诸暨换流站年度集中检修期间，党支部引导中心全体员工守初心，担使命，切实解决现场后勤保障难题。落实后勤保障基地选址，组织落实协调应急发电机、送医送药到现场、开展理发等服务，推动党建、服务、管理工作有效融合。二是以"为员工谋幸福"为使命。一直以来，中心党支部以"员工满意"为己任，积极引导中心全体员工树立"需求导向、问题导向、标杆导向"的思想认识，在公司运维检修部（互联网部）的支持和帮助下，中心在开展大量调研工作后开通了手机端公司用车、办公用品领用、劳动保护类常用药品、小型基建项目、现场医疗保障服务等五个申请项目，多方位助推"抓整改、除积弊、转作风、为人民"专项行动持续深入开展。三是关心离退休职工。倾听离退休职工的诉求，探讨解决实际问题的办法和举措。开展了高温送清凉慰问活动，定期为老年活动中心开展医疗、健康讲座、理发等特色服务，不断提升公司离退休职工的生活质量，让公司离退休老人切身感受公司的人文关怀。

（四）推进"学习＋典型"，树立学习标准，发挥标杆作用，为企业创新创业"担当作为"

先进人物是单位形象的代表，是全体工作人员的表率，更是做好各项工作的标杆。发挥好先进人物的引领作用，在提高队伍综合素质，推进工作全面发展方面会起到事半功倍的作用，要善于用好、用足、用到位这种引领作用，强化队伍建设，提升工作能力，为履职尽责发挥作用。中心党支部通过走访舟山高塔，以高塔项目部先进典型为榜样，通过组织中心全体党员同志对张富清同志、胡仁禄同志等一批先进典型人物事迹的学习，进一步坚定理想信念，牢固树立"服务公司、服务现场、服务员工"理念。通过对廉洁教育基地参观，不断筑牢公正廉洁思想根基，以自身的实际行动深入践行"全心全意为人民服务"宗旨，进一步更新工作观念、转变工作作风、创新工作机制，有效提升了队伍的综合素质。

四、结论

在新的历史时期，要摆脱就党建抓党建的陈旧观念和做法，变被动适应为主动创新，适应新形势、新任务的要求，扩大党的工作覆盖面，用新的思路去开拓党支部工作的新路子，不断提高党的基层组织的凝聚力和战斗力。特别是在公司转型发展关键时期，更要用以服从"双轮驱动，多业并举，服务电网"发展方向，为公司的改革、稳定和发展提供强有力的政治保证、组织保证、思想保证，把创造良好的舆论氛围和发展环境作为中心党支部党建工作的根本出发点和落脚点。因此，党建工作要牢固树立围绕中心，服务大局，以学习促进步、以学习促发展，把学习贯穿于党建工作和生产经营工作的全过程，将学习目的的重心放在推动发展上，大胆探索与推动发展相适应的新的学习方式、工作方法和工作作风，使党建工作与生产经营工作相互协调，互相促进。

浅谈推进党建和业务工作深度融合的思考与实践

杨 婷 鲁 颖

一、实施背景

2020 年是浙江省送变电工程有限公司转型发展最为关键的一年，公司正处于"双百改革"及"三型两网"战略实施的重要历史机遇期。在浙江省送变电工程有限公司"双轮驱动，多业并举，服务电网"发展方向的指引下，银桥公司顺应形势、转变思想、主动作为、抓住发展机遇，抓好组织落实，改革创新，自我造血，提升市场竞争意识和核心业务能力，实现集体企业资产保值增值，圆满完成服务主业的功能任务。在这个特殊阶段，企业管理就更需要毫不动摇地坚持党的领导，以党建思想来加强组织内部的管理，促使企业在发展道路中取得重大突破。如何推进党建和业务工作深度融合，摆脱两张皮，实现一盘棋，亟须进一步思考探究。

二、党建和业务工作深度融合的思考与实践

（一）在目标上紧密无间地融合，实现企业由点连线，由面贯体的"酵母效应"

1.党建工作主题与企业管理主题同频共振

党建和业务工作的融合，就是要紧紧围绕推动业务工作来谋划党建工作的目标、任务和措施，紧扣业务工作目标，研究党建工作内容；根据业务工作任务，提出党建工作措施；针对业务工作难点，确定党建工作重点；紧跟业务工作进度，思考党建保障对策，充分发挥党支部在推动业务工作中的政治优势、思

想优势和组织优势，努力为业务工作任务的全面完成提供重要的保障和促进作用。近年来，银桥公司党支部紧密围绕送变电公司党委新时代发展战略，明确经营服务业务功能定位，按照"年年有主题、主题有活动、活动有成效"工作方针，持续开展"弘扬浙送正气、勇担服务责任"主题年活动（2017品质服务年、2018员工素质提升年、2019效益提升年），以效益为中心、以管理为基础、以创新为动力、以服务为保障，与党建"旗帜领航·三年登高"（2017基础管理年、2018对标管理年、2019创先争优年）融会贯通，打造具有银桥公司特色的业务新格局和"学习型、服务型、创新型"先锋党支部。

2.党建工作目标与企业管理目标步调一致

在转型变革的新形势下，银桥公司确定"围绕主业、服务职工、开拓市场、创新发展"的发展定位，通过"产业联动、多元发展；条块结合、创新驱动"，实现发展方向明晰、核心业务突出、经营效益优良、竞争优势明显、抗风险能力强的综合服务型企业的发展目标。党支部根据中心工作在企业各层级开展思想政治工作，解读新理念、新目标，把转型时期的队伍建设作为思想政治工作的重心，业务板块划分到哪里，党建工作就延伸到哪里；业务活动开展到哪里，党建活动就组织到哪里。在企业酒店、物业管理、大后勤、疗休养、专项服务等各业务领域展开，助推企业平稳转型。

（二）在行动上全力以赴地融入，形成积极向上、良性循环的"螺旋效应"

1.充分发挥"1+1"党支部联建活动的作用，大胆实践

结合监察审计部和银桥公司党支部业务职能的侧重点，实现资源共享，优势互补，形成合力。邀请监审部专家内审银桥经营管理工作，开展集体企业风险管控和经营管理诊断。重点就巡视巡察共性问题举一反三，对自查自纠工作开展情况进行风险排查，加强对整改成果的总结和运用，积极探索将行之有效的整改成果转化为管党治党的制度机制。多领域业务开展的过程中，加强对重要岗位人员的教育管理，管牢"小微权力"，坚守纪律红线和政治底线，切实提升党风廉政建设"制度化、标准化、规范化"水平，助推党风廉政文化根植基层，为业务开展防风避险。

2.积极运用"党建+后勤"模式，响应公司大后勤工作并落地开花

在优先服务好公司内部、服务好施工现场的同时，不断提升服务水平，逐步实现对公司各项目部食堂、后勤的统一服务。克服银桥党支部党员少、分布散的弱势，将后勤一线、经营管理、综合管理等岗位上的党员组建成红船党员服务队，在年度大检修、利奇马抗台抢险等重、急、难后勤任务中，冲锋在前，勇当表率，圆满完成保障服务任务。在大后勤任务中，全体党员多次赴长龙山抽水蓄能工程、甬港变等项目现场进行后勤服务及标准化服务调研，优化服务质量，逐步形成样板。

3.创新优化主题党日活动，强技能、精业务

为进一步提高浙送职工食堂厨师的业务技能水平，提升服务质量，弘扬红船精神，发挥后勤服务战线的先锋堡垒作用，举办以"强技能、精业务，红船再起航"为主题的系列党日活动。赴中化蓝天食堂、华数食堂、市政府食堂等，开展厨师交流学习和管理经验分享。学习食堂餐品制售流程，为食堂服务提升寻找突破点。学习食堂管理方面的经验，吸收新鲜管理知识，查找自身管理漏洞，共同探讨服务改进方案和健康食堂今后发展方向，提升业务技能水平。

（三）在感情上满腔热情地融洽，形成从内及外，由小到大，环环带动的"水波效应"

1.开办党员讲堂

每季度由一名党员讲授党课，探索党员干部人人讲党课的集中学习模式，使党员讲堂成为党员学习政治业务知识、锻炼口头表达能力、提升综合素质能力、展示自身良好形象的助推器，成为党员相互学习、相互交流、相互促进、共同提高的大平台。

2.坚持谈心制度

通过采取支部委员与党员干部，党员干部与员工群众谈心的方式，了解党员干部、员工群众的思想动态、工作和生活情况，既充分肯定其取得的成绩，又中肯地指出其在工作中存在的不足，鼓励其迎头赶上；对生活中有困难的党员干部、员工群众，想方设法予以帮助，为其排忧解难，免除后顾之忧，使之安心于本职工作；对政治上积极要求进步的员工，帮助他们努力向党组织靠拢。转正1名预备党员，发展1名发展对象，吸纳5名优秀员工为入党积极分子。

3.开展建言献策活动

为增强党员干部、员工群众参与党建工作的积极性和主动性，通过分发表

意见，在全公司上下收集党建工作的反馈意见，对其中合理、积极的建议和意见大胆吸收，为党建工作贴近实际、服务中心提供保证，拉近组织与党员、群众的感情。

三、实施效果

通过开展主题年、"党建+"、党建"1+1"等一系列研究实践活动，银桥公司推动党建工作和中心工作在目标上紧密无间地融合，组织党建活动在行动上全力以赴融入业务工作，带领党员干部与员工群众在感情上满腔热情地融洽在一起，探索形成党建引领业务的"三融理念"，在公司上下产生由点连线、由面贯体的"酵母效应"，积极向上、良性循环的"螺旋效应"和从内及外、由小到大、环环带动的"水波效应"，助推党建和业务工作的深度融合，促使企业服务得到提升，管理得到优化，思想得到凝聚，合力得到激发，为做强主业大后勤服务，做优电网支撑性服务，提供多方位保障。

浅谈国有企业基层党建工作在助力
改革发展中的定位和作用

李　栋　　王　浩　　方　峥

一、引言

随着时代的不断发展，企业改革更为深入，传统的党建工作思路和工作模式已经难以满足新时期企业创新发展的要求。在这一背景下，党建工作更注重管理的精细化，精细化管理理念作为一种创新优化的管理思路，在企业党建工作中发挥重要作用[①]。以精细化管理推动企业的持续发展，不断优化企业经营管理决策，营造积极健康向上的企业文化，让企业发展进入改革的新阶段，奠定企业党建、文化建设及稳定经营与发展的基础。

二、企业基层党建工作的必要性

在市场经济体制蓬勃发展的今天，我国的企业面临着新的发展机遇，即如何更好地推进管理现代化和进一步发挥行业领军作用。作为企业的精神支柱和力量源泉，基层党建工作可以有效地促进企业的整体性和可持续发展，对于企业发展具有十分重要的作用[②]。但是，就当前我国企业的实际发展而言，其企业内部党建工作的工作状态和工作方式仍然沿用传统模式，相关内容较宽泛，并没有很好地紧跟时代的脚步，也在一定程度上阻碍了企业基层党建工作的进一步发展。因此，在进行党建工作时，相关工作人员必须深入地分析与探讨当前

---

①　马奇峰. 新时期企业党建精细化管理探讨 [J]. 智库时代, 2019（50）: 12-13.
②　郭佳琪. 新时代国企党建新模式构建探究 [J]. 老区建设, 2019（02）: 14-20.

企业基层党建工作的发展瓶颈和机遇，以创新的方式来推进基层党建工作的建设，与此同时完善党建机制建设和党建工作新形式，扩大基层党建工作的基本内容，从而寻求新的发展，为企业注入新活力。

三、新时期加强企业基层党建工作的措施

（一）转变工作思路

企业在开展基层党建工作时，如果能够树立正确的工作思路，就能够保证基层党建工作质量，而当企业管理人员在基层党建过程中没有树立正确的党建思路，那就可能会影响基层党建工作质量。在新的发展时期，企业管理人员应当及时转变工作思路，不断提高企业基层党建工作质量。企业管理人员在开展基层党建工作时应当对前期基层党建工作的开展成效进行分析研判，如果在分析过程中发现前期的基层党建工作在落实过程中依旧存在诸多问题，管理人员就应当及时就问题进行分析，而后确定明确的工作思路，以此保证企业基层党建工作的合理性与效率性。当管理人员通过分析得出前期企业基层党建工作具有一定的经验可取性，那管理人员就应当及时汲取工作经验并将其融入新的基层党建工作中，这样可以确保基层党建工作思路的实效性。企业管理人员在进行基层党建工作时应当将党建工作放在企业工作的首位，及时结合企业基层党建工作的实际情况进行工作思路的创新，切实保证基层党建工作作用的发挥，实现企业生产效益的最大化。通过上述工作思路的转变可以较好提高企业基层党建工作质量，保证企业在激烈的竞争中获得更好的组织保障，为企业进一步开拓市场提供思想和理论支撑。

（二）坚持五位一体分级分层管理机构

企业党建工作精细化管理难以推行的主因是缺乏明确的责任制度，领导核心支撑不足，自主党建工作新动能释放不完全，基层党建工作活力不足。鉴于上述问题，必须从党建工作管理机制的完善入手，推行五位一体分级分层管理机制，确保党建工作党委重心的下移。企业党建工作管理机构真正发挥工作实效，能为企业经营发展提供党建方面的指导、服务和关怀，从党委顶层设计到党总支的协调管理到党支部的监督约束。在党委的牵头领导下，细化优化党建

工作领导小组，建立明确的责任制度，责任落实到人。推动企业党建工作的精细化管理，企业党建工作精细化管理与保健工作体系的结合，确保上传下达的有效性。党支部作为党建工作主体，必须建立有特色，能力达标的高素质党建党支部工作队伍。强化党建工作品牌的建设，确保其战斗堡垒作用发挥。管理中树立精细化管理理念，强调工作的灵活性。在综合分析公司业务指标和经营规模的情况下，将党建工作一层层地落实到班长或者是班组党员身上，让其切实起到党总支和基层员工联络沟通的作用。班组党员要明确自身工作职责，加强基层监督与指导。上传下达，有效联络，以良好的业务能力和工作效果，向党建工作交上满意的答卷。

（三）促进企业文化建设有序进行

企业文化是现代企业的精神内涵，也是促进企业特色发展和建设的重要因素之一。而企业本身对自身的信念和价值观是其文化核心的基础，可以有效地促进企业的快速发展[①]。在企业内部，党组织是精神文化建设的领导者，相关党建工作人员需要研究分析社会发展的变化，紧跟时代脚步。此外，企业要以文化建设为载体，注重新工人思想的建设，把企业文化建设与党的十八大、十九大精神联系起来，以有效地树立党组织在职工心中的光辉形象。这不仅是改革时期企业基层党建工作的进一步深化，也是企业走中国特色社会主义道路的集中体现。

（四）创新工作方法

工作方法对于企业基层党建工作开展质量也有着至关重要的作用，所以在新的发展时期企业管理人员应当及时创新工作方式，从而确保基层党建工作作用的发挥。企业管理人员在开展基层党建工作时，可以定期开展"基层党建工作落实对于企业发展的重要性""如何才能充分发挥基层党建工作在企业管理中的作用""企业管理部门的基层党建工作思路"等主题研讨会，让企业党员干部和普通群众广泛参与，让每个员工在活动后谈一谈其对企业基层党建工作落实重要性的认识，并就如何加强基层党建工作提出意见建议。这样可以提升基层员工对党建工作的思想认识、参与度和融入感，从而为企业基层党建工作的落

---

① 李伟萍.企业党建与企业文化建设管理工作的思考[J].农家参谋，2018（17）：279.

实及企业管理质量的提升奠定基础。企业管理人员在发挥基层党建工作在企业管理中的作用时也应当明确党建工作内容，做到精细化、具体化、可视化和责任化，对于不能够认真履行党建工作责任的人员进行考核问责，这也可以减少表面功夫，显著提高企业管理质量与发展效益[①]。

（五）做好基层党员的发展工作

要充分发挥党建工作的有效性，做好企业内部基层党员的发展工作是非常重要的。因此，企业要着重注意基层党员的发展工作，不仅要发挥好党建工作的有效性，还要切实践行国家的科学发展观。在发展相关党员时，要优先发展具有较高政治意识和热情的党建工作人员，使职工能够最大限度地发挥加强党组织建设工作的作用。高素质员工的发展从本质上为基层党建工作质量提供了一定的保证，也为企业的发展提供了更优质的服务。

四、结语

新时期企业党建精细化管理与运作是时代的必然，也是其改革优化的强有力举措[②]。针对当前企业党建工作中存在的组织不健全、制度不完善、开展形式单一问题，提出了具体的应对举措，将推动企业党建工作的规范化与轨道化发展。

---

① 王玉华. 企业推行党建工作精细化管理问题探析 [J]. 公关世界，2012（10）：54-55.
② 黄宝乐. 精细化管理策略在企业党建工作中的实施 [J]. 现代国企研究，2018（08）：257-259.

"党建＋"工程推动培训业务高质量发展的
探索与实践

王璐琦

一、背景及意义

（一）新时代下国企党建新要求

坚持党的领导、加强党的建设是国有企业的"根"和"魂"，是我国国有企业的光荣传统和独特优势。党的十九大报告提出要加强基层党组织建设，使基层党组织成为贯彻党的决策、宣传党的主张、领导团结群众的坚强战斗堡垒。在能源革命和数字革命相融并进的背景之下，国网浙江省电力有限公司开启了全面建设"具有中国特色国际领先的能源互联网企业"的新征程。作为国有企业中的重要一员，肩负的不仅仅是经济责任，更是政治责任和社会责任。如何做好新形势下的国企党建工作，切实把党组织的政治优势转化为企业的发展优势，从而推进战略目标落地见效，更好地服务党和国家工作大局，践行"人民电业为人民"的企业宗旨，使国有企业成为党和国家最可信赖的"六个力量"，是我们需要思考的重要课题。

（二）新战略下企业党建新方向

国网浙电省电力有限公司以习近平新时代中国特色社会主义思想为指导，坚持和加强党的全面领导，以党的政治建设为统领，以基层党组织建设为重点，全面打造"党委坚强、支部管用、党员合格"的党建生态。要发扬"支部建在连上"的光荣传统，履行好教育、管理、监督党员，以及组织、宣传、凝聚、服务群众的职责，把党支部建设成为宣传党的主张、贯彻党的决定、领导基层治理、团结动员群众、推动改革发展的坚强战斗堡垒。要找准党支部工作和生产经营工作深度融合的切入点，创新理念、载体、举措，让党支部在基层工作中唱主角。要聚焦企业改革发展的难点、热点，深化实施"党建+"工程，创新党建联建联创机制，以企业改革发展成果检验党组织工作成效。充分发挥党建引领保障作用，推动公司在"三型两网"世界一流能源互联网企业建设和服务浙江"两个高水平"建设中的引领作用，当好排头兵，勇立潮头。

（三）新机遇下培训工作新挑战

随着新时期国网浙江省电力有限公司战略目标的全方位推出、公司战略目标定位的进一步确立，新型电力系统建设等能源互联网形态下衍生的新技术、新业态不断涌现，作为公司战略传播和人才培养的重要渠道，培训工作迎来了新的机遇，同时也面临前所未有的挑战与要求。在国网浙江省电力有限公司打造国家电网战略目标落地"示范窗口"的新征程中，国网浙江培训中心积极顺应"大力发展职后教育、全面打造大国工匠"的新时代潮流，深刻把握自身作为公司系统唯一培训机构的独特优势，将"走在前、做示范"的高标准高要求作为推动中心发展的重要指引，提出"示范窗口"人才培养主阵地的"创一流"建设新要求。培训作为培训中心的主营业务，其高质量发展对推动培训中心"创一流"建设至关重要。如何发挥基层党组织作用，实施"党建+"工程，增强党建工作和业务工作的融合度，实现党建价值向培训业务发展的有效转化，值得探索与实践。

二、现状审视

为进一步推进"党建+"工程，以党建价值创造推动国网浙江培训中心高质量发展，国网浙江培训中心湖州技术技能培训科（以下简称湖州技术技能培训科）党支部结合"加快创建一流培训中心，持续提升培训服务能力"主题讨论活动，开展自我分析、自我诊断，深入剖析了当前党建工作现状。

（一）在强化党建思想政治引领方面

一直以来，湖州技术技能培训科党支部积极发挥党建引领作用，以党的政治建设为统领，利用"三会一课"、主题党日，开展党员理论学习和主题教育，加强党性教育，保持党员基本政治素质。及时掌握职工思想动态，经常性开展好谈心谈话工作，保持队伍积极向上的状态，凝聚正能量。在此基础上，还需进一步突出党建优势转化，将党建优势转化为发展优势、创新优势、竞争优势，形成抓好党建促改革发展的良好局面。

（二）在推动党建业务全面融合方面

从总体上看，支部在党建与业务融合发展上已找到结合点。湖州技术技能培训科作为中心培训业务的执行部门，围绕培训教学、科研开发等中心工作，坚持抓业务从抓党建入手。还需进一步拓宽思路、积极探索、深度挖掘，形成可执行的"党建+"工程工作方案，明确工作思路、工作目标和计划，形成工作机制，推动党建工作与各项培训业务高度融合，开创先争优生动局面。

（三）在支部党员担当作为方面

支部党员积极发挥作用，通过开展党员示范岗、责任区建设，提升党员干事创业精气神。特别在项目推进过程中，项目负责人起到决定性的作用，决定了项目阶段性成果质量。因此还需积极探索党员担当作为和项目推进的有效结合，充分发挥支部党员的战斗力和先锋模范作用。

三、"党建+"工程具体实践

根据加强新时代党的建设总体要求，凸显党建引领作用，推动企业提质增效，结合前期的分析结论与调研成果。湖州技术技能培训科党支部以推动党建与培训业务深度融合为目标，结合支部实际，从党支部层面、党员层面和群团层面，深入剖析"党建+"工作与培训业务深度融合的工作切入点，积极探索"党建+"工程工作模式，确立了以党支部为主导作用，以技术技能培训科为主责作用，依托"党建+安全培训""党建+项目开发""党建+竞赛调考""党建+创新创效""党建+能力提升"等模块，提出了培训业务高质量发展的党建+工程工作方案，力求"党建+"工程加出成效、加出优势、加出价值。具体做法如图1所示。

图 1 "党建+"工程工作模式框架

（一）开展"党建 + 安全培训"工作

充分发挥党建制度优势，根植安全理念。结合"三会一课"制度，强化党员经常性、规范性的安全生产形势任务教育，让安全意识内化于心、外化于行。强化监督作用，建立"支部党员安全稽查小分队"，以"查隐患、帮整改、促提升"为目标，开展每周一次深入实训现场的安全检查，及时发现实训过程中的安全隐患并监督落实整改，让隐患排查治理常态化、制度化。发挥党员先锋模范作用，明确安全职责清单和履职要求，通过开展"党员无违章示范岗"评选活动，实现"党员带头不违章、党员带头查违章、党员身边无违章"，确保各项培训业务安全开展。

（二）开展"党建 + 项目开发"工作

坚持支部党建工作与专业项目培育"同谋划、同部署、同推进"，在项目储备、项目实施、成果应用的各个环节及时发挥政治引领、思想保障及纪律保障等作用。每月组织项目负责人召开项目工作推进会议，梳理项目关键环节和工作要点。提升支部党员在项目开发过程中的参与度，确保每个项目有党员参与。与中心其他支部、兄弟单位开展深入的支部共建活动，通过"劳模工作室联盟""支部合作协议"等形式，完善规范化和标准化项目开发过程，实现"资源共享、党建工作、优势互补、共同提高"的工作格局，推进项目落地及成果转化。通过上廉政党课、撰写廉洁从业心得体会、定期推送廉洁学习视频资料等方式，加强党员党风廉政教育工作，抓好项目开发过程中的党风廉政建设，营造项目开发廉洁自律、风正气正的良好氛围。

（三）开展"党建＋竞赛调考"工作

在各类大型竞赛、调考工作中，成立以党员干部为引领的竞赛技术支持组，通过党建引领、统筹协调，做到早谋划、早落实，确保竞赛工作顺利开展。组织支部党员开展集中学习时代楷模事迹、讲述"身边党员微故事"等形式多样的活动，弘扬正能量，培养和打造一支党性观念强、作用发挥好的党员志愿服务队。在竞赛、调考的接待、场地保障、裁判配合等各项志愿服务工作中，支部党员亮身份、亮旗帜，用实际行动践行志愿服务精神，充分发挥生力军和突击队作用，全力保障竞赛圆满完成。

（四）开展"党建＋创新创效"工作

以"杨晓翔劳模创新工作室""QC[①]小组"为载体，开展创新项目培育工作，积极申报创新项目，参与QC成果发布、青创赛、大数据挖掘竞赛等，激发支部创新活力。向团员青年延伸，发挥新生力量作用，培养和教育团员青年牢固树立争先意识、协作意识、创新意识，营造青工队伍中的创新氛围。以党建带团建，建立"团青创新小组"，组织青年培训师开展学习、实践活动，提升创新创效能力，推动创新项目培育。结合创新项目需要，汇聚资源、打破工作壁垒，组建跨专业、跨校区、跨支部的创新虚拟团队，助推创新项目立项、培育、落地。

（五）开展"党建＋能力提升"工作

制订并落实年度党员学习教育计划及党风廉政教育计划，注重党员综合能力提升。制订并落实培训师能力提升计划，结合劳模引领、下企业实践、技能集训等方式，不断提高培训师专业水平和教学能力。党建带团建，加强团员青年人才培养。引导青年坚定理想信念，树立正确的世界观、人生观、价值观。组织团员青年有针对性地外出参观、考察学习、实地调研，加强青年员工学习交流。通过"师带徒""劳模引领""青年培训师公开课"等形式，提升青年技

---

①　QC：quality control，即质量控制。

术技能水平，促进青年快速成长。深入开展"大学习、大调研、大讨论"活动，结合支部党员大会，定期总结交流活动成果，分享工作经验，不断提高党员业务水平，指导和推动工作实践。

四、"党建+"工程实施成效

通过党建与培训业务的深度融合，湖州技术技能培训科的各项培训工作稳步推进。

就党支部建设而言，随着"党建+"工程方案的实行，党建工作在培训业务方面的引领作用更加凸显，党支部战斗堡垒作用和党员先锋模范作用得以充分发挥。对于贯彻落实中心关于进一步推进"党建+"工程，以党建价值创造推动中心高质量发展有着重要的作用。

就培训业务发展实践而言，随着"党建+安全培训""党建+项目开发""党建+竞赛调考""党建+创新创效""党建+能力提升"的实行，湖州技术技能培训科的各项培训工作取得了成效。高质量完成疫情防控阶段的"线上+线下"培训任务，规范"三种人"制度与工作票流程，严控实训现场安全教学，做好各类培训项目、教科研项目的推进与储备工作，圆满完成省管产业单位施工能力技能竞赛等竞赛调考的组织和承办，积极申报QC质量管理小组活动三项，组织培训师参与培训师线上技能竞赛、浙电公开课系列课程录制、学刊论文撰写等工作，开展培训师岗位练兵，进一步提升培训师教学能力水平。

就支部党员及科室员工而言，"党建+"工程的实践进一步深化了党员责任，凸显了支部党员在各项培训工作中的战斗堡垒作用和先锋模范作用，为科室员工做好自身工作、保持积极进取的态度提供了重要的精神引领和榜样示范，增强了支部党员和科室员工的干事积极性和组织向心力，无论是支部还是科室都形成了风清气正的干事创业氛围。

五、启示和体会

不断提高党建质量、推动党建工作价值创造是新时代党的建设总要求的重要内容，是提高企业效益、增强企业竞争力的出发点和落脚点。湖州技术技能培训科党支部在"党建+"工程的实践过程中，形成了以促进支部党建与培训业务深度融合为核心，以"党建+安全培训""党建+项目开发""党建+竞赛调考""党建+创新创效""党建+能力提升"为抓手，以党支部"三会一课"常态化、党员责任区为制度保障的"党建+"工程工作模式。充分发挥了支部在培训业务高质量发展中的引领作用，最大限度地展现了支部党员的先锋模范作用和无私奉献精神。在保障了支部自身标准化建设的同时，提高了培训工作的质量和水平。由此可见，湖州技术技能培训科党支部探索形成的"党建+"工程工作模式进一步拓展了党建与培训工作深度融合的深度和广度，对充分发挥党组织的思想引领、政治引领作用，助力建设具有卓越竞争力的一流培训中心，全力打造"示范窗口"人才培养主阵地，为省公司"走在前、作示范、打造示范窗口"做贡献有着重要意义。

队伍
建设

开 拓 管 理 之 路

打造基于数字化培训平台的学习型团队

潘建明　陈红翔　张东亚　盛志亮　俞　斌　王文龙

一、课题背景

（一）学习型团队的内涵

党的十八大以来，以习近平同志为核心的党中央高度重视国有企业的改革，在十八届三中全会的公报和《中共中央关于全面深化改革若干重大问题的决定》中都有着具体的指导和论述。党的十九大上，习近平总书记在报告中再次专门指出："我们需要深化国有企业改革，发展混合所有制经济，培育具有全球竞争力的世界一流企业。"[①]站在中国特色社会主义新时代的历史方位，企业要持续发展，必须增强企业的整体能力，未来真正出色的企业将是能够设法使各层级人员全身心投入并有能力不断学习的组织——学习型团队。

学习型团队是指通过培养弥漫于整个组织的学习气氛、充分发挥员工的创造性思维能力而建立起来的一种有机的、高度柔性的、扁平的、符合人性的、能持续发展的组织。

（二）国内知名企业学习型团队建设情况

随着经济快速发展，学习型团队在各界被推广研究，各知名企业纷纷建立起学习型团队，并致力于推动平台化运营，打造无边界学习模式，同时加强与大数据的深度结合，提高学习效率。腾讯学院建立 3A（any time, any where, any way）的在线学习系统，打造全方位、多形式、重实效的培训支撑平台。同时，

[①] 习近平. 决胜全面建成小康社会 夺取新时代中国特色社会主义伟大胜利：在中国共产党第十九次全国代表大会上的讲话 [M]. 北京：人民出版社，2017.

借助数据智能服务分析系统，及时根据学员对学习内容的点击反馈，了解学员的共同兴趣点，再依据这些内容去更新和部署新的学习内容。长安汽车大学搭建了以员工工作、成长、生活为主线的学习平台。国网技术学院研究建设国际化人才培养合作交流平台，连接多元主体、集约化、自组织的知识运营平台，支撑公司国际化业务发展。

（三）数字化培训平台的现状和前景

目前，各企业凭借现代信息技术构建的数字化培训平台可谓"百花齐放""百家争艳"，尽管探究其服务企业的有效性、激励培训者的参与性、推向社会的广泛性等，仍存在一定缺陷，但从全体员工职业化培训、公司信息化管理系统教育、职业经理人培训、公司知识管理、业务部门及分公司各地业务人员培训、企业文化宣传等各方面需求，数字化培训平台具有广泛的应用前景。

（四）依托数字化培训平台打造学习型团队的必要性

1.借助数字化平台进行培训，摆脱时间与空间的限制

线下培训需要做好大量的前期准备工作，选择合适的培训场地、选择特殊的培训时间、集结众多的培训人员、发布通知、选取培训导师等，大型室外培训还受天气限制，培训受多种不确定因素影响，耗时耗力，效果不明显。网络的发展提供了数字化的网络教学平台，使得培训教育工作更具灵活性与独立性。一方面摆脱了时间的限制，只要有网络有接收设备，可以随时进行知识的培训与学习，借助独特的视频授课模式，学员可以随时随地发现自身不足、查漏补缺，提升自己的专业技能，接受特定的专业培训。另一方面，数字化平台在培训中的推广应用使得学员不受地理位置的限制，既可以在特定的培训机构从事培训学习，也可以借助数字远程技术接收知识，进行技能充电，尤其是受疫情影响，疫情防控工作已从应急状态转为常态化，开展线上培训以代替线下培训已成为迫切的现实需要。

2.独特的培训传播形式，节约经费避免人员重复作业

传统的培训教育工作需要耗费大量的人力物力，从整体上看是对人才与物资资源的重复消耗与浪费。数字化平台在培训中的应用很好地解决了上述难题。培训内容可以以数字网络输出的形式加以保存传输，造价成本相对较低，更多的人可以参与到知识的充电与技能的培训中来，避免培训人员的重复培训与部

分从业人员的重复学习，实现了专业技能培训或科研培训的大众化。

3.数字化平台实现了在线沟通与交流，互动及针对性更强

传统培训采用的师生传授教学模式，教学器具局限于粉笔与黑板，在培训时间有限的情况下难以实现师生的互动交流，对于培训中的疑难与个人知识模糊薄弱点很难得到有效解答，培训效果不理想。培训内容不具有针对性，而向普通受众面，又很难发现个体的兴趣点与培训集中点，内容重复，无法凸显针对个人的培训重点。数字化平台的搭建为培训指导工作提供了师生交流与沟通的平台，学员之间也可以借助数字化平台技术进行交流互动，实现互帮互助，达到共同学习、共同进步的目的。此外，数字化平台技术在培训教学中的应用更针对学员个人，可以依据每个人的知识掌握情况建立完善的个人培训体系，学员可以有选择地选取自己薄弱的知识点，以最少的时间投入达到最理想的培训效果。

二、课题研究的内容及主要做法

（一）创新长效学习机制是学习型团队建设的内在要求

学习型团队的建设价值不仅在于能够完善浙江省送变电工程有限公司的内部管理，提高经营效率，更在于在不断发展的社会大环境中，能够具备创新能力和可持续发展能力，建立学习型团队已经成为企业能够长期持久稳定发展的重要核心要素。浙江省送变电工程有限公司作为一家以电网建设、检修、运维、应急抢修等为核心产业的传统电力工程施工企业，处于技术密集型行业，特高压和智能电网建设大量采用了新知识、新技术、新设备、新装备，对电网企业和员工队伍的思想观念、组织管理、科学知识、行为方式、创新能力提出了新的机遇和挑战，唯有通过学习型团队建设，不断提高员工的综合素质，才能熟练掌握新技术，驾驭新设备，以应对新的市场形势和问题，而创新组织长效学习机制是建设学习型团队的内在要求。

1.创新学习机制是时代发展及企业改革的客观需要

党的十九大报告指出，要完善各类国有资产管理体制，改革国有资本授权经营体制，加快国有经济布局优化、结构调整、战略性重组，促进国有资产保值增值，推动国有资本做强做优做大，有效防止国有资产流失。作为我国国民

经济的支柱，国有企业走上了改革转型的"快车道"，国企混合所有制改革、"双百行动"综合改革等载体相继出台，将国企改革不断推向纵深，企业市场化运行机制将不断完善。与时俱进是一个先进组织应当具备的优良品质，为此，必须建立、健全一套新的、更加科学的组织学习理念和学习机制。

2.创新学习机制是解决目前员工培训中存在弊端的重要手段

目前员工培训普遍存在学习目标不明确，学习自觉性不够的情况，其结果是对学习培训感觉枯燥乏味而不能深入，对业务学习感觉不甚管用而不能投入，难以达到预期的培训效果。此外，浙江省送变电工程有限公司大部分员工由于常年在外进行施工作业，工学矛盾突出，不利于员工间相互学习、共同提高，致使无法形成一股集体学习合力。针对目前员工学习培训中存在的这一系列问题，必须建立、健全一套新的、更加科学的组织学习理念和学习机制。

（二）创新长效学习机制的具体措施

1.首先要树立一种新的学习理念，在此基础上健全、落实各项学习制度

一是要建立"导学、助学、督学"机制。所谓"导学"机制就是从管理层做起，坚持一级抓一级，建立覆盖全层级的组织学习体系。"助学"机制就是指组织员工开展团队式学习，促进集体探讨、坦诚交流，并取长补短，实现全体成员的知识共享。"督学"机制就是要明确员工学习培训标准，制定切实可行的培训考评制度，把员工学习态度及效果纳入学习考评的激励约束机制中去，确保组织学习的连续性、持久性和有效性，把各项基本理论、方针政策、专业知识等强化为员工的责任意识和创新意识。

2.加大员工学习载体创新的力度

创新学习机制，就必须在创新载体上下功夫。在载体设计上要与时俱进，针对不同对象、不同类型来丰富内容、改进方式。既要统一部署，又要体现个性化、因材施教，提倡分层分类学习培训。把注重阶段性学习变为终身性学习，把零散、分散、单一的学习培训变为系统化、宽领域、多层次学习培训，把枯燥、单调、死板的学习变为丰富多彩、自觉主动、富有创造性的学习，使员工时时处于不断学习、不断上进的双循环学习中去，形成"工作中学习、学习中工作"的良好氛围。

3.建立和落实员工学习的激励和考核机制

首先要注重目标激励。将浙江省送变电工程有限公司的近期和长期经营目标分解细化为员工的预期成就和结果，使之成为员工积极工作的"诱因"。其次，通过正面激励，在学员中形成学先进、赶先进、争先进的良性竞争机制。

4.努力实现学习工具的创新，充分发挥数字化学习的作用

数字化培训平台更具个性化和人性化，更富有弹性和自主性，并且可以对于员工的学习时间、学习进度、学习成绩进行追踪记录及考核，以确保培训费用支出的有效性。

（三）传统学习型团队的建设情况

1.拓宽培训师的来源渠道

一方面，浙江省送变电工程有限公司通过加强自身培训体系建设，与系统资源进行对接，形成内在的增长极；另一方面，通过与学校、行业连接从而拓宽学习的内容和方式，形成外在的着力层。

2.加强内训师队伍建设

通过邀请中高层管理者兼任内训师职务，赋予其肩负培训人才的职责，将其授课表现纳入个人绩效考核。同时，鼓励热爱培训的优秀员工加入企业内训师队伍。

3.安排内训与外出学习

一方面，邀请行业专家对员工进行集中培训，增加员工对行业发展的了解，尤其是对国内外同行业发展现状和趋势的了解。另一方面，针对表现优异的员工，派遣其外出参加公开课，提升派遣员工的能力，开阔其视野，间接提高员工的工作积极性和忠诚度。

（四）数字化培训平台的功能及应用措施

1.数字化培训平台的功能分析

浙江省送变电工程有限公司数字化培训平台通过整合数据资源和业务功能，以信息化推进管理的规范化、精细化和现代化，进一步加强员工开放式学习、改进教学培训组织形式和教学手段、提高管理水平和服务水平。

（1）项目管理

项目管理对教学培训流程进行梳理和优化，提高培训项目的组织和管控效

率。浙江省送变电工程有限公司通过建设集中的课程库、现场教学库、知识库和师资库，实现对各类教学资源的集约化管理，实现需求调研、课程设计、培训实施、效果评估等全过程的数字化闭环管理，促进课程质量的不断提高。

在培训项目管理的准备阶段，用问卷法和视频访谈法对参加培训项目的学员进行网上培训前的需求调查分析，通过需求调查及分析，使培训的整体内容和主体形式更能满足参加培训员工的学习需求，并解决其在工作实践中的困惑与问题，使培训更有针对性和时效性。在培训项目实施管理的过程中，通过数字录播系统可以对实施课堂进行抽样监控，掌握教学的实际情况，及时了解培训内容、形式的针对性、时效性，以便于及时调控培训的内容、形式，满足绝大多数学员的不同需求。在培训结束后，通过数字化平台对受训员工进行阶段性跟踪，了解员工回到岗位后行为改变情况。建立网络虚拟学习社区，同一项目学员可以通过论坛方式，在工作中持续学习交流，并可以通过虚拟学习区，群策群力，展开头脑风暴，寻找培训解决方案。

（2）学员管理

学员管理涵盖自学员报名起到培训结束止的全过程的服务内容，体现了培训工作服务员工的理念。学员可详细了解培训场所位置、联络方式、食宿安排、培训指南等基础信息，方便学员合理有效地去安排时间和行程；在培训中学员可查询并分享教学计划、课程表、作业提交、讨论园地、通讯录等内容；在培训后学员可进行成绩查询、培训评价、课程资源下载留存等，实现培训前中后的一站式服务。

（3）资源中心

资源中心针对教学和管理需要，集新闻导航、信息搜索、信息展现等功能为一体，为学员、教师和管理人员提供远程培训、课件学习、馆藏图书借阅、视频课件共享、课堂直播、录播等多方位的数字化教学共享服务，是一个方便、直观、易用的知识共享门户。资源中心，将改变传统培训资源分散、孤立的状态，实现信息的充分共享和最大化利用，并通过远程教育推动教学方式的转变，方便学员自动、自发、自主地学习，提高培训的覆盖率和普及率。

（4）辅助决策

辅助决策是一个智能化、自动化、标准化的数据中心，该系统以多角度、丰富的展现形式做出相关数据的智能分析，使各级领导能够方便地了解和分析培训机构的运行状况，帮助领导做出科学的决策，及时、快速、准确地发现问题，解决问题。

数字化平台实现了统一员工身份认证，建立健全了员工学习档案，实现了员工在企业中的全过程职业生涯管理和学习规划方案设计。资源中心也为员工提供了丰富多彩的学习资源，为员工差异化需求和自主选择提供了保障。数字化平台充分考虑各业务层次、各环节管理中数据处理的便利性和可行性，使系统始终与实际需求紧密相连，进而提高系统的实用性。培训管理模式趋向简单实用、开放灵活，实现了系统实用化水平评价的动态管理，成为由业务驱动的实施过程，而不是技术主导的过程，不断促进业务流程的科学化、规范化、程序化。

2.数字化培训平台的应用措施

（1）循序渐进，进行必要试点

浙江省送变电工程有限公司在大规模系统性实施数字化培训项目前，进行了小范围试点，摸索出了一个好的模式，积累了一些好的经验，锻炼了一些专门人才，为企业全面导入数字化培训奠定了基础。

（2）凝聚共识，形成全员合力

一是高层管理者的原力。企业一项大的变革或行动如果不能得到企业高层的支持一般都会失败。因而，企业数字化培训的实施过程一定要得到高层管理者的支持，并应使其成为推动数字化培训实施的原力。

二是培训部门的推动力。需要培训部门向企业高层论及数字化培训的优势，对全体员工宣传数字化培训可以给企业和员工素质提高带来的好处，以获得上下的一致认可和长久支持。

三是业务部门的执行力。数字化培训不仅仅是培训部门培训手段的应用，还是解决企业员工职业发展、协调组织与个人目标的一个重要工具。

四是公司员工的学习力。在数字化培训这种方式下，员工是最大的获益者，可以自己选择学习方式和学习内容，时间上的宽裕性和时空上的自由度让学习变得更为自主、方便。

五是信息部门的支持力。没有信息部门的支持，要成功实施一个数字化培训项目根本不可能。在项目实施过程中，需要有信息化背景的技术部门对数字化培训技术解决方案进行把关。

（3）把握关键，选择合适的内容、课件和平台

第一，精选课程内容。好的学习内容，可以让学员的学习有一种亲切友好的感觉，以增强学员学习的欲望。与学习者工作或者专业相关的课程内容属于首选，因为这些课程内容可以真正帮助员工提高其专业技能，从而提高其工作绩效，促进公司战略目标实现。其次是提高学习者素质的通用类课程，这些课程内容对员工提升处理问题的能力、提高自身的素质有很大的益处。

第二，做优学习课件。无论是课堂教学还是数字化培训学习，如果每次学习时间过长，学习者往往容易疲劳，学习效率不高，而且学习者还有可能对学习产生抵触情绪，对企业的成人学员来说更是如此。因而，数字化培训课件的信息量不宜大，每一节课件应尽量短小精悍，富有吸引力，让员工有一种意犹未尽的感觉，激励学员继续探索下一个课件。优先选择的课件有：①flash 课件。由于 flash 课件生动易懂，最受学员欢迎，那些采用 flash 动画模拟实际场景的课件尤其如此。②同步指导式多媒体 VCD 学习课件。由于该类课件学习环境与学习者真实的操作环境完全一致，学过之后就能马上实现顺利的操作，因而深受广大学习者喜爱。③影视类的课件。

第三，使用系统平台。数字化培训平台是企业整个数字化培训的基础设施，是知识传播的载体。应重点参考的因素有：系统能兼容的学习课件类型、系统的稳定性、可管理的学习者人数、同时在线的人数限制。由于是在线学习，系统的稳定性非常重要，它直接影响到企业数字化培训是否能持续运转下去。系统能管理的人数越多越好，能保证同时在线的人数越多越好。课件平台要有与企业的人力资源系统相连接的接口。课件平台要能够实现企业培训的全程信息化管理。从培训需求信息的收集到企业培训学习项目的事后效果跟踪评估应全部涵盖。

（4）激发热情，创设良好的学习氛围

第一，注重员工的精神激励。在实施数字化培训过程中，应注重员工的精神激励。比如，适当的口头、书面的表扬，树立学习榜样；或可以根据学习反馈信息，结合实际工作绩效，考虑对学习及工作绩效突出者提拔到重要岗位，更好地满足员工的精神需求。

第二，提高企业员工对数字化培训的适应性。首先是大力宣传企业实施数字化培训的重要性，以更新员工的学习理念。其次，对员工的计算机操作技能

进行培训，进行新学习方式的推广和新学习工具的使用介绍，以提高员工对数字化培训的适应性。

第三，设立咨询支持服务平台。设立专门的咨询场所和电话，以解决员工学习过程中的技术问题。另外，在网络虚拟世界进行即时的网上答疑，以满足学员需要学习互动的心理需求。

（5）定期评估，适时测评和反馈学习效果

数字化培训导入后，应重视对培训的跟踪和对效果的测评。

一是员工学习效果测评。在员工参与数字化培训的学习效果测评方面，可以从以下三个方面进行：①目标学员的参与度。依靠人力资源部门对目标人数的确认，然后根据学习管理系统中实际参与学习的人数，可以测定目标学员的参与度指标。②学员的考试通过率。考试或测验是检测学习效果的一种主要方式。由于数字化培训不同于课堂培训，因此，必要的考试也是一种督促员工学习的有效手段。③学员将所学知识应用于工作的情况。可以通过两个层面来评估学员是否将所学知识应用于工作。第一个层面是学员自我评估，第二个层面是学员的直接上级主管对学员工作中的表现进行评估。

二是企业受益评估。对数字化培训项目实施后的企业受益评估，可以从两个方面来进行：一方面，检验数字化培训项目实施前确立的预定商业目标是否达到，也就是企业培训需要达到的目标是否得到了满足。企业的商业目标不尽相同，是多种多样的。比如，投放新产品的速度是否得到了改进，客户的投诉率是否下降，企业的产品销售量是否得到了提高等。这些商业目标的实现情况可以通过企业内部的相关统计数据得到答案。另一方面，检验投资收益率是否合理。数字化培训课件有一定的生命周期，在生命周期内，它能通过企业员工的学习而持续发挥作用。因此，在考虑企业对数字化培训的投资收益的时候，需要考虑如下重要因素：培训的有效期（培训课件的生命周期）、参与数字化培训的学员数量、学习花费的时间、总成本、数字化培训对企业净收入的影响、机会成本。培训课件的生命周期越长，企业的相对投资收益就越大；参与某个数字化培训项目的学员数量越多，这一单个学习项目所获得的收益也就越大。

三、课题研究成果

构建数字化培训平台是发挥远程教育优势、推进终身学习、建立学习型团队的重要载体之一，尤其是在疫情影响下，数字化培训平台是落实"疫情防控与教育培训两不误"要求的最优实现形式。

浙江省送变电工程有限公司全力打造全员、全专业、全层级、全过程的学习平台，采用云服务架构，支持PC端、移动端使用，部署培训项目、课程、师资等体系，涵盖线上线下、培训管理、资源共享和专区学习等模块功能，实现跨平台、跨终端的同步课堂直播点播，开发公开班、专业班、直播服务等多种线上培训形式。

本研究课题系统总结出数字化培训平台建设的意义及长效建设措施，努力打造一支结构合理、素质优良、执行力强的学习型团队，这与公司打造高效学习型团队的目标相契合，研究具有一定创新性。

四、课题应用情况及前景

浙江省送变电工程有限公司持续打造数字化培训学习平台，今年以来，克服疫情带来的不利影响，坚持采取线上线下相结合的培训模式，做到疫情防控与教育培训两不误，实现新突破，累计访问人次突破1万，学员累计学习突破2.7万学时，总点击量突破3.7万次，相当于线下年均培训量，节约培训成本超200万元，课件突破100件，标志着教育培训转型升级迈入全新阶段。

在网络信息化、数字化飞速发展的今天，如何使企业管理插上平台大数据的翅膀，实现新的高质量发展，值得每一位培训工作者深思，而数字化培训平台的大门已然打开，必将大有可为。

"交警罚单"模式下的分包队伍考核管理的探索与研究

贡月秋 田孟林 赵树春 张 盛 王 冠 邱 真

一、背景

经过多年的改革，总包型施工企业除招聘管理人员外，一般不再招聘操作型员工。据统计，施工企业的 60%，甚至 80% 产值的实现来自分包队伍，然而分包队伍给总包企业完成产值，带来利润的同时，也会存在分包内部制度不完善和总包管理制度不健全、不能有效落地推行等情况，进而导致施工过程中问题频出，例如质量难控、安全难管、效率效益难提升等。

2020 年，是浙电消防科技（浙江）有限公司（以下简称消防公司）实体化运作的第一年，从无到有，从 "0" 奔 "1"，在摸索中前行，在实践中成长，如何加强分包队伍的考核与管理是确保安全可控、质量可保、进度可控、利润可期的根本前提。

二、总体思路

"礼让斑马线" 已成为杭州在全国的一张 "金名片"，一旦出现不礼让的行为，将会罚 100 元，扣 3 分，"威力" 不容小觑。

消防公司参照此模式，提出并推行了 "交警罚单" 模式下的分包队伍管理，并制定了《消防公司分包量化考核与奖惩实施细则》，消防公司现场管理人员对应 "交警" 角色，分包对应 "驾驶员" 角色。在年度框架整体协议下，每家分包原始分值相同，并划定不同预警等级，对于超过扣罚预警线的分包队伍采取约谈或暂停一段时间的工程任务分配的措施，后期仍未改善的暂停第二年度协议名单资格。

三、分包队伍现状

（一）文化教育程度普遍不高

分包队伍的现场作业人员的文化教育程度普遍不高，且缺少后续的提升培训。主要体现在对施工技术知之甚少，虽然在施工经验与作业能力上有一定的优势，但是按照国网浙江省电力有限公司严苛的施工管理标准来看，还存在一定的距离。

（二）人员流动性较强

消防是国网系统内为数不多与社会关联度极高的专业，许多消防从业人员习惯了社会管理模式，对于国网"十不干""三要六禁九步"及现场严苛的管理模式较难适应，同时消防工程短平快、业务量不连贯等因素，造成了人员流动性较大的实际情况。

（三）质量意识淡薄，成本意识强烈

在劳务分包合同中，通常不设质量保证金条款，存在"完成结算，与我无关"的情况，对施工质量的要求不够严格，但在材料采购、人员食宿等各个成本管控方面意识十分强烈。

（四）合同履行意识不强

目前，通常采取总价包死的方式签订合同，除设计进行变更，其余一律按合同执行，但在实际情况中，分包队伍会以各种理由与方式进行增补。同时，在总价包死的方式下，如由于人工、材料成本的调整，分包商无利润的情况下，工程质量很难得到保障。

（五）主动服务意识不强

对于"相互搭台，好戏连台；相互拆台，一起垮台"的认识不足，对于现场发现的各类问题，分包队伍往往是被动等待解决方案，未主动参与其中出谋划策，同时，不主动协调开展其他同步待开展的相关工作，导致窝工，浪费工效。

（六）内部有罚无奖

分包队伍的管理从本质上来看，各项决策最终的定夺权在私人老板，而私人老板追求的是效益，期望能创造更高的产值而付出更少的成本，从而能产生更大的利润。所以，分包队伍内部在一般情况下，存在有罚而无奖的实际情况，整体工作的积极性与效率均有待提升。

（七）主人翁意识不强

在分包队伍这辆大巴车上，很多的惩罚措施针对的只是充当司机的老板，而对于各个乘客的不文明行为却无惩罚措施，导致在施工过程中，作业人员的主人翁意识普遍不强，存在着干完就行、应付了事的情况。

（八）思想政治工作意识不强

分包队伍未将思想政治工作列入其日常的管理过程，缺乏主动沟通，常常导致在急难险重的工程中，挺身而出，为企业树形象、争荣誉的骨干力量缺失。

四、消防工程施工存在的问题

以上分包队伍存在的问题，在消防工程施工过程中具体现如下。

（一）作业现场施工效率效益有待进一步提升

各分包队伍重结果、轻过程，时常出现资料报审不齐全、过程性记录不齐全、未严格按照方案施工等情况。从 2020 年第二季度的检查来看，受到处罚的项目占比超过当时开展项目的 80%（见表 1）。

表 1　2020 年第二季度受处罚项目

月份	作业现场检查数量	资料不齐全、记录不完善、未严格按照方案施工	占比 /%	资料齐全、记录完善、严格按照方案施工	占比 /%
4 月	8	7	87.50	1	12.50
5 月	9	7	77.78	2	22.22
6 月	6	6	100	0	0

（二）施工人员安全质量意识有待进一步提升

施工人员对现场安全风险点与质量控制点不清晰，未开展安全风险辨识培训，常规的安全文件学习与安全事故案例学习得不到保障或是流于形式。从2020年第二季度检查来看，通过对施工人员的现场询问情况来了解施工人员的安全意识，结果不容乐观（见表2）。

表2　2020年第二季度施工人员安全质量意识调查

月份	询问人次	安全风险点、质量控制点及常规安全知识不掌握的	占比/%	安全风险点、质量控制点及常规安全知识掌握的	占比/%
4月	23	20	86.96	3	13.04
5月	26	25	96.15	1	3.85
6月	19	17	89.47	2	10.53

（三）各个施工现场管控力度有待进一步提升

消防公司管理组成员及施工队队员对施工现场的情况不熟悉、不掌握，施工现场主动反馈也同步缺乏，导致现场出现了部分管理管控的真空地带。

五、主要做法

（一）法无明文不可罚

法无明文不可罚的含义是指，在没有将相关要求制定完全、宣贯交代完善的情况下，各类的惩罚措施都显得苍白无力。消防公司在2020年制定并实施了《分包量化考核与奖惩实施细则》，对考核办法、考核依据、奖励标准、扣罚标准、兑现标准进行进一步明确，并组织全体分包队伍，逐一宣贯，正式在2020年7月份开始实施落地。

1.明确考核办法

考核办法共分为4条，分别如下。

（1）对各工程目标的完成情况进行考核：基建类项目按月进行考核，生产类项目按工程进行考核。

（2）消防公司派专员对分包单位进行定期考核及飞行检查考核。

（3）造成质量、环境、安全事件事故的直接责任人、作业面负责人及相关联的管理人员，按考核办法及时进行考核。

（4）各分包队伍初始积分为100分，按量化考核细则进行奖惩。消防公司对低于80分或单次扣10分及以上的分包队伍负责人进行约谈和情况说明。对单次扣20分及低于60分的分包队伍，取消次月队伍业务承接资格。对低于50分的分包队伍，取消当年度业务承接资格，暂停下年度分包队伍框架协议名单资格。

2.明确考核依据

相关考核依据主要有国家电网有限公司、国网浙江省电力有限公司及浙江省送变电工程有限公司的相关规章制度，具体包括：《国家电网有限公司安全工作规定》《国家电网有限公司安全职责规范》《国家电网有限公司表彰奖励工作管理办法》《国家电网有限公司安全工作奖惩规定》《国家电网有限公司安全生产反违章工作管理办法》《国家电网有限公司员工奖惩规定》《国家电网有限公司质量事件调查管理办法》《输变电工程项目职业安全健康管理体系和质量管理体系程序文件》《国网浙江省电力有限公司关于印发进一步加强输变电工程建设质量奖惩管理指导意见》《国网浙江省电力有限公司安全工作奖惩实施细则（试行）》《浙江省送变电工程有限公司违章记分考核实施细则》《浙江省送变电工程有限公司安全通病治理奖惩实施细则（试行）》《浙江省送变电工程有限公司2018年员工安全积分指导意见》《安全管控"早许可、晚终结"管理实施办法》，以及公司现行的相关规章制度。

3.明确奖励标准

从"监督检查""工程管理""质量、环境、职业安全健康""合理化建议""培训考试、劳动竞赛""上级考评"等6个方面制定了六大项的奖励标准。

4.明确扣罚标准

（1）质量、环境部分

分为综合管理与分包工程等两大部分共计23条细则，分别对应扣罚分值。

（2）安全管理部分

分为综合管理、施工作业、施工工器具使用及维护保养、安全用具及安全设施等四大部分共计83条细则，分别对应扣罚分值。

5.明确兑现标准

奖励的分值，除分数外，每分奖励200元；扣罚的分值，除分数外，每分扣罚200元。同时，参照考核办法，各分包队伍初始积分为100分，按量化考核细则进行奖惩。消防公司对低于80分或单次扣10分及以上的分包队伍负责人进行约谈和情况说明。对单次扣20分及低于60分的分包队伍，取消次月队伍业务承接资格。对低于50分的分包队伍，取消当年度业务承接资格，暂停下年度分包队伍框架协议名单资格。

以上各奖励与扣罚总计，在合同结算时予以兑现。

（二）法有明文方可为

有制度不执行等同于零，甚至从某种意义来看，比没有制度更加可怕。在法有明文的情况下，加之及时宣贯后，就必须从权力、责任与义务的界限划分，日常工程巡管，合同管理与兑现管理，沟通、约谈与警告，主人翁意识的培养等5个方面刚性执行。

1.加强权力、责任与义务的界限划分

进一步明确分包队伍的权利、责任与义务，厘清界面，划清界限。

（1）权利

主要分为合理化建议的提名权与被考核后的质疑权。

（2）责任

主要指不折不扣地、安全优质高效地完成各项施工生产任务。

（3）义务

指主动配合管理、配合现场，提升自我，提高效率。

2.加强日常工程巡管

一是制定消防公司内部工程安全风险等级制度，按照规定要求开展领导班子到岗到位工作。

二是按月制订月度工程巡管计划，开展消防内部飞行检查。

3.加强合同管理与兑现管理

一是在合同签订时，将《分包量化考核与奖惩实施细则》作为安全协议的一部分，纳入合同签订中。

二是按月汇总"飞行检查"情况，将奖惩的分数与金额情况进行汇总公示，并在最终结算时予以兑付。

4.加强沟通、约谈与警告

一是每月召开生产例会时，要求各分包队伍派人参会，会上由消防公司分管生产的副经理对各个分包队伍的当月表现进行点评。

二是对低于 80 分或单次扣 10 分及以上的分包队伍进行约谈警告。

三是对低于 60 分的分包队伍，取消当年度的业务承接资格，同时暂停下年度分包队伍框架协议名单资格。

5.加强主人翁意识的培养

一是奖惩分明，要求各分包队伍扣罚直接到个人，奖励也必须直接到个人。

二是加强"相互搭台，好戏连台；相互拆台，一起垮台"意识的宣贯。

三是加强思想政治工作，做好各节点慰问与各急难险重工程的现场服务指导。

四是讲好群众语言，讲出群众听得懂、听得进的话语，做好施工一线的安全技术交底与指导。

六、取得成效

（一）在分包队伍内部形成了良性循环

通过量化式的考核方式，对分包队伍在各个方面的要求进一步严格管理，形成了发现问题、整改落实、综合提升的良性循环，系统性地提升了消防分包队伍对国网系统高标准、严要求的适应性，也促使分包队伍不断成长，持续提升。

2020 年 7 月推行以来，现场资料、记录等情况如表 3 所示。

表 3　现场资料、记录情况

月份	作业现场检查数量	资料不齐全、记录不完善、未严格按照方案施工	占比 /%	资料齐全、记录完善、严格按照方案施工	占比 /%
7 月	3	2	66.67	1	33.33
8 月	4	3	75.00	1	25.00
9 月	11	7	63.64	4	36.36
10 月	10	6	60.00	4	40.00
11 月	8	3	37.50	5	62.50
12 月	6	1	16.67	5	83.33

（二）确保了各个工程安全优质高效完成

通过飞行检查，一方面能够确保各个工程安全优质高效的推进，另一方面也能及时了解掌握各个工程的动态与难点，从而有助于消防公司整体层面上对工程的进一步掌握与协调推进。

2020 年 7 月推行以来，罚单开具的数量与扣分总数如表 4 所示。

表 4　2020 年 7 月以来罚单开具的数量与扣分总数

月份	开具罚款单数量	扣罚总分数
7 月	4	7
8 月	3	6
9 月	8	23
10 月	5	9
11 月	3	7
12 月	2	3

（三）整体上提升了消防公司的效率和效益

通过考核进一步提升了分包队伍的综合素质与主人翁意识，在思想认识上与实际工作中做到与消防公司步调一致。在金华换流站与绍兴换流站消防能力提升工程中，分包队伍加班加点已成为常态，确保了各项工作的推进，进而确保了消防公司整体效率和效益的提升。

2020 年 7 月推行以来，现场作业人员询问情况如表 5 所示。

表 5　2020 年 7 月以来现场作业人员询问情况

月份	询问人次	安全风险点、质量控制点及常规安全知识不掌握的	占比/%	安全风险点、质量控制点及常规安全知识掌握的	占比/%
7 月	7	6	85.71	1	14.29
8 月	11	8	72.73	3	27.27
9 月	21	15	71.42	6	28.58
10 月	20	11	55.00	9	45.00
11 月	19	8	42.11	11	57.89
12 月	17	4	23.53	13	76.47

打造浙送精干队伍 弘扬浙送铁军精神

王朝鑫　尚庆明　陈　敏　张李滨　陈望峰　蔡国治

一、立项概况

为贯彻落实公司十二届七次职代会暨 2021 年工作会议精神，浙江省送变电工程有限公司送电二公司（以下简称送电二公司）领导小组以安全质量为中心，以改革发展为主线，紧紧围绕"强基础、补短板，抓管理、促效益"的工作思路，切实结合"管理提升年"的工作要求，以创新管理思路为切入点，考虑未来 5 年内，拥有丰富一线施工经验的全民职工即将陆续退休，届时施工现场的直接管理人员将以代理制员工为主导这一情况，为提升现场施工管理水平，夯实基建施工安全平稳局面，送电二公司领导小组在讨论研究后通过了操作型班组这一研究课题。

二、工作情况总结

在此次课题研究过程中，送电二公司领导小组对本课题给予了充分的支持。操作型班组自成立以来，始终以建立安全保障型、生产效益型、学习创新型、民主和谐型、环境友好型班组为目标，班组成员通过管理团队系统化的培训、学习和指导，在奋斗里成长，在困难中磨炼，在工作实践中充分领悟了浙送"风餐露宿讲奉献，优质高效争一流"的铁军精神，经过系统性的培训，班组成员在思想觉悟、生产技能和管理经验等方面获得了快速成长。大部分成员已成为独当一面的管理型"骨干"，为后续立塔架线施工及劳务班管理工作奠定了坚实的基础。

操作班主要成果如下。

（一）通过实践提升自身技术、技能水平

送电二公司对于操作型班组的组建工作十分重视，自班组成立以来，从技术、管理人才库中抽调了精英建立了班组管理团队。班组一期对外招收学员共36人，其中中共党员1人，大专及以上学历11人，具有相当丰富现场施工经验的20人。班组成员在入职之后，始终坚持学习岗位技能，干好本职工作，锻炼技术本领，在生产实践中提升自我，快速地提升了班组整体专业素养。

送电二公司以东阳项目、丽西项目作为培养操作型班组的试点。在东阳项目，操作班成员齐心协力，独立完成了大坑—桐鹤220千伏双回路4基铁塔的规范化组立。施工前，项目部职能部门对班组进行深入交底，施工过程中，由于部分成员是第一次实际接触现场施工，实际工作中对于施工项目上手较慢。针对此种现象，管理团队技术骨干牵头现场教学、指挥，建立了班组中熟手带新手的机制，全体成员很快进入状态，班组施工中坚决以国家电网有限公司12项配套措施的相关要求落实到各个点，成为东阳项目班组建设的典范。通过实践，班组成员已经能够掌握立塔施工的各道工序及相关的安全、技术要求。但在学习的过程中，班组在铁塔吊装施工环节也遇到不少问题，经过项目部安全、技术部门和班组管理团队深入细致的指导，班组成员掌握了相关施工技术要点和规范化施工工艺，明确了现场违章作业的危险性，切实提高了自身技术水平。为后续成为现场骨干、领导劳务班安全文明施工奠定了基础。

操作班成员在完成立塔施工后，又先后参与东阳项目铁塔验收170余基，导地线验收160余千米（折单），现已全部通过金华供电公司竣工验收。培训期间，班组全员还参与了500千伏兰凤线抢修工作，圆满地完成抢修任务。东阳项目竣工之后，操作班又抽调技术精干人员参与舟山高塔创优及河南驻马店—南阳1000千伏线路的停电消缺等工作。通过一系列现场工作的锻炼，各成员已全方位了解送电线路架设施工的流程和自身岗位职责。熟练掌握了线路施工的各项基本技能，在思想、意识及个人的成长能力方面也达到了班组成立之初的预期要求。

目前操作班全员正在参与丽西—莲都双回500千伏线路工程N103#单回路直线塔（酒杯型）铁塔组立施工，该塔全高44.6米，铁塔总重36.07吨。该基塔位于高山大岭，所在地形较差，交通运输极为不便，现场地势陡峭，对于操作班来说，铁塔组装和吊装施工不啻是一个新的挑战。

（二）加强思想教育，注重团结协作能力培养

操作班自成立以来，始终坚持安全第一、预防为主、综合治理的安全生产理念，迅速建立了班组各项规章制度并据实管理。每周按时开展专项安全学习活动，深入贯彻国家电网有限公司相关文件精神，并将完善了安全宣传警示语、标识的张贴，时刻提醒班组成员现场施工防微杜渐。班组也制定了安全目标：遵章守纪、规范施工，员工作业零违章，工程建设零事故。同时确定了班组质量目标：百年大计、质量第一，成品质量一次优，工程投运零缺陷。班组抓住省公司专家组莅临丽西项目检查指导的机会，组织操作班成员参加了省公司安全专场巡讲活动，进一步提高了组员现场施工的安全警惕性和管理理念。

而今，班组各组员分工明确，各展所长、各尽其能，配合协作，讨论提出了工作清单统计的模式，将班组管理的各项工作目标化、数据化、可视化，使班组施工建设一目了然。班组定期还会开展工作会，了解各组员工作情况，帮助组员培养团结协作、相互帮助、重视班组集体利益的思想，在工作中践行企业文化，增强了班组的凝聚力和向心力，班组成员之间互相尊重、互相理解、互相关心，形成了良好的团队氛围。

（三）加强取证培训，注重组员全方位成长

送电二公司对操作班成员制订了详细的培养计划，先后组织成员进行高空作业、机动绞磨操作、液压压接等现场施工相关的培训、取证工作。通过邀请机具公司相关专职人员现场教学，在理论课上宣讲相关操作技巧，深入讲解现场使用的各机械操作要领和注意事项，再经实际操作练习，确保每个参与培训人员都在熟练掌握了绞磨及液压机的使用方法之后进行考试，目前操作班成员取得机动绞磨证 33 人、液压压接操作证 33 人、高空作业证 15 人。此外，送电二公司还提供机会，组织现场技能水平过硬人员参加公司骨干人员考核，目前操作班共完成输电线路基建现场班长兼指挥的资质评定 16 人。

操作班根据个人特长和能力，兼顾组员的心声和建设意见，对每个组员进行了全方位分析评定，确定了每个人的发展方向和岗位。充分调动了组员的工作、学习积极性。目前，操作班已成功向丽水项目部输送了优秀学员两名，其中，一人任项目综合管理员，一人任项目技术员；此外，班组还向四川白江线特高压工程和丽西 500 千伏线路工程输送了 9 名优秀学员，均已在现场带领班

组进行施工作业，现场工作能力和态度均取得了较好的评价。

随着目前操作班第一阶段集训即将即进入尾声，送电二公司也将迎来下半年的施工高峰期。班组成员也将逐步分流到各施工班组，填补骨干人员的不足，参与现场施工班组管理工作，以减轻现场安全生产的管理压力。

（四）通过严细化考核打造积极工作氛围

针对操作班成员在培训过程中的表现情况，基于每个人不同的初始水平和学习、进步情况，管理组进行了综合考核。并且明确考核制度，个人收入与考核成绩挂钩，让员工变被动为主动，通过考核激发班组成员斗志和竞争意识，打造人人参与、人人学习、人人进步的工作氛围，让组员成为真正吃得了苦头、耐得住寂寞，学得进技术的班组骨干。目前已完成的两次考核中，班组成员考核全部合格。第一次考核中考核结果为"优秀"的共有 7 人，"良好" 18 人，"合格" 11 人。公布考核结果后，各成员根据考核评分，深入反思自身短板，在培训中加强锻炼，以更高标准要求自己，最终在第二次考核中进步明显，第二次考核中，结果为"优秀"的已达 11 人，"良好"升至 23 人，"合格" 2 人。

（五）开展班组建设，增强班组凝聚力

在日常培训工作中，操作班管理团队对成员的培训始终以理论、技术、技能、劳务班组管理四条主线进行。采取员工培训、岗位练兵等多种形式，紧抓技术性的专题培训和适应性训练，帮助他们快速成长。同时注重没有工作经验的新员工的培养工作，持续开展"一帮一"活动，通过"老手"对"新手"的传帮带，提高了新员工的技术水平和技能素质，通过组员之间的沟通协作、互帮互助，形成了良好的团队精神。

此外，管理团队认真组织成员学习公司各项安全管理规定，特别是面对目前国网浙江省电力有限公司对现场管控要求越来越严格的形势，向所有组员传达国网浙江省电力有限公司安全生产理念和现场管理要求，将安全管理、安全工作规范化、制度化。通过专项安全活动、安全文件学习，提高全体施工人员的安全意识和安全责任。

同时做好操作班后勤保障，及时掌握"员工所盼""员工所需"，以增强整个操作班的凝聚力和向心力，消除影响施工的内外部不利因素，让所有组员有更多的获得感、幸福感，使其能够全身心地投入当前工程施工中。

三、后期工作计划和重心

为提前应对未来工程建设中一线自有人员逐渐减少的困境，送电二公司特地抽调力量组织成立操作型班组，培养一批施工现场的管理型人才，以期满足国网浙江省电力有限公司对施工现场越来越高的管理要求。当前操作型班组的成长符合预期情况，根据课题研究前期出现的问题和难点，在后续进程中，管理团队将加强以下工作。

第一，继续培养操作班成员的责任心和参与感，加强现场反违章纠察能力，每个成员都要以作业负责人的身份和标准去要求自己，锻炼自己，成为送电二公司未来现场施工的责任担当。

第二，进一步提高操作班成员的施工技术和操作技能，深入探究每道施工工序，目标是熟练掌握送电线路架设施工各项能力，能够快速解决现场施工难题，保质保量完成施工任务。

第三，培养操作班成员的领导协调、现场管理能力，让每个成员都具备现场负责人的素质和能够单独带领一个班组完成施工任务的能力，成为施工作业现场"领着干"型现场骨干。

第四，继续加大操作型班组人员吸收力度，根据前期培训情况，查漏补缺，继续优化考核、培养机制，加快人才培养速度，为下半年繁重的生产任务提前做好准备。

第五，传达浙送铁军精神，紧抓员工思想教育，贯彻企业文化，并在实际工作中践行企业文化。将操作班每个人都培养成懂技术、会管理、有团队意识的复合型人才，为公司未来的发展和现场建设奠定坚实基础，打造新型的人才培养机制。

第六，进一步完善班组建设，明确各项管理标准，严细考核制度，做到有据可查、有理可依，形成动态考核，加强民主评议工作和批评与自我批评活动，暴露出问题，提出解决思路，从而提高管理水平。

四、结语

送电二公司操作型班组的立项和建设，现已初步达成了培养现场施工骨干、打造精干队伍的目标，在后续操作班日常工作生活中，我们将继续坚持全员学习，不断提高员工各项工作技能。以提高工作效率、提升安全意识、提高质量效益和全员团队合作意识为目标，充分发掘全体组员的潜能和工作积极性，实现团队综合素质、管理水平和劳动价值的协调提升。力争各项管理水平再上一个台阶，将操作型班组打造成一股保障公司安全生产的中坚力量。

发挥党员主体作用，打造合格队伍，弘扬红船精神研究

李少华　季佳都　汪金勇　金根泉　马　震

一、立项概况

白鹤滩—江苏 ±800 千伏特高压直流输电线路工程（川 3 标段）（以下简称四川直流工程）自 2022 年 3 月 22 日开工，实时以施工项目部为载体建立了临时党支部。工程项目当地的风土人情与浙江迥乎不同，特殊的自然条件给项目开展带来了严峻挑战，为克服工程面临的困难，加强职工团队的思想建设，形成党员引导、模范先行的建设团队体系，更有力推进项目进展，送电二公司领导小组在讨论研究后通过了"发挥党员主体作用，打造合格队伍，弘扬红船精神研究"的政研课题。

二、工作情况总结

围绕着"发挥党员主体作用，打造合格队伍，弘扬红船精神研究"这一政研课题，四川直流工程临时党支部以党员同志为主导，充分发挥党员的主体作用，团结施工项目部全体员工，通过思想建设，加强项目团队凝聚力，构建了一支能打硬仗、不断学习进取的坚强队伍。通过发挥党员先锋模范作用，全体项目成员在日常工作生活中吃苦耐劳，牢记公司传统"风餐露宿讲奉献，优质高效争一流"，成长为甘于奉献、拼搏进取的合格队伍。

四川直流工程是一个全新的环境，全新的团队，是浙送进军川蜀的首个项目，面对全新的局面，挖掘传承于浙江的"红船精神"思想内涵，以思想武装

项目团队。

研究过程中，始终坚持以临时党支部党员为核心，尊重党员主体地位，充分发挥党员的主体作用，把党员作为队伍建设的能动主体，充分发挥团队成员在思想建设、项目建设上的积极性、主动性、创造性，将党内民主建设不断提高到新水平，把团队的思想水平提升到新高度。

形成成果如下。

（一）一专多精，跨部门联合办公

为适应工程绵长多山的地理特征和会议繁多的运作模式，避免因日常事务繁多而陷入文案工作的困局，在临时党支部的研讨商定下，项目部内部在组织构架上改变原来传统的各部门专管某一方面的模式，融汇各部门的业务交叠部分，形成以各职能部门员工专管各自职能，兼管业务交叠部门的结构，例如技术部门兼管质量资料和安全资料，安全质量不分家，质量部门兼顾安全生产。

形成这样的模式优势显著：后备力量充足，项目各成员形成可互相替补的局面；反应迅速，应对大型检查活动可迅速形成联合办公小组，各方面资料交流无障碍；项目充分掌握工程动态，在多部门多渠道信息的支撑下，项目实行信息透明，有助于增强对现场的掌控力度。

在数次质检活动中，启动联合办公模式可使各项目成员迅速反应形成联合办公小组，快速进入办公角色，短时间内完成资料归纳、查漏补缺，最终顺利通过质检活动。

（二）克己奉公，暂舍小家顾大家

自工程开工以来，四川直流工程项目部成员长期在外，数月不回家，临时党支部的党员同志带头坚守岗位，全身心投入工程建设中。克服外界因素，以"红船精神"来武装自己，给予项目成员以"开天辟地、敢为人先"的思想武器，凸显了浙江敢闯敢拼的传统精神。

为缓解项目成员的思家之情，项目部鼓励项目成员家属反探亲，项目上积极推进家属沟通工作，在项目部的努力下已完成多户家庭的反探亲活动，亲临四川直流工程现场，亲身感受工作压力，也让员工背后的家庭更支持项目员工，形成良好的家庭氛围，更利于工作的开展。

（三）攻坚克难，风雨无情红旗定

该工程所在地四川宜宾山区自然条件比较恶劣，交通道路上常见滚石落坡，老君山、天宫山地区更是常年雨水大雾，自然条件恶劣实质性影响到班组出行及施工。

党员先锋队密切关注天气状况，在发生自然灾害时及时介入，迅速组织人员力量疏通通道，在滚石落坡堵路的地方，红色的旗帜有如定海神针可靠地指导施工队伍抗险抢修。

（四）深挖潜力，细致管理出品质

项目工期紧张，是工程进展的主要压力来源，因工程所在地特殊的地理环境，有效工期短，前期基础施工队伍沿用陈旧的管理理念，在前期工作中效果不佳。

临时党支部带头研究商议，确定了"多开面，抓重点，狠盯线"的工作思路，随即通过项目部要求各施工队伍加大力量投入，同时完善了信息报送渠道，开设了施工负责人日报送机制、质检员日报送机制、作业负责人日报送机制，多方核对，透彻掌握现场施工进展，充分调动基础施工队伍的管理积极性；同时将施工计划落到实处，项目部完善计划报送流程，贯彻落实日计划、周计划、月计划的施工规划模式，释放管理压力，彻底释放施工队伍的施工潜力。

通过科学管理、极致调配，施工效率得到了前所未有的提升，自开工以来5个月，完成了基础111基、杆塔30基。3支基础队伍平均每月浇筑6~7基，在进度突飞猛进的同时，由于声测管的作用，基础浇筑质量得到充分保证，电科院检测完成的基础桩等级均为一类或二类。

（五）守正创新，项目全面创新篇

座地双摇臂抱杆、标准化索道、声测管等一系列线路工程"工艺"工器具应用于本工程，其中，座地双摇臂抱杆等是公司全新的工艺工器具，也是在国网浙江省电力有限公司对输电线路管控升级的情况下，所做的改良尝试。

新工艺、新工器具在本工程的尝试应用为新工艺、新工器具的安全性能和功效投石问路，为后续工程熟练运用奠定了基础。为尽快熟练掌握双摇臂抱杆施工工艺，项目部安排技术人员蹲点摇臂立塔现场，现场学习新工艺并及时解决新工艺使用不熟练可能带来的问题，知行合一方能学有所得。

在项目部的推行下，目前白鹤滩—江苏±800千伏特高压直流输电线路工程（川3标段）全线路共使用16副公司派发的标准化索道，其余均使用安全可靠的钢支架索道，经过了电科院验收。项目上已使用双摇臂抱杆完成了半数的杆塔组立作业，培养了一批能熟练使用座地双摇臂抱杆的立塔班组，白江工程将在秋冬季进入立塔架线高峰期。这批班组将成为后续立塔施工的中坚力量。

三、后期工作计划和重心

白江工程基础已基本完成，在秋冬季将进入立塔架线的高峰期，当地气候条件复杂，小气候现象严重，在天宫山、老君山地区常年下雨起雾，土质情况破碎不堪的情况下，前期基础施工过程受此影响严重耽误进度，接下来将重点把控两山地区的立塔架线施工，加大力量安排，严格推进计划规划，力争在冬季大雾之前完成施工计划，实现"难度分割，重点突破"的工程阶段目标。根据课题研究前期出现的问题和难点，在后续进程中，管理团队将加强以下工作。

第一，加强项目班子思想建设，工程进入攻坚阶段，立塔架线阶段是安全风险较高、政策处理情况复杂的阶段，后续项目班子需要投入更多精力，及时协调各工序的衔接，妥善解决思想政治问题，保持项目团队的工作激情，为后续解决难题做好充足准备。

第二，加强现场管控，落实安全管控措施，立塔架线作业面广、安全风险点密集，加强安全管控是重中之重，继续发挥项目跨部门联合办公的特点，在项目日常管理中形成全员懂安全、全员管安全的局面。

第三，加强培养年轻员工，培育项目管理力量。该工程是一个工艺全面、地形复杂的工程，从基础阶段的地形难、土质杂、天多变到立塔阶段的多种抱杆工艺，再到架线阶段多达5种的导线类型，这个工程是一个极佳的培育平台，可以加大年轻员工的培育力度，尽快培养出一批技术技能扎实、理论水平过硬、现场经验丰富的中坚力量，这也是一项重要的项目任务。

四、结语

"发挥党员主体作用，打造合格队伍，弘扬红船精神研究"的研究课题，在项目建设过程中现已形成了党员先锋带头，项目团队紧密围绕党支部组织，项目整体团队克己奉公、积极参与工程建设，攻坚克难稳扎稳打克服困难的良好局面。在后续建设过程中，我们将再接再厉，勠力同心，力争将本工程建设成为一个优质、绿色的样板工程，培育出一批思想素质高、能打硬仗、水平过硬的中坚力量。

打造"个性化"党员
推动公司生产经营高质量发展

孙钟杰　刘　刚　郭海波　邱　真

一、研究背景

浙江省送变电工程有限公司机具（仓储）公司[以下简称机具（仓储）公司]目前拥有党员21名，平均年龄50岁，其中管理组党员11人，班组党员10人。在党支部推行党员"个性化"教育管理之前，支部在党员教育管理工作上也面临着一些难点。一是部分党员存在工作热情度下降，率先垂范意识下降的"双降"情况。这种多见于大龄党员和非核心岗位党员，存在被动情绪，争当先锋模范、带头完成工作任务积极性不高，党员作用弱化、淡化、虚化、边缘化的问题，在一定程度上成为阻碍党组织进一步发挥政治、组织和思想保障作用的阻力。二是不同岗位职责差异化较大，党员教育程度不同，价值观多元化，管理难以统一。机具公司上设三大部门，下设5个班组，涉及架线施工、工器具维修、仓库管理、车辆保障、工器具检测等5种业务，具有专业多、跨度广的问题，不同岗位对员工素质要求也不相同。党员所处部门和岗位职能职责各不相同，不能用同一尺度衡量是否发挥了先锋模范作用，对党员考核比较模糊。三是对党员发挥作用的平台和载体不够，表率作用难以凸显。在机具公司，最具代表性的便是全年持续开展工作的红船党员服务队，然而党员服务队由于工作内容和服务性质的定位，开展服务基本以技能型党员为主，非技能型党员参与次数较少。在日常工作和普通岗位中，党员先锋模范作用存在弱化现象，部分党员对自身责任认识不清，不知道从什么方面发挥党员作用，导向和凝聚力作用没有得到应有发挥。

以上问题对机具公司党支部党员管理工作带来了难点，同时也迎来了新的挑战，促使党支部正视当下党建工作面临的形势，正确面对党员队伍建设中的实际情况，从而探索更具有时代性、针对性、前瞻性的对策和思路，激发党员活力，更好地助力企业生产经营工作。

二、理论依据

美国心理学家约翰·霍兰德经过十几年的跨国跨区域研究，提出了著名的职业人格理论，他认为人的性格大致可以分为现实性、社会性、研究型、艺术性、企业型、常规型6种类型。每种类型的职业人都对应着各自的优缺点，适应不同的工作岗位，兴趣和专长是人们活动的巨大动力，如果发生"性格和岗位"的错位不匹配，会使职业人在工作中感受到困惑和挫败，导致工作热情下降，工作技能不能得到提升，更无法发挥我们所提的党员先锋模范的作用。

在机具（仓储）公司的21名党员中，存在着年龄差距大和受教育水平跨度大两个鲜明的特点，生活阅历和工作经历的大不相同让整体党员的个性和脾性呈现多元化的特征，不可能用统一的标准去管理。因此了解每位党员的个性特点和专业技能特长，研究分析党员各方面的综合能力，结合公司实际工作，定位各自的先锋引领方向，探索基于和尊重党员"个性化"的前提下，激发广大党员在各自擅长的领域中主动担当作为，才能充分调动广大党员的主观能动性，从而达到"一名党员、一面旗帜"的主要目的。

在党支部仔细研究了约翰·霍兰德的职业人格理论后，支部大致将党员类型和对应的性格特征进行了分类，如表1所示。

表1 现有党员性格特征关注重点

现有党员类型	性格特征关注重点
生产一线党员	现实型、常规型
后方服务党员	社会型、研究型、常规型
部室管理党员	社会型、研究型、艺术型、企业型
能承担重大任务党员	企业型、现实型、常规型

同时，通过人格模拟性格特征，确定了党员发挥先锋模范作用的方向，如表2所示。

表2　人格模拟个性特点与先锋指向

类型	人格模拟个性特点	先锋指向
现实型	动手能力强,擅长工器具制造或者维修,愿意从事实务性操作性工作,喜欢户外工作或者机器操作	主导生产一线架线施工,具备熟练的生产技能和操作技能,在施工领域发挥良好的带动和领队作用
研究型	喜欢独立工作,有扎实的理论知识,善于数据处理,探索和研究新事物新设备,有研究分析和不断创新的能力	在数据分析领域有一定建树,能快速吸收新信息和新知识,并拥有独立研学的能力,可在工器具创新、技术研究、QC课题等领域发挥主导作用
艺术性	善于进行艺术创作和表达,能在日常工作中发现工作中的新闻点	具有一定的文字功底,在新闻创作等方面发挥作用
社会型	喜欢帮助他人,愿意帮助他人排忧解难,疏导他人心理困惑,是公司和班组关系融洽的桥梁	善于换位思考,喜欢打交道,可在加强班组团结,处理外部交流或者工会工作方面发挥主导作用
企业型	善于发挥领导作用,具有一定威信,在政策处理时,能够说服少数人员服从多数,有大局意识和规划意识	从事管理工作,能与他人进行有效沟通,善于表达自己的观点,并成功引导他人认同,可在班组管理或者重要任务、突发任务中发挥主导作用
常规型	喜欢按规章制度办事,希望确切地知道工作的要求和标准,能够严格按照标准办事	能够从事较为固定且烦琐的工作模式,有良好的耐心,能按规定动作做好本职工作。能在部分严谨岗位发挥稳定作用

在基于职业人格理论分析和党员培养的探索方向后,机具(仓储)公司党支部开始进入党员的"个性化"实施步骤。

三、主要做法

(一)"四维度",科学构建个性化大数据

正确判断个体党员到底归属哪一种职业性格是有效做好"个性化"打造的第一步,也是最重要的一步。因此,党支部从年龄层次、职业经历、技能特长、爱好兴趣"四个维度"进行党员性格特点和特长分析。同时依托党支部书记和支委委员对本支部党员开展谈心谈话活动,倾听党员心声,了解党员诉求与自我判断,完成各个党员的基本情况调研,建立党员个性数据库,结合人才培养工作计划重新对部分岗位和党员实施试点"改革"。

（二）建立模型分析，打造探索实践样本

近年来，机具（仓储）公司红船党员服务队一直是公司党建建设的一块"金字招牌"，在现场服务、施工机具教育教学，抢修抢险工作中发挥着"旗帜领航"的作用，运行较为成熟。因此支部也积极总结了在党员服务队建设中的相关经验，第一，在服务队活动中，挑选的主力党员个性多偏向现实型和常规型，且自身专业和服务内容高度融合，工作如鱼得水，受到广泛好评，又激励了服务队更好地开展下一次服务，形成良性循环；第二，强烈的荣誉感和使命感促使党员服务队不断开展技能学习，提升专业水平，改进工作作风，转变服务态度，增强服务意识，从而成为公司的"党建+业务"骨干队伍。

由此可见，"个性"的确定、能力和岗位的匹配、激发责任心和荣誉感是打造成功"个性化"党员样本必不可少的因素。

1.案例一

（1）个性数据：向星雨，男，90后，中共党员，华北电力大学电气工程及其自动化专业毕业。拥有丰富专业的理论知识，性格内敛，勤于思考，善于学习，参与过多个QC项目的研究并获得相关荣誉。偏向研究型性格特征。

（2）原工作情况：任职牵张班担任牵张操作手，并辅助牵张班班长做好班组管理。

（3）试点调整：经过分析，原岗位在个性匹配中更适合现实型和企业型人员。通过与向星雨个人沟通及公司全面人才培养计划的统筹安排，将向星雨同志调整至装备管理部，从事牵张设备的管理、革新，以及QC项目的运作和推进工作。充分发挥向星雨同志的专业知识优势和技能水平，为公司在技术创新、设备质量改进、降低消耗、提升效益方面发挥良好作用。

（4）试点跟踪：通过"个性化"分析调整岗位之后，向星雨同志的工作热情得到了进一步提升，工作压力变小，同时在较短的时间内快速掌握了牵张设备管理的要领，能将设备数据熟记于心，设备管理井井有条，并运用专业知识参与了《工器具使用手册》的编写工作。

2.案例二

（1）个性数据：彭立忠，男，70后，入党申请人。性格严谨，做事执着负责，为人友善健谈。拥有多年的仓储管理经验，能够胜任繁杂细致的工作，执行力强。偏向常规型和企业型性格特征。

（2）原工作情况：多年任职仓储班副班长，参与仓储班物资管理和人员管理工作。

（3）试点调整：检测中心原班长任职到期，且检测中心作为公司工器具安全检测的最后一道关卡，工作内容和要求严谨细致，在部门管理上更需要有强大的执行力。经过与彭立忠同志个人沟通，支部充分发挥他的职业个性优势，将其调入检测中心担任负责人，为公司工器具安全贡献自己的力量。

（4）试点跟踪：通过"个性化"分析调整岗位之后，彭立忠同志继续发挥了他严谨的工作作风，并运用他的管理经验，优化了检测中心的管理细则，且因自身性格友善，很快融入了新的班组，因其良好的执行力做到了严而不厉、温而不愠，创造了健康的团队氛围，提升了班组的凝聚力。

与此同时，运用"个性化"分析法后，以党建工作统揽大局，机具公司先后调整了5个试点岗位，并持续做好观察工作，为后续推广提供经验积累。

（三）创造平台，激发党员的责任意识和使命感

在今年的"兰凤线"抢修及抗台等抢险任务中，通过支部统筹安排，80%的党员奔赴抢险一线，在抢险抢修整体的工作环境和正向的舆论引导下，每一位党员都激发了高度的责任心，重拾了"我是党员"的责任感和使命感。同时，支部利用中国共产党成立百年的契机，大力开展多种形式的党员教育活动，唤醒了广大党员的入党初心。

四、实施效果

党的十九大报告里指出："新时代党的建设，以加强党的长期执政能力建设、先进性和纯洁性建设为主线。"党的先进性是由党员的先进性表现出来的，只有细胞健康，党的整个机体才会健康，党的事业才能富有生机和活力，从而带动公司全局事业发展。打造"个性化"党员旨在将每一个"细胞"输送至合理的肌体位置，从而使支部拥有强健体魄。经过一段时间的试点实践，机具（仓储）公司在以下方面初见成效。

（一）党员个人和队伍活力再现，实现价值双创

通过岗位"个性化"匹配后，党员个人在参与组织生活、接受日常工作安

排的同时，也增强了对党委和党支部各项政策、方针的认可，同时也对党建工作本身的意义和重要性有明确的认识。青年党员会将在新岗位上的培训与实践作为自己今后职业生涯重要的里程碑，也是专业人才塑造的开始。而老党员同志则通过岗位调整找到了展示和传承技术技能的平台，抑或发挥余热的平台，通过组织给予他们的高度认同，也让他们对自身党员身份有了全新的认识，这些对于党员群众队伍而言都是珍贵的成长财富。班组那些因身份编制上升存在"天花板"而丧失积极性的党员同志或潜在骨干经过党课、主题党日等多种形式的宣贯，对党建工作、理论学习有了更好的接纳性，同时随着公司不断优化晋升制度和激励机制，全体党员形成了良好的比拼氛围。

（二）先锋引领"有模有样"

通过探索"个性化"党员管理，也让党员对自己有了更深的了解，实现了党员个性和特长的高度融合，在各自的岗位上寻找到了自我价值，激发了党员"撸起袖子加油干"的活力，充分发挥党员在各自擅长的领域的模范带头作用，从"我不知道该做什么"到"我知道该怎么做"，广大员工对身边的党员看得见、摸得着，真正知道"比什么很清晰，学什么很明确，帮什么有标准，超什么有动力"，一个党员带动一片，切实成为群众身边的标杆。同时，党员群体自主形成了公司的发展合力，实现了主导工作和专项工作、重点工作和难点工作的同步谋划，共同推进。解决了党员管理的"单一模式"，打通了党与群众的桥梁。

（三）"新鲜血液"底气更足

在"个性化"科学教育管理和大力开展党性教育后，党员更加齐心协力，广大党员在急难险重任务中的带头作用愈发鲜明，尤其是在"兰凤线"抢修中，支委亲自坐镇抢险现场，班组长党员亲自蹲点场地指挥，党员同志各司其职亲自参与抢修任务，支部的凝聚力和引导力在攻坚克难的过程中得到了淋漓尽致的体现。机具公司大龄党员偏多，亟须增加新鲜血液，在多次活动中，支部有意识吸纳了部分非党员核心骨干人员共同参加，提升他们对入党的热情和信心，在思想上高标定位，无论是在日常工作中还是在突发任务中，都能感受到党员思想政治素质过硬的独特优势。在今年，支部吸收了两名预备党员，发展了五名入党积极分子，新收两名入党申请人，"新鲜血液"底气更足，普通群众加入党组织的意愿高涨。

党员队伍的力量支撑绝不能仅来自一部分人的努力，改变千篇一律的动员方式，让每个党员焕发出自己的风采，让机具（仓储）公司党支部党员队伍在新形势、新业务中能打硬仗、打好硬仗，在公司转型发展战役中勇攀高地。

发挥党员主体作用，打造新时代合格队伍的研究

丁鹤松　陈耀标　洪　俊　周静怡　李　欣　徐维力

习近平总书记曾在全国创先争优表彰大会上讲话强调："各级党组织要认真落实党章和党内规章赋予党员的知情权、参与权、选举权和监督权等各项民主权利，使广大党员在党内生活中真正发挥主体作用。"[①]我国经济发展以公有制经济为主体，国有企业作为我党执政兴国的重要支柱和依靠力量，更应该坚定党的思想对企业发展的指导作用，发挥党员主体作用，打造新时代的合格队伍。

随着新时代的发展，公司"双百改革"已经进入高速发展时期，公司党员队伍建设也应有更高的要求和标准。在党的事业发展中，党员是具有自主性、能动性和创造性的行为主体，是权利与义务相统一的能动实践者。"党员主体"理念是党内民主建设中具有根本性的核心理念，其作用的发挥，对打造新时代合格队伍起着决定性的作用，有助于提升整体素质，进一步保障人才队伍稳定。在改革发展中，更加需要依靠党员队伍发挥主体作用，以保证公司员工士气振奋、勇往直前，助推企业安全高效发展。在新时代下如何发挥党员主体作用、打造合格队伍，对加强党的建设和公司建设都起着重要作用。

为深入了解近年来在队伍建设和工作管理上党员主体作用的发挥情况，本课题组开展了定向调研，对党支部多名成员及党务工作者进行访谈，并研究了大量文献。本研究在此基础上，通过定性分析，就党员主体作用的发挥和新时代合格队伍的建设展开讨论。

---

① 习近平. 始终坚持和充分发挥党的独特优势 [J]. 求是，2012（15）：3-7.

一、党员主体作用的意义

党员是党的主人，是党的事业和党内生活的主体，党员主体地位的确立离不开党员主体意识的提高。党员只有意识到自己是党的主人，认同自己的主体地位和主体性，才能意识到作为主体所应具有的权利和应该承担的责任，发挥主体作用。

党员主体作用具有以下 3 个特点。

一是能动性。即党员是主动地而非被动地、有所作为而不是无所作为地参与党内生活和党的建设实践。

二是自觉性。即党员是积极地而非消极地、自觉地而非被动地参与党内生活和党的建设实践。

三是实践性。即党员是实际地而非空洞地、身体力行地而不是只在口头上参与党内生活和党的建设实践。

所有这些，都是党员主体地位对党员主体作用的内在和必然要求。具体来说，根据党章规定和中国特色社会主义建设伟大事业对党员的要求，要坚持共产主义远大理想，带头执行党和国家现阶段各项政策，做推进中国特色社会主义建设事业不断发展的模范；要坚持与时俱进，开拓创新，不断提高自身素质，做推动先进生产力不断解放和发展的模范；要加强党性修养，保持高尚道德情操，做推动先进文化不断发展的模范；要牢记党的根本宗旨，妥善处理各种利益关系，做全心全意为人民服务的模范；做忠实履行党员义务，积极行使党员权利，做发扬党内民主、遵守党的纪律的模范。

二、当前党员主体作用发挥和合格队伍建设的基本状况

在对党支部多名成员及党务工作者的访谈中我们可以看到，当前公司党员队伍建设总体呈现健康平稳、积极向上的发展态势，党员管理服务工作较为扎实有效，也存在一些不足，主要表现在以下几个方面。

一是党组织作用发挥得到认可，大部分参与访谈的人员都表示党组织的建设和各项活动的展开对员工个人的思想境界和工作精神的提升有所帮助。

二是党员民主监督落实相对完善，批评和自我批评的展开比较有效，部分

党员提出的建议不够深刻，对企业发展作用有限。

三是少部分党员对党支部工作的开展和日常工作存在不积极的态度，对合格队伍建设有消极影响。

三、在合格队伍建设中党员主体作用发挥存在的问题

党的十八大以来，以习近平同志为核心的党中央把全面从严治党纳入"四个全面"战略布局，高度重视发挥党员的主体作用。从党的群众路线教育实践活动到"三严三实"专题教育，从推进"两学一做"学习教育常态化、制度化到在全党开展的"不忘初心、牢记使命"的主题教育，坚持问题导向、精准发力，推动党内教育从"关键少数"向广大党员拓展、从集中性教育向经常性教育延伸，建设合格党员队伍更具针对性、实效性和长效性。但通过调研发现，在打造合格队伍中发挥党员的主体作用，还存在一些需要引起高度重视和认真研究解决的问题。归纳本次调研的结果，主要表现在以下4个方面。

（一）个别党员民主观念缺位，党员主体意识和民主意识淡化

在公司改革发展中，个别党员自觉行使民主权利的意识不强，缺乏主人翁思想和民主意识。高高挂起，对党内事务不管不问、听之任之，对党组织活动随意应付、不发表意见；缺乏民主习惯，在一些活动中，不会正确行使自己的民主权利；面对一些普通员工的消极思想不敢管、不敢制止；习惯于搞好人主义、一团和气，批评和自我批评没有真正起到作用。

（二）党员民主权利保障制度和规范作用弱化

一些党内制度在基层发挥作用有限，在执行过程中走了样，总认为把程序走完就是落实制度规定，用履行程序代替实际的发扬民主。相关制度规定还不完善，一些制度与新形势下的党建工作脱节，一些对党员民主权利的保障停留在原则规定上，并没有形成有效的刚性规定，导致落实难。

（三）党员学习教育管理监督形式化

党员学习教育存在时效性不强、有效性不大等问题。一是缺乏计划性，存在既无计划也无责任检查的情况，党员学习教育随意性大；也存在岗位分布广，

即使制订了计划也难以落实到位的情况。二是缺乏针对性，在党员学习教育中存在一般化的现象，往往是上级党组织布置什么学什么，照本宣科，泛泛而谈，学习教育内容与党员思想和工作联系不紧，没有解决实际问题。三是缺乏灵活性，习惯于学文件、听报告、开大会，形式单调，缺少创新，党员参与的积极性和主动性不高。四是缺乏系统性，学文件多，学原著少，用时学得多一些，平时学得少，导致党员对一些重大的理论和实践问题领会不深、理解不透、把握不准。

（四）发挥党员主体意识的实践和探索表面化

近年来虽然进行了一些尝试，但对于尊重党员主体地位、保障党员民主权利，尤其在党内监督等方面，有些党员主动性不高，上级要求多，主动落实少。

四、影响党员主体作用在合格队伍建设中发挥的原因

（一）党员主体地位不够明确

从现在党内现状来看，党员更多的是受教育和学习培训，没有自身要求的诉求，也没有行使监督权的意识，不敢批评违法乱纪行为，主要是许多党员还有一些落后的观念没有纠正过来。

（二）党员主体意识不够牢固

如果党员对自己主体地位意识不清晰，是无法更好地发挥作用的，党员主体意识不够牢固主要体现在：一是缺乏责任感，许多党员习惯于单纯地听从安排，听讲座，参加活动，随大流，没有或者是不敢表达自己的意愿；二是缺乏权利意识，没有主动去了解党内各种信息，也不敢发挥监督作用；三是参与感不强，不主动参与党内组织的活动，没有自主奋斗的意识，对党的事业没有形成自觉的认同。

（三）党员主体机制不够完善

一是党员权利保障机制存在缺陷，虽然党章等规定了党员的知情权、监督权、参与权，但是如何行使这些权利，需要什么步骤和程序并没有深入党员内心，使得党员权利并不能被行使，主体地位被弱化；二是实体性制度缺乏，许

多与党员主体作用相关的制度完成情况不佳，导致党员主体地位不明确，各党员缺乏执行依据，主体作用难以发挥；三是党员民主生活形式单一，党员对党内决策和党内事务知道得较少，最主要的了解渠道是上级传达和学习培训，这使得党员的主体作用很难得到发挥。

五、对在合格队伍建设中发挥党员主体作用的建议

充分发挥党员的主体作用，打造新时代合格队伍，关键要全方位提升党员的主体地位，要在教育学习中提升党员的主体意识，在改革发展中发挥党员的主体作用，在组织实践中确立党员的主体地位，激发党员活力，搭建党员参与党内事务、参与企业管理的"大舞台"。引导广大党员立足岗位、履职尽责、发挥作用，把合格党员标准落实到行动上、刻进广大党员心间。

（一）抓实党员思想教育，让学习成果落到实处

要有效推动党员队伍建设，加强对党员的教育和学习。

公司党组织应该全方面地考核入党人员的思想政治状况，保证党员队伍的纯洁性。

公司管理层必须深入基层，掌握和了解基层工作动态和员工心理，在交流中全面发现基层党员、群众目前的需求，改变对党员的教学内容与教学方法，为基层党员、群众提供更全面、更完善的信息与指导，帮助提高基层党员、群众的自身素养。

公司管理者在对员工进行素质培养时，除了理论教育，还应结合公司发展现状，充分做到理论联系实际。在提高党员理论素质的同时，也增强其业务能力。

（二）发挥党员民主监督的作用，敦促自我和他人进步

公司应该建立起完善的监督机制，确保企业的各项运行程序和管理都被纳入监管的范畴内，以确保企业的健康运行。对违反制度的员工应进行相应的处罚，以起到对其他员工的警示作用。积极开展主题教育活动，有效提升公司党员素质，不断提升为人民服务的主动性，严肃党内政治生活，推动"不忘初心、牢记使命"主题教育持续在基层落实。保证服务质量和工作实效性，不断加强

党员群众的工作积极性，树立正确观念。

（三）提高队伍建设效率，保持党员队伍的先进性和专业化

积极拓展各级党组织尤其是基层组织的发展，提高党员队伍的建设效率，吸收更多的优秀分子加入到党组织中来。

首先，党组织的管理制度与责任必须明确，并具体到每一个基层党员，以确保党组织工作开展的有效性。

其次，开展批评与自我批评，正视工作中的缺点和不足，积极吸收和改进组织成员的建议和意见，从而改善自身管理的不足，以确保党员队伍始终保持先进性，同时也有利于党组织工作带头人的专业化。

最后，要充分发挥党组织成员的先锋模范和带头作用，通过座谈、下基层等方式，传授工作经验，使党组织内良好的作风得以传递。

（四）落实公司制度管理，提高制度约束力

要求党员干部带头学习、自觉维护、严格执行公司管理制度，重点解决"不认真遵守制度，不严格执行规章制度，不按照规章制度办事"的问题，以强化组织核心战斗堡垒作用，各基层党组织应自觉遵守企业规章制度。公司领导必须重视党员的素质培养，特别是一些已经出现问题的企业基层党员，针对由于其自身素质的问题导致对企业发展造成不良影响的党员要严格按照公司相关制度加以批评教育，甚至处罚。只有员工自身的素质得到提升，才能更好地实现公司的改革发展计划。

综上所述，党员群体要发挥主体作用，应扎根到群众当中，在联系群众、动员群众、发动群众、团结群众和完成各项任务中，担负起重要的责任，发挥重要的带头作用，这也是党的战斗力的重要体现。加强合格的党员队伍建设，作为企业党组织工作的核心内容，企业必须加强对这项工作的领导，坚持从严治党的方针，以高度的自律性和原则性推进党员队伍建设和企业建设，为企业发展和党的事业的发展发挥更大的作用。

大数据视域下党建引领的多元融合人才梯队培养——以公司设计人才队伍培养研究为例

李雯婷　楼　迪　徐文哲　岑建明　孙正竹　沈　颖

一、引言

随着中国经济发展和产业结构的调整加快，特别是供给侧结构性改革和"双碳"目标的提出，电网企业面临深刻变化和转型发展，国网浙江电力以打造"示范窗口"的姿态提出了建设能源互联网形态下的多元融合高弹性电网，其发展需要匹配相应多元融合人才。浙江省送变电工程有限公司作为国企"双百改革"试点单位，紧紧围绕公司打造全国送变电行业"先行示范窗口"建设目标，多项有效改革措施齐头并进，提出了新定位、新目标，开启了新征程。

设计、咨询是浙江省送变电工程有限公司的一项全新业务，是公司产业链上的优质延伸业务。设计分公司于 2020 年 10 月成立，在人才、业务、管理等方面都是从零基础开始。如何培养选拔忠诚、干净、有担当的优秀领导人员，打造一支高素质的有丰富经验的设计人才队伍是设计公司面临的最大挑战之一。在大数据时代，设计公司发挥大数据的优势，利用大数据建立健全相关制度，创新党务工作方式，以党建为引领，构建多元融合人才梯队培养机制，培养高素质人才，为公司的发展提供活力。这对公司人才培养来说也具有借鉴意义。

二、人才队伍分析

（一）公司人员梯队分析

截至 2020 年底，浙江省送变电工程有限公司共有全民员工 742 人，其中

20~35 岁员工有 219 人，36~50 岁员工有 227 人，51 岁~60 岁员工有 296 人（接近 40%），公司员工队伍老龄化问题突出，加快青年人才梯队培养迫在眉睫。图 1 为公司人员平均年龄与中位数年龄对比图。

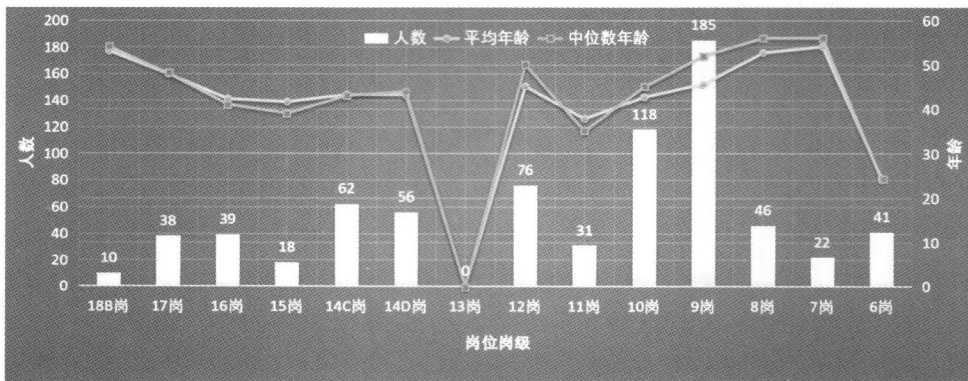

图 1　公司员工平均年龄与中位数年龄对比

（二）设计分公司人员队伍分析

1.设计分公司人员现状分析

设计分公司现有 14 名在编人员，其中党员 7 人，党员比例为 50%。14 名在编制人员中 8 人为老员工，6 人为新员工。党员中 3 人为老员工，4 人为2020 年新进员工。

设计分公司现有人才结构可以从以下几个方面进行分析。

（1）党政人才总量

设计分公司员工党员占比 50%，在编总人员为 14 人。由于基数过低，相较于实际工作总量，党政人才数量仍较少。党政工作业务性质要求从业人员对政治、经济、科技等各方面都有所了解，而且要求业务精通，这对党政人才提出了更高要求。

（2）人才队伍结构

从文化结构看，员工均为本科及以上学历，具有较强的专业知识和理论学习能力。从年龄结构看，人员队伍年轻化，40 岁以下占总人数的 85.7%，年轻人具有较强的学习、创新能力，但存在现场经验不足等问题。输变电设计单位的主导专业，主要有电气、结构、建筑、通信、系统、总图等，其他还需要有工程经济及概预算、水工、暖通空调、消防等。从专业结构看，目前员工绝大多数为电气专业，缺乏其他专业人员，且缺乏专家级人才。

设计分公司在人才、业务、管理等各方面，基本从零基础开始发展，在业内也是较为罕见，是个极大的挑战。所以如何快速培养大量多元融合人才，打造一支高素质、有经验的队伍是设计分公司面临的首要任务。

2.设计分公司人才队伍建设目标

设计分公司直面困难，以党员为引领，勇于担当刻苦努力，快速培养自有设计力量，以质量和服务立身，计划通过5年左右的时间，培养出一支覆盖输变电全专业、技术精湛、理论丰富的设计队伍，并能培养出1~2位相关专业领域的专家人才。以一流质量、一流服务、一流管理为保障，打造基于设计施工融合的核心竞争力，立足基建市场，拓展生产市场，发展新型业务，做精做优公司设计业务，为公司建设一流能源互联网发展企业、为省公司实现"走在前、作示范，打造示范窗口"战略目标定位提供有力支撑。

三、发挥党建引领作用

（一）一类人群

一类人群指高素质人才和党员先锋模范，要充分培养高素质人才和党员先锋模范的引领作用，打造一支优秀的复合型人才队伍。

目前，设计分公司人员的平均学历水平在各分公司中名列前茅。其中，人员专业涵盖电气、结构、通信、系统、线路、三维设计和技术经济等。除了专业技术领域外，部分人员还兼顾党政、宣传、安全和后勤等工作，充分挖掘了自身的最大潜力，向成为综合能力强的复合型人才而努力。

但由于缺少设计专业经验和设计人才管理、培养经验，设计分公司在成立之初举步维艰。面对新形势、新挑战，如何将高素质人才尽快培养为能够独当一面的设计人才是现阶段设计分公司面临的主要任务。

我们要充分发挥党组织的战斗堡垒作用和党员的先锋模范作用，与公司业务有机结合，成就最好的管理人员和设计人员。围绕"业务党建两手抓"为总体工作思路，先锋模范必须思想站位高，肩负公司决策在基层单位的贯彻和落实，做好执行者、落实者和宣传者；党员先锋模范更要凝心聚力，积极依靠本单位全体成员的力量，摆正位置，实实在在、脚踏实地去做事，要诚心诚意、心甘情愿地去做好服务引领工作。要积极开展理论学习和党建研究，创新工作载体，为全体党员干部和成员搭台子、压担子，让优秀人才脱颖而出。

严把政治关、品行关、作风关，把优秀人才选出来用起来，通过各种方式掌握了解人才情况，对人才进行综合分析，切实增强人才队伍建设实效性。

（二）三个建设

1.政治建设

随着社会的不断发展，在一个信息化、多元化的时代，部分人才的思想活动可能存在多变性和差异性，这种差异需要政治引领，为人才提供正确的价值导向，政治建设是人才队伍建设的重要任务。坚持党管人才，强化政治引领，把人才凝聚和团结到事业中来。

不断坚持强化政治引领，增强人才队伍在政治上的组织归属感，才能凝聚强大的人才队伍动力，发挥人才队伍应有的正能量作用，使人才队伍焕发出更大活力。

引导各类人才将本职工作和当前党的重点工作结合起来，将实现自我价值与实现公司企业价值结合起来，通过发挥设计公司人才在重点项目上的作用，使人才强化政治认同、思想认同、情感认同，发挥好引领作用，投身公司事业。

2.本领建设

送变电发展过程前进道路上面临的风险和考验只会越来越复杂，甚至会遇到难以想象的难关和惊涛骇浪，要有能力应对重大挑战、克服重大阻力、解决重大问题，对正在涉及的领域和将要涉及的领域及未涉及的领域，需要锻造一支技术技能过硬的队伍，没有高超的本领是不行的。进入新的发展阶段，实现高质量发展，有大量问题需要解决，唯一的途径就是增强我们自己的本领。人才队伍要增强综合能力和驾驭能力，使自己成为内行专家，每一名党员都必须保持永不自满、永不懈怠的学习状态，增强本领。

3.规划建设

支部应定期邀请党建方面专家进行专题讲座，让全员站在更高层面思考现实设计任务工作问题。公司应不断完善和规范全员考评制度，监督全员工作质量，激励全员主动深入工作难点、症结，积极发挥示范引领作用。

建立党员与普通员工一对一互助机制，在学习和工作中加强交流和沟通，在互帮互助中加深感情，在团结协作中实现共同成长，定期举行师带徒仪式，促进全员快速成长。

支部发挥引领作用，展示优秀员工工作业绩风采和先进事迹，定期举办主题党员活动，以支部为单位组织策划实施，并加强各支部间联合举办的形式。

开展"我身边榜样、楷模、标兵"评选活动，设立奖项并对先进个人进行表彰等，突出对成员情感、态度、价值观的培养。榜样把人生目标变成鲜活形象，要让有远大理想、优良品格、工作积极的员工在公司里生动展现出来。

开展支部书记讲课、学员每月轮班上课制度，让全员参与进来，走进课堂，以工作中实际问题为切入点，创建党建研究课题，每年提交研究成果。

（三）五项举措

人才资源不是一成不变的，引导员工从低水平向高水平转变，以发挥更大的作用和效能，以多种多样的形式培养教育员工，不断提高其素质和能力，培养出多元融合人才。

1.与省设计院联合设计，在工作中培养

设计公司与浙江省电力设计院（以下简称省设计院）达成合作协议，共同设计工程项目。将员工派往省设计院联合设计，采用"一对一结对"方式，在省院专家的指导下共同完成工程项目，使得员工在实际工作中快速成长。

2.软件公司培训

公司设计业务需要用到多种软件，如CAD、道亨、博超等，邀请软件公司对设计公司员工进行软件培训，快速掌握设计软件要领，以帮助员工更快开展设计工作。

3.公司内部培训

组织员工参加企业内部交流、培训，以增强员工知识、工作态度、工作价值观等，在培训过程中发现问题，并帮助员工解决问题。同时，员工还可以获得新的技能，磨炼现有的技能，提高绩效、提高生产力。强化理论学习，促使员工自觉加强学习，努力提高自身理论素质。

4.施工现场实习培训

将理论联系实际，公司设计人员前往施工现场，将施工现场与设计图纸相对照，找出图纸设计的注意要点与不足，设计出更符合规范要求的图纸。并到

公司施工的其他设计院的项目现场进行学习，取其精华，积累经验。

5.建立培训效果评价体系

为保证人才培养的效果，对所有的培训效果进行评估和追踪。根据培训内容结合岗位制订员工计划，全方位、多角度地对人才培养进行考核与评价，充分调动员工的工作积极性，强化工作责任，提高协作水平，提升分公司的综合实力。

在上述培养过程中，党员要充分发挥先锋模范作用，带领其他设计人员，共同努力，早日掌握设计知识，成为多元融合业务人才。

四、人才梯队评价体系

科学的人才梯队评价体系是科学选人用人的基础和依据，也是解决公平竞争和有效激励的重要手段。根据设计分公司的现实情况，坚持定量分析与定性分析相结合的原则，首先采用德尔菲法确定评价体系的各层次指标，再运用层次分析法计算各指标的权重，以此构建科学的人才梯队评价体系。

（一）德尔菲法

多元融合人才需要具备一定的沟通能力、分析判断能力、计划组织能力、管理控制能力、应变能力、执行力、创新能力、领导能力、决断力、人际沟通能力、团队合作能力、承受压力的能力等。而设计工作的性质不但要求设计人员具有较高的综合素质，还要求其具有扎实的专业知识，丰富的现场实践经验。为构建科学的人才梯队评价体系，首先需要确定评价体系中的各项指标。

向公司评价指标方面的20位专家征询人才评价指标的建议，各专家均为高级职称，包括公司领导、重要职能部门中层干部等，将收集到的意见整理、归纳，再匿名反馈给各专家，以便专家对比参考修改自己的意见和判断。如此反复直至专家意见趋于一致。最后通过前期调研、查阅文献，结合专家访谈意见筛选出评价指标，构建得到5个一级评价指标、10个二级评价指标，如图2所示。

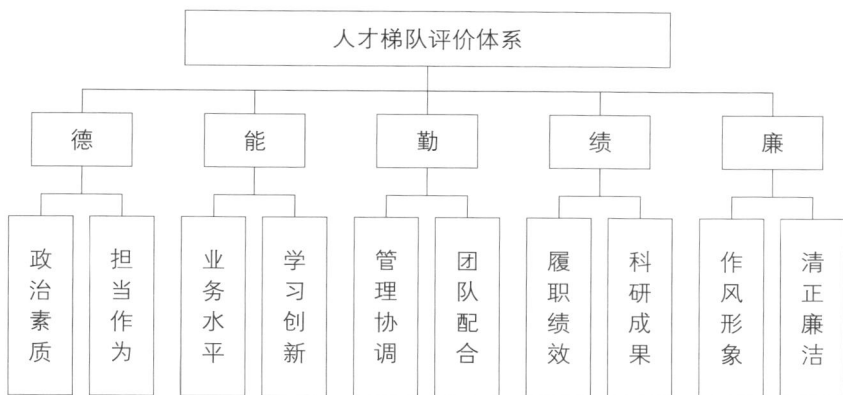

图 2　人才梯队评价体系

一级评价指标为德、能、勤、绩、廉，这 5 个方面较为全面地概括了设计技术人才的各方面品质。其中"德"为政治品德，指执行上级领导决定，具有较强的大局观、群众观；"能"为工作能力，善于处理复杂问题，善于学习、不断创新；"勤"为工作态度，具有较强的工作责任感，与业主、其他部门积极配合；"绩"为工作业绩，履行岗位职责，保质保量完成工作；"廉"为遵纪守法，执行各项规章制度，正确处理国家、集体和个人三者间的关系。每个一级评价指标下概括细化 2 个二级评价指标。

（二）层次分析法

层次分析法[①]是一种用于将较为复杂、模糊的定性问题简单、定量化分析的决策方法，可以帮助确定评价体系中各个指标的权重。多元融合人才评价指标体系分为两个层次，其中包括 5 个一级指标，10 个二级指标，为确定各评价指标的重要性，向 20 位专家发放调查问卷，对结果汇总进行一致性检验，以通过一致性检验的 16 名专家的意见为基础进行统计分析。下面以一级指标为例进行介绍。

1. 构造判断矩阵

专家采用 1—9 标度法对 5 个一级指标 $A=(a_1, a_{2,...}, a_n)$（其中 $n=5$）两两比较，逐一对其重要性进行赋值，得到判断矩阵，如下所示。

① 刘飞强，蔡文豪. 多专家评价的 AHP 方法及其工程应用 [J]. 广东土木与建筑, 2019（3）: 69.

$$A=\begin{bmatrix} 1 & 1/5 & 1/3 & 1/9 & 1/2 \\ 5 & 1 & 2 & 1/2 & 5 \\ 3 & 1/2 & 1 & 1/3 & 3 \\ 9 & 2 & 3 & 1 & 8 \\ 2 & 1/2 & 1/3 & 1/8 & 1 \end{bmatrix}$$

2.计算指标权重

根据层次分析法原理，同级要素的相对权重通过计算判断矩阵的特征值来得到，由于计算过程烦琐，可以采用算术平均法来近似求解，得到5个一级指标的权重依次为：0.043，0.268，0.155，0.456，0.078。

$C.I.=(\lambda_{max}-n)/n-1$

$C.R.=C.I./R.I.$

3.计算判断矩阵最大特征根值

计算出本文的判断矩阵最大根值$\lambda_{max}=5.326$。

4.判断矩阵的一致性检验

其中$R.I.$为平均一致性指标[①]，当$C.R.<0.1$时，判断矩阵的一致性可以接受。本文$C.R.=0.07$，满足一致性要求。

同理计算出相应的二级指标，采用乘积法计算一、二级指标的组合权重，人才梯队评价体系的各评价指标权重如表1所示。

表1　人才梯队评价体系各评价指标权重表

一级指标	权重	二级指标	权重	组合
德	0.043	政治素质 担当作为	0.44 0.56	0.019 0.024
能	0.268	业务水平 学习创新	0.53 0.47	0.142 0.126
勤	0.155	管理协调 团队配合	0.69 0.31	0.107 0.048
绩	0.456	履职绩效 科研成果	0.63 0.37	0.287 0.169
廉	0.078	作风形象 清正廉洁	0.59 0.41	0.046 0.032

---

① 韩霜雪,罗涛,孙倩.某三甲医院科研型人才评价指标体系构建[J].解放军医院管理杂志,2017（5）：437.

（三）分析与讨论

从上述研究结果来看，能、绩指标较德、勤、廉指标所占权重高，是人才梯队评价系统的重点。为进行统计分析，二级指标还可采用固定量化标准的方法进行量化赋值[①]，按照一定的标准分为 4 个等级，每个等级赋予不同的分数，例如：A（20）、B（18）、C（12）、D（8），由赋值和权重可以得到最后的评价分数，评价结果采用五星图模型展现如图 3 所示，直观的图形模型能够帮助设计员工迅速发现自己的短板和不足，更快提升自我。

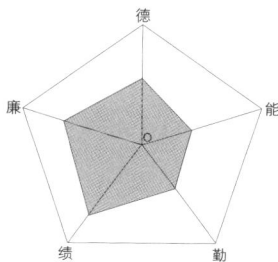

图 3　五星图模型

在分析党建引领的多元融合人才概念、特征及内涵的基础上，结合设计公司设计工作的属性特点和岗位性质，建立多元融合人才评价理论模型，形成设计技术人才评价体系。

以设计分公司两类典型员工为例，一类为工作年限 3 年及以上的老员工，另一类为工作年限 3 年以下的新员工。对两类员工发放调查问卷，采用自评和他评的形式进行打分。为方便计算，每一项二级指标赋分满分均为 100 分，将结果取平均并分别乘以权重获得最终得分，以五星图模型展现（见图 4）。

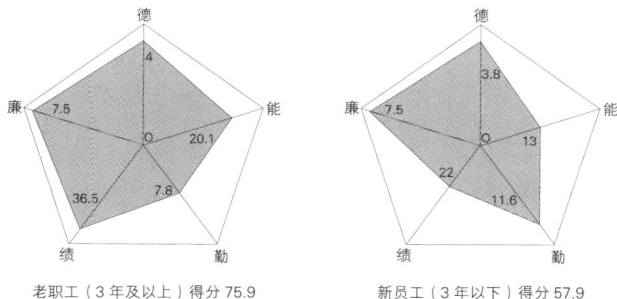

老职工（3 年及以上）得分 75.9　　　新员工（3 年以下）得分 57.9

图 4　设计分公司员工评价得分五星图

---

① 王学典. A 省交通设计院人才评价体系的研究 [D]. 成都：西南交通大学，2011.

老员工和新员工的平均得分分别为 75.9 和 57.9 分，两类员工评价得分存在较大的距离。其中，老员工在德、能、绩、廉项目指标上得分情况良好，但勤项目上得分较低；新员工在德、勤、廉上都有较好的表现，但在能、绩项目上仍需加强。

比较两类员工的各项得分，新老员工的共同点是他们在"廉"和"德"两方面都能坚守住自己的底线，响应党风廉政建设，为建设具有中国特色国际领先的能源互联网企业提供坚强保障。但新员工在"能"和"绩"两方面与老员工相比表现较差，主要是设计工作的专业性强，工作经验的欠缺会在较大程度上影响新员工的业务水平和绩效成果。而老职工相较新员工在"勤"指标方面得分较低，这可能是因为老员工专注于专业的成长，在其他协作配合等方面关注度不够。

根据新员工五星图评价模型，为弥补新员工的不足，可以调整新员工培养模式，方案如下：安排新员工多下现场，理论联系实际，更快成长；将专利发明与科研创作纳入新员工绩效考核，鼓励新员工多总结、多思考、多创新；定期组织资深员工经验分享座谈会，提高新员工的专业学习效率。而针对老员工五星图评价模型中"勤"这一方面较为欠缺的情况，可以完善工作制度，规范工作流程，同时多组织公司活动以增加员工间的交流，培养团队默契。

五、总结

设计分公司发挥大数据时代的特有优势，利用大数据建立健全相关制度，创新党务工作方式，提出"一类人群、三个建设、五项举措"的党建引领方向，利用"德尔菲法"和"层次分析法"建立人才梯队评价体系，构建出科学有效的多元融合人才梯队培养机制。这一机制为多元融合人才培养提供方向和参考，有利于培养高素质人才，对浙江省送变电工程有限公司人才培养具有借鉴意义，也为公司的创新发展提供了有力的支持。

全面深化改革新时期施工企业队伍建设
——激发增添企业发展的内动力

王永海　周传炎　王　霖

一、引言

随着国家供给侧结构性改革的全面实施和持续推进，从长期大势的角度分析当前复杂严峻形势下经济工作的发展规律，系统内省级送变电企业正在面临着前所未有的机遇和挑战。就在 2019 年 11 月 22 日国家电网公司再次下发《关于进一步严格控制投资的通知》（国家电网办〔2019〕826 号），系统内基建业务的投资总额将进一步受到约束和限制。而近年来，人工费用的不断增长和行业利润空间的进一步压缩，经营管理效益问题日益突显。面对国资委发起的国企"双百改革"这一历史机遇，送变电行业开始进入到转型发展阶段。而传统的送变电企业用工总量超员和结构性失衡等一系列问题，进一步造成了企业转型发展的历史负担。

如何建立高素质的专业技术人才队伍，增强企业的凝聚力和吸引力，是施工企业面临的一项艰巨而紧迫的任务。现就系统内施工企业人才队伍建设的必要性和人才队伍现状及问题进行分析。

二、加强专业技术人才队伍建设的必要性

企业要想实现发展和进步，就要大力实施人才培养战略，努力提高劳动者的素质及专业技术，培养出一批专业技能高超、专业综合素质强的专门性人才和拔尖性人才。加强企业人才队伍建设是实施人才兴企战略的必然要求。人才

队伍建设是企业人力资源管理的重要工作内容，只有营造一个高层次和专业化的人才培养通道，才能带动一个人才群体的发展和进步。现阶段，建设一支结构合理、数量充足的施工人才队伍，是现代施工企业发展的重要任务之一。总体说来，很多企业在人才队伍建设方面还处于初级阶段，工作刚刚起步，从现有施工企业普遍存在的人才现状来看，不管是人才队伍的数量还是质量，与实际的需求都存在较大的差距。这就需要施工企业站在战略发展的高度加以思考，把打造一支优质的施工人才队伍作为企业发展的重要任务去抓，切实将人才聚集到企业发展的轨道上来。

三、人才队伍建设的现状与存在的问题

（一）施工企业人才队伍现状

从国家层面来分析，近年来人们的生活水平有了较大提高。一线管理员工的收入虽然相对高一些，但对员工个体而言，现场一线岗位的吸引力已不大了，加之施工管理或技术岗位一般远离城市，导致一线人员的工作、生活环境相对枯燥乏味。从施工人员个人层面来看，大多数具有丰富经验的施工管理人员的岗位基本在项目现场，而且人员工作地点不固定，这就导致与家人聚少离多，无法顾及婚恋等现实问题。这些因素都造成了施工企业人才一定的流失。

（二）施工企业人才队伍建设存在的问题

人员流失对施工企业人员的使用、员工队伍的建设均造成了一定的影响。企业本应就安排到关键岗位实习的大学生的考核及培养出台相应管理制度，期望加强员工培养，加大考核力度，但在具体实施时就会有所顾虑，担心措施过严而将人"赶走"。同时，施工关键专业岗位人员的缺失或频繁流动，会使人员整体专业素养不高，队伍不稳定，加大了企业招聘工作的难度和人员培训的成本，更难培育出专业的人才。

四、人才建设的措施与对策

（一）根据需求调整人才结构

在未来很长一段时期内，施工企业在做好施工企业人才岗位需求分析的基础上，可以通过人才培养和人才引进两种渠道进行人才储备。

1.培养应届大学生人才

加强应届大学毕业生校园招聘工作，做好岗位专业人才的储备。在招聘过程中加强企业宣传力度与沟通，充分考虑人员入职后能否长期在施工现场工作。在考虑到重点学校特色专业的同时，更侧重大学毕业生对企业的忠诚度。根据以往统计数据显示学生党员离职率相对较低，在招生过程中优先考虑学生党员，且继续偏重艰苦地区的生源。

2.引进成熟社会人才

为了现有人才队伍的充实和有效补充，施工企业也可同时采用"外部引进"专业岗位成熟人才的办法，采用"拿来主义"、快捷充实专业人才队伍。根据马斯洛的需求层次理论，人不但有物质的需求，也有精神层面的需求。因此，创造恰当的非物质条件，也是吸引人才的一种重要的手段，使人才在工作中得到满足，是一种行之有效的方法。根据人才自身的素质与经验，结合施工企业内部的运行情况，依照企业的目标策略，给人才设置能充分发挥专业特长的工作或职位，使其能够在工作中得到发展的空间，不但满足了人才自我满足、自我实现的需要，同时也使得人才在工作中得到锻炼，进而促进企业发展。在引进人才的过程中，企业还应该构建一个比较全面和完善的专业人才培训机制及体系，加强对引进人才企业文化的培训，加强员工对企业的认同感，使得成熟人才能尽快融入企业，从而有效发挥其专业特长。

（二）引导人才做好职业发展规划

对于刚进入企业的新员工，应结合个人职业发展制订个性化的培养计划，从师徒带教、培训考核、岗位锻炼等方面进行系统化的安排，对岗位进行合理的调整。要为新引进的人才制定符合其专业发展和个性特点的工作环境，既能够满足企业需求，又能促进人才自身发展，从而实现企业和人才的"双赢"。

（三）创新专业人才培养机制

在人才使用过程中注重发掘、培养有潜质的优秀人员，加快促进其上岗任职、专业培育和岗位成才。实施年轻专业技术管理人才轮岗和挂职制度，发现、使用、任命具备复合型专业知识结构、较高的专业敏感度、良好的人际关系协调能力及较强的组织能力与学习能力的人才，将其补充到公司紧缺的关键岗位任职，尽可能地优化、合理配置企业人才资源。

（四）完善人才考核任用制度

企业应不断完善人才培训、培养、任用、晋升的机制，加大青年英才选拔和使用力度，积极探索建立施工专业管理和技术人才的成长引导体系，积极建立科学的绩效考核机制。根据岗位任职标准全面推行岗位竞聘晋升机制，实现岗位和人员的最佳匹配，最大程度发现和锻炼人员。同时，基于施工企业人员岗位重要性和艰苦性的特点，充分运用薪酬分配杠杆的作用，提高施工一线管理和技术人员的收入，以突出岗位贡献和管理实效，实施收入分配的差异化调控，激发员工的工作积极性。

（五）运用企业文化引导员工

良好的企业文化不但可以激发全体员工的热情，而且会强烈影响员工对企业的根本看法，统一企业成员的意念和思想，可以使员工齐心协力地为实现企业战略目标而努力，同时也是留住和吸引住人才的一个有效手段。企业文化可积极引导员工的全面发展，增强企业的凝聚力，提高员工对于公司的认同感和归属感，是施工企业吸引和留住人才的有效途径。

（六）积极关心员工的身心健康

加强对青年专业人才的心理建设方面的关注，建立长效的心理疏导机制。尤其对一线人才多加以人文关怀，及时缓解和疏导施工现场人员在工作过程中存在的各种压力，帮助他们平衡好生活和工作上的关系，努力确保一线人员的身心健康，提升员工工作的积极性和主动性，发挥其主观能动性。

五、结语

　　施工企业要将人才队伍建设作为企业发展的一项战略任务去抓，不断创新人才培养模式，弥补专业人才发展的短板，积极营造良好的"选人、用人、育人"氛围，切实将人才聚集到企业发展的轨道上。同时，要宽待和善待人才，尊重其劳动和创造成果，坚持感情留人、事业留人、待遇留人并举的措施，根据企业自身实际情况，因地制宜制定相应的人才策略，建立一支结构合理、素质优良的施工岗位专业人才队伍，使企业在市场竞争中立于不败之地。

机具保障稳安全　党员服务增活力

章红来

一、引言

机具（仓储）公司主要从事机具保障、仓储、现场牵张架线等工作。要做好机具保障工作，利用机具红船党员服务队等抓手为现场一线提供及时服务，切实服从和服务于公司"双轮驱动，多业并举，服务电网"的新战略和"为电网保平安，为企业谋发展，为员工谋幸福"的企业使命。

二、机具（仓储）公司机具保障基本情况

机具（仓储）公司配置了牵张、机修、仓储、检测 4 个班组和机具管理部、仓储管理部两个专业职能管理部室，对线路施工装备进行全方位管理。牵张班主要负责牵张设备的操作、保养和检查试验。机修班负责常规施工装备的维护保养和夜间施工照明配套服务。仓储班负责施工装备的出入库、物资调配、资产盘查、工程结算和仓库管理。检测班负责资质许可范围内所有受力机具和安全工器具的检测鉴定，并对所有施工装备进行编码。

施工装备管理秉承"精心服务、精确操作、精细维修、精准配送、精密检测"的五精服务理念，履行对现场"主动协助、用心服务、有效沟通"的承诺。努力推进施工装备精细化管理和全过程跟踪，以施工现场需求为导向做好全方位服务，确保所有出库装备"台台完好、件件可靠"。

现场所需施工装备实现了从计划制订、进场管理、现场使用、保管保养、专项检查到退场结算的全过程管理。根据相关规定要求定期组织对现场执行情

况的检查、反馈和整改。近年来现场施工装备管理规范性明显好转，装备非正常性丢失损坏减少，机具利用率和周转率上升。

为保证装备质量确保使用安全，严格落实装备采购、验收、维修、检测、出入库等各项标准流程。所有新购装备从到货到入库实行一卡式管理，确保关键环节不遗漏。所有现场退回施工装备执行"退库—待修—维修—检测—完好—入库"程序，每一环节与交接确保执行到位。在维修过程中执行三检制管理，做到分工明确、检查有序。

对于三跨（跨高铁、跨高速公路、跨带电线路）工程、综合检修、应急抢修等重点和突发性工作，及时制订专项管理方案，对所涉及装备进行双重保护，除入库前检查外，新增出库前综合检测，并由机具（仓储）公司参与装备的装卸、运输、进场检查、安装直至使用完毕的全过程全链条管理。

三、机具（仓储）公司红船党员服务队基本情况

2008 年 7 月，机具（仓储）公司根据内部电力基建施工实际需要，成立了第一支共产党员服务队。当时的共产党员服务队功能较为单一，主要是做好公司内部施工现场机具设备的维修保障工作。近年来，随着企业转型升级发展，施工业务模式更为丰富，施工设备和工器具不断更新发展，施工难度也越来越高。机具（仓储）公司紧扣电网建设"特高新智"的特点和要求，在原有基础上进行了增员和补强，重点围绕机具保障、机具创新、现场维修三方面努力打造党员服务的金名片，服务队名称也统一更名为"省送机具电力红船共产党员服务队"。

当前党员服务队人数 15 人，其中党员 9 人。服务队重点突出"实"字干工作，出实招、办实事，用实实在在的工作保障工程建设。突出"先"字抓服务，想在先、做在先、随叫随到，用心服务。对公司三高一跨重点工程、舟山联网工程世界第一高塔建设、世界最高压甘肃 1100 千伏特高压工程、河南交直流特高压工程及各类急难险重的抢修工程等产生了积极的推动作用。党员服务队做到实时跟踪、全天候在线联络，及时开展现场维修和指导，落实精心服务。

四、进一步做好机具保障工作的一些措施

做到全过程跟踪和可视化管理。目前对工机具推行了全编码管理，大至牵张设备、小至滑车卸扣，都有独立编号，能实现对所有机具的全过程跟踪和履历追溯查询。同时完善4G视频、单兵系统等，可实时对现场及装备进行监控和视频保存。重大装备也已逐步推广GPS和视频对话系统，能及时了解并处理现场突发情况。

应用物联信息管理系统。以装备安全性评价和智能化配置为抓手，应用智能云中心仓储、无线扫描、二维码等先进信息系统，可方便快捷地实现对装备的全寿命和全过程管理，尤其在领、退、结等方面能实时传输信息。使仓库细化到货架号，维修明确到配件规格等，以实现软硬件结合的物联管理系统和全过程信息化管理。

加强专业化管理与队伍建设。施工装备延续专业化管理特色，现场施工装备均统筹归口提供和安全检测。所有常规施工装备统一由机具（仓储）公司进行管理，所有重大装备均由机具（仓储）公司派员操作，所有小型动力设备操作均需接受机具（仓储）公司培训取证。所有技能人员也实行专业化管理，周期培训、定期考核、末位淘汰，确保队伍质量。同时还组建了现场服务队和装备创新队，及时开展现场服务，了解所需，创新装备。

推广标准化索道应用。针对公司原劳务队索道形式简陋、安全风险大、隐患弊病多的问题，公司特定制并采购了一批标准化索道，从场地踏勘、索道配置、进场验收、安装调试到定期检测全程进行把关，确保运输安全。在昌吉—古泉工程、明州—江滨工程、长龙山抽水蓄能等工程中使用反馈效果良好。

加强装备的创新研究和推广应用。结合智慧物联网，研发、推广一些重大装备、智能化装备、特色装备和适应浙江地域特点和电网施工特点的装备。目前考虑及正在研发的一些设备有：轻小型检修专用装备、张力架线现场集中控制系统等。

五、进一步发挥好机具红船党员服务队的作用

（一）存在的问题

近年来，机具红船共产党员服务队开展了一系列卓有成效的工作，但还有进一步发挥有效作用的提升空间。

党员服务队机制建设尚需进一步完善，使服务工作的开展更有系统性，更好地进行超前规划布置。服务队工作开展虽能较好满足现场需求，但仍不免显出一些滞后性，主动性和针对性尚可进一步加强。

目前，机具红船党员服务队主要结合自身特点，围绕企业核心业务开展现场保障工作，距离国网公司党员服务队"五项服务"的要求和内容有一定差距，在拓展政治服务、抢修服务和增值服务方面仍有较大提升的空间，未能较好地实现机具红船党员服务队品牌效应。

（二）改善措施

为进一步加强党员服务队的建设和管理，提升服务队效能，可从以下几方面做好工作。

第一，加强统一管理，提升建设水平。按照统一建设管理、统一工作标准、统一行为规范、统一品牌形象"四个统一"原则，进行人员优化整合，鼓励和带动更多积极分子、青年骨干加入党员服务队，提升党员服务队先锋模范和辐射带动效应。使党员服务队化被动为主动，根据急难险重，开展应急服务，在抢修、重点工程中迅速响应，成为为公司基建施工和抢修抢险工程提供优质高效服务的中坚力量。

第二，大力弘扬"红船精神"，在推进重大工程建设、重点项目保障的攻坚克难中切实发挥党员先锋模范作用。根据工程需要，提供24小时不间断的保障服务，迅速响应、有呼必应，第一时间解决现场实际困难，把优质高效的服务贯穿工程始终。立足自身业务性质，开展机具创新工作，推进现场使用工器具的发明、革新，积极申报专利、QC成果等。开展好设备、工器具使用维护的培训和现场带教工作，进一步减少由于不正当操作导致的机械设备受损情况，提升现场故障排除能力。

第三，提升品牌形象，打造先锋旗帜。培育和弘扬先进典型，提升品牌引

领作用，注重挖掘服务工作中的感人事迹和先进典型。党员服务队在做优业务的同时，根据自身特色积极开展延伸服务，履行社会责任，通过走访慰问、爱心帮扶、用电宣传等，实现良好的社会效应。及时报道党员服务队动态，有效传播党员服务队正能量。

六、结束语

机具（仓储）公司将继续全力以赴，积极查问题除隐患，确保现场机具的绝对安全可靠，切实做到以机具保安全。不发生因维护保养不当而造成的设备停机，不发送一台有安全隐患的设备到现场，尽一切可能减少因设备老化带来的影响，尽可能缩短发生故障后的处置时间，全力确保工程的顺利实施。继续更好地发扬机具（红船）党员服务队的优良传统，做好现场巡回检查和维护保养工作，不断培养维修、操作技能人才，为现场一线提供切切实实的服务工作。为把公司打造成为专业型、服务型、技术型，具有国际竞争力的一流能源互联网发展企业而努力奋斗，做出应有的贡献！

群团
工作

开 拓 管 理 之 路

大力弘扬劳模精神劳动精神工匠精神
全面促进变电建设科技创新工作研究

李伯明

一、引言

劳模工作室是一面飘扬的旗帜，拥有超强的凝聚力和号召力，能够将周围的党员群众吸引到身边，使党员群众主动向劳模学习看齐，尽到各自的岗位职责，贡献自己最大的力量。

劳模工作室也是一个科技创新的中心，引领大家创新更快更好的施工方法，研制简便实用的新型机具，总结提升现场管理经验，使变电安装工作更高效，变电检修工作更安全，变电管理工作更科学。

大力弘扬劳模精神、劳动精神、工匠精神，是我们所处的新时代的要求，是我们出色做好本职工作的要求，也是进一步做好党建工作的要求。

二、目标与方法

浙江省送变电工程有限公司变电公司（以下简称变电公司）以成立劳模工作室为出发点，明确了劳模创新工作室工作职责，以劳模引领示范、助推创新发展为目标，按照"五法并举、齐抓共管"的方法，充分发挥劳模团队的劳模精神、劳动精神、工匠精神，全面促进变电建设科技创新工作。

（一）明确劳模工作室职责、发挥劳模示范引领作用

1.激励劳模发挥作用

发挥劳模的创新能力、创造潜力和传帮带作用，激励劳模在新时期再立

新功。

2.宣传弘扬劳模精神

大力弘扬爱岗敬业、争创一流、艰苦奋斗、勇于创新、淡泊名利、甘于奉献的劳模精神，营造关心劳模、争当劳模的浓厚氛围。

3.带动职工多做贡献

引导广大职工向劳模学习，带动广大职工学技术、练本领、比贡献、树形象，使更多的技能专家、优秀职工脱颖而出，为企业发展做出更大的贡献。

4.树立良好形象

通过劳模工作室的品牌效应，树立企业良好形象，为促进企业发展、加强精神文明建设、构建和谐社会做贡献。

5.增强企业竞争能力

通过开展技术创新、管理创新、服务创新等活动，增强企业核心竞争力。

（二）制定"五法并举、齐抓共管"工作方法，促进变电建设

1.一法：技术培训

建立训导师团队，通过统一编制、修订培训教材，理论培训、技能培训、管理培训三管齐下，提高员工能力，打好坚实基础。

2.二法：技术比武

依托工程建设，开展技术比武，带动工艺质量提升，促进人才培养。

3.三法：科技攻关

以改善劳动环境、减轻劳动强度、提高工作效率、保障施工安全为目标，解决技术难题，提升创新实力。

4.四法：名师带徒

健全名师带徒机制，构建科学人才梯队。

5.五法：建章立制

以制度管事，以文化管心。

三、成果及实践

（一）成立劳模工作室、发扬劳模精神

变电公司在萧山办公区设立了劳模创新工作室，进行事迹展览、培训充电和讨论研究，便于更好地开展业务工作。在施工现场也设立了劳模工作室，作为感召员工，对外宣传、扩大影响的窗口。制作宣传手册，分发到作业现场，营造良好的氛围。

（二）劳模以身作则、发挥劳动精神

通过劳模团队以身作则，深入工程现场策划及引导，解决技术难题。2019年8月10日台风利奇马在浙江登录，台风过后，变电公司积极响应公司号召，立即组织精兵强将，赶赴禾城变、海门变、麦屿变抢修现场，在总公司领导带领下，始终坚守一线、24小时全身心投入抢修工作，默默奉献，确保在最短时间内恢复可靠供电，保障了玉环地区几十万用户的电力供应，劳模精神足以鼓舞士气、激励队员。

特高压变电站的抢修、换流站的集中检修、一些变电站的突击改造，时间紧迫，加班加点连轴转是不可避免的。此时，劳模工作室团队成员带头坚守在施工一线，在榜样的带动下，员工们没有二话，眼里只有工作，高处也不寒，雨中也不冷，高温烈日也不管不顾，总是尽最大努力争取早些完成任务。在急难险重的任务面前，员工们将脚踏实地、吃苦耐劳的劳动精神发挥得淋漓尽致。

（三）立足施工现场，发扬工匠精神

2019年10月，变电公司在500千伏岙坑变进行技术比武，涌现了许多工匠高手。将配电箱接线成品当成艺术品、将母线排弯制的成品当成工艺品来打磨。员工精雕细琢、精益求精的工匠精神大放异彩。

（四）精心策划引导，促进变电科技创新

在劳模工作室的精心策划引导下，大大促进了变电公司变电建设科技创新工作，变电公司各项目部、施工队各自成立了科技创新小组、专利发明小组、QC小组，依托自己的专业，发挥各自的优势，发明改造了一大批实用工器具，如电缆沟内汽车式起重机支垫、高空管型母线切割装、可自动启闭的水泥搅拌

桩喷浆孔装置、光缆敷设增效工具等，探索总结了一套科学合理的检修工序方法、户内变电站吊装方法，提高了现场安装效率及施工安全性。

2019 年变电公司共获得公司科学技术奖一等奖 1 个、三等奖 2 个、公司专利奖 3 个，群众性科技创新奖 3 个，发表论文 10 余篇，申请发明专利 2 个，参与中国电力建设企业协会《输变电工程施工质量评价规程》的编写，已进入报批阶段。

变电公司着力进行"GIS安装小型化防尘设施""智能机械臂在变电安装中的研究与应用""自行式起重机研究与应用""可移动式隔离开关组装平台""基于模块化拼接的输变电工程施工临时场地布置及概算计列标准研究"等项目的研究与立项。

四、总结与展望

通过课题研究及劳模精神的宣传，广大员工认真务实、勇于创新的工作态度进一步被激发，2019 年下半年，变电公司对队伍进行了整合，人员结构变动较大，但工作室的工作还是一如既往有条不紊地开展。

"爱岗敬业、争创一流、艰苦奋斗、勇于创新、淡泊名利、甘于奉献"的24 字劳模精神在任何时候都需要，都不过时。

劳动精神是关于劳动的理念认知和行为实践的集中体现，在理念认知上表现为全社会尊重劳动、崇尚劳动、热爱劳动；在行为实践上表现为劳动者辛勤劳动、诚实劳动、创造性劳动。

工匠精神是一种敬业担当、精益求精、钻研技能、突破革新的职业精神，工匠精神对企业来说，就是要求企业如同工匠一样，琢磨自己的产品，精益求精，经得起市场的考验和推敲。

今后一段时期，劳模工作室将继续宣传、发扬劳模精神、劳动精神、工匠精神，持续在变电工程中开展创新、创效活动，并着重在土建施工、电缆施工等新业务方面加强引导，积极开展相关的科技创新工作，为公司的不断发展壮大，为电力行业的不断进步，发挥应有的作用。

"60后"与"90后"共话"风餐露宿讲奉献"

曾维炎　彭　溢

社会产业结构在变、公司员工年龄结构在变，越来越多的"90后"成为公司的生力军。"风餐露宿讲奉献、优质高效争一流"是老一辈送变电人在艰苦发展背景下个人精神和行为的集中体现。那么，新时代成长起来的"90后"对"风餐露宿讲奉献"的体会和理解如何，"60后"作为"风餐露宿讲奉献"的亲身实践者，他们是怎样理解这种精神，又希望这种精神在新时代以何种形式传承下去，成为本文重点讨论的问题。"60"后与"90"后共话"风餐露宿讲奉献"，各抒己见、求同存异。时代不同，但为企业奉献的精神内核是不变的。

一、"60后"诉说"风餐露宿讲奉献"

浙江省送变电工程有限公司有着光荣的历史，自1958年创立以来，立足浙江电网建设，辐射全国，走向世界，是送变电行业的排头兵。几代送变电人用青春和热血铸就了"浙送铁军"的光荣称号，他们的故事在风里雨里谱写。

浙江多山，又是负荷中心，大量的线路必须穿越千山万水才能进入千家万户。在改革开放初期施工技术远不如现在先进，当时的送电工穿梭在崇山峻岭之间，走在铁塔银线之上，用脚步丈量着线路的长度，用身体架起铁塔的高度。"困了导线上都能睡着、饿了怀里的馍馍随时充饥"，就是这样一批"空中飞人"架起了浙江电网的原型。

浙商素来以敢闯著称，浙送人同样并未躺在系统内部环境下求生存，而是大胆走出去，到最艰难最需要我们的地方去奉献我们的力量，为世界人民建电网，为国家电网走向世界，构建全球能源互联网络，打出了第一张"外交名片"。

是的，这就是"60后"心目中的"风餐露宿讲奉献"，舍"小家"顾"大家"。和"60后"对话，听他们的故事总是那么有血有肉，不需要任何华丽文字修饰，从他们朴素真实而又充满自豪的言语中就能感受到那份艰辛与奉献。

二、"90后"倾听"风餐露宿讲奉献"

公司在新员工入职初，会对他们进行大半年的轮岗培训——爬塔走线、铁塔组立、电缆放线、电气试验、变电安装各种工艺工序都亲自动手，体验"围墙内外"文化。这不仅是一种技能的培训，更是一种企业文化的亲身感受，和老师傅们在一起生活的日子，可以从"60后"那里感受那段"风餐露宿"的峥嵘岁月。

"60"后是"90后"技能的领路人，也是他们的人生导师。他们走过的路"90后"可能不需要再走，"90后"可以站在"60后"的肩膀上继续前行，但是那份"风餐露宿讲奉献"的精神是所有员工进一步前进的内在动力。

三、"60后"与"90后"共话"风餐露宿讲奉献"

"60后"是公司文化的开拓者和发扬者，"90后"是公司文化的认知者和继承者，他们生活在不同的社会背景下，如今为了同样的电力事业而走到一起。他们对企业精神"风餐露宿讲奉献"的理解有"异"，但更多的是"同"。为了传承好"风餐露宿讲奉献"的企业精神，我们既要回望过去也要畅想未来，才能立足今朝。

"90后"是我国经济高速发展背景下成长起来的一代，从小生活在舒适的生活环境里，很多"90后"初来公司，背着行李换上工装，告别城市的繁华来到工地，其中的心理落差可想而知。而"60后"则是在社会艰难发展的大环境下成长的一代，在那个电力短缺、电力发展困难的时代，送变电人就是攻坚克难的典型代表。这是两代人所处的社会环境不同造成的，我们必须承认这是文化认同差异的根源。一个是文化的开拓者，一个是文化的认知者，两者不能完全衔接是正常的。

公司发展到今天，已经不需要如"60后"一样"风餐露宿"了，但是新一代"90后"员工们需要具备随时"风餐露宿"的精神和能力。因为灾难随时可能到来，在面临大灾大难、雪灾台风时，我们依然是一支"能打胜仗"的铁军。

我们正处在一个伟大的新时代，时代赋予了送变电新的使命、新的担当。公司也正在利用"双百改革"这个契机，进行大刀阔斧的改革。"双轮驱动、创新驱动"将是送变电适应当前时代发展的重要举措。泛在物联网、"区块链"技术及各种创新技术正在带动电网行业走向更加高效、更加安全、更加绿色的能源互联体，作为"90后"应该是这场创新革命的主体。浙送靠着"风餐露宿讲奉献"在 20 世纪八九十年代担起了电网建设的使命，现在时代需求在变，我们同样应学习老一辈送变电人"风餐露宿讲奉献、优质高效争一流"的企业精神，成为新时代创新浪潮的先驱者。

实践永远是检验真理的唯一标准，文化的传承也是一种实践，我们要做的就是找准方向"撸起袖子加油干"。"风餐露宿讲奉献"的精神永远不过时，只是我们将其赋予了新的内涵。浙送不仅是一支敢于流血流汗的队伍，更是一支敢于改革创新的队伍。在这场伟大的实践中，"60后"和"90后"必将达到高度默契，因为他们有着共同的使命，共同的文化认同感。

深化创新创效活动　助推青年成长成才

孙杰毅　王建华　王永海　朱　骁

一、引言

近年来，随着经济社会的不断发展、转型与变革，电力行业承担的社会责任与义务也越来越重，对企业员工素质的要求也越来越高。青年是企业员工团队中主力军和后备力量，具备丰富的知识、敢于探索和创新，能为企业带来无限的生机与活力。青年创新创效活动能够充分把青年员工的聪明才智和创造力发挥出来，促进企业技术创新体系建设及创新能力的提高，从而进一步提高青年自身专业技能，为青年快速成长成才打下坚实的基础，为推动企业的改革和发展做出更大的贡献。

二、青年员工基本情况概述

当前，浙江康达建筑有限公司正处于转型发展的关键时期，也是着力于培养符合新时期、新挑战发展需要的青年员工队伍的重要时期，为了更好地服务公司"双轮驱动、多业并举、服务电网"的发展方向，更好地满足青年员工实现自身价值的迫切需要，康达公司一直在不断努力实践、创新。

（一）青年员工学历结构

2019 年康达公司青年员工总人数（35 岁及以下）55 人，其中职工 22 人，直签 15 人，大员工 18 人。具有研究生学历 9 人，占 16.4%；本科学历 26 人，占 47.3%。具有高级职称的 2 人，具有中级职称的 11 人，各类注册类证书（含增项）32 本。通过数据可知，康达公司青年员工整体文化水平普遍较高。

（二）创新创效成果

康达公司结合土建专业施工特点，凝聚广大年轻技术骨干力量，大力开展群众性创新创效活动，科技创新屡创佳绩。在论文、QC、专利等领域取得突破发展，为提升企业核心竞争力提供了有力的技术支撑，取得了良好的经济和社会效益。2018年发表论文18篇，QC活动小组3项，获得专利证书11个，新申请专利6个（已经有受理书）。其中1个QC活动小组获得中国电力建设企业协会科技进步奖三等奖，2个QC活动小组获得浙江省质量协会QC三等奖。青年员工在技术、管理等方面，发挥聪明才智和创造活力，积极投身降本增效、节能减排等各项工作实践，从而推动企业发展和个人进步。

三、当前创新创效中存在的突出问题

（一）思想状态问题

青年员工教育程度普遍较高，大部分都是大学专科本科及以上学历，理论知识比较丰富。但是由于成长环境过于优越，经历的挫折和困难相对较少，缺乏强烈的责任心和吃苦耐劳的精神，当受到外界物质主义和享乐主义的诱惑时，部分青年员工没有坚强的毅力就容易受到侵扰。公司对引导青年投入创新创效工作中来新的方法和手段不多，不能最大限度地凝聚和吸引青年员工。

（二）价值观问题

各部门、项目部工作开展不平衡，参与创新创效工作的主动性还不够，创新意识不强。缺乏创新的主动性，不想创新、不愿创新，从而导致不能创新；面对新情况、新问题，不能以开拓的精神面对、分析和寻找解决问题的最佳方案。

（三）人才激励机制问题

公司在创新创效中的管理与激励机制上出台了不少办法和制度，但在实际执行过程中存在一定的难度。一是由于行业特性，各种专业种类繁多，激励机制不能涵盖所有专业和人员；二是激励机制不能达到预期效果，专业不同激励标准不统一，造成受激励的范围偏小，难以产生对大多数员工的激励效应。

创新创效活动是服务企业发展、服务青年成长的实际行动，青年员工的成长成才对于公司发展成败、企业的兴衰愈发起到举足轻重的作用。如何进一步营造青年创新创效的良好氛围，深化创新创效活动，助推青年成长成才，充分激发青年员工创效创新的热情，成为目前亟须解决的问题。

四、对创新创效活动的对策与建议

（一）加强思想教育，正确引导成长

首先思想上要高度重视，为青年创新创效活动提供组织保障和制度保障。为保证青年科技创新活动的顺利进行，给青年投身创新创效和成长成才创造更多的机会和更大的空间，充分创造有利于青年开展创新创效活动的条件。一是要进一步建立健全网络体系，积极争取各级党政领导的支持，成立创新创效领导小组，协调、指挥和督导青年创新创效活动的开展；二是建立青年创新创效活动实施细则，进一步规范项目的运行程序，规范项目申报、审核、立项、攻关、表彰、推广等各个环节，逐步建立一套考核评价机制，形成责任明确、跟踪考核、封闭循环的考核体系，使创新创效活动更加规范化、系统化、科学化，保证活动长期开展。

（二）开通培训学习渠道，为青年创新创效提供技术支持

知识的丰富与更新是创新创效的源泉。因此，一定要注重强化青年员工技能素质的提高，根据不同岗位青工的不同需求，多层次、多渠道、多形式地开展实用、灵活的培训活动，让每个人都充分挖掘自己的潜能，为创新创效活动的开展积蓄力量。例如可以向青年员工推荐各类工具用书，帮助青年员工熟练掌握和运用学习工具；可以结合自身特点有计划地举办短期培训班，增强青年员工的技能储备；充分利用现有人才优势，开展"师带徒"活动，通过手把手地"传、帮、带"，推动青年的快速成长成才；同时还可以加强交流锻炼促提升，大力创造"走出去、请进来"的学习机会，到兄弟单位参观学习深造，开拓视野、刷新观念，更有目的性地开展创新创效工作。

（三）注重团队创造，实现自我升华

在青年人才创新创效培养过程中，坚持需求导向和问题导向，要加强团队管理，注重通过团队创造来调动青年员工的创新主动性和积极性，以创新破解

难题、以创效促进发展。通过协作互补互助、共同提高，快速推动创新创效效率，实现自我升华。一是要典型带动，项目攻关，营造创新创效良好氛围，激发个人潜能，在团队中不断成长，不断激发潜能，促进个人创新能力的逐步提高；二是要全员参与、团队创造，创新创效活动是一种群众性技术创新活动，活动的主体是所有的青年员工，活动的着眼点在于推动青年立足本职岗位创造性地开展工作，青年建功成才必须在创新创效的实践中才能实现；三是要抓骨干队伍，成立创新创效活动青年小组，围绕技术、管理、经营和财务等领域开展攻关活动，增强创新创效能力，充分发挥青年员工的优势和自主性，推动活动不断深化。

（四）完善激励措施，提供展示平台

创新是成才的途径，创效是建功的核心。激励是青年员工积极向上的动力源泉，不断完善激励措施，探讨研究新的考评体系，运用荣誉激励、晋升激励、培训激励等非物质手段，不断完善青年全方位成长成才的激励机制。根据实际情况，积极探索科学完善的评价机制，对创新成果及其所带来的经济效益及时给予科学的评价，不断完善激励机制。本着精神鼓励和物质鼓励相结合的原则，对开展发明创造、技术革新、QC成果等方面进行考核，对在创新创效活动中涌现出的优秀集体和先进个人，应积极地在晋级、工资、福利等方面进行表彰奖励，为青年员工在技术创新、学术交流、技能竞赛、综合能力等方面提供众多成长成才的展示平台和竞争平台。

五、总结

创新，改变观念；创效，改变生活。创新创效活动，不仅是促进科技与经济密切结合的有效途径，更是企业培养青年员工成长成才的重要途径。我们要清楚地认识到青年员工队伍在创新创效活动中存在的现状，积极深化创新创效活动、助推青年成长成才，把握青年成长规律，高度重视并切实加强青年员工队伍建设。通过思想教育、培训学习、团队创造和激励措施等几个方面的举措，可以进一步提高青年员工的思想认识和综合素质，为青年员工的成才提供良好的成长环境，凝聚更多的优秀青年，真正让"想干事的人有机会，能干事的人有舞台，干成事的人有地位"，加快青年员工成长成才的步伐。

浙江康达建筑有限公司工会组织建设的实践与思考

傅骏峰　朱　骁　俞　波

一、引言

在党的群团工作会议上，习近平总书记指出："新形势下，党的群团工作只能加强不能削弱；只能改进提高不能停滞不前。"[①]要切实保持和增强党的群团工作的政治性、先进性、群众性，开创工作新局面。面对这一重要形势和任务，作为党领导下的群众组织，浙江康达建筑有限公司工会紧紧依靠全体职工，紧密围绕公司党政中心工作，充分发挥工会组织的优势和独特作用，全心全意为企业和职工服务，促进企业和员工的协调发展，为实现企业转型升级、科学发展做贡献。

二、突出建设职能，为企业发展注入活力

（一）引导职工勇于建功立业

康达公司工会根据实际情况，围绕重大工程项目，结合变电工程建设实际，努力为职工参与企业建设搭建平台、提供载体，更加广泛地团结动员广大职工为重点工程建设建功立业。在 500 千伏钱江变、萧东变、杭变升压、舟山变、诸北变、江滨变、苍南变和 220 千伏建中变等工程建设期间相继开展比遵章守纪、赛安全生产，比科学管理、赛工程质量，比任务完成、赛工程进度，比精打细算、赛成本控制，比攻坚克难、赛技术创新，比人才培养、赛技能水平，

---

① 习近平.党的群团工作只能加强不能削弱 [EB/OL].（2015-07-07）[2022-08-09]. http:// m.cnr.cn/news/20150707/t20150707_519112884.html.

比团队建设、赛精神风貌的"七比七赛"创精品工程对口竞赛活动，推动重点工程建设出精品、出品牌。

（二）引导职工加强素质提升

工会组织要把提升职工队伍素质作为推动企业发展的关键环节来抓，引导职工争做学习型、知识型、技能型、专家型职工，以职工的全面发展，促进企业的转型升级。康达公司工会积极组织参与公司"业务培训、技能比武、岗位建功"三位一体竞赛活动、"安康杯"员工技能运动会等系列主题活动；开展网络课堂培训，鼓励青年技术人员主动学、积极学；通过外聘专家授课，开展技能比武，不断夯实土建专业基础知识；开展BIM（building information modeling，建筑信息模型）软件应用培训，鼓励项目管理人员积极开拓创新。积极配合省公司、公司开展人才培养全过程平台深化应用工作，完成《变电站土建工程施工指南》11门系列课程的微视频课件制作。举办各类技能竞赛、导师带徒等活动，提高职工技能素质，使技能型人才脱颖而出。

（三）引导职工开展技术攻关

康达公司工会深入发掘群众性经济创新工程的潜力和作用，一方面为职工提供劳动得到尊重、价值得以展示的舞台，另一方面促进企业生产经营、安全管理等重点、难点问题的解决。通过公司领导带队到优秀项目工程现场交流学习等方式，提高年轻技术人员理论和技术水平。积极组织职工进行技术攻关、技术创新和提合理化建议活动，大力推进QC小组、科技创新、专利申报工作，努力取得更多的技术革新、发明创造成果，推动企业自主创新。在新技术、新材料应用方面也取得了丰硕成果，如钱江变电站型钢混凝土结构施工、盘扣承插式脚手架、TEKLA在钢结构施工中的应用、杭变干式气动全套管凿岩灌注桩施工、江滨变砂石桩地基处理施工等均取得了良好的效果。

三、提升服务水平，为和谐企业注入活力

（一）坚持亲情化管理机制，完善关心关爱员工服务体系

康达公司工会围绕职工群众的"六最"利益，即职工群众"最关心、最直

接、最现实的利益问题"和"最困难、最忧虑、最急迫的实际问题",努力为职工群众办实事、办好事、解难事。全年开展各类送温暖慰问活动,解决员工实际困难,组织元旦、春节等重大节日期间现场加班员工慰问,困难员工及家属、部分工伤(病)人员等慰问;组织员工开展学雷锋献爱心捐款,开展内部困难员工帮扶、慰问孤寡老人等活动。组织做好"五一""十一"施工现场员工慰问,督促现场做好防暑降温工作,做好端午、中秋、国庆节慰问工作,看望困难员工及家属。了解、汇总困难员工情况,组织填好上报各类补助申请表;明确爱心互助款补助原则,做好省级产业工会职工大病医疗互助保障申请。组织参加上级工会、团委组织的"红娘"牵红活动,帮助单身青年员工解决婚恋难的问题。

(二)做好党建带动工建、工建服务党建工作

进一步推动把企业工会建设纳入党建工作规划和考核体系。推荐优秀工会工作积极分子加入党组织,推荐职工党员担任工会工作者。广泛开展各类创争活动,启动"工人先锋号""业务培训、技能比武、岗位建功"三位一体竞赛活动,开展"变电站清水墙砌筑""接地装置焊接"等技能比武,完善公司"师带徒"管理办法,评选公司年度"好师徒"等特色活动。重点组织施工一线开展青年安全生产竞赛活动,创新企业党工共建互促工作机制和活动载体。

(三)做好职工职业健康和劳动保护监督工作

公司认真组织全体职工进行年度健康检查和疗休养工作,深入了解一线员工的食宿及工作状况,加强现场食堂的日常管理,进一步提高现场员工的生活和工作条件;及时了解和反映员工对劳动保护方面的意见和建议,有效监督公司发放夏令、冬令等劳保用品。在高温和寒冬季节,工会组织深入施工现场看望慰问一线职工和安全飞行检查,进一步完善防暑降温、防寒保暖、劳动保护、饮食卫生的管理机制和监督网络。

(四)丰富职工文化生活,建好职工和谐之家

工会举办退休职工欢送会,充分表达对老职工的尊重和关怀,不仅是对老职工们工作的认可和肯定,更是对中青年职工一种无形的激励。开展大力弘扬劳模精神和最美员工评选活动,开展互帮互助和心理咨询活动,舒缓职工心理

压力，不断满足职工日益增长的精神文化需求。积极倡导"我运动、我健康、我快乐"精神，组织好每年春秋季户外活动，进一步增强了公司凝聚力和向心力。公司工会有针对性地为职工书屋购买书籍报刊，积极开展读书活动，使职工书屋成为增长职工知识，开阔视野，丰富活跃文化生活的重要阵地。工会利用工作之余，积极组织会员参加各类文体协会兴趣活动，进行篮球、羽毛球、乒乓球、游泳及登山等活动，进一步丰富员工们的业余文化生活。公司工会为现场各工会小组配备篮球、羽毛球、乒乓球、棋牌类等体育文化用品，开展好职工全员健身运动，对职工队伍的团结稳定、凝心聚力起了积极有效的推动作用，受到了职工们的一致好评。

四、畅通民主渠道，为科学管理注入活力

（一）建立健全工会职工（代表）大会系列制度

建立健全工会职工（代表）大会系列制度 8 项，组织督促公司定期开展职工群众意见征集会、恳谈会，设立职工意见信箱、网上邮箱、微信群等多种形式的民主管理渠道，在审议公司年度目标、教育计划及重点工作任务时，充分听取职工的意见与呼声，以集体的智慧充实、丰富和完善公司相关制度的制定和有关决策的参谋工作。

（二）完善做好厂务公开工作

建立公司厂务公开制度实施办法，监督推动企业在制定、修改或决定直接涉及职工切身利益的规章制度或重大事项时，全面落实职工的知情权、参与权、监督权和选举权。

（三）积极做好劳动争议调处和纠纷化解工作

建立健全企业劳动争议调解领导小组，公正及时解决劳动争议，及时把劳动关系矛盾化解在企业内部。工会及时开展职工思想动态调研，引导职工依法、理性、有序表达利益诉求，通过集体协商等方式，依法维护职工合法权益，防止各类矛盾激化。

五、进一步加强公司工会建设的几点思考

工会建设必须坚持一手抓工会组织建设，一手抓作用发挥，最大限度地激发工会活力。进一步加强工会建设，创建劳动关系和谐的企业，推动企业转型发展，惠及企业及员工的根本利益，实现企业利益和员工收益的双赢。

（一）健全完善机制，在制度上促保障

加强企业工会建设，必须在宏观微观上、发展趋势上认真分析内外部环境、体制机制的变化，认清形势、把握规律，找准自身建设的着力点、开展工作的切入点，在服务大局上彰显作为。一是要进一步建立长效工作机制，实行目标责任制，层层分解，狠抓落实，坚持定期将工会组建目标实现情况进行通报的同时，报送相关党政组织负责人。二是要坚持激励考核制度，对做出突出成绩的单位和个人给予适当奖励，对未实现预期目标的在评比先进中实行"一票否决"。三是要坚持跟踪督察制度，加大工作指导力度，形成一级抓一级、层层抓落实的局面。同时，加强舆论宣传，取得社会各界对工会的支持，形成良好的社会氛围。

（二）加强自身建设，在服务能力上促提升

工会工作能否真正反映广大职工的意愿，能否有效代表广大职工的利益，能否积极发挥好桥梁纽带作用，能否为企业的发展、职工的利益做出积极贡献，关键在于工会能否加强自身建设，提升服务能力。加强自身建设，一要创新培训形式，搞好工会工作者的教育培训，认真组织学习《中华人民共和国工会法》《中华人民共和国劳动法》《中华人民共和国劳动合同法》等法律法规和有关制度规定，不断提高理论政策和业务知识水平，提高解决、分析问题的能力。二要增强责任感和使命感，深入基层开展调查研究，认真分析新情况，采取新措施，解决新问题，增强工作的针对性和实效性。三要改进工作作风。工会工作者要牢固树立服务意识，不断改进工作作风，以职工群众的需求、企业发展的需求作为开展一切工作的立足点和出发点，始终保持高昂的工作热情和积极的工作态度，想职工所想，急职工所急，有的放矢地开展工作。

（三）坚守原则，在行为上促规范

工会能否顺应时代变化，与时俱进地开展工作，很大程度上在于其能否坚守原则，规范工作行为。为此，工会要认真执行各项制度规定，规范工作程序，严格执行好、管理好工会经费，认真落实全面预算管理，提高工会经费使用的计划性和严肃性。加大对工会资产的管理力度，完善管理办法，建好资产台账。工会经费审查委员会要积极发挥作用，按规定对经费和资产的使用情况进行审查，为工会各项工作的健康顺利开展提供保证。

回顾康达公司工会近年来的工作，取得了一些成绩，但我们也要清醒地看到工作中还存在一些问题，很多工作开展得还不够深入，也不够全面，工会组织在广大职工心目中的地位和作用还有待于通过我们的工作去进一步提升。我们将在以后的工作中，不断反思总结，认真落实上级工会组织和公司党委的工作安排，争取把工会工作抓得更实在，更具体，更贴近职工生活，让工会组织真正成为职工和企业的桥梁和纽带，为职工成长和企业发展做出积极的贡献。

新形势下提升电力企业群众工作成效的探索和实践

杨勤学

一、引言

随着时代的不断发展，我国经济实力不断提升，电力行业也应紧随时代的步伐，不断提升内部员工的专业技术能力及专业素养来满足企业运行要求，同时增加内部群众活动的开展，进而保证电力行业的健康、持久发展。因此，对新时期电力企业而言，群众工作占据至关重要的位置，可以运用群众活动的开展，增强企业内部凝聚力，调动员工的岗位积极性，以保证后续电力企业各项生产活动的顺利运行。

二、新时期电力企业群众工作基本概述

电力企业是由人民群众构建而成的，因此电力企业的各项工作在运行期间都离不开群众，群众成为和谐电力企业的主要成员之一。群众在电力企业内既是贡献者也是受益者。同时，广大群众作为电力企业发展的根本力量，必须遵循党的基本方针、政策，确保内部群众能够做到互相监督、互帮互助及团结友爱，促进企业管理、技术及服务的创新，凸显出广大群众在电力企业内的实际作用，进而满足群众对电力企业的实际需求。

除此之外，在新时期背景下，改进和落实群众工作也是电力企业的发展需要，因为电力企业正处于转型阶段，人力、物力、财力的分配方式存在一定的改变，电力企业内部群体之间的差异也更为明显，无法保证各方利益需求都能够得到满足。因此，会直接对电力企业人员的稳定性造成影响，这使企业内部

群众的组织力量意义更深。群众工作成为电力企业发展过程中优先考虑的因素，可以进一步凸显出广大群众在电力企业内的优越性，激发出电力企业对群众工作的积极性、主动性，使企业内部各项工作可以顺利地开展[①]。

三、新时期电力企业群众工作中的现存问题

（一）电力企业群众具有差异性

随着时代的发展，电力企业也处于不断革新的时期，企业在改革环节会存在内部利益分配、产业结构方面的改变，使得企业内部的个体差异性迅速扩大，使电力企业群众的岗位意识、工作态度发生相应的改变，电力企业领导层难以在第一时间内掌握电力企业群众的诉求。由此便会出现多样化的工作差异，从侧面凸显出电力企业的工作难度，企业员工团体合作意识薄弱的问题也暴露出来。此时，上级领导人员若缺少对员工的日常管理，则会出现内部不团结，各自为政的问题。部分管理人员缺乏管理经验，对小问题放任不管，从而导致电力企业内出现不可调解的矛盾。缺乏整体发展观念，使员工的工作能力及综合素质与工作要求存在一定的差距[②]。

（二）企业群众工作思路有待优化

在新时期背景下，电力企业作为一个整体存在，应努力使每位群众都成为电力企业发展过程中的重要组成部分。因此，为保证电力行业的持续发展，需将群众作为各项工作的执行主体，群众之间相互监管，为电力企业确定统一的发展目标，提升企业的经济效益。但就目前电力企业发展形势而言，部分群众工作在开展时会存在职工工作思路不统一的现象，个体思路的冲突使团队意识相对薄弱且缺少集体观念。长此以往，则会出现企业职工工作思路有待优化的问题。[③]

① 张楠.试论新时期如何做好电力企业群众工作[J].山西青年，2019，（21）：232.
② 罗晓华.新时期电力企业职工群众工作问题及解决措施分析[J].企业改革与管理，2019（19）：187-188.
③ 叶锦桃.电力企业政工干部如何做好群众工作[J].今日财富，2019（19）：206-207.

（三）电力企业工作内容相对繁杂

在新时期电力企业内，各项工作的执行速度逐渐加快，对各部门间工作机制、流程的协同提出了更高的要求。面对不同部门人力、物力、财力等使用方式的不同，容易出现工作任务分配不合理、人力资源配置不均衡的情况，由于沟通协调的不足，便会增加群众之间的矛盾。这样一来，不仅会增加工作落实的难度，还会导致内部管理工作的复杂化，使工作人员的岗位态度出现多样化，增加电力企业发展过程中的不利因素，严重的还会导致电力企业各项工作无法正常开展，阻碍企业快速发展①。

四、新时期做好电力企业群众工作的应用策略

（一）坚持"以人为本"的基本理念

在新时代电力企业群众工作中，"群众"作为企业的中坚力量存在，其作为电力企业的发展依据，只有确保群众工作的有效性，才能保证电力企业的持续发展。因此，需坚持"以人为本"的基本理念，注重管理工作的人性化，秉承着实事求是的基本思想，促进电力企业群众工作的有序开展。②

1.引导正确的群众工作观念

运用监督及管理的方式，实现对群众个人行为的约束，避免不正当操作为电力企业带来影响，促使电力企业内部员工的岗位责任意识得到相应的提升并强化其综合素质能力，使其思想素养得以加强，确保群众能够在电力企业内获得立足之地，进而完成自身岗位工作，坚守个人工作职责，凸显出群众的力量。

2.树立正确的电力企业领导意识

应提高领导阶级对群众工作的重视，提升群众责任意识，做相关管理方案的应用工作，使领导人员可以融入基层，倾听底层群众的实际需求，根据企业的发展近况，适当地满足基层群众的需求。这样一来，可以保证群众工作机制更加健全，让各区域的监管机制、工作机制可以发挥出相应的作用，促使电力企业能够意识到群众力量及作用的重要性，从而在"以人为本"的理念基础上，

① 王登峰.党的十九大背景下加强电力企业群众工作探析[J].办公室业务,2019（18）：40.
② 张楠.当前电力企业群众工作的新问题与群众工作的创新[J].山西青年,2019（18）：194.

运用以理服人、以情动人、诚心诚意为群众服务的工作方式，促进电力企业群众工作的开展。为此，可以采取以下几项措施。

第一，以理服人。在新时期背景下，电力企业为保证群众工作的合理开展，可以加强内部理论学习，增加工作人员与广大群众之间的沟通，减少交流环节存在的问题，如沟通不良、不顺畅等因素，使企业能够更好地理解群众，能够知晓党的群众路线，帮助电力企业树立正确的发展观，迫切地解决群众关心的问题。同时，更应加强行动，通过言传身教，在群众内部树立正确的榜样，以推动电力企业的进一步发展。第二，以情动人。通过群众与企业之间的感情交流，保证群众的精神层面、物质层面相关需求得到满足。首先，可根据群众对企业所做出的贡献给予群众经济上的奖励和支持，满足群众当前的需求。全面了解群众的所虑、所想及所需，坚持为群众排忧解难，适当缓解其工作压力，使其在工作环节无太多顾虑，增加群众对企业的感情。用以情动人的方式，关爱群众、尊重群众，为群众谋福利，便可增强群众在电力企业内的归属感。第三，诚心诚意为群众服务。这便要立志于解决群众的问题。首先，电力企业工作人员在开展各项工作时，需要重视群众，运用平等交流的方式与群众沟通，时刻需要注意自身的言行举止，确保每项工作的实施都是站在群众的角度去考虑，以避免在电力企业运行环节出现问题。倾听群众的建议，鼓励群众将自己的内心想法表达出来，运用此方式反映电力企业工作人员各项操作是否合理，及时解决在电力企业运行期间存在的问题。其次，可通过客观事实分析的方式，激发群众对电力企业相关工作的热情，避免在某一环节工作实施过程中出现群众问题，确保每项服务的出发点都是为了群众，进而促进电力企业健康且持续的发展。

（二）明确电力企业群众实际需求

在新时期的背景下，电力企业正面临着较大的变革，社会环境、市场条件的变化都会对电力企业群众工作的工作方式及群众个人发展造成影响。同时，部分群众也存在无法适应环境变化的问题，出现过度追求利益，虚荣心较强等情况。所以，为保证电力企业群众工作能够合理地开展，应及时掌握目前群众的需求，将管理目光放长远。首先，应在第一时间解决群众的日常问题和生活中遇到的困难，以提高群众工作的适应性，提升群众对电力企业各项工作认可度及生活满意度。

其次，在电力企业各项工作执行期间，电力企业应平等对待基层群众，保证管理层级能够融入基层，在最大限度内保证企业与群众之间维持着相对密切的联系。同时，可以创建内部交流互动平台，保证上级领导人员能够及时掌握群众的实际需求，给予群众工作相应的保障，为企业群众营造出良好的生活空间，以保证各项问题能够被解决，并提供其相对有利的发展通道。

（三）优化企业群众工作思路

新时期电力企业的发展离不开群众的团结协作。只有做好团队意识的提升工作，优化企业群众工作思路，才能保证电力企业在发展过程中不会受到外界因素的干扰。因此，可以通过在电力企业开展工会活动，激发群众的工作积极性，让其对自身岗位赋予较高的激情，加强群众与员工，群众与领导人员之间的联系，统一职工工作思路并发挥作业合力，通过合作共赢的方式，确保企业群众团队意识得到相应的提升，有序地开展电企群众工作，以提升企业的经济效益能力，加快电力企业的建设力度。

（四）健全电力企业群众工作机制

目前，就电力企业发展而言，制度成为每项工作落实的保障元素及开展的基础。在此背景下，就电力企业群众工作而言，管理人员应健全电力企业群众工作机制，使此项制度能够起到支撑的作用。所以，只有完善电企群众工作机制，才能缓解在电企内部群众工作在实施环节所遇到的问题，促进工作效率得到相应的提升，并从以下3个方面进行分析，以发挥真正意义上的为群众排忧解难的作用。

1.构建企业内部交流平台

在企业内部，为方便管理层与基层的交流，可建设交流及倾诉平台，如监督热线、群众意见箱等，将各方面信息检索到意见处理平台，保证群众能够匿名提出自己的建议，给予基层人员相应的保障，促使管理人员可以通过交流平台实现对内部各项事宜的监管及督查，有利于管理人员在第一时间内掌握群众的基本需求，以增加群众工作中的有利因素。

2.发挥电力企业群众自身的力量

通过群众之间相互监管的方式，让其可以进行自理自治，保证群众可以发挥出自身的力量，提升实施效率，以减少工作执行过程中的不利影响。

3.健全内部民主机制

加强电力企业管理人员对群众工作的重视程度，健全内部民主机制，保证电力企业相关的群众能够主动参与到企业发展中来，同时规范自身行为，增加他们的荣誉感及责任感，这样可以让群众成为真正意义上的监督者及管理者，使其能够全身心地投入电力企业建设中，助推电力企业的进一步发展，增加电力企业运行过程中的安全、稳定因素。

（五）制订公平、公正的电力企业管理方案

在新时期的背景下，电力企业为做好群众工作，应制订公平、公正、公开的内部管理方案，保证每位群众都能做好自身工作。首先，对待员工要做到公平，确保不会出现区别对待的问题，企业内部的管理人员都应意识到公平的重要性。群众在处理各项问题时，也应秉承着一视同仁的处理态度，达到公正处理的效果。其次，当群众提出合理的工作诉求时，上级领导应运用公正的对待方式，及时做出回应，确保每项工作都是结合实际状况进行分析的，以保证管理工作在运行期间不会出现纰漏。最后，为保证电力企业的持续发展，应做好群众工作，在进行内部决策工作时，应听取群众的意见，群众一旦遇到问题，也应及时向上级领导进行汇报。由此，可增加不同群众对企业的了解程度，让群众可以在企业内得到相应的归属感。

五、结论

综上所述，为保证新时期电力企业群众工作的顺利开展，应重视企业内部的群众工作，坚持"以人为本"的核心理念，贯彻落实自身岗位责任，促使电力企业能够站在群众的角度思考问题，以保证自身的进一步发展。若未落实到位，势必会制约电力企业的发展，因此，可协调个人与企业达成互利共赢的发展模式，推动电力企业群众工作的高效开展。

企业
管理

开 拓 管 理 之 路

基于超额利润分享的企业中长期激励机制实践

潘建明　岑建明　沈　颖　姜　维　李南萍

盛志亮　楼　迪　俞　斌　张铭锴

一、实施背景

作为国务院国资委国企改革"双百行动"试点企业，近年来，浙江省送变电工程有限公司以国企改革三年行动方案为指引，敢于先行先试，主动创新求变，在 2020 年底实现股权多元后，以现代化、精益化、市场化、差异化为改革发展目标，以"五突破一加强"为抓手，积极推动企业治理、经营管理、用工组织、薪酬激励等方面变革，改革成效明显，转型定力增强，企业发展蒸蒸日上。截至 2021 年底，浙江省送变电工程有限公司已完成 16 项改革任务，累计完成率 80%，按期实现各项节点目标；实现营收 34.7 亿元，同比增长 16.5%；实现利润 9071 万元，同比增长 37%。

（一）落实"双百"行动改革任务

开展国企改革"双百行动"是贯彻落实习近平新时代中国特色社会主义思想的重要举措，是深入推进国有企业改革的必然要求，是破解国有企业改革重点难点问题的迫切需要，从 2014 年的"国企改革四项试点"，到 2015 年的"1+N"顶层设计，到 2016 年的"十项改革试点"，再到 2018 年的"双百行动"，国企改革梯次展开，不断向纵深推进。

"双百改革"主要以加强党的建设为中心，从健全企业法人治理结构、完善市场化经营机制、股权多元化和混合所有制改革、健全激励约束机制、解决历史遗留问题 5 个方面进行突破，其中完善市场化经营机制、健全激励约束机制为本次"双百行动"改革的两个核心内容。2021 年 1 月，国务院正式颁发了

《"双百企业"和"科改示范企业"超额利润分享机制操作指引》，国企改革进入攻坚之年、关键之年，浙江省送变电工程有限公司迫切需要以积极探索中长期激励作为"双百改革"突破口之一，以科学的方法实现"精准激励"。

（二）增强企业经营管理活力

送变电行业面临供给过剩的局面，各省级送变电公司普遍存在主营业务下滑情况。省外特高压及跨区联网项目竞争十分激烈；省内主网架的完善，主网架基建工程量下滑趋势明显。国家发改委对于电网施工业务的改革也将进一步提高各省级送变电公司的市场竞争压力，而施工分包队伍和产业工人呈现"数量减、质量降、年龄高、成本增、管理难"的趋势，作为以分包作业为主的劳动密集型企业，人口红利不再。同时，受电网施工环境"难、散、偏"影响，机械化难以形成规模效应，广泛深化应用受阻。

受外部政策、市场变化等不利因素影响，加上主营业务单一和内部经营策略调整相对滞后、应对措施不够完善等原因，公司经营效益易下滑。因此，需要通过改革来进一步激发人力资源活力和企业发展动力。创新建立基于超额利润分享的中长期激励机制，有利于增强浙江省送变电工程有限公司内部和各子分公司的市场竞争意识，提高企业盈利能力和市场竞争力。

（三）激发人才干事创业激情

当前，浙江省送变电工程有限公司全民员工平均年龄 47 岁，整体员工年龄呈现一定的老龄化趋势，5 年内全民员工预计退休人员达 229 人，约占现有职工的 1/3。中青代骨干人员存在一定的流失现象，2017—2021 年流失（调动、离职）64 人，占流入人员（招录高校毕业生）的 60%。新一代技能员工因为企业归属感、待遇差异、技能历练环境、成长通道等方面的综合因素，其技能素质、管理水平等方面尚难以完全接班。

浙江省送变电工程有限公司作为一家劳动密集型企业，人员队伍结构的老龄化、青黄不接更需要公司现有骨干人员切实担负起企业生产经营、改革发展的重任。基于传统绩效考核、薪酬分配机制难以体现对突出贡献者的激励作用，员工干事创业热情得不到充分激发。因此有必要创新建立基于超额利润分享的企业中长期激励机制，调动个体活力、带动团队活力、激发企业活力。

二、理论内涵与主要做法

随着超额利润分享项目的不断推进和深化，本课题总结出一套实施类似"中长期激励机制"的"六步法"方法论，以"理论内涵—政策解读—案例收集—可行性研究—方案制定—实施兑现"的基本思路，对未来类似中长期激励机制的实施提供借鉴参考。下面，就以此路径为基本主线，逐步展现课题的研究成果。

（一）第一步：理论内涵

超额利润分享机制，是指企业综合考虑战略规划、业绩考核指标、历史经营数据和本行业平均利润水平，合理设定目标利润，并以企业实际利润超出目标利润的部分作为超额利润，按约定比例提取超额利润分享额，分配给激励对象的一种中长期激励方式。其中，目标利润是指企业为特定年度设定的预期利润值。

（二）第二步：政策解读

国务院国有企业改革领导小组办公室于 2021 年 1 月 27 日印发《"双百企业"和"科改示范企业"超额利润分享机制操作指引》（以下简称《操作指引》），指导"双百企业""科改示范企业"率先推进相关工作。《操作指引》与2020 年初发布的"双百企业"和"科改示范企业"系列文件在总体定位、基本要求、推进思路、监管要求等方面一脉相承，同时也进一步深化明确了细节问题，主要体现了以下几项特点。

1.体现了机制放活与目标管好相结合的总体思路

《操作指引》以完善市场化经营机制、激发企业活力为出发点，一方面，通过规则引导、力度保障等要点引导企业释放活力。在规则上，《操作指引》聚焦企业经营利润成果的一次分配领域，并提出了设计原则与要求，为企业统筹用好激励资源、实施二次分配预留了"百花齐放、千企千面"的操作空间；在力度上，以超额利润 30% 为上限提供企业实施激励分享的广阔空间。另一方面，引入程序管理、联动综合监管保障实现放管结合。不仅对企业制订方案、实施细则、兑现方案等环节均提出了严谨的程序要求，而且对激励兑现、流转退出等操作要点也给出了指引规范，引导企业在实施层面落实"管好"。

2.实现了中长期目标引导和及时激励的有序平衡

对接三年行动中"灵活开展多种方式的中长期激励"的任务要求,《操作指引》在应用原则方面首推战略引领,强调企业应避免追求短期效应;在目标利润设定方面,对接中长期激励常用的历史纵向视角和行业水平视角相结合的思路,以"四个不低于"的标准引导企业,综合考虑当期考核目标、按照企业上一年净资产收益率计算的水平、近三年平均水平、行业平均净资产收益率计算等多个因素,以孰高、孰优原则综合确定。与此同时,《操作指引》将兑现机制设定为三年递延兑现,虽规定了第一年兑现额度不高于50%,但配合较大的总体空间(超额利润30%为上限),对个体激励也能做到及时、有效。

3.兼顾了激励对象有序扩围、聚焦重点的不同要求

相对于短期激励更多关注确保覆盖面基础上的激励差异,中长期激励更加强调激励措施、效果与激励对象的匹配,突出激励的策略性和针对性。与之前已发布的中长期激励工具相比,《操作指引》在激励对象选择上采用了"异同结合"的思路。

相同之处在于,延续了激励对象与企业的劳动关系视角,既关注正式的劳动关系特征要求,也对劳动关系的存续周期有一定要求(连续工作一年以上)。不同之处在于,激励对象的选择聚焦企业价值运营中的多个功能领域;管理、技术、营销、业务都纳入了此次政策范围,不仅丰富了企业"核心骨干人才"的内涵,也使价值链中创造、实现、增值等多个环节的核心贡献都能被识别出来并体现为激励对象。同时,在内部分配上,继续加码科技和创新要素,要求企业设定分享比例时重点向做出突出贡献的科技人才和关键科研岗位倾斜。

4.凸显了系统承接、集成兼容搞改革的一脉相承

《操作指引》丰富了国有企业在激励分配领域的政策包,为更好发挥引导作用,在内容上体现了与其他政策要求的兼容互助,在落地要求上以开放的格局与企业现行制度相衔接。

第一,原则导向对接要素市场化配置要求,强调生产要素由市场评价贡献、按贡献决定报酬;第二,目标设定与战略规划充分衔接,年度目标与企业经营业绩考核相对称、关联、匹配,同时兼顾将对标管理思路纳入文件,作为制定具体目标的重要技术支撑;第三,激励资源管理与经营预算、工资总额管理要求相衔接,明确超额利润分享额在工资总额中进行列支;第四,明确要求操作

流程衔接企业集团内部管控授权和决策机制，区分不同企业类型差异设定把关主体和要求；第五，激励监督管理要求嵌入综合监管体系，从企业内外部不同监督主体，从治理和运营两个层面根据职责分工做好监督工作。

（三）第三步：案例收集

作为中长期激励工具之一，在《操作指引》出台之前，已有不少企业应用类似的奖励和分配机制，规定企业超出利润目标时，可提取一定比例作为绩效奖励，而超额利润分享的模式总结起来可分为以下3种。

1.作为公司年度绩效考核奖励的补充

现在采纳超额利润分享的企业，有很多都将其作为对经理层和骨干人员年度绩效考核奖励的补充方式。公司董事会为了鼓励年度业绩，就采用超额提成的基本激励方式，鼓励多干、多拿。

比如，博天环境集团股份有限公司规定，集团董事长和副董事长薪酬结构是：固定薪酬（50%）＋目标绩效奖金（30%）＋目标超额利润激励（20%）。这种薪酬结构非常清晰，将年度绩效奖励切分为实现目标部分和超出利润目标部分。

新疆天山畜牧生物工程股份有限公司《超额利润绩效奖励分配方案》规定：超额利润绩效奖励是根据公司绩效考核管理办法，按年度实现目标兑现绩效考核外（一次分配），超额完成年度目标利润部分按超额利润计提超额效益奖金。

海南海药股份有限公司《高级管理人员薪酬与绩效考核管理制度》规定：公司高级管理人员年度薪酬由年度基本工资、季度绩效工资、年度绩效工资和超额利润奖励四部分构成。

可以看出，这几家公司的实践指导思想，都是将超额利润分享作为年度绩效考核激励的一个补充进行设计。

2.作为公司业绩承诺对赌的部分内容

上市公司在发生兼并收购行为时，越来越多的企业执行了所谓"业绩承诺"制度，具有对赌的性质，这时超额利润奖励也成了其中的一部分。

根据《上市公司重大资产重组管理办法》第三十五条规定，如果一家上市公司通过不同的估值方法对另一家企业进行并购，那么被并购企业的核心层需要进行未来利润承诺，假设之后企业没有达到这个利润目标，那么就必须进行对应补偿。这是一个国际通行的对赌补偿机制。

证监会上市部《关于并购重组业绩奖励有关问题与解答》关于"业绩奖励安排应基于标的资产实际盈利数大于预测数的超额部分，奖励总额不应超过其超额业绩部分的100%，且不超过其交易作价的20%"。也就是说，证监会已经明确超额利润奖励机制作为收购行为的必要组成部分，所以，在资本市场上，有很多上市公司在应用这个机制。

例如，奥瑞德光电股份有限公司支付现金购买江西新航科技有限公司项目的协议规定：若目标公司在2016年度、2017年度、2018年度累积实现的实际净利润高于业绩承诺期的累积承诺净利润，则奥瑞德光电股份有限公司应向交易对方支付超额利润（超额利润＝业绩承诺期累积实际净利润－业绩承诺期累积承诺净利润）3倍的金额作为标的股权转让的补充对价。

类似这样的例子在国内证券市场经常发生，这个时候超额利润是作为奖励和对赌措施存在的，充分说明了超额利润奖励机制适用的广泛性。

3.作为公司高管任期激励的一种方式

不少企业开始认识到超额利润奖励不只是关系到企业当年的短期业绩提升，更需要和中期经营目标绑定，与企业高层管理岗位的3年任期责任挂钩。在此情况下，超额利润奖励机制就更像一种中长期激励工具了。设置这样模式的企业，一般采用与企业3年经营目标挂钩的形式，或者采取递延支付、各年平衡的方法，将激励金额和以后各年效益间接关联。

比如，山东齐星铁塔科技股份有限公司《董事长奖励基金管理办法》规定：《年度目标责任书》《高管人员问责办法》《董事长奖励基金管理办法》及《年度超额利润奖励计提表》每年底由薪酬与考核委员会根据股份公司发展需要修订后提请董事会；每年获奖人员的奖金不可一次性发放，原则上按3年60%、30%、10%的比例递延兑现；因考核或董事长认为不适应奖励的情形而节余的奖励，将结转进入基金池，由董事长提名使用。在这个案例中，3年递延发放、年度动态计提、基金池管理等3个内容，就是典型的中长期激励应用。

（四）第四步：可行性研究

《操作指引》明确推行超额利润分享机制的企业一般应具备以下条件。

一是商业一类企业。

二是企业战略清晰，中长期发展目标明确。

三是《超额利润分享方案》制订当年已实现利润及年初未分配利润为正值。

四是法人治理结构健全，人力资源管理基础完善。

五是建立了规范的财务管理制度，近 3 年没有因财务、税收等违法违规行为受到行政、刑事处罚。

浙江省送变电工程有限公司作为电力工程施工企业，处于充分竞争行业，企业分类符合商业一类。公司战略目标明确：于 2021 年 7 月进一步明确企业的战略目标（软目标）为：打造全国送变电行业的"先行示范窗口"；发展目标（硬指标）为：力争 3 年内（到 2023 年）实现"两个第一、两个领先"，市场化业务占比逐年上涨，争取 2023 年超 50%。"两个第一"即营收规模、盈利能力成为国网省级送变电第一；"两个领先"即关键技术、主要指标送变电行业领先。截至 2021 年 3 月 31 日，浙江省送变电工程有限公司已实现利润 1330 万元，2021 年初未分配利润 16689 万元，"四会一层"公司治理体系完善、财务管理制度健全。经分析，均符合实施超额利润分享的条件。

（五）第五步：方案制订

1.工作创新点 1：以提炼"五定"模型明确操作要素

根据《操作指引》，针对以上重难点问题，浙江省送变电工程有限公司研究总结了超额利润分享机制的"五定"操作模型（见图 1）。

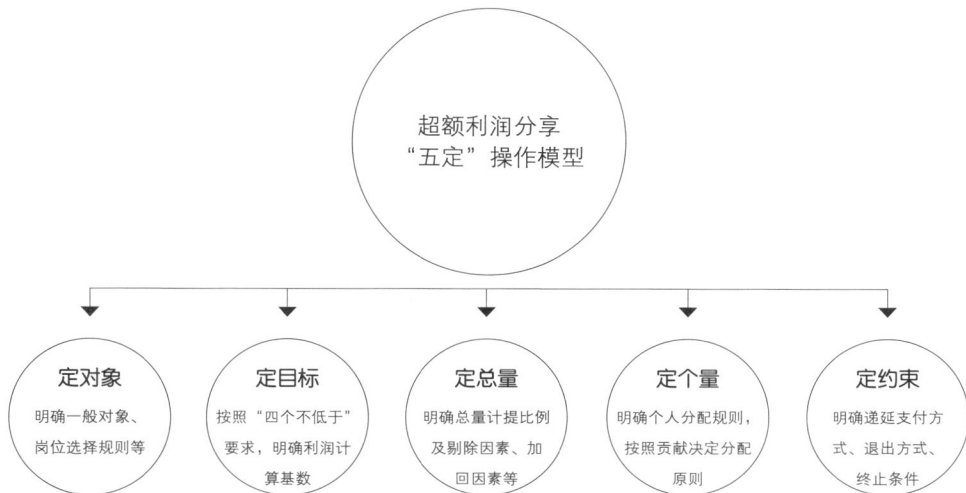

图 1　超额利润分享"五定"操作模型

（1）定对象，明确考核激励范围

激励对象一般为与本企业签订劳动合同，在该岗位上连续工作1年以上，对企业经营业绩和持续发展有直接重要影响的管理、技术、营销、业务等核心骨干人才，一般人数不超过总数的30%，同时包括上级股东在本企业实际履职的兼职人员；公司外部董事、独立董事、监事不得参与超额利润分享机制。根据"市场导向"原则，与开拓市场、价值创造无直接关联的办公、财务、人资、经法、后勤、政工、工会、监察、审计、离退休等行政、职能管理人员不参与激励。

（2）定目标，明确利润计算基数

企业在设定目标利润时，应与战略规划充分衔接，年度目标利润原则上不低于以下利润水平的高者（见表1）。

①企业的利润考核目标。

②按照企业上一年净资产收益率计算的利润水平。

③企业近3年平均利润。

④按照行业平均净资产收益率计算的利润水平。

表1 利润计算基础

年度	年度利润考核目标/万元	以上一年净资产收益率计算的利润水平/万元	企业近3年平均利润/万元	行业平均净资产收益率计算的利润水平/万元	年度目标利润（取最高）/万元
2021年	8563.74	6518.00	3034.00	8601.00	8601.00

（3）定总量，明确单位激励规模

年度超额利润分享额一般不超过超额利润的30%，其中应剔除非经营性收益、并购重组导致的利润变化、会计因素、政策因素及其他审批单位认为应剔除的因素，同时为鼓励企业加大科研投入，研发投入可视同利润加回。

可采取线性计提或阶梯计提两种方式。第一种是线性计提（统一比例方式），即按固定比例计提公司超额利润分享额，如一般按5%~30%之间确定计提比例；第二种是阶梯计提（累进计提方式），即按业绩完成区间，逐步提高计提比例，如1000万元以内，按5%计提，超过部分按10%计提等。比较两种方式，线性计提比较简单、明了，阶梯计提更加激励员工为创造更多超额利润分享额而努力，具体方式由企业选择。为更有效激励核心员工，浙江省送变电工程有限公司采用线性计提，提取比例为 30%。

（4）定个量，明确层级分配比例

按照贡献决定分配原则，激励对象按照岗位重要性和绩效表现进行分配，坚决避免形成新的平均主义、"大锅饭"现象。企业高级管理人员（经营班子）岗位合计所获得的超额利润分享比例一般不超过 30%，其他额度根据岗位贡献系数、个人绩效考核结果，结合特殊贡献情况，分配给核心骨干人才。

（5）定约束，明确退出终止条件

在兑现方式方面，基于有效保留原则、避免业绩短视、加强风险管控及税务筹划等考虑，一般采用递延方式予以兑现，分 3 年兑现完毕，第一年支付比例不高于 50%，后续兑现比例由企业根据经营情况自行确定，如 50%：30%：20%。建立灵活高效的内部调整和刚性的退出机制，避免固化僵化，提高机制的有效性。在退出条件方面：正常退出时，以前年度未兑现部分，可按递延支付相关安排予以支付；非正常退出时，不得继续参与超额利润分享兑现，以前年度递延支付部分不再支付。若企业当年出现亏损等情况应立即终止实施。

在开展送变电超额利润分享实施机制上，面临着如何聚焦选择激励对象、如何确定目标利润考核基数、如何确定提取超额利润分享比例、如何明确不同层级激励对象的分享比例及如何退出终止等问题，其中实施的关键点在于精准选择激励对象、准确核定年度目标利润，其中尤以对标组的选取和对标数据的获取为难点。

2.工作创新点 2：以"Talent"（能力）岗位价值评估选择激励对象范围

在激励对象选择规则方面，坚持机会公平、过程公平和结果公平，按照"逐岗确定、动态管理、重点激励、长期导向"原则，聚焦"岗位价值"和"实际贡献"两大标准，分步推进激励对象的选择，如图 2 所示。

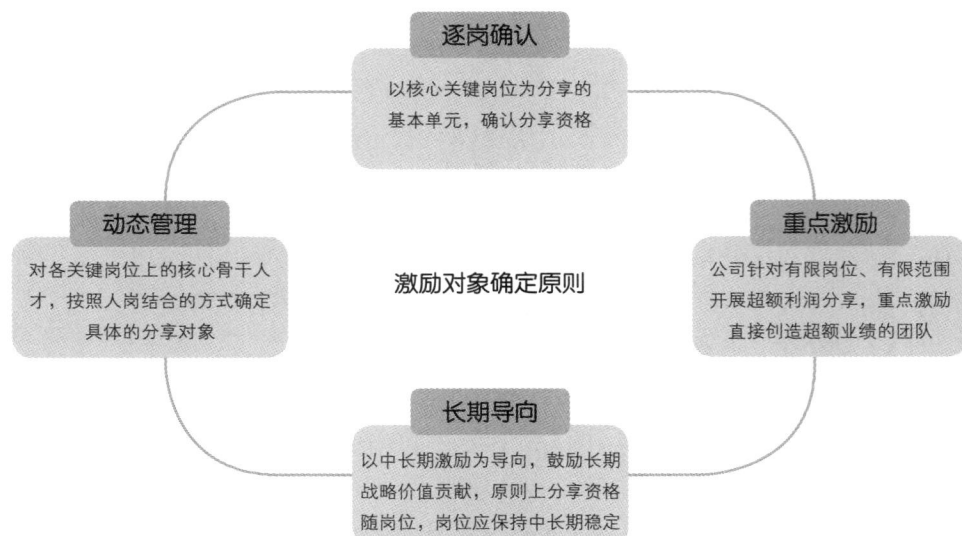

图 2　激励对象确定原则

（1）聚焦中高层管理人员

中高层是企业的管理决策"大脑"，其工作热情及才能发挥关乎着企业的兴衰成败，对企业利润增量情况起主导作用，对中高层的激励能使其与企业发展更加紧密地联系在一起，有效激发企业活力。目前在中长期激励工具的使用中，市场上大部分单位也将中高层列为主要激励对象。

（2）聚焦核心骨干

项目部是浙江省送变电工程有限公司最小的经营单元，也是最直接的利润创造单元，对项目核心骨干进行超额利润分享激励，能够直接调动项目部在增加收入、降低成本、提高质量等方面的积极性和主动性，促进项目管理效益最大化，提升公司整体生产经营质量。同时，对激发一线员工活力，盘活人力资源存量，具有较大的意义。

在项目核心骨干的选择上，根据岗位对公司经营业绩和持续发展的影响性和重要性进行定量评估，具体而言，根据"Talent"岗位价值评估体系，如图 3所示。

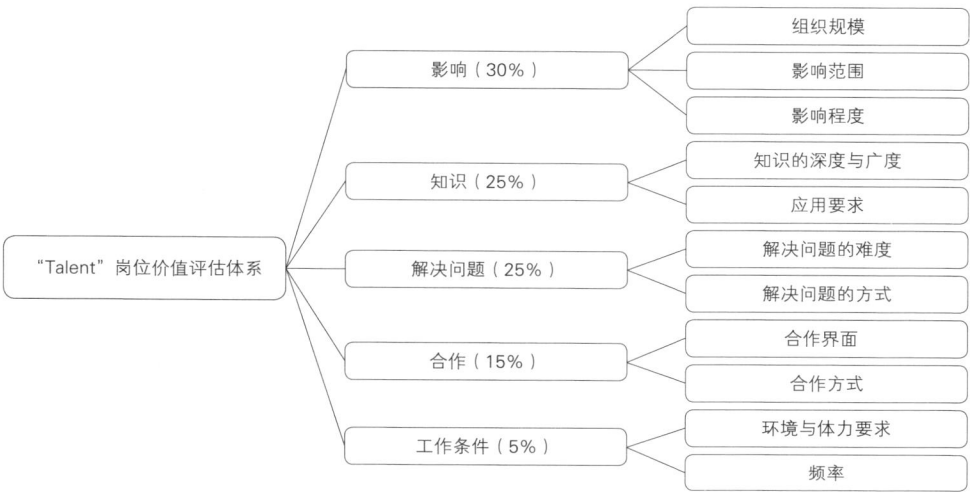

图 3 "Talent" 岗位价值评估体系

不同电压等级，对于组织规模、影响范围和程度要求存在不同，如特高压项目 25 分，500 千伏建设项目 20 分；不同电压等级，对于电网方面知识的要求存在不同，如特高压项目 25 分，500 千伏建设项目 20 分；同一个项目，不同项目角色，对于解决问题的能力也存在不同，如项目经理 25 分，项目总工 20 分。要素计分法的具体评估结果如表 2 所示。

表 2 要素计分法评估结果

项目	项目角色			
项目等级	项目经理	项目执行经理	项目副经理	项目总工
A 类：特高压建设项目	100	90	80	80
B 类：500 千伏建设项目，或特高压年度综合检修项目，500 千伏以上大型技改项目，或省公司以外大型市场化项目（合同额超过 5000 万元的）	80	70	60	60
C 类：220 千伏及以下建设工程	55	45	40	40

综上，按照激励人数不超过总人数 30% 的原则，项目骨干人员选择 A 类和 B 类。

3. 工作创新点 3：以"自我加压"底线思维选取对标企业确定利润目标

企业设定目标利润时，可以根据实际情况选取利润总额、净利润、归母净利润等指标。浙江省送变电工程有限公司按"两个聚焦"导向，激励对象涵盖本部及下属所有机构，采用利润总额指标，利润总额可以直接衡量出公司各个单元的价值创造能力。

根据目标利润"四个不低于"要求，浙江省送变电工程有限公司分别收集并统计了有关数据，其中又以行业平均净资产收益率计算的利润水平为工作难点。目标利润的锚定至关重要。

如何选取对标企业，是对标全行业企业平均水平，还是对标行业的标杆企业平均水平，浙江省送变电工程有限公司做了大量的数据收集、对比和测算工作。从全行业平均水平而言，浙江省送变电工程有限公司营收、利润水平均为全国领先，资产水平为全国第一，但净资产收益率仅为行业平均水平。若选择全行业企业，有关利润目标则低于公司的现状；但若选择行业中的标杆企业，利润目标又充满挑战。

在考虑规模相近的情况下，以对标先进、兼顾公平的原则，选择行业组平均净资产收益率为6.66%（大于公司当前的5.13%）的11家送变电企业作为行业同业对标数据来源。

11家送变电企业对标数据如表3所示。

表3　11家送变电企业对标数据

序号	公司名称	净资产/万元	净利润/万元	净资产收益率/%
1	江苏送变电	123296.60	3914.48	3.17
2	浙江送变电	94466.65	4843.80	5.13
3	新疆送变电	85120.87	9330.14	10.96
4	河南送变电	72602.00	7431.00	10.24
5	湖南送变电	61594.76	83.20	0.14
6	青海送变电	56261.72	1958.40	3.48
7	四川送变电	56242.12	2753.93	4.90
8	安徽送变电	51032.62	1979.60	3.88
9	山东送变电	49675.78	7674.83	15.45
10	华东送变电	49428.85	9656.51	19.54
11	湖北送变电	48147.21	146.30	0.30
	合计	747869.19	49772.20	6.66

这意味着在资产较难变动的情况下，对企业未来的利润目标提出了更高要求，对超额利润分享设置更高的底线。这在一定程度上也体现了浙江送变电公司在"双百"改革行动中，以"更高要求、更高水平"来鞭策自我，进行"自

我加压"。

经计算，2021年行业平均净资产收益率水平较高，与年度利润考核目标相当，为企业近3年平均利润水平的283%、上一年净资产收益率利润水平的132%。

（六）第六步：实施兑现

高目标下的强激励，促进了业务团队的主动求变。2021年，浙江省送变电工程有限公司实际完成利润情况预计为9187万元（具体数值以财务部门年度决算数据为准），比既定目标利润8717万元超额完成470万元，按照30%计提比例，拟分享额达141万元。

2021年度的超额利润分享的首次兑现，高级管理人员的分享比例约为20%，将更多额度让渡给业务骨干（一线的项目团队）人员，预计分享比例将超过60%，兼顾了激励对象有序扩围和聚焦重点的不同要求（见表4）。

表4　不同人员预计分享比例

人员分类	分享比例/%
项目人员	65
高级管理人员	20
中层管理人员	15

1.项目人员分配规则

项目人员个人超额激励分享额=（个人项目贡献系数×个人绩效考核系数）/Σ（个人项目贡献系数×个人绩效考核系数）×项目人员超额利润分享合计

其中，基建、生产等项目人员，贡献系数根据项目等级、项目角色确定（见表2）。市场化项目团队人员可参照执行。

超额利润分享额与个人年度绩效考核等级直接挂钩，B级以下不参与分配，具体如表5所示。

表5　绩效考核等级与系数

绩效考核等级	A（优秀）	B（称职）
绩效考核系数	1.15	1.0

2.管理人员分配规则

管理人员个人超额激励分享额=（个人岗位贡献系数×个人绩效考核系数）/

Σ（个人岗位贡献系数×个人绩效考核系数）×管理人员超额利润分享合计

其中，高级管理人员个人贡献系数根据个人担任岗位进行确定，具体如表6所示。

表6　高级管理人员个人贡献系数

岗位	分值
企业负责人正职（含同行政级别）	1.00
企业负责人副职（含同行政级别）	0.86~0.89

中层管理人员个人贡献系数根据个人职业发展等级进行确定，具体如表7所示。

表7　中层管理人员个人贡献系数

职业发展等级	分值
副总师（含三级职员）	100
部门、单位正职	90
四级职员	80
部门、单位副职	70

管理人员个人绩效考核系数兑现规则与项目人员个人绩效考核系数兑现规则一致。

3.特殊贡献人员上浮

特殊贡献人员可适当上浮分配系数，上浮比例不高于50%。

4.单个对象激励额度

激励额一般不低于个人年收入3%，不高于25%。

5.不得参与分配情况

如发生下列情况之一的，不得参与超额利润分配。

（1）安全生产事故责任人。

（2）廉政风险问题责任人。

（3）队伍稳定问题责任人。

三、实施成效

（一）释放经营潜能，提高经济效益

2021年，浙江省送变电工程有限公司实现营业收入34.7亿元，同比增长

16.5%；实现利润 9071 万元，同比增长 37%。入选"双百企业"（2019 年）以来，浙江省送变电工程有限公司分别实现营业收入 25.4 亿元、29.8 亿元，近 3 年平均增长率为 18.2%；实现利润 1881 万元、6618 万元，营收利润连续 3 年均实现百分比两位数以上增长，呈现积极向上的发展态势，企业迈上了健康发展的快车道。

2021 年，浙江省送变电工程有限公司中标合同金额 42 亿元，同比增长 10.5%，创历史之最。其中中标省公司系统外业务（市场化业务）13.1 亿元，同比增长 54.1%，成功承揽 S304 省道电力廊道等重点工程，电力迁改、电力隧道等业务快速发展，菲律宾等海外市场取得突破，成功开辟新业务增长极；中标检修、技改等生产类业务 8.6 亿元；"双轮驱动"发展格局初步形成。

（二）激励核心员工，强化激励效果

浙江省送变电工程有限公司通过多项举措，向业务骨干、向绩优人员倾斜的薪酬体系基本形成，员工干事创业热情得到有效激发，员工劳动生产率从 2019 年的 54.82 万元/人提升至 2021 年的 69.42 万元/人，增长 26.6%，人工成本利润率从 2019 年的 6.49% 增长至 2021 年的 28.67%，提高 22.18%。近两年，在营业收入同比大幅增长的同时，固定用工总量下降 18.2%、辅助用工人数下降 25.6%。

超额利润分享机制是一种基于利润增量的分享机制，员工在超额利润分配的刺激下，会意识到个人是与公司共创价值、共享收益的。通过超额利润分享机制，预计 2021—2023 年能分别实现年度超额利润 399 万元、243 万元、270 万元，超额利润分享额 133 万元、81 万元、90 万，每期预计激励人数 35~70 人，2021 年人均激励额度 0.95~1.90 万元，有效塑造了"我为企业创效益、企业为我谋福利"的共赢氛围。

（三）助力改革试点，突破关键环节

通过实施超额利润分享机制，逐步强化员工经营意识，使员工充分认识到公司效益来源于每一个个体都亲身参与或涉及的项目，项目作为施工单位最小业务单位，也应精益化管理，继而逐步建立起以"快进慢出、多进少出、先进后出"为导向的一套流程完善、信息化程度高的项目预算体系、结算体系、资金流转体系和考核机制，切实推进项目经济责任制考核手段完全应用。以此为

基础，加强对生产经营单位的产值利润考核，促进开源节流、降本增效工作的有效提升。

根据国企改革三年行动有关工作要求，超额利润分享可能会在接下来的三年甚至更长时间内，成为国企改革实践中长期激励的主要方式之一。作为国网系统内第一家推行超额利润分享机制的单位，浙江省送变电工程有限公司先行先试，总结出一套可供其他单位参考的"五定"操作模型，形成了《调研与诊断报告》《可行性研究分析》《超额利润分享实施方案》《超额利润分享实施细则》等成果，为超额利润分享的落地提供了一个全过程样本，能够助力企业把握机会，推动发展迈上新台阶，在国企改革三年行动中实现高质量发展。

"四会一层"法人治理结构下 "双百企业"风险治理研究

沈仕洲 潘建明 王 霖 许雪开 任晨静

一、引言

浙江省送变电工程有限公司成立于1958年，2019年5月被列入国企改革"双百企业"名单，围绕"五突破一加强"要求，以股权多元化改革为重点推动"双百改革"；2020年12月，成功引入杭州市居住区投资建设集团有限公司（持股15%）、国网通用航空有限公司（持股10%）、中国能源建设集团浙江省电力设计院有限公司（持股5%）等3家投资人，成为国网系统首家实现股权多元化目标的省级送变电企业。

本文将立足于浙江送变电股权多元化改革的实际进程，研究现行"四会一层"法人治理结构下"双百企业"的风险治理。

二、"四会一层"法人治理结构情况

浙江省送变电工程有限公司设党委会、股东会、董事会和监事会，其中党委会党委委员6人。董事会7人，设董事长1人，职工董事1人，外部董事4人占多数；监事会5人，设监事会主席1人，职工监事2人，外部监事3人。经理层成员5人。本部设9个职能部门，下设13个业务支撑和实施机构。截至2020年底，共有在职职工760人、退休职工743人。

2017年5月3日，国务院办公厅发布国办发〔2017〕36号《关于进一步完善国有企业法人治理结构的指导意见》（以下简称《意见》），明确了坚持深化改革、党的领导、法治治企、权责对等的基本原则。2017 年年底前，国有企业公司制改革基本完成。2020 年，国有独资、全资公司全面建立外部董事占多数的董事会，国有控股企业实行外部董事派出制度，完成外派监事会改革，充分发挥公司章程在企业治理中的基础作用。

《意见》强调，要从加强董事会建设、激发经理层活力、完善监督机制等 5 个方面规范主体权责，健全以公司章程为核心的企业制度体系，法律法规和公司章程，严格规范履行出资人机构、股东会、董事会、经理层、监事会、党组织和职工代表大会的权责，保障有效履职国有企业法人治理结构。

企业"四会一层"各治理主体，在企业风险治理的职能领域中，发挥了巨大作用。

（一）党委会职权

党委会贯彻落实党和国家路线方针政策、法律法规和上级单位党组织决策部署的意见和具体措施；决定本单位重大决策、重要人事任免、重大项目安排和大额资金运作事项（"三重一大"事项）；将党委研究讨论作为董事会、经理层决策重大问题的前置程序等。

（二）董事会职权

董事会决定公司的经营计划和投资方案；制订公司的年度财务预算方案、决算方案；制订公司的利润分配方案和弥补亏损方案；制订公司增加或者减少注册资本及发行公司债券的方案等。

（三）股东会职权

股东会决定公司的经营方针和投资计划，审议批准董事会的报告，审议批准监事会的报告，审议批准公司的年度财务预算方案、决算方案，审议批准公司的利润分配方案和弥补亏损方案等。

（四）监事会职权

监事会检查公司财务；对董事、高级管理人员执行公司职务的行为进行监督，对违反法律、行政法规、公司章程或者股东会决议的董事、高级管理人员提出罢免的建议；当董事、高级管理人员的行为损害公司的利益时，要求其予以纠正；向股东会会议提出提案，发现重大问题，直接向股东会报告等。

三、公司"双百行动"改革业绩

浙江省送变电工程有限公司围绕国企改革"双百行动""五突破一加强"改革目标要求，按照"引资本，转机制，提品质"三步走的方式，以稳妥推进股权多元化改革、主动推动经营机制变革为改革两大"主阵地"，实现市场份额提升、经营业绩提升、人员活力提升，推动企业高质量发展。

自 2020 年 12 月浙江省送变电工程有限公司成功引入 3 家投资人以来，公司借力借势借机推动送公司改革全面发力、多点突破、纵深推进。一是以股东合作带动业绩增长。公司进一步提升核心竞争力和市场竞争力，全年合同额有望突破 45 亿元，同比预增 50%。二是以党建引领提高治理效能。公司理顺上会流程、细化决策要求、理顺权责界面，实现所有决策事项经党委前置审议或最终决策。三是以薪酬改革激发内生动力。待遇向一线、向人才、向价值创造者倾斜。

四、"双百行动"改革给企业带来相关风险及治理措施

（一）绝对控股权

在浙江省送变电工程有限公司股份多元化改革中，国网浙江省电力有限公司拥有浙江省送变电工程有限公司 70% 的股份，引入的 3 家投资人占 30% 的股份，在新型"四会一层"法人治理结构下的公司风险管理背景下，省公司拥有绝对控股权，这种股权结构有利有弊。

后加入的 3 家股东股份占比较少，各个股东间的利益诉求并不完全，有长远布局的，也有短期的，有实业诉求的，也有资本诉求的，股东与公司的一些冲突有时会出现。当股东占有的股份较少时，往往不愿花大力气去关心、监督管理人员的行为，而希望大股东花力气去管理经营公司，自己则坐享其成。当股东们都存在这种坐享其成的"搭便车"想法时，股东对管理层的监督力度就会下降，最终导致管理层对公司形成强大的控制力，出现"内部人控制"问题。

公司需在实际管理中加强引导，提高股东活力。一是提升股东方投票率。股东可以通过增资或者减资、协商回购、存量转让等方法平衡各股东方的投票率。二是加强完善监督体系。通过股东大会建立完善、科学的内部监督体系，

加强对管理层的内部监督以保障企业的健康运营。三是提高股东监事会积极性。股东重点关注公司的经营计划和投资方案、参与制订和批准公司的年度财务预算方案、决算方案；监事会在公司相关风险治理中，检查公司财务；对董事、高级管理人员执行公司职务的行为进行监督。

（二）市场化业务及海外工程

1.市场化业务

市场化业务需充分评估经营风险。"双百行动"改革过程中，浙江省送变电工程有限公司加大多元业务开拓力度，也带来一些市场化业务风险。改革前，客户多来自电力系统内，欠款、坏账的可能性很小，市场化业务拓展后，资金问题逐渐增多。在湖杭铁路高压线路改造工程中，中铁三局电务公司拖欠工程款上千万元，逾期已达一年。

工程款拖欠导致股东、员工利益损失巨大，公司经营、财务部门应该重点关注系统外业务的市场拓展与可持续性。一是加强党委会前置审议。党委会对本单位"三重一大"事项进行前置审议，再交由董事会、股东会决定公司的经营计划和投资方案；监事会向股东会会议提出提案，发现重大问题，直接制止一些高风险的经营措施和投资方案。二是强化业务部门评估。对于高风险的业务承接，业务部门需对风险充分评估，科学研究，有效对比，对客户合同履约能力进行全面了解。

2.海外工程

海外工程需加强制度、政策研究。海外业务全流程也存在法律风险，一是投资决策的法律风险，二是地方规章税收、关税等风险，三是合同违约风险、收款风险、劳务分包风险，四是项目执行中的法律风险。

公司对国际业务采取积极稳妥谨慎的方案，重点关注各种资金、劳动纠纷等风险。公司针对境外项目的国内管理主要从几个方面进行管理，一是收集工程信息，党委会评估决策；二是向大使馆及上级部门报批。三是对业主单位性质、履约能力进行评估。公司经营层对于境外项目的执行，需密切关注防范法律风险，聘请国内外法律顾问，对有可能产生法律纠纷的问题提前进行充分的了解，防患于未然。

（三）任期制契约化与职业经理人制度

1.任期制与契约化管理

公司积极推行任期制与契约化管理工作。经理层任期制与契约化管理是指企业经理层成员实行的，以固定任期和契约关系为基础，根据合同或协议约定开展年度和任期考核，并根据考核结果兑现薪酬和实施聘任（或解聘）的管理方式。

任期制契约化难点在于目标的分解和评价。如何能让分解出的目标既有挑战性，又符合企业实际，同时还能够引导企业的全面发展，这是改革的难点所在。

针对难点，需重点化解。一是"不称职解聘"。对不胜任的经理层实行解聘。二是"刚性兑现"。对做得好的及时兑现，做得不好或发生违规行为的，有追索扣回机制。三是"积极考核"。推行任期制和契约化管理改革与经营业绩考核工作配合，强调其与企业领导人员综合考核评价相衔接。

2.职业经理人制度

公司积极探索职业经理人制度。对比任期制和契约化管理，实施职业经理人改革的难度和要求更高，职业经理人对企业的要求更高，且必须进行市场化公开选聘。企业内部员工身份转变为职业经理人一般要放弃全民员工身份，应重新签订劳动合同。且管理方式受本级企业董事会管理，原则上不能调整岗位或跨企业调动。

综上所述，建立职业经理人制度除面临进一步完善企业自身相关制度体系规范问题外，还面临外部职业经理人市场不成熟、成熟职业经理人较难招聘、企业原有员工转变身份意愿不强等问题。需要加强研究，加大改革力度。

3.项目中长期激励措施

公司积极探索项目跟投的风险共担、利益共享的中长期激励措施。公司赋予项目人员在项目的施工进度、质量、材料把控、人员安排、成本管控等方面具有更多的管理权。

该方案如果赋权过度，一定程度上会加大项目经理及关键人员的经济风险和审计风险，弱化公司党委及相关部门的管理效力，企业经营将被置于高风险之中。

公司在后期赋权管理中，需积极介入工程管理。一是加强"四会一层"效力。加强党委会前置审议功能，强化"三重一大"决策，全面评估重大经营事项。二是规范制度，有据可依。针对风险薄弱点加强规章制度建设，做到有据可依，有据必依。三是加强审查，强化管理。对针对薄弱环节强化一线人员的廉洁意识，加强审查和管理机制，协同监督为改革保驾护航。

（四）融资租赁及工程总承包风险及其治理措施

1.融资租赁工程

中埠 220 千伏换频站新建工程是浙江省送变电工程有限公司第一个采用融资租赁方式进行投资、建设的变电站，是浙江省送变电工程有限公司在金融租赁领域的有益探索，同时，在项目实际投资、建设的过程中存在一定风险，需要防控相关风险。

融资租赁风险具有复杂性和多样性的特点。融资租赁模式的经营风险主要有信用风险和技术风险。为防范风险，公司需要加强风控管理。一是组建专业队伍，做到融资租赁专业化。招聘业务能手，积极拓展业务市场。二是提升设计能力，制定融资产品。针对电力市场及多元业务，设计符合市场需求、具有竞争力的拳头产品。三是建设风控体系，加强"四会一层"指导。提高公司"四会一层"管理体系对金融风险的控制能力。融资租赁行业与其起步阶段相比有了翻天覆地的变化，未来还有很大的发展空间，浙江省送变电工程有限公司需要直面挑战，助力公司的多元化转型发展。

2.工程总承包

公司具有电力工程施工总承包一级资质，在工程承揽中积极探索工程总承包业务。工程总承包是指从事工程总承包的企业受业主委托，按照合同约定对工程项目的可行性研究、勘察、设计、采购、施工、试运行（竣工验收）等实行全过程或若干阶段的承包。工程总承包企业对承包工程的质量、安全、工期、造价全面负责。

工程总承包虽然优势明显，但是其有效应用需要具备实实在在的基础条件。一是信用，信用对总承包工程而言至关重要；二是政策，国家、行业的政策对工程而言具有重要作用。三是经验，招标人和投标人须有经验，才能提前预防风险，最小化风险。

工程总承包还存在一些缺点：一是总承包商风险巨大。总承包商为了获得更多的利润，可能通过调整设计方案来降低成本，在一定程度上会影响工程质量。二是工程款弹性小。由于采用的是总价合同，承包商获得业主变更合同及追加费用的可能性很小。

工程总承包合同是总承包项目管理的重要内容。在合同风险防范方面管理的内容主要包括3个方面：一是合同条款的合理设置，业主和总承包商的责权利分配，界定合同类型。二是合同范围的合理界定，需明确一些突发的情况，合同范围是不是包含在总承包范围之内。三是合同价格的合理确定，一般是经验比对，承包方需要有自己的评标团队积累经验，提高竞争力。

（五）子公司及产业单位管理

1.风险分析

目前，子公司及产业单位主要面临以下风险。

一是公司档案、消防、物流业务一般面对系统内，很少面向外部市场，市场化业务拓展后需要自身进行较大变革，才能具有较大的竞争力。

二是目前外部市场的档案、消防、物流市场对企业的专业化、信息化、现代化要求较高，作为偏传统型的企业，需提升自身的软硬实力，进一步形成优势。

三是对外营业后，存在应收账款较多、账期较长造成企业财务资金运转困难的风险，企业预算管理、资金管理目标、制度不健全或财务人员素质原因，造成企业财务运转不畅等风险。

2.风险防范措施

（1）提升业务能力

针对市场风险，密切关注行业变化，分散非系统风险，密切关注公司运营经济指标和趋势，对已有技术进行升级改造，不断完善业务服务，提高市场地位。

（2）加强管理素质

针对管理风险，增强公司管理者的综合素质，探索设计有弹性的业务和运营模式，规范和优化各类业务流程，实现公司可持续发展。

（3）强化财务保障

提高企业的市场竞争力。通过战略资源整合、技术创新和环境优化，调整丰富的战略资源，充分发挥资源的最大价值，以保证企业财务战略目标的实现。要做好人员梯队培养规划，为企业的可持续发展提供保障。

五、下阶段工作安排

"双百行动"改革进程中，产生的一系列治理风险需要高度关注，需要浙江省送变电工程有限公司直面风险，继续探索股权多元化改革、稳健开展经营管理活动、有序推进中长期激励相关方案、做足新兴金融领域业务功课、加强子公司建设。

一是加强"四会一层"管理引领作用。强化党委会前置审议功能，优化董事会、股东会事务管理职能，强调监事会监督管理价值。对公司经营计划、投资方案、年度财务预算方案等进行有效决策。二是明确各方风险治理责任。完善责任公司的风险防控与治理，设立内控部或者法律事务部专门负责公司内部风险防控工作，加强法律责任的有效履行，有效防范企业经营风险，增加公司价值的组织保障。三是建立有效风险管控制度。建立一套有效的公司内部风险防控制度，设立完善的控制架构，保证董事会及高级管理人员下达的指令能够被严格执行。四是进行合规风险预审评估。以企业合规管理为导向的管理称为合规风险管理，通过专门的合规管理方法对企业存在的风险进行评估，评估企业的合规管理风险。五是创建风险回溯制度。对因决策疏忽造成的后果实行回溯制度，加强风险结果管控评估，有效防止风险造成不利后果，确保公司治理稳步推进。

基于互联网技术的集团化企业财务管理升级实践

李晓慧　叶婉励　李南萍　曹　爽　张铭锴　周婷婷　李颖颖

一、课题背景

无论是技术创新，还是颠覆性的市场运作模式及商业模式的创新，都昭示着企业管理步入了崭新的"互联网+"时代。传统的管理模式日益显得封闭、僵化，企业管理向科学化和精细化转型是必然趋势。尤其是作为企业管理的重心，财务管理在"互联网+"时代企业的经营发展和决策中，发挥的作用越来越重要，财务管理转型是必然趋势。

根据浙江省送变电工程有限公司坚持电网建设、电网维护并重，打造专业型、服务型、技术型企业，把公司建设成为具有国际竞争力的一流能源互联网工程企业的目标，面对管理层级复杂化，财务系统多元化，企业信息多样化等情况，公司财务管理也应在企业转型发展的同时，完成由传统企业化管理转型升级，实现集团化财务管理的改革。

随着互联网技术的不断发展，将互联网技术融入集团财务管理过程将能够更好地简化核算及资金流管理程序，其间针对财务管理领域存在的风险也能够基于大数据角度进行预判，进而更好地为后续的财务管理工作规划提供技术保障。

（一）外部环境

1."互联网+"的概念与运用意义

（1）"互联网+"的概念

"互联网+"代表着一种新的经济形态，它指的是依托互联网信息技术实现互联网与传统产业的联合，以优化生产要素、更新业务体系、重构商业模式等途径来完成经济转型和升级。推行"互联网+"的目的在于充分发挥互联网的优势，将互联网与传统产业深度融合，以产业升级提升经济生产力，最后实现社会财富的增加。

"互联网+"是互联网思维的进一步实践成果，推动经济形态不断地发生演变，从而带动社会经济实体的生命力，为改革、创新、发展提供广阔的网络平台。

（2）"互联网+"的发展

国内"互联网+"理念的提出，最早可以追溯到2012年11月于扬在易观第五届移动互联网博览会的发言。他认为，在未来，"互联网+"公式应该是我们所在的行业的产品和服务，在与我们未来看到的多屏全网跨平台用户场景结合之后产生的这样一种化学公式。

2014年11月，李克强总理出席首届世界互联网大会时指出，互联网是大众创业、万众创新的新工具。

2015年3月，在全国两会上，全国人大代表马化腾提交了《关于以"互联网+"为驱动，推进我国经济社会创新发展的建议》的议案，表达了对经济社会创新的建议和看法。在2015年3月5日上午第十二届全国人大三次会议上，李克强总理在政府工作报告中首次提出"互联网+"行动计划。李克强在政府工作报告中提出："制订'互联网+'行动计划，推动移动互联网、云计算、大数据、物联网等与现代制造业结合，促进电子商务、工业互联网和互联网金融健康发展，引导互联网企业拓展国际市场。"[①]

（3）"互联网+"的运用意义

"互联网+"是两化（信息化和工业化）融合的升级版，是将互联网作为当前信息化发展的核心特征，提取出来，并与工业、商业、金融业等服务业的全面融合。

（4）"互联网+"背景的财务管理

"互联网"+时代的企业管理重点关注的已不仅仅是单纯的资金运动，而是企业信息流、物流和资金流的协同统一，将互联网技术运用到财务管理中，虚拟化资源整合与分布式海量信息存储带来人力、物力、财力等多方资源的节约，

---

① 李克强.政府工作报告：2015年3月5日在第十二届全国人民代表大会第三次会议上[M].北京：人民出版社，2015.

也引领了从强调经济资源到重视以信息资源为中心的互联网时代理念的转变，同时，互联网技术作为一种新兴技术模式在企业财务管理上的应用有助于其进一步发展成熟。

（二）内部驱动

在公司改革进程中，面临企业股权多元化、多层级控制等转变。从纵向看，在成员企业间存在着"集团公司（母公司）—子公司—孙公司"的多级控制关系；而在每个成员企业内部存在着"公司总部＋分公司的分层控制关系；从横向看，在每一控制层级中又按其职责设置不同的职能部门进行资金、成本、收入的归口管理和控制。

对一个企业集团来说，领导、决策是非常重要的。对于财务管理来说，尤其是对企业集团的财务管理更是如此。选择合适的财务领导体制是非常重要的。集团财务管理日常遵循"优质服务、有效监督"的财务工作原则，将财务监督融于日常服务之中，在强化财务管理监督职能的同时强调财务服务的职能，对于母子公司之间重大财务决策权限的划分，包括融资决策权、投资决策权、资金管理权、资产处置权和收益分配权等做出明确界定，利用互联网技术，突破空间距离的制约因素，将企业内部各职能部门、各子公司乃至整个集团整合为一体，实现业务、财务集约化管理。

二、课题研究的内容及主要做法

（一）总体思路与内容

本课题坚持以"支撑战略、集中控制、精细管理、价值创造"为指导思想，以"构建一种模式、打造一个总部、完善四大体系、夯实三项基础、造就一支队伍"为手段，通过五年计划，使公司实现由经营性财务管理向集团化财务管理的新跨越，形成具有公司特色的集权导向的战略财务管控体系。

1. 构建一种模式

围绕"统一管理、集中运作、预算统筹、核算集成、风险监控"五大理念，建立以互联网技术为基础、以集权为导向的战略型集团财务管控模式。

2.打造一个总部

做到功能定位明确、组织机构完善、人员配置到位，为集权导向的战略财务管控体系实施提供有力支撑。强化财务风险控制，利用互联网技术，对与投融资等重大经营事项相关的财务风险，建立健全风险评估、策略制定、风险应对、责任追究的管理机制，强化财务监督。对各类经济活动实施过程监控，对重大财务事项实施专项检查，对审计检查问题实现归零管理，强化会计内控建设。健全制度流程，落实岗位职责，形成制衡机制。

3.完善四大体系

完善预算、资金、税收筹划及风险管理四大体系。所有全资、控股下属企业纳入预算管理范围，形成财务预算、业务预算，投资预算、筹资预算为主要内容的全面预算。并通过"互联网＋"技术的运用，联通各预算模块，各企业以资本为重点形成预算，按部门分工归口负责各类预算的编制、审核、控制和考核。预算指标体现集团战略目标的分解，更贴合企业实际；预算分析深入业务，能对业务起到指导作用；预算考核力度增强，预算得到有效执行；增强资金集中管理的力度，有效利用集团内部闲散资金统筹长、中、短期融资规划，争取实现企业债券融资的新突破；集中落实信用额度，与金融机构建立战略伙伴关系；开立撤销账户，实行更加严格的审批或备案；发挥资金管理平台作用，严格监控下属企业。

4.夯实三项基础

夯实会计核算、财务制度及信息系统三项基础；制定新企业会计准则内部实施细则，规范会计核算流程，统一会计科目的使用，加强项目明细核算，提高财务报告质量，规范会计信息披露，及时提供有效的财务信息。

5.造就一支队伍

建设一支综合素质高的财务人才队伍。完善委派财务人员队伍建设，下属企业财务主管／财务经理全部委派到位，并实现内外交流，加大高素质人才的引进和财会队伍的培训、培养力度，加强岗位交流，建立学习型组织，提升业务水平；倡导敢于管理、善于学习、严于律己的风尚，造就一支忠诚度高、能力强、素质好、结构合理、人才辈出的财会人才队伍。

（二）制度制定

在建立互联网技术支持下的企业财务管理工作，应建立新的财务管理体制下的各类工作制度，并不断加以完善。财务管理工作制度具体包括筹资管理制度，投资管理制度，贷款及固定资产管理制度，成本费用管理制度，债权投资管理制度，收入分配管理制度，财务核算、分析、考核制度，财务检查与内部控制制度，财务风险及规避制度，以及财务管理的基础工作等若干规章制度。

（三）预算管理

集团化财务管理的目标是实现集团价值最大化，为了达成这一目标，全面预算管理作为重要的管理控制手段必不可少。财务预算管理制度是总公司与子公司之间沟通的平台、控制的标准、考核的依据，是推行子公司财务管理规范化和科学化的工具，也是促进子公司自我管理、自我发展的有效途径。在预算管理中，对子公司相关的投资活动、经营活动和财务活动的未来情况进行预期并控制。总公司制定子公司的经营目标，建立绩效考核评价制度，建立各项财务指标执行情况的评价体系，激励子公司为实现经营目标而努力工作。针对企业现状，编制完成《公司预算管理细则》，细则内容包括公司本体与子公司编制要求、各部门与分公司的责任分工、预算执行的审核控制、预算情况的反馈、预算的异常处理及年度预算执行情况评价及反馈。

（四）资金管理

资金统一管理已经成为集团控制子公司最有力的工具之一，也越来越被重视，降低财务风险是以资金管理为核心的。要做好集团化财务管理，集团公司首先要从资金管理入手，加强对控股子公司的资金监控，建立健全资金管理体系。至于资金集中管理，国内比较流行这 5 种管理模式：拨付备用金、统收统支、资金结算中心、内部银行、财务公司。以上 5 种模式各有优缺，甚至可以组合一起使用。

目前公司采用设立资金结算中心的管理方法。该方法不仅是常见的集团化财务管理中采用的资金管理办法，也满足《国家电网有限公司资金管理办法》。同时，设立资金结算中心一方面有利于企业的资金得到充分利用，也有利于集团合理筹措资金，确保资金成本优化，以增加整体效益；另一方面对集团公司项目研发与投融资、监控资金的使用、有效防范财务风险具有极其重要的作用。

（五）税务管理

公司进行股权多元化改革中存在多个涉税事项。在《电力企业股权多元化涉税问题研究》课题的基础上，将互联网技术与集团化财务管理相结合意义重大。同时，税务数字化作为企业数字化的重要一环，通过构建完善的数字化税务体系，提高税务风险管控能力，降低涉税成本，能够更好地支撑企业数字化转型。

（六）风险管理

公司在认真落实各个上级单位风控工作专题部署的同时，不断完善自身管理架构。一是调整组织结构，保障机制运行。重新梳理公司风委会组织机构，理顺各专业分工职责和工作要求。风控办按月按季做好风控重点工作任务的跟踪与监督，全面完成全年工作任务。二是全面梳理业务流程与关键风险，编制完成《公司风险信息库》。三是有效落实专业风险管控目标。根据公司重大风险评估情况，安全、财务、工程管理、人力资源、战略合规、采购、舆情、质量等公司专业组分别制订并完成了各类风控工作计划。

（七）互联网技术运用

要做好企业集团集中化财务管理，必须提高财务信息化管理水平，并借助现代信息技术结合互联网技术，实现集团各子公司、分公司之间财务信息传递的真实性和及时性，提高财务活动的效率，降低内控制度实施的成本。

1.信息化全面预算管理

为优化全面预算管理工作，进行了全面预算管理系统的开发工作。设立了资金管理、成本监控、分析报告等多个模块。

2.资金池的搭建与管理

通过梳理各个项目收款情况，落实收款责任清单，同时嵌入内部订单统计系统外项目专项收支台账，对系统外资金风险进行逐月提醒。进一步优化资金收支流程管理办法，建立月度二次反馈收款机制。

三、课题研究的成果

（一）预算管理

在预算管理方面，2021年稳步推进各项预算工作：3月，完成预算编制及上会工作；4月，召开"预算执行情况专题讨论会"，后严格按会议精神对预算执行情况进行按月反馈；5月，建立"预算反馈预警机制"，明确预算管控机制，并制定"超预算项目确认单"，明确各分公司及责任部门的审批流程；6月，根据"预算执行情况专题讨论会"的会议精神，对材料费用的预算提报及审核进行详细规划布置，要求由各个项目部作为材料费预算编制起点，重新上报各工程项目材料费用预算；9月，召开公司年中预算调整启动会，对年中预算调整工作的要求与各细项工作的时间节点进行了详细布置，落实了各个部门的工作职责与审核标准；10月，通过多轮成本核实，形成年中预算调整初稿；10月下旬，联合经营部及各分公司进一步明确全年各项目预算成本，并根据全年预算与成本费用发生情况，下达四季度各分公司的成本费用预计发生数。同时，在预算管理流程中嵌入信息化管理手段，通过对已有软件的功能开发，实现工程成本的信息化管控。

（二）资金管理

根据省公司资金管理有关要求，为更好地执行现金流量预算，加强公司资金管理，公司对经济业务相关的资金收入与资金支出实行月度预算管理，并发布《编制月度资金预算的规定》。严格预算控制，实行"有预算不超支、无预算不开支"，对于未纳入月度资金预算的支出，应按规定履行审批程序后实施。同时，进一步优化资金收支流程管理办法，通过月度二次反馈分公司收款情况，加大项目催收力度。结合前期建立的发票池与项目支出情况，建立公司各项目可使用资金余额，全面提升公司资金使用效率。

（三）税务管理

根据智慧税管家平台梳理出的风险点，补充风险实例及对应税法条款，进一步完善风险防范点清单。同时结合已在I8系统上嵌入的开票审批流程，对公司开票申请内容与流程进一步细化，制定开票附件要求，增加审核、退回、导出的功能，进一步提高公司开票质量。

（四）风险管理

全面提升专业领域风险能力。紧密结合公司"管理提升年"活动，梳理各项与经营风险相关的提升举措，落实责任，把控进度，评价成效；紧密结合公司"合规管理"重点专项工作，严格把控法律风险。紧密结合公司"协同监督"重点专项工作，持续加固监督防线。

重点深化关键领域专项监督。结合施工行业重点难点，围绕公司管理变革和薄弱环节，持续做好材料费、"两金"压降、敏感性费用等关键领域专项监督；完善风险信息库中风险与制度的映射关系。根据公司前期建立的风险信息库，梳理风险与制度的映射关系，确保每一条风险，都有相应的制度保障。

健全子公司配套管理制度，组织专家力量全方位指导三家子公司的风险管理工作，建立合理规范的业务流程，设置严密的监督管控机制，为子公司的健康发展保驾护航。

推动稽核平台的深度应用。在当前深度应用稽核平台的基础上，将三家子公司统一纳入智能稽核平台进行日常监控，实现稽核平台应用全覆盖。

探索建立风控指数评价体系。借鉴省公司健康指数研究成果，探索创建一套多维度、全流程、可量化的企业风险评价体系，从风险保障系数和经营管理能力两个方面设置多项定量、定性评价指标，采用"风控指数"量化公司风控工作能力，依托信息化平台实行对各类风险的实时监控，及时预警，实现风控指数多维度展示及指标异常预警，为各级管理层提供全方位视角。

四、课题应用情况及前景

传统的财务管理对企业来说就是资金管理、成本费用控制、财产管理、财务决策等，确保企业效益最大化，它贯穿于企业经营和管理的各个方面、各个环节。但是在"互联网+"时代，飞速发展的信息技术及新的管理思维、管理模式的出现，使得企业财务管理从财务预测、财务预算、会计核算、财务分析、会计报告等各方面发生了彻底的改变，不断拓展财务管理的深度与广度，让封闭的财务会计向流动的管理会计转型，也是"互联网+"时代企业发展的必然趋势。而互联网技术的进一步深化运用，则是可以在目前现有的财务管理模式上进一步优化，争取在 5 年内，通过不断优化，实现 3 个具体目标。

1.实现"内部银行式"资金管理

在企业内部引进银行信贷与结算职能，以完善各子公司在集团内部的经济核算制度。将企业管理、金融管理、财务管理三者融为一体，使信贷、结算、监管、调控职能为集团与子公司之间经济往来的结算管理、信贷管理及货币资金信息管理提供支撑。

2.实现"委派式"财务人员管理

实行"会计委派制度"是加强集团公司管理的手段之一。由集团公司统一实行对会计人员的委派、调遣、考核、任免等管理，不仅可以加强对集团下属子公司的财务管理，而且有利于确保各子公司会计信息的客观真实，强化了对子公司的有效监管。

3.实现"战略式"全面预算管理

集团财务管理的目标是实现集团的价值最大化。可以说，全面预算管理就是集团的财务战略，财务战略体现了集团战略。同时，全面预算管理也是集团与总公司资金的沟通平台，在保证子公司财务管理规范化、科学化的同时，也促进了子公司的自我管理、自我发展。在全面预算管理中，由总公司制定子公司的经营目标，建立绩效考核评审制度，建立各项财务指标执行情况的评价体系，激励子公司为实现经营目标而努力工作。

重大民生电网工程建设管理创新模式研究

张海飞　陆冬冬　李　隆

一、研究背景

（一）目的意义

1.研究的必要性

习近平总书记提出的"四个革命、一个合作"①能源安全新战略，是新时代指导我国能源转型发展的行动纲领。国家电网有限公司对基建工程提出"质量变革""效率变革""动力变革"要求，深入推进"放管服"改革。课题组顺应电力体制改革深化、国际政治经济环境巨变、疫情灾情对全球经济的持续破坏、全社会用电需求变化的特点，针对具有"急、难、险、重"特点的重大民生电网工程，开展本课题研究。

2.研究的意义

开展本课题的研究，有助于建立融合各方资源的项目管理模式，优化人员配置；建立统一的电网工程管理流程和机构设置，提高建设效率；统筹协调设计与施工相衔接，精准控制工程造价；提高重大民生电网工程质量和安全管理水平，提升社会效益。

（二）国内研究情况与最新进展

对国内外历史及当前较为盛行的几种工程管理模式进行分析，找出各种工程管理模式的特征、差异与关联关系并分析优劣，在此基础上进一步分析常见的重大民生电网工程总承包模式发展现状，总结总承包模式具备的优势，这些

---

① 中华人民共和国国务院新闻办公室. 新时代的中国能源发展 [M]. 北京：人民出版社，2020.

优势为后续重大民生电网工程融合管理创新模式的设计奠定了基础。[1]

1.国内研究情况

国内工程总承包模式经历过如下几个主要的发展阶段。

（1）总承包模式起步阶段

1984年，工程总承包纳入国务院颁发的《关于改革建筑业和基本建设管理体制若干问题的暂行规定》，化工行业开始采用这一模式，积累相关经验。

（2）明确总承包资质阶段

1992年《工程总承包企业资质管理暂行规定（试行）》第一次通过行政法规把工程总承包企业规定为建筑业的一种企业类型，1997年的《中华人民共和国建筑法》提倡对建筑工程进行总承包。

（3）培育总承包能力阶段

2003年《关于培育发展工程总承包和工程项目管理企业的指导意见》"鼓励具有工程勘察、设计或施工总承包资质的勘察、设计和施工企业"，"发展成为具有设计、采购、施工（施工管理）综合功能的工程公司"，"开展工程总承包业务"，"也可以组成联合体对工程项目进行联合总承包"。

（4）推动总承包市场阶段

2014年以来，住建部先后批准浙江、吉林、福建、湖南、广西、四川、上海、重庆、陕西等省份开展工程总承包试点，2016年住建部《关于进一步推进工程总承包发展的若干意见》，明确提出"深化建设项目组织实施方式改革，推广工程总承包制"，其中"建设单位在选择建设项目组织实施方式时，优先采用工程总承包模式，政府投资项目和装配式建筑积极采用工程总承包模式"，2017年国务院《关于促进建筑业持续健康发展的意见》，将"加快推行工程总承包"作为建筑业改革发展的重点之一，省市层面也纷纷出台文件，积极推进工程总承包模式。

（5）完善总承包制度阶段

2017年发布国家标准《建设项目工程总承包管理规范》，对总承包相关的承发包管理、合同和结算、参建单位的责任和义务等方面作出了具体规定，随后又相继出台了针对总承包施工许可、工程造价等方面的政策法规。

---

[1]　龙鹏程，马锦明.设计施工总承包在工程中应用研究[J]低温建筑技术，2011（6）:139−140,148.

从发布的政策，我们可以看到主管政府部门对工程总承包模式价值的认识在逐步深入，推进的措施也越来越具体，在实际的建设市场，政府采用工程总承包发包的项目越来越多，正成为推动工程总承包市场发展的主要力量。此外，装配式建造的推广应用以及BIM等信息技术的快速发展也将对这一组织实施方式的变革起到促进作用，工程总承包将成为未来工程企业竞相争夺的高端市场。[1]

在国内电网工程领域，以DB总承包、EPC总承包为代表的工程总承包模式，发挥了重要的作用。它们的优势主要体现在：合同结构相对简单，承包商数量减少，给建管单位减负；采用固定总价合同有助于成本管控；总承包商承担绝大部分风险，分担了业主风险；能充分发挥设计的主导优势，实现设计、采购、施工有效融合；促进相关企业调整经营业务结构，增强综合实力。[2]

2.国内研究最新进展

浙江省送变电工程有限公司在国网浙江省电力有限公司的领导和支持下，近年来积极探索重大民生电网工程建设，创新管理模式，通过创新模式的应用，进一步改善了电网工程建设专业管理水平和整体的市场竞争力。近年来，在浙江省送变电工程有限公司对创新管理模式的大胆探索和推广应用下，涌现出了很多初步具备设计、施工专业融合特征的优秀工程案例。

如浙江西南部500千伏老旧线路增容改造工程、舟山500千伏联网380米高塔联网工程，在国网浙江省电力有限公司的推动下，前期成立了工程项目施工作业专家组，通过专家组和装备制造企业提前介入工程设计阶段来提升设计方案的可行性，从而提升重大民生电网工程建设管理的整体效率和工程质量。通过上述方式的应用，充分展现了施工方在工程设计阶段的提前介入所带来的综合效益，为浙江省送变电工程有限公司在后续的重大民生电网工程建设总承包模式的深入探索和推广应用方面奠定了良好的基础。

---

① 徐朝阳，李其帅.浅析DB模式在电网工程中的应用及造价管理[J].城市建设理论研究，2012（3）：1-7.

② 黄凯.基于DB模式大型建设项目可施工性研究[J].科技信息，2008（35）：445, 463.

（三）国外研究情况与最新进展

1.国外研究情况

大批全球知名企业，如 Fluor（福陆）、Bechtel（柏克德）、KBR（凯洛格·布朗·路特）、SNC Lavalin（兰万灵）、ARR Lummus（鲁姆斯）、Foster Wheeler（福斯特–惠勒）等，已经成功地以工程总承包模式在全球范围内建设完成了众多项目，业务领域涵盖基础设施、电力、能源、海上工程、水利、交通、通信、化工、采矿冶金、交换设备设计与制造、轻工、食品加工、政府服务等领域。[①]其中，有的企业拥有自己的施工队伍和试运服务技术人员，具备自行完成设计、采购和施工的能力；也有部分企业没有常设施工队伍，通过外包完成部分工作，但从运营效果来看，这些企业的工程总承包项目整体上都很成功，也从侧面表明企业配置的全面化并不是工程总承包模式成功的必要条件。

梳理国际上成功的工程总承包项目经验，这些企业一般具有如下特点：第一，企业的业务领域宽，涉及多个行业，且大多企业涉足了能源电力领域；第二，均为跨国企业，抗风险能力强，国际业绩突出，国际项目营业额占到总营业额的一半左右；第三，企业实施工程总承包项目数量多、总承包综合管理能力强，各类工程总承包项目承包业务占到业务总量的60%~85%；[②]第四，企业各层级有与工程总承包项目管理特点相适应的组织机构，一般均设有专门的项目控制部门、设计部门、采购部门、施工管理部门和试运行部门等专业机构；第五，企业重视信息化数字化工具的使用，具有优良的信息管理技术设计系统，在项目施工过程中有强大的基础数据库及BIM技术为支撑；第六，与金融机构联系紧密，融资能力强、融资渠道多，有利于提升其在国际市场上的竞争优势。

2.国外研究最新进展

菲律宾电网工程业务市场是国网投入参与较多的市场。菲律宾电力建设工程市场的准入模式有其自身的特殊性，它要求海外建设单位在当地注册工程建设相关单位作为工程承包商，并且承包商必须入围当地菲律宾建筑业管理局（CIAP）的合格承包商资格名单。

南美重大民生电网工程则经常采用BOT（build–operate–transfer，即建设—

①　孙跃强，张斌.DB模式及其发展沿革的探讨［J］.城市建设，2009（30）：230–232.
②　闫金玉.EPC总承包固定总价合同项目结算审计中的问题探讨［J］.工程经济，2019（12）：58–60.

经营—转让）方式，以公司承建的巴西高塔工程为例，工程业主为西班牙ISOLUX CORSAN(伊斯鲁斯)公司，属于巴西的BOT项目（特许权项目）。具体由其100%控股的巴西项目公司LINHAS DE XINGU（新古）公司执行。BOT本质上是基础设施投资、建设和经营的一种方式，以政府和私人机构之间达成协议为前提，由政府向私人机构颁布特许，允许其在一定时间内筹集资金建设某一基础设施并管理和经营该设施及其相应的产品与服务。重大民生工程中有很大的比例属于国家基础设施投资项目，因此研究BOT模式对本项目的研究也具有非常重要的意义。

设计总承包创新模式时，可充分考虑融入海外BOT模式的优点，以增强可行性[①]：如引入BOT模式的风险防范机制，增强风险管控能力；借鉴BOT模式的政府担保机制，在重大民生电网工程的发包招标过程中将政府对投标单位在历史工程中的评级纳入技术评分标准，有助于优秀的总承包商获得竞争优势；政府担保机制的另一个参考方向是督促行业协会建立物资价格浮动管控机制，以确保重大民生电网工程的建设效益。

（四）主要解决的问题

从现有工程管理模式的历史发展和现状分析进行论述，通过对DBB（design-bid-build，即设计—招标—建造）模式、EPC（engineering-procurement-construction，即设计—采购—施工）总承包模式、DB（design and build，即设计—重建）总承包模式、PPP（public-private partnership，即政府与社会资本合作）总承包模式、PMC（project management contracting，项目管理承包）模式和BOT模式等综合分析[②]，得出现有各种工程管理模式在重大民生电网工程建设管理过程中的优缺点和应用范围，重点对重大民生电网工程EPC总承包、DB总承包模式与传统模式（DBB）之间进行了比对分析（见表1），在整体确定总承包模式在重大民生电网工程管理应用过程中具备的核心优势的同时，为后续开展重大民生电网工程总承包模式创新研究做好了方向性、可行性的铺垫。

对国内工程领域常见的DBB平行发包模式、EPC总包模式、DB总包模式、

---

①　徐伟.设计施工总承包模式应用的基本问题研究［D］南京：东南大学，2009.
②　赵艳阳.EPC工程总承包项目管理模式的现状分析与对策研究［J］.建筑发展，2019，3（2）：158-159.

PPP总包模式、PMC项目全过程咨询服务模式、BOT模式进行集中分析[①]，明确了各种模式的关联，如图1所示。这为后续研究工程总承包优选融合模式打好了理论基础。在此研究基础上，根据重大民生电网工程的特点，结合重大民生电网工程管理实际，适时提出了综合上述模式优势又有所创新的DB+模式（即设计+施工+部分工程物资）。

表1 电网DBB模式、EPC模式与DB模式的对比

对比项目	DBB 模式	EPC 模式	DB 模式
业主参与度	很多	很少	比较少
业主日常管理	全部需要业主单位的日常监管与协调	较少，雇佣第三方监理管理	较少，雇佣第三方监理管理
风险承担	业主承担更多	承包商承担更多	承包商承担更多
业主和承包商界面	较多	较少	较少
合同管理	较多分包	仅签订一个总承包合同	总承包合同 + 部分分包
项目进度	慢	快	快
项目费用	高	低	低

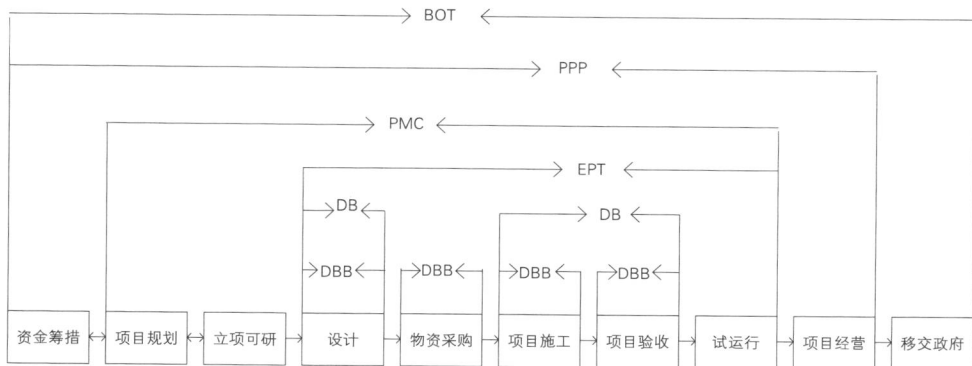

图1 各模式之间的关联

① 周兰萍，叶华军.EPC+F模式的实施风险及应对策略［J］.法务，2020（16）：50-53.

二、研究内容和方法

（一）基础数据支撑

1.采用的基础数据及来源

项目研究过程所采用的基础数据主要来自两个方面，一是电力工程行业数据及相关的法律制度文献资料数据[①]，二是公司提供的 3 个典型总包工程案例和 7 个对照工程样本数据，这些数据均来自工程项目文档和基建项目管控平台。

2.基础数据分析

（1）价值流分析

DB+模式的价值创造分析主要基于价值流分析工具，通过分析建设工程项目每一步骤的增值和非增值活动，包括设计、勘察、发包、施工等管理路径和方法，记录对应的时间，然后根据分析情况来判别和确定出浪费所在及其原因，为消灭浪费和持续改善提供目标。[②]对两种模式下建设管理流程主要环节进行对比，其中DBB模式以调研阶段公司提供的 7 个案例工程的相关数据作为参考，DB+模式以舟山鱼东—蓬莱 220 千伏线路工程、永康东站 500 千伏线路改迁工程和杭州亚运会亚运村建设 110 千伏线路改造工程的相关数据作为参考，两相比较之下，DB+模式运作下工程建设周期平均缩短了 5 个月（见图 2）。

---

① 乐艳蓉.EPC 工程项目法律风险的防范分析［J］.建筑与预算，2019（11）：13-15.
② 王景辉，於宙.EPC 工程总承包项目财务风险管理与防范［J］.住宅与房地产，2020，565（06）：32.

电网工程项目建设全生命周期价值流比对

传统模式：立项 → 可研①评审 → 可研批复 → 环境报告审批 → 初设评审 → 初设批复 → 设计招标施工图设计、审批 → 施工招标开工准备 → 进场施工 → 工程验收评价 → 竣工资料整理提交 → 工程结算

可行性分析调研

DB模式：立项 → 可研评审 → 可研批复 → 环境报告审批 → 初设评审 → 初设批复 → 总承包招标+监理招标 → 施工图设计、评审开工准备 → 进场施工 → 工程验收评价 → 竣工资料整理提交 → 工程结算

可行性分析调研

可研开展同时也在初步设计

施工方在勘察设计部分已经全面介入

周期一致

招标时长
DB+模式一次招标，节省3个月

工程设计时长
传统模式8~9个月
DB+模式2个月

施工周期
DB+模式比传统模式因为物资、设计等问题项目施工周期平均节省180天

周期一致

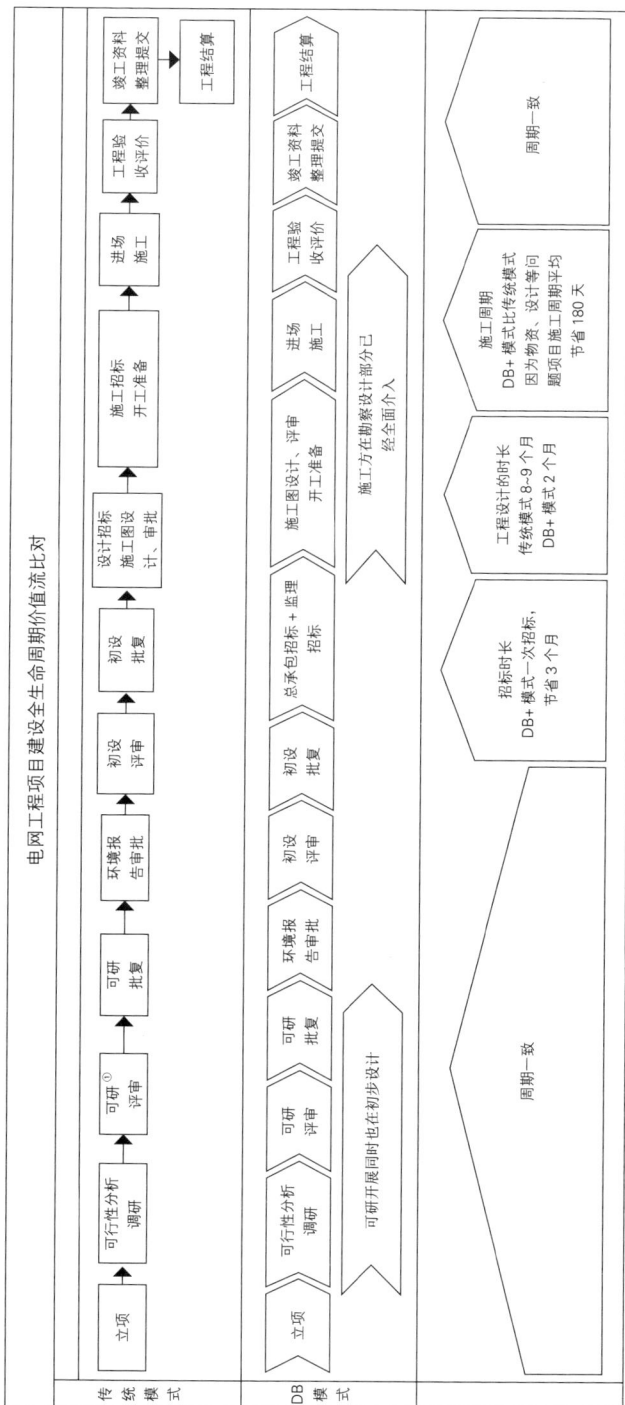

图 2　电网工程项目建设全生命周期价值流比对

① 可研：可行性分析调研。

249

（2）FDTF 模型分析

FDTF（五维度十三因子分析模型）的分析逻辑主要围绕案例工程在同一维度及相同因子下进行两两对比分析，得出相应的因子分值，通过对比得出分析案例的优劣结果（见表 2、表 3）。

表 2　FDTF 分析因子明细表

维度	比对因子	比对标准
投资	工程招标费用占工程总投资比例	占比较低的模式得 1 分，占比较高的模式得 0 分
	工程设计费用占工程总投资比例	占比较低的模式得 1 分，占比较高的模式得 0 分
	工程施工费用占工程总投资比例	占比较低的模式得 1 分，占比较高的模式得 0 分
	工程变更费用占工程总投资比例	占比较低的模式得 1 分，占比较高的模式得 0 分
进度	工程招标时长	招标时长较少的模式得 1 分，招标时长较长的模式得 0 分
	工程因外部事务或专业协调而造成的停工时长	停工时长较少的模式得 1 分，停工时长较长的模式得 0 分
	工程的设计时长	设计时长较少的模式得 1 分，设计较长的模式得 0 分
	工程的施工时长	施工时长较少的模式得 1 分，施工较长的模式得 0 分
	工程因设计变更产生的停工时长	停工时长较少的模式得 1 分，停工时长较长的模式得 0 分
	工程因物资问题产生的停工时长	停工时长较少的模式得 1 分，停工时长较长的模式得 0 分
安全	工程发生安全责任事故的次数	次数较少的模式得 1 分，次数较多的模式得 0 分，数据相同的各得 1 分
质量	工程因质量问题被要求整改的次数	次数较少的模式得 1 分，次数较多的模式得 0 分，数据相同的各得 1 分
环保	工程因环保问题被投诉的次数	次数较少的模式得 1 分，次数较多的模式得 0 分，数据相同的各得 1 分

表3 DB+样板工程与比对工程的FDTF分析因子数据比对评价分析过程

维度	比对因子	DBB模式案例工程数据							平均值	DB+模式样板工程因子平均值	DBB模式得分	DB+模式得分
		案例1	案例2	案例3	案例4	案例5	案例6	案例7				
投资	工程招标费用占工程总工资比例/%	/	/	/	0.25	0.10	0.34	0.34	0.26	0.21	0	1
	工程设计费用占工程总工资比例/%	3.67	5.15	3.54	5.34	3.42	3.28	3.69	4.01	3.72	0	1
	工程施工费用占工程总工资比例/%	65.66	32.81	57.94	45.71	33.04	39.28	40.43	44.98	49.00	1	0
	工程变更费用占工程总工资比例/%	0.18	0.51	2.48	0.53	0.74	0.18	1.19	0.83	0.12	0	1
进度	工程招标时长/天	120.00	50.00	60.00	120.00	120.00	60.00	60.00	84.29	60.00	0	1
	工程因外部事务或专业协调而造成的停工时长/天	20.00	0	0	152.00	0	60.00	10.00	34.57	9.00	0	1
	工程的设计时长/月	2.00	15.00	4.00	6.00	7.00	12.00	12.00	8.29	6.00	0	1

续表

维度	比对因子	DBB模式案例工程数据							平均值	DB+模式样板工程因子平均值	DBB模式得分	DB+模式得分
		案例1	案例2	案例3	案例4	案例5	案例6	案例7				
进度	工程的施工时长/月	6.00	49.00	13.00	17.00	20.00	24.00	15.50	20.64	6.30	0	1
	工程因设计变更产生的停工时长/天	23.00	68.00	11.00	32.00	10.00	7.00	5.00	22.28	12.31	0	1
	工程因物资问题产生的停工时长/天	0	0	0	0	0	2.00	10.00	1.71	0.54	0	1
安全	工程发生安全责任事故的次数/次	0	0	0	0	0	0	0	0	0	1	1
质量	工程因质量问题被要求整改的次数/次	0	0	0	0	0	0	0	0	0	1	1
环保	工程因环保问题被投诉的次数/次	0	0	0	0	0	0	0	0	0	1	1
综合得分											4	12

（二）主要研究内容

项目的主要研究内容包括：现有工程模式研究与优劣分析、DB+管理模式综述、DB+模式的管理要素与工程实践、DB+模式参与各方法律风险分析与对策研究。DB+模式研究框架如图3所示。

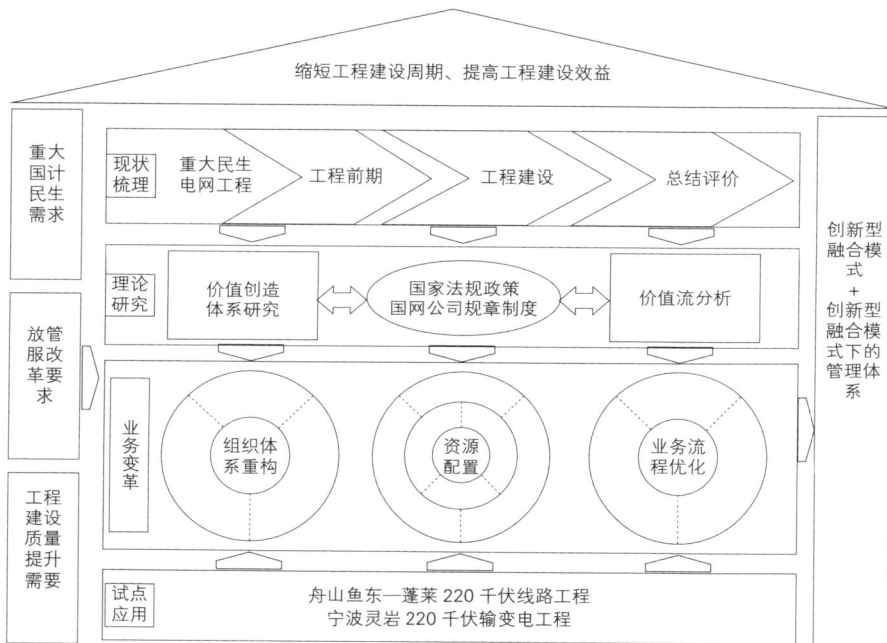

图3　DB+模式研究框架示意

1.现有工程模式研究与优劣分析

通过对传统工程管理模式DBB模式、EPC总承包模式、DB总承包模式的发展历史和现状描述，以及对国外盛行的BOT模式等应用情况介绍[1]，分析现有工程管理模式的优势和不足，简述DB+工程管理模式的产生背景与实际需求。[2]

2.DB+模式的综述

通过对重大民生电网工程建设的管理发展现状分析，结合DB+模式的政策法规研究及DB+模式研究模型的定义与介绍，综合阐述DB+工程管理模式在重大民生电网工程建设中应用的可行性。

---

[1]　李云.国内EPC模式研究现状综述［J］.综合管理，2009（20）：3.

[2]　丁峰.总承包商在EPC模式下的分析［J］.四川水泥，2020（10）：323-324.

3.DB+模式的管理要素与工程实践

对DB+模式的实施要素进行设计，通过对架构、岗位、流程、合同模板、项目管理手册等实施要素的统一规划与设计，完善DB+工程管理模式的管理细节与实施策略。重大民生电网工程总承包模式实践，论证DB+模式推行的可行性。[①]

4.DB+模式参与各方的法律风险分析与对策研究

梳理近些年国家相关政策与法规，分析基于DB+工程管理模式创新而产生的法律主体关系、风险和责任界面的变化，研究配套的法律风险优化和保障机制。[②]

（三）研究的思路和方法

本研究主要采用了文献研究法、调研访谈法、专题讨论法、案例分析法（对比研究法）、数据分析法、SWOT模型分析法等方法。技术研究路线综合了研究内容和研究方法的整体逻辑，将各种研究方法穿插应用于相应研究内容中（见图4）。

研究主要采用的算法模型如下。

（1）基于时间轴的工程模式定义模型。

（2）基于价值创造理论的工程模式研究框架模型。

（3）基于SWOT模型的工程管理要素战略设计模型。

（4）基于FDTF模型（五维度十三因子分析模型）的工程综合效益分析算法。

---

① 詹福林.国际工程EPC合同拆分与税务筹划分析［J］.商业观察，2020（1）：2.
② 辛燕飞.国际工程EPC项目宏观环境风险研究［J］.建材世界，2020（4）：4.

主要研究步骤	步骤展开		研究方法
项目启动	研究背景 / 研究目的和意义	研究内容、方法、技术线路	
重大民生电网工程建设管理创新模式综述	发展现状 / 政策现状 / 工程现状	DB+ 工程管理模式内涵	1. 文献研究法 2. 案例分析法 3. 调研访谈法
理论及研究模型	精益工程管理理论 / DB+ 模式研究框架	DB+ 工程管理模式内涵	1. 模型分析法 2. 专案讨论法
法律法规解析	法律法规、基础文件识别		1. 文献研究法 2. 专题讨论法 3. 调研访谈法
流程优化及价值流分析	新老管理模式效益 / 价值流分析	优劣对比	1. 模型分析法 2. 专题讨论法 3. 对比分析法 4. 调研访谈法
组织架构研究	二元管理架构		1. 文献研究法 2. 专题讨论法 3. 对比分析法 4. 调研访谈法
新模式下管理手册	修订原则 / 修订要点	管理手册合同模板	1. 文献研究法 2. 专题讨论法 3. 对比分析法
应用环境 SWOT 分析	安全与质量 / 投资与进度 / 技术与环境	DB+ 模式应用的战略组合	1. 模型分析法 2. 专题讨论法 3. 调研访谈法
法律风险分析	业主法律风险 / 总包方法律风险	DB+ 模式法律法规风险分析	1. 文案研究法 2. 专题讨论法

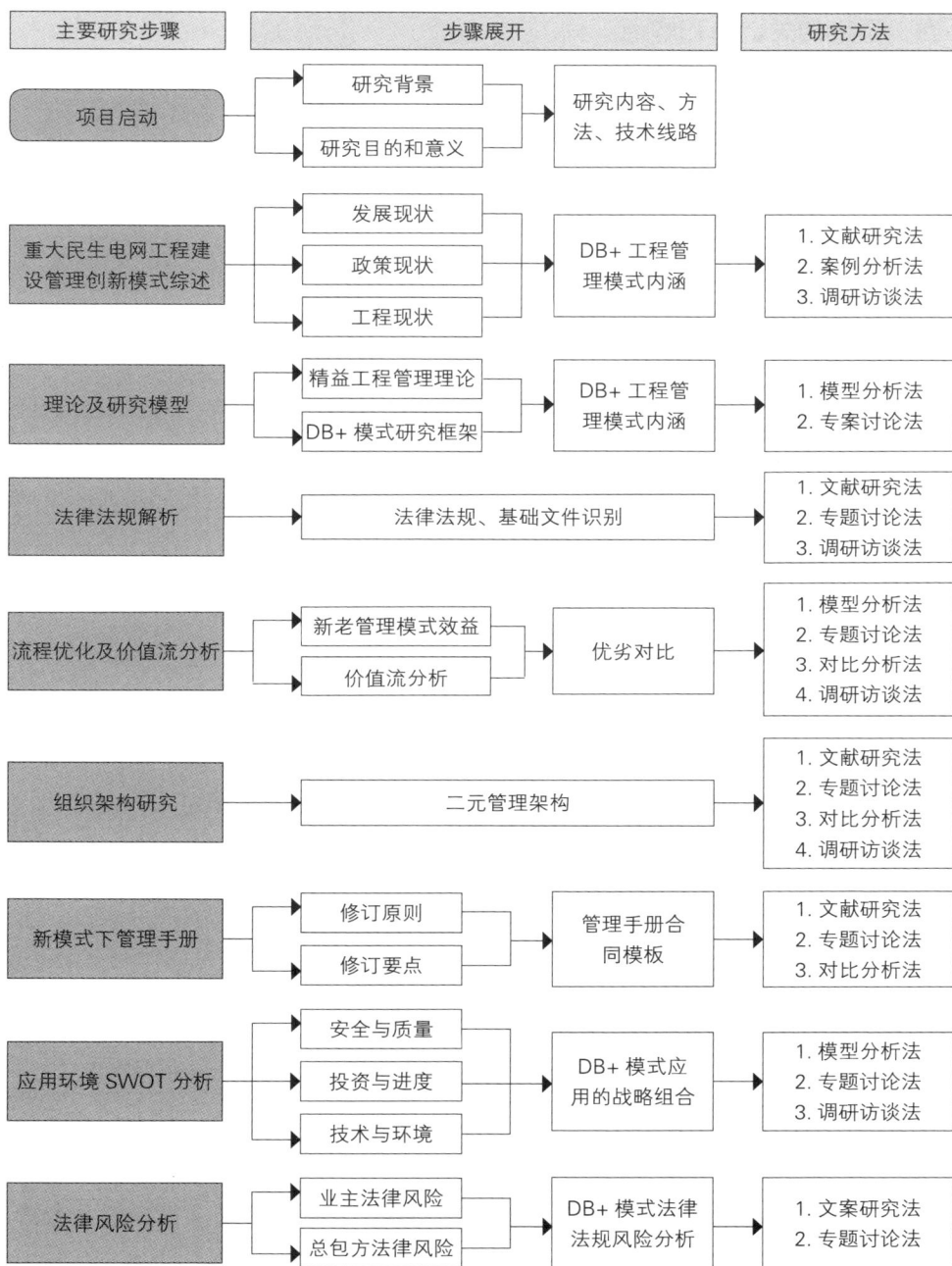

图 4　项目研究的技术路线

255

（四）研究的关键点和难点

1.项目研究的主要关键点

（1）重大民生电网工程的管理需求特征。

（2）工程总承包融合管理模式的理论及研究模型。

（3）关键价值创造流程（如物资采购）再造。

（4）工程总承包管理要素的最佳战略组合和管控方法。

（5）新模式各参与方的风险分析与防范对策。

2.项目研究的主要难点

以工程作为研究对象，涉及范围大、时间跨度大、牵涉部门多、研究因素多，研究难度大；重大民生电网工程具有一定特殊性，研究案例的定位选择较为复杂；国家电网有限公司目前对工程总包机制的试水尚处在初期阶段，工程招标、物资采购等方方面面存在诸多体制约束，很多设想或尝试紧挨着政策边缘，有一定的风险，改革创新需要一定政策扶持和上级支撑，也需要创新团队具备足够前瞻的眼光和必要的胆识。

（五）研究的创新点

1.清晰定义了重大民生电网工程类型

重大民生电网工程定义为：为国家级重大活动提供的各项电力设施建设工程，为防御或降低各种自然灾害对电力设施的破坏或影响而进行的新建或改造电力工程，为各类基础民生保障进行的电力建设工程等（见表4）。

表4　重大民生电网工程类型

序号	类型	举例
1	为国家级重大活动提供的各项电力设施建设工程	G20峰会场馆配套供电工程、奥体场馆建设配套供电工程、国家两会场馆建设及会议保供电工程
2	为防御或降低各种自然灾害对电力设施的破坏或影响而进行的新建或改造电力工程	抗击台风、冰雪灾害、干旱、洪水、海啸等自然灾害的电气工程
3	为各类基础民生保障进行的电力建设工程	电气化交通、机场供电系统、港口供电系统、供水和污水处理配套电气工程等
4	为保障国家脱贫攻坚战略实施的电力建设工程	新农村电气化、旧城改造项目、城乡养老配套电气工程等

序号	类型	举例
5	为保障各类公共设施正常运行所开展的电力建设工程	政府、学校、医院、图书馆等教育医疗科学文化公共事业场所电力供应保障工程
6	各类清洁能源接入工程	光伏发电接入工程、海上风电接入工程、潮汐发电等新能源接入工程
7	国防军事电力保障工程	边境口岸（边防海关）、军事基地、军用机场港口、军用设施等军事电力保障工程
8	其他	除上述工程外经省公司批准纳入重大民生资格评审范围的急难险重工程

2.DB+模式定义创新

采用工程全过程时间轴分析的方式，对不同模式之间的差异和联系进行了一图式分析（见图5），对不同模式的管理对象与阶段差异分析精准定位重大民生电网工程最合适的管理模式为DB+模式。

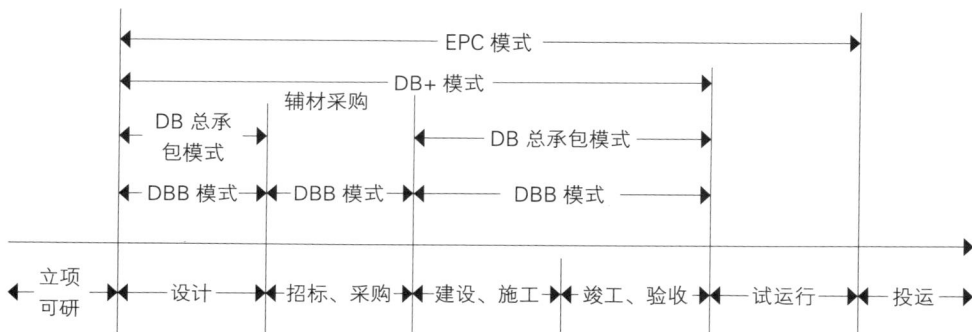

图5　基于时间轴的总承包模式关联分析

3.组织架构创新

结合国网浙江省电力有限公司现有体制和浙江省送变电工程有限公司工程实际，提出了基于DB+总包模式的工程管理作业单元，将施工专业管理的上下级关系（见图6）下沉为项目部单元内平级关系（见图7）、跨专业公司的远程协作变为项目部内部协作，从模式定义、作业单元、管理流程等各个方面提出了较为完备的融合优化模式。

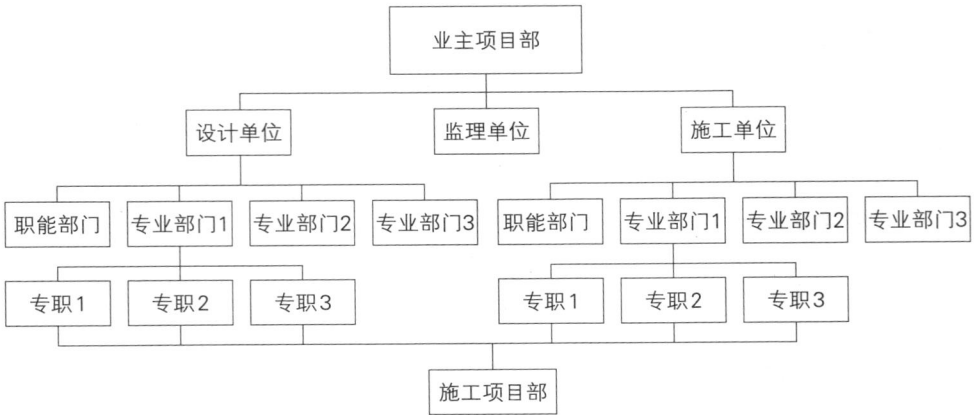

图 6　DBB 模式工程组织单元示意

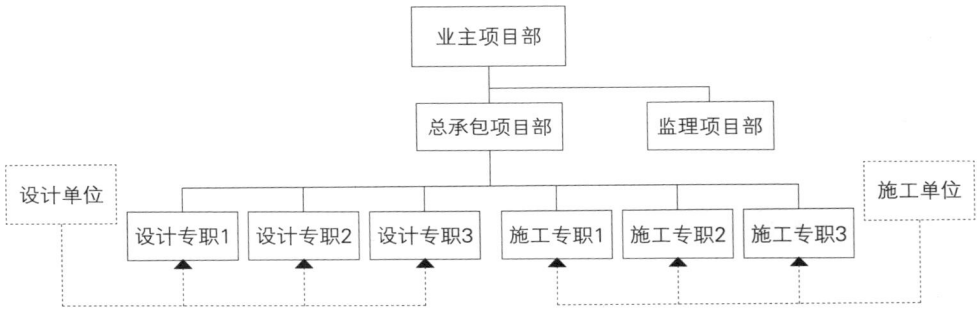

图 7　DB+ 创新型融合施工单元示意

4.物资采购绿色通道

在国家电网有限公司物资采购现行机制下，创新提出通过重大民生电网工程资质认定、物资采购绿色通道申请的创新机制，通过国家电网有限公司和国网浙江省电力有限公司两级物资部门"握手"，为"急难险重"的重大民生工程提供物资供应的绿色通道（见图8）。

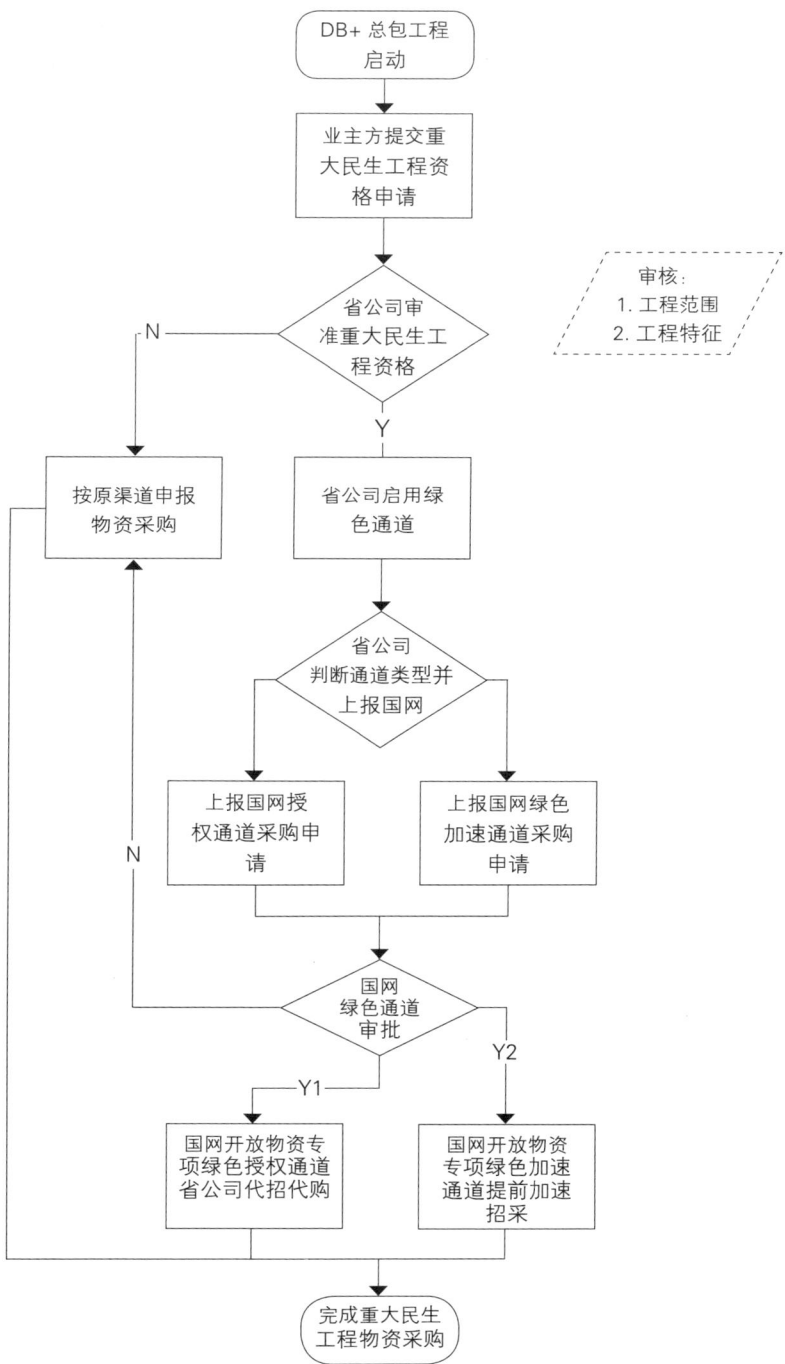

图 8 重大民生工程物资采购绿色通道流程

三、研究结论和建议

（一）研究结论

1.总体结论

中国是电力大国，电网投资规模居世界首位，工程总体建设量也居世界首位，相对这两个首位来说，重大民生电网工程建设的精益化管理水平仍有很大的提升空间。本报告基于DB+总承包创新模式的研究，挖掘DB+模式在重大民生电网工程建设中的优势，积极发挥DB+节流高效、安全保障、质量可控等作用，再结合未来重大民生电网工程的实践演练，努力提升DB+模式的推广应用价值。

2.分项结论

DB+模式在重大民生电网工程建设领域的应用与推广，将对国网浙江省电力有限公司、浙江省送变工程有限公司和总承包企业分别带来如下价值。

（1）DB+模式于国网浙江省电力有限公司的价值

DB+模式将提升重大民生电网工程的整体建设效率，为当前重要的国计民生需求，有利于提升国网浙江省电力有限公司整体的社会形象和品牌价值。同时也提升了国网浙江省电力有限公司的市场化运作水平，加快国网浙江省电力有限公司建设国际一流企业的步伐。

（2）DB+模式于浙江省送变工程有限公司的价值

浙江省送变工程有限公司作为主要的建管单位，其负责的重大民生电网工程在新模式的管理下，提高重大民生电网工程的立项决策精准度，减少了业主多头管理的界面，优化了建设管理流程，提升了工作效率，尤其是有机会获得更大的物资采购自主权、将大大提高工程物资配送效率，明显降低工程成本和风险成本，整体提升公司经营水平。

（3）DB+模式于总承包企业的价值

通过DB+模式的推广应用，提升了总承包企业的经营业务多元化的拓展能力，为总承包企业的综合管理能力提升和经营业绩提升带来了机遇与动力；进一步提升了总承包企业的成本控制和企业融资能力，为总承包企业的转型升级奠定了基础；提升了总承包企业的项目管理能力，通过对设计、施工、物资等多环节的管理，为总承包企业的专业人才培养提供了实训基地，进一步增强了企业的综合竞争力；提升了总承包企业的技术创新能力，通过不断的实践创新，逐步形成企业的核心竞争力，以适应新的市场竞争环境。

（二）对相关工作的建议

1.对国家的建议

国家应营造鼓励工程总承包发展的政策环境，政府投资项目和国有投资项目带头采用工程总承包，鼓励社会投资项目采用工程总承包。坚持改革创新与规范管理相结合，破除现行制度束缚，大力推进建设方式改革，简化监管程序，优化投资环境，鼓励设计、施工、制造企业融合发展，推动工程技术创新。健全工程总承包招标投标、质量安全监管制度，规范市场秩序，确保质量安全。国家应坚持打造开放有序的市场竞争环境。政府部门带头打破重大民生工程市场垄断，并集中力量解决重大民生工程市场最突出的问题，如资信问题、融资问题、风险问题等。政府应主动采取措施落实重大民生工程风险保障制度，提高工程总承包市场中各方的风险抵御能力。坚持试点先行与循序渐进相结合，选择重点领域和基础较好的行业与区域，先行开展工程总承包试点，总结经验，发展企业，培养人才，形成示范效应。

2.对行业的建议

完善工程总承包行业规范体系的建设并加快配套办法的修订。行业有关部门应该按照制度的程序和权限组织研究修订现行的基建项目管理制度，增补细化有关工程总承包方面的条款，规定总承包单位、监理单位、建设单位等角色的权利和义务，尽快出台相关的实施细则和考核办法。建议学习参考海外一些国家的成功经验，加强对行业协会的建设，积极鼓励这个层级参与到重大民生工程市场的总包工程资质管理角色，完善政府、行业、企业三者之间的服务监督机制。

3.对公司的建议

加快建立系统内的总承包合同范本。发达国家的工程市场，每种承包模式都有特定的合同条件与之对应，供业主选择和使用。合同条件涵盖了各种总承包模式及其不同形式的标准合同范本，体现国外多年项目管理的成功经验，不仅仅是权利与义务的界定和工程风险的合理分摊，而且形成了项目管理的基础、法典和轨迹。^①电网企业推行工程总承包，就应该借鉴这些合同条件，制定适合行业特点的总承包标准合同范本，供业主和承包企业在实施总承包项目时选择使用。同时，研究业主招标文件的编制方法及选择总承包商的标准与程序，使之规范化。同时，要积极完善重大民生电网工程物资配套机制，细化、落实重大民生电网工程物资绿色通道服务机制，为大力推行总承包模式创造良好的制度保障和物资保障。

4.对总承包企业的建议

加快提升总承包企业的经营管理能力建设和资质完善工作。DB+模式的应用对总承包单位提出了更高的要求，其不但需要具备相应的工程设计能力和工程施工能力，还需要具备一定的物资采购与法律风险管理能力，该模式对工程整体的进度管理、成本管控、安全管理、工程质量保障等要求明显提高。从目前行业内的现状分析和重大民生电网工程市场需求来看，能具备此类综合能力的总承包单位仍相对匮乏，这对后续的DB+模式的推广应用会造成阻碍，值得引起行业的重视并寻求解决之道。工程建设单位通过行业内的经验积累和外部参照学习，制定完善的总承包企业管理规范和评价标准，通过提升总承包企业的综合实力来进一步验证DB+模式的适用性和优越性。同时通过DB+模式的推广与应用，也从侧面促使总承包企业进行自我完善和提升，以适应新的市场业态竞争。

四、应用情况及前景

（一）应用情况

1.应用范围

DB+总包模式目前已在浙江重大民生电网工程建设领域进行初步尝试。以舟山鱼东—蓬莱220千伏线路工程、永康东站500千伏线路改迁工程和杭州亚运会亚运村建设110千伏线路改造工程等为重大民生电网工程DB+模式应用的试点项目。

---

① 张志英.EPC模式下业主和承包商的风险分担与应对[J].四川建材，2020（9）：3.

2.应用成效

以上述 3 个试点项目与 7 个对照工程样本研究发现，DB+模式的大部分指标均超过了 DBB 模式。DB+模式的综合效率是 DBB 模式的 3 倍，因此在重大民生工程领域 DB+模式的效率更高，质量更优，时效更快。对于重大民生电网工程的建设来讲，DB+模式拥有明显的优势，特别是在工程投资和进度管控两个维度，DB+模式的优势明显，差距明显的几个指标因子的图表对比详见图 9 至图 13。

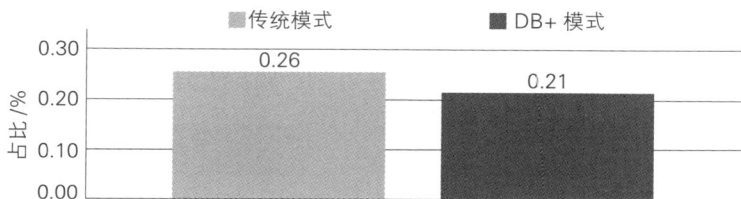

图 9　工程招投标费用占比

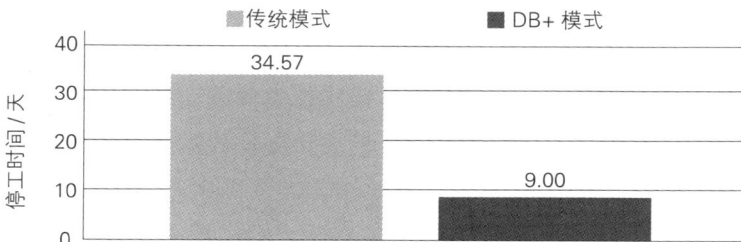

图 10　工程因协调造成的停工时间对比

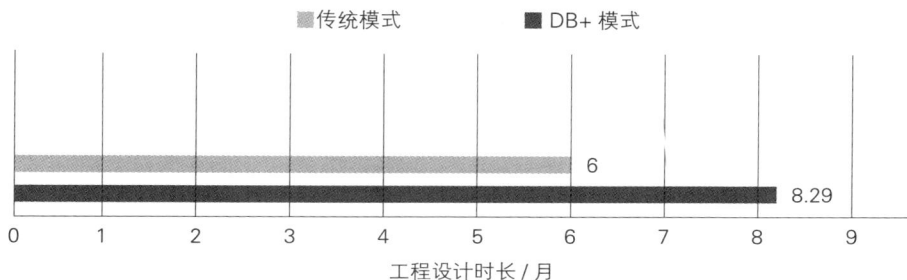

图 11　工程设计时长的对比

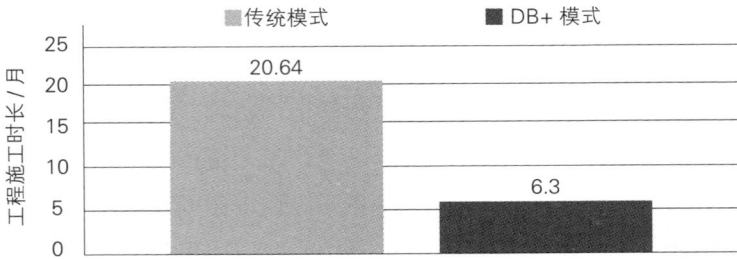

图 12　工程施工时长的对比

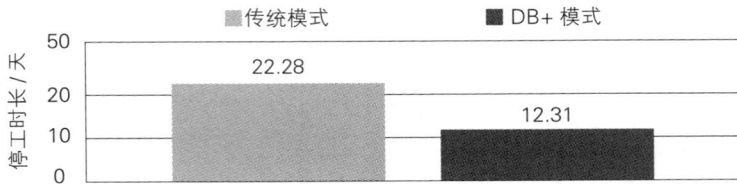

图 13　因设计变更造成停工时长的对比

（二）应用前景

总体来说，DB+总承包模式在重大民生电网工程建设过程中所体现出来的效率、质量、成本、安全、合作等多方面指标均具备明显优势，我们相信，随着工程建设管理水平的不断提高，DB+模式将会在我国重大民生电网工程建设领域中发挥越来越大的作用。

大数据下生产类项目施工经营绩效联动体系建设

张杰锋　盛宏伟

一、背景

当前，随着公司新型业务的不断开拓和工作量的持续增加，自有人员的数量不足及结构性失衡等问题日益显现，如何改变目前在作业班组存在的"大锅饭"现象，增强员工的自主能动性在提高工作效率的同时，增强团队的活力，实现效益最大化是亟待解决的问题。

为了有效解决这些问题，兼顾公司发展的战略要求和企业现状，需要建立基于生产任务条目、源于费用支出项目的一整套施工经营绩效体系，妥善解决项目的合理划分、内部劳务承包人员的组成、项目过程管控、风险（安全、质量、廉政等）规避及相应考核措施等。通过对项目管理模式的探索研究，建立一个符合公司变电检修项目实际情况的管理模式，并结合公司现状，进一步完善技术经济等标准，明确各工程的经营成本及利润点，明确工程各工序的标准工期和人员标准配置，通过全过程全要素梳理，实现流程人员的标准化绩效考核。

而企业通过运用大数据信息化系统，优化企业绩效管理体系，既有利于创新绩效管理方法，吸引高素质人才，激发人才的主观能动性，为企业创造价值；又有利于提高企业精益化管理水平，强化内部控制减少经营风险，促进企业平稳发展。

（一）企业绩效管理存在的问题

1.绩效管理方法创新不足

大数据时代下，科学合理的企业绩效考核体系，可以为企业管理绩效的提升创造良好的先决条件。然而，现实情况是，企业所制定的绩效管理考核制度仍在沿用 10 年甚至 20 年前的考核制度，缺乏创新。比如在考核制度、执行准则、考评标准等方面存在欠缺，导致企业在展开绩效考核的过程中缺少了制度的有效支撑，同时，企业项目在展开绩效管理评定时也没有完备的奖惩措施，使得项目员工参与工作的积极性未被充分调动出来。

2.考核体系存在漏洞

在实际工作中可以发现，企业在进行绩效考核的时候由于缺少了考评标准的支撑，往往造成考核人员在评价的时候容易从主观意识出发得出结论，没有量化的标准。这种判断是不科学的，会使考核工作的质量受到影响。

（二）大数据和绩效考核的关系

1.大数据含义

大数据主要指在目前信息爆炸的社会背景中，利用互联网或其他渠道获得的海量数据，这些数据可以被定义、被描述，规模庞大，类型丰富，可以进行灵活分析，利用各种数据软件，对它们进行高效率的处理。

在企业日常工作中，只是进行单纯的样本数据分析已经远远不能够满足企业经营的需要，而需要在相对宏观的层面处理数据。在实践中，应当对全数据进行分析，注意数据本身的连接性、钩稽关系，承认数据的复杂性，只有做到全面分析，深入研究，并与现行的标准体系结合才能在企业运行中发挥数据应当有的作用。

2.标准化管理

标准化管理旨在形成一种明确的强制性的，由制度而非人去调整执行绩效，强行督促员工遵守标准规定执行任务，使规定的要求逐渐成为习惯性行为的管理方式。实行了标准化管理后，企业管理改进的变化可以预测。

标准化不仅仅是技术标准化，而应是一个企业工作、技术、管理的标准化。通过 3 个标准体系的建立使企业队（室）各层级之间、职能部门同级之间合作互补。通过对工作的细化和量化，明确工作内容和工作地质量标准，也是考核的标准和依据。不仅要明确各工序的技术要求，也需要明确各工序应承担的责任和任务，完成任务的数量、工作质量要求，任务的完成期限，使各工序之间的工作互相协接，协调一致。

3.生产项目的施工经营绩效分析体系

由于数据的复杂性，因此，如何处理大小不一、格式不定的数据资源，如何利用这些数据资源来统计企业工作完成度等，一直是信息数据时代企业绩效管理的重点与难点。

一般来说企业在开展绩效考核时，一般会搜集以下几个方面的数据。

第一是基础数据。基础数据主要是员工应当完成的工作量。基础数据对应的是一个员工最基本的工作表现。

第二是附加数据，主要包括工作态度、工作方法、遵章守纪等相对主观的评价数据。

第三是补充数据，主要包括员工在绩效考核中可以获得的一些加分项目，比如参加劳动竞赛获得的名次、专业技术人员在本年度履职情况等。

第四是加分数据。关注员工在考核年度内开展了哪些重点工作、取得了哪些工作成果、对于企业发展有什么样的贡献，是各单位绩效考核工作中的亮点。而这些在传统绩效考核手段中不太容易被记录的数据，借助大数据技术都可以得到记录、计算和分析。

通过以上的分析可以看出，传统的绩效考核往往是针对个人，而实际的生产过程中我们更多的时候需要关注的是项目。而这也是目前企业所欠缺的。

本次变检公司在公司大数据平台的基础上对生产项目的目标进行设置、取样，把生产项目进行分解，根据总公司企业经营指标核算的要求，从分公司到各队（室）、各队（室）到各项目、各项目到各工序流程。这条线路执行下来，主要分析的是生产计划、效率、质量、人力、物等，关注的是每个环节的指标和综合绩效。

4.确立绩效考核标准

绩效考核的标准极其重要，只有绩效考核标准正确，绩效考核才有意义，因此在今后的绩效考核工作中，必须明确并优化考核标准，确保绩效考核结果的可信度和客观性。同时，企业方面应该对考核人员进行培训和再教育，让每一个考核人员都能熟练掌握绩效考核的有关工作方法，让他们对每一个评价指标都有清晰而深入的了解。另外，企业还应该将考核标准制定出来，以一种明确而清晰的方式固定。对员工的考核必须是多方面、立体化的，绝不能只看重业绩却忽略了员工自身的能力及道德品质，只有综合考量得出来的考核结果才能最真实地反映出一个员工全部情况。当然，在这个过程中还应该安排员工进行学习，让员工能够有提升自我的机会，保证员工能力及道德品质的不断提升，为企业的发展和进步做好准备工作。

（三）大数据背景下企业绩效管理措施

1.整合数据信息

市场经济环境下，现代企业竞争的核心是人才，员工作为其不可或缺的资本构成，直接决定了其未来能否实现可持续发展。因此，企业必须深刻认识到这一点，明确人在整个经济市场竞争格局中的重要战略地位，并基于此战略导向，完善顶层设计，突出人性关怀，了解员工的工作、生活日常各个方面，进而制定科学的管理体系，最大限度地激发员工活性，促进其实现与企业的共荣发展。在此过程中，企业不单单要收集员工的基础信息，包括性别、年龄、住址及家庭情况等，还需全面了解其工作表现，如思想、行为、态度、素质等，甚至必要时还应了解甲方及利益相关者的反馈信息，以确保员工评价的客观性、真实性。通过将这些数据整合起来，制定出符合标准的规章制度和相应的奖惩制度，能够提高企业员工对企业的满意程度，还能提高企业员工的工作效率，凝聚企业的向心力，从而大幅度提高企业的竞争力。

2.基于计划的关键考核型项目绩效体系

从传统的关键指标法过渡到目标责任考核法，在计划的基础上以项目自然周期为考核期限，以目标责任书的完成情况作为考核依据，员工的考核指标皆来源于目标责任书，使员工的绩效与项目的进展相关联，从而提高员工的工作积极性，缩短项目周期，降低人工成本，从而提高分公司的整体利益。

首先生技部应汇总年度各方的年度计划编制形成年度计划并经分管副经理批准后下发各队（室）和各管理部门。

分公司在年度计划的基础上编制"年度目标责任书"，分公司对各队（室）下达"年度目标责任书"，按经营维度、生产维度、安全质量维度、学习成长与可持续发展四个维度划分，应涉及队（室）所有职能部门的主要年度目标。

队（室）负责人的年度绩效评定是以"年度目标责任书"为主要指标，队（室）各管理人员的年度绩效指标也需包括"年度目标责任书"中对应的指标。

年初经营目标制定时，分公司依据各项目的总控计划与各项目的目标收益模型，制定队（室）年度经营目标的初稿，提供给领导层提供经营目标设定的参考。在实施过程中，生技部和综合部定期（按月、季）对"年度目标责任书"中经营性指标实现的过程进行统计、回顾，并将重大风险提供给领导层。每年末，"年度目标责任书"中所有指标经分公司各分管部门审核评价后，综合部负责"年度目标责任书"中所有指标的汇总统计。

年终在队（室）对年度目标达成情况自查基础上，分公司相关职能部门将对各队（室）年度指标进行评价与考核。考核结果即为队（室）年度绩效，并直接影响队（室）上自队长（主任）、专业工程师（技术主管），下至基层员工的年度收入。

3.月度计划由各项目负责人编制

通过计划信息系统提交给分公司计划专职审核，最后由专职副经理批准。消除了项目计划管理与分公司计划管理脱节的问题。各项目负责人编制月度计划，需将月度计划目标按关键业绩指标、重点工作、基础工作进行分类。关键业绩指标、重点工作中涉及项目进度计划的工作。需其他部门或岗位支持配合的工作必须在项目月底计划中写明。

计划专职在审核项目月度计划时，重点审核项目月度计划的4个方面：项目计划是否有漏项。相关会议上确定的项目计划工作分解，项目负责人是否都列入了项目计划；需要前置性开展的项目计划是否已考虑了。项目计划的完成日期是否满足于各项目计划中的要求。涉及项目计划的工作项权重配比是否合理避免了项目计划中的工作在部门计划中被弱化。需要体现管理部门间的重点支持配合工作。将综合部门负责人、计划专职的意见给出决策和批准意见，最终形成分公司月度计划。

4.月度计划达成情况先由计划专职核实

月度计划达成情况先由计划专职核实，再由管理部门考核评价。每月末各项目负责人将反馈和自评项目计划完成情况，计划专职对各部门计划完成情况进行核实，核实后的部门月度计划完成情况表将送至相关管理人员及领导，并以此作为月度计划会议的上会准备资料之一。

在月度计划会议上，计划专职将对各部门计划达成加以点评，管理人员或领导会依据计划达成核实情况对所管部门月度计划达成进行评分。计划会议后履行正式的工作流审批，形成各项目月度计划达成的最终评分。

分公司各队（室）的月度计划就是各部门的月度绩效目标，部门月度计划的达成得分就是各部门的月度绩效得分，直接应用于各队（室）月度绩效奖金的计算。

由于计划考核与绩效考核在月度上的紧密结合，很好地牵引和激励了各部门对项目目标的统一、对项目计划的重视，同时也赋予了计划专职有效的正式权力。

5.周计划—月度计划管理

必要补充在队（室）项目实施过程中，新情况、新问题不断出现，仅有月度计划是不够的。分公司应在每周定期召开工作计划会，补充月度工作内容，协调计划执行中出现的问题，统筹推进各职能部门工作，保障月度计划完成。

6.项目绩效考核指标量化

项目的绩效考核指标量化为：人工、材料、机械、分包、效率、安全质量、各工序关键节点达成率7个方面。

其中"各工序关键节点达成率"主要考虑：一个项目往往由多个班组组成，前一个工序的关键节点达成率对后一工序的目标完成有很大的影响，所以"各工序关键节点达成率"占项目绩效考核指标平衡计分卡9%的权重。每提前或延后1天，视工序的重要性增减权重的1%~5%。

对质量的考核，还应完善生产项目工程的验收作业指导书，使验收项目做到有据可依。

7.制订相关管理办法及方案

制订《变电检修（调试）公司员工等级序列管理办法（试行）》《青年人才培养方案》。从员工进入公司开始，建立员工能力水平档案，记录每个阶段成长情况。根据量化的员工成长档案，结合职业发展规划和设计，选拔成绩优秀、各级公认的员工到高一层次或更适合其发展的岗位，为其搭建成长的舞台，充分做到不拘一格降人才，公平公正，有据可查，有章可依。通过机制的建立，引导员工努力钻研学习专业知识，不断提高技术水平和操作技能，走岗位成才之路，快速成为高技术、高素养、高技能、高活力的人才。进一步畅通分公司员工职业发展通道、进一步提高员工的积极性。

三、成果应用

本次变检公司在公司大数据平台的基础上对生产项目的目标进行设置、取样，把生产项目进行分解，根据总公司企业经营指标核算的要求，从分公司到各队（室）、各队（室）到各项目、各项目到各工序流程。这条线路执行下来，主要分析的是生产计划、效率、质量、人力、物等，关注的是每个环节的指标和综合绩效。主要有以下 4 点。

一是形成了基于计划的关键考核型项目绩效体系。

二是将项目的绩效考核指标量化为人工、材料、机械、分包、效率、安全质量、各工序关键节点达成率 7 个方面，并形成了相应的考核细化标准。

三是制定了变电检修（调试）公司员工等级序列管理办法（试行）。

四是制定了变电检修（调试）公司青年人才培养方案。

分公司各队（室）的月度计划就是各部门的月度绩效目标，部门月度计划的达成得分就是各部门的月度绩效得分，直接应用于各队（室）月度绩效奖金的计算。

由于计划考核与绩效考核在月度上的紧密结合，很好地激励了各部门对项目计划的重视，实现了目标的统一，同时也赋予了计划专职人员有效而正式权力。

2020 年变检公司生产技改类项目较 2019 年增长约 20%，基建项目稳中有升，通过施工经营绩效联动体系建设圆满完成了 2020 年的施工任务。在人员没有增加的情况下实现全年产值 2.46 亿元，较 2019 年增长 23%，实现毛利 4876 万元。

四、应用前景

（一）形成适合发展的企业文化

在大数据背景下，企业进行人力资源绩效管理创新有利于形成适合发展的企业文化，因为大数据影响深远，企业大部分部门都非常熟悉大数据时代的信息技术应用问题，而且对于信息技术的应用也不再陌生，应用数量不断增加。因此，如果在此基础上对人力资源的绩效管理进行创新，并利用相关技术，能够减少面对面沟通过程中产生的沟通问题，能够节省沟通与交流的时间，从而提升工作效率。在该过程中，员工与员工之间、员工与领导之间、员工与客户之间都可以形成网络技术沟通的习惯，从而使沟通更有默契，促进形成良好的企业文化，促进企业实现可持续发展。

（二）激发员工积极性，提高工作效率

目前，企业的经营和发展与员工的积极性和参与度等密切相关，因此，在企业的人力资源管理工作中，要对绩效管理进行创新，激发员工的工作热情，并不断提高各项工作的实际效率。21世纪是信息化深入发展的关键时期，大数据时代已经来临，使各个行业都需要调整行业发展的原有状态，积极适应大数据时代发展的新要求和新挑战，从而推动企业的各项工作顺利开展。基于大数据的各种优势，企业可以及时掌握员工的工作情况，并发现员工存在的不足之处，进而针对性地根据不同员工的情况和工作状态制订科学的人力资源管理方案，从而提高员工的工作效率。

从本年度的实施来看，我们对大数据的信息利用率还处在初级阶段。建议从数据工具入手，可以针对现市场上有的软件入手，如Access等，构建企业自己的绩效考核数据库，从而完成数据构架和数据联动，方便绩效考核成绩的应用。

另要强调绩效考核的数据化应用。对于大数据来说，数据管理应当是一个闭环。具体到绩效管理的考核来说，工作流程应当是：首先，编制绩效考核责任书，明确量化的绩效考核数据；其次，搜集绩效考核业绩完成情况，将其量化成具体数据，并根据相关评分标准进行分数计算；最后将绩效考核结果进行数字化处理，并强调绩效结果的反馈和绩效的运用。

综上，大数据就是打破存储壁垒，对企业多年积累的业务、财务在数据爆发的时代背景下，每个企业都已经重新开始确立自己的定位，将对数据资源的整合及分析归置到核心战略中。对于企业发展而言，基于大数据技术的绩效管理变革是新时代的客观要求，其本身作为尖端科技发展的典型代表，因而对企业是一次莫大的机遇。基于大数据支持的企业绩效、市场和人事方面的信息进行深入挖掘和分析，从而发现阻碍发展的症结所在，再对症下药，解决问题。尤其对集团企业而言，这大大便捷了其管理，对庞大数据的处理更加得心应手，

确保了公司利益和员工利益平衡。但是值得客观指出的是，发展是一把双刃剑，它本身带来机遇的同时还伴生着挑战，对企业而言，长期形成的绩效管理模式根深蒂固，思想行为上甚至已经形成定式，改革必将对企业传统制度形成挑战。

电力企业股权多元化涉税问题研究

卢　蕙　胡倚翰　李南萍　陈文斐　张诗云　叶婉励

一、研究背景及意义

推进中央企业在集团层面实施股权多元化，是国资国企改革的重要目标之一。《中共中央国务院关于深化国有企业改革的指导意见》（以下简称《指导意见》）提出，"加大集团层面公司制改革的力度，积极引入各类投资者实现股权多元化"。《指导意见》提出集团层面股权多元化改革并非只是要进行股权主体的变革，而是要探索建立不同于国有独资企业的体制机制。

国企改革已历经多年，当前仍要继续推进相关改革。相比于 40 多年前执行指令性计划的工厂制企业，当前国企改革的对象是国有企业集团，改革则是变革国有企业集团的治理方式，由国资委对国有企业集团的独家管理走向国资委与其他股权投资者的共同治理。要实现这样的转变，需要对国有企业集团母公司进行混合所有制改革，将国有独资集团母公司改革为国有产权与其他产权共同持股的集团母公司。

混合所有制是国企改革的重要突破口。集团母公司混合所有制改革后，就要由国有产权与其他产权投资者共同派出董事来建立董事会，这时，国资委就不再对国有独资母公司履行出资人职责，而是依据《中华人民共和国公司法》对混合所有制母公司的国有产权履行出资人职责，并向混合所有制母公司派出董事，同其他产权投资者一起参与董事会建设。集团母公司这种治理方式的变革，将有效改善集团母公司的公司治理，提升其治理水平，进而提高企业的经营效率。

同时，国资委对混合所有制国有产权履行出资人职责后，将实现其真正意义上的职能转变，从而对目前的国有资产监管机构进行改革，形成以管资本为主的国有资产监管体制。集团母公司混合所有制改革后，其国有产权需要有相应的持股者，而国资委则不宜持有股权，这需要有专司持有国有股权的机构，这个机构就是国有资本投资运营公司。国有资本投资运营公司为国有独资，由国资委直接管理，它的职责是：持有并管理国有独资或混合所有制企业的国有产权；拟订国有产权在公司制企业中进入或退出的方案，报国资委批准后操作实施；监测国有产权出资企业的运营状况等。

二、股权多元化改革综述

（一）股权多元化的概念

股权多元化就是放开一部分国有企业（主要是竞争性领域国企）的产权，让民营资本进入，股权结构涵盖了国有、民营、专业投资者、经营管理团队等，让这部分国有企业真正实现市场化。

（二）股权多元化改革的目的

股权多元化改革的根本目的不是解决资金问题，也不是解决技术引进问题，而是通过改变大多数国有企业的单一产权性质和单一产权结构，为企业发展注入新的活力。具体地讲，就是通过推进股权多元化改革，将我国目前过高的国有资产比重降到一个合理的水平以激发国有企业的整体活力。

（三）股权多元化改革的原则

1. 事关重大，须由政府直接主导

国有企业股权多元化是事关国有资产产权的重大事件，是一个国家或地区经济生活中的重大事件，是国家财产所有权的改变。面对如此重大事件，政府必须大力主导，不能完全交给企业。国有企业如果是一般地引进资金和技术，不涉及企业所有制的改变，经政府批准后，基本上可以由企业自行进行。但是，股权多元化改革不是引进资金和技术，而是涉及企业产权问题，随之而来的是企业控制权的变动，因此，应当格外慎重。

必须明确，国有企业的股权多元化是政府在一个时期内的重要任务，是政

府的职责，应当由政府主导。为此，第一，政府负责提出国有企业股权多元化的指导原则和实施方案，即由政府提出"路线图"，制定游戏规则。第二，政府负责指定相关专业机构进行资产评估，测定企业资产价值。第三，政府决定或批准控股资本进入。企业可以寻找并向政府推荐控股资本，但无权自行决定。第四，政府决定所属范围内哪些国有企业保留独资，哪些企业保持国有资本控股，哪些企业国有资本参股，哪些企业国有资本退出。第五，政府出面牵头组织各相关力量、部门进行谈判，最终完成改制。

2．合理选择引入资本

引入其他资本是推进股权多元化的关键环节。只有引入这种人格化的产权主体并且形成相当规模，国有企业单一产权结构才有可能发生显著变化。当我们对一个具体的国有企业着手进行股份制改造时，一般面对的是 4 类资本。

第一类是外国资本。在国有经济布局允许的产业范围内，国家鼓励外资并购或部分购买国有企业。

第二类是民营资本。从国家经济安全的角度讲，民营资本参与国有企业股权多元化的领域应当比外国资本更宽。

第三类是社会法人资本。主要是指各种投资公司和基金会。法人资本控股是西方国家股份制企业的主要表现形式。

第四类是企业员工资本。主要是指实行股权多元化改革的国有企业的全体职工的资本。企业员工资本应当是国有企业股权多元化改革的主要资本力量。国有企业股权多元化应当优先考虑企业员工资本入股直至控股。在企业员工资本参与条件不充分的情况下，再考虑其他资本。

3．准确评估资产价值

国有企业股权多元化改革，国有资产价格评估是第一步。国有资产能否如实评估，至关重要。只有如实评估资产，才能正确确定企业资产规模，为资产折股奠定基础，也才能根据资产份额进一步界定投资者的利益和风险。资产评估不实，无论是高估或低估，都将造成复杂后果。

正确评估国有资产价格是一个敏感而复杂的问题。价格过高，无法成交，国有企业股权多元化成为一句空话。价格过低，国有资产流失，民怨四起，政府形象受损，社会矛盾激化。因此，在推进股权多元化改革时，各级政府必须高度重视、严密组织企业资产价格评估工作。

4．不分内外公私，资本一律平等

经过股权多元化进入国有企业的各种资本，无论是内部资本还是外部资本，无论是公有性质的资本还是私有性质的资本，都是社会主义生产力的具体体现，应当一律平等对待，享有同等权利。在现代股份有限公司中，股权平等是最基本的一条原则。由于历史的原因，在我国股份制的实践中存在着一种极不合理的状况，即股权的不平等。国家有关部门将股份公司的股份按照投资主体划分为不同的股份，并按不同的股份将股东划分为不同的身份，即所谓国家股、法人股、个人股、外资股，等等。对于不同的股份资本，政府采取了不同的政策和不同的管理办法，形成了事实上的股权不平等。同股不同权，同股不同利，同股不同市，同股不同价，导致所有权结构的扭曲，上市公司股票价格的扭曲，给股权多元化改革工作和证券市场的健康发展带来了很多的隐患。必须真正实现资本一律平等，才能有效解决上述问题，顺利推进股权的用户工作健康发展。

（四）股权多元化与混合所有制改革的异同

股权多元化和混合所有制改革大量被提及并付诸实践，两者既有联系，又有区别。把握好这两个概念之间的异同，对有序高效推进改革是大有帮助的。

从共同点来看，主要有以下3个方面：一是外延相通。两者都是国资国企改革发展的重要内容、途径和方式，是共同统一在深化国有企业改革发展实践之中的。二是目标相同。两者都是希望不同股东提供资源和能力，发挥各自优势和专长，通过体制、机制和管理等全方位变革，以达到推动和实现企业更好更快发展的目的。三是形式相近。两者都需要打破单一股东的产权架构，同一所有制经济下的多个股东或不同所有制经济下的多个股东，共同持股形成新的产权架构，强调相互融合、取长补短、形成合力、协同发展。

从不同点来看，主要有以下3个方面：一是通用性不同。国际视野下，运用更多的是股权多元化的概念，而较少提及混合所有制改革。例如，美国是"政府管理下的自由经济"模式，日本是"政府指导型的市场经济"模式。这些模式，更多是从产权角度进行界定和使用。而混合所有制及其改革是更具有中国特色社会主义市场经济的改革内容之一。二是内涵不同。股权多元化强调产权构成的多元化、多样性，而不是单一化、唯一性，并不强调持股方的所有制经济性质，既可以是国有股东间相互持股，也可以是国有、其他股东间相互持股。混合所有制改革正如《国务院关于国有企业发展混合所有制经济的意见》（以下简称《混改意见》）中指出的，"国有资本、集体资本、非公有资本等交叉持股、相互融合的混合所有制经济，是基本经济制度的重要实现形式"，强调出资方的不同所有制经济属性。三是侧重点不同。股权多元化是指股东构成的多样化，着重强调改造与实现的动态过程；而混合所有制改革是指基本经济制度实现形式的多样性，着重强调融合与发展的最终结果。

通过上述比较不难得出：股权多元化的内涵大于混合所有制改革的内涵。混合所有制改革一定是股权多元化的过程，而股权多元化并不必然带来混合所有制结构的形成。从此意义出发，混合所有制改革的实现过程与股权多元化相比，无论是在实现的形式、内容方面，还是在实现的要求、条件方面，都更为具体、明确和严格。但更应看到的是，两者之间还有很多共同之处，可以互为经验、参考、借鉴和支撑。在深化国有企业改革的实践中，更需要把两者统筹兼顾与有机贯通起来，而不应简单分离或者对立起来。

（五）股权多元化的方式

股权多元化的关键是吸收其他出资人，具体如下。

（1）引进战略投资（可以是地方国有资本、社会资本等）。

（2）引进社会投资（可以是自然人投资和法人投资，也可以是其他组织投资）。

（3）经营者股权，引入职业经理人参与经营管理以后，以现股、期股、期权等形式授予经营者股权，作为对经营者的激励，调动经营者的工作积极性，降低代理成本，以较少的成本获取人力资本。

（4）技术股权，可以是技术直接作价入股，用股权换取无形资产，形成企业的核心竞争力；也可以高薪聘请技术人员，在技术转化为产品、形成价值后，再授予他们股权，作为一种激励，这样企业就可以在获取必要技术的同时减少资金的支出。

（5）员工持股，员工股权不仅赋予员工主人翁责任感，可以增强其工作积极性，而且拓宽了企业的资本金来源，能够吸收员工持有的剩余资金。

三、电力企业股权多元化改革的方向及实施路径

（一）电力企业股权多元化改革的方向

1.引进来

引进来，顾名思义，即引入新的国有资本、民营资本、经营者股权、员工持股等股权成分，从而实现企业自身的股权多元化。主要采用增资扩股、合并、股权置换等路径实现引入战略投资、社会投资（可以是自然人投资和法人投资）等股权多元化的方式。

2.投出去

投出去，顾名思义，即将企业自身的股权、资产、债务等投入其他企业，从而在实现对方企业股权多元化的基础上实现企业自身的股权多元化。主要采用合并、股权置换、债务重组、出售转让等路径实现股权多元化。

3.内部优化

内部优化，顾名思义，即企业内部进行股权调整，从而实现企业自身的股权多元化。主要采用债务重组、内部调整等路径实现员工股权、经营者股权、技术股权等股权多元化的方式。

（二）电力企业股权多元化改革的实施路径

1.增资扩股

增资扩股是原有央企为了引入其他资本，促进中央国有资本与其他资本的合作，实现股权多元化，而采用的增加股本的方式。增资扩股方式也可以被称为引入战略投资者的方式。其他资本参与者的主体形式呈现多样性的特点，包括法人主体（有限责任公司、股份有限公司等）和非法人主体（有限合伙企业、个人等）。

2.并购重组

增资扩股的方式侧重增量的改革，而与此相对的并购重组重点在于存量的改革。并购重组方式是以股权为纽带，对国有企业原有资产和负债进行重新优化和调整，建立一个股权结构多元化的利益关联实体，改善企业内部权益和治理结构，优化管理。并购重组的方式包括：分立、合并、股权转让、置换和划转、资产转让或重组、债务重组等。

3.合并

合并包括吸收合并或新设合并。吸收合并方式的股权多元化一般适用于母公司吸收合并子公司或优势公司吸收合并劣势公司。其中母公司（或优势公司）为国有独资公司，子公司（或劣势公司）是股权多元化公司。一个母公司（或优势公司）要兼并一个子公司（或劣势公司），不一定非花钱把子公司（或劣势公司）整个买下来，可以把子公司（或劣势公司）的资产作为股份或股权吸收过来。这样，子公司（或劣势公司）的法人地位取消了，子公司（或劣势公司）的股东成为母公司（或优势公司）的股东，母公司（或优势公司）成为股权结构清晰、产权关系明确、投资主体多元化的公司，同时实现了资产规模和经营规模的扩张。新设合并与吸收合并相似。新设合并一般适用于两个优势公司。新设合并后，两个公司的法人地位都消失，原来两个公司的股东可以进入新的公司，新公司成为股权多元化公司。

4.股权置换

国有独资企业可以和自己有货物、原材料供销关系，或同业间有合作关系的公司，通过股权置换，形成相互持股的资本纽带关系。这种股权置换行为并不引起各个公司存量资产的任何变化，也不影响各公司的法人地位，只是部分资产的产权主体调换了位置，形成你中有我，我中有你的格局。股权置换是否成功往往取决于股权置换双方是否具有资源互补性。互补性强则容易成功，否则如果股权置换双方存在行业管理政策上的潜在矛盾，随着时间的推移，其股权置换结果往往以失败告终。所以，在决定进行股权置换之前，应该充分评价参与股权置换的公司在各种资源上的互补关系。

5.债务重组

国有独资企业的债务可划分为三大类：一是在银行的各类贷款；二是欠其他企业的债务；三是对企业内部职工的欠款，如集资款、工资、福利费等。银行贷款和财政借款，政府已出台了政策，对部分企业实施了债转股。对欠其他企业的债务，一般若是关联企业，经双方协商一致后，可转为股权。对欠企业内部职工的债务，经职工代表大会讨论通过并经职工本人同意，可成立职工持股会等持股平台间接或职工本人直接对企业持股。经过债务重组，企业负债率会大幅下降，有了充足的资本金，企业负担减轻，且实现了股权多元化。

6.出售转让

这种方式与股权置换相似，只不过是国家把国有独资企业自有的大量存量资产的一部分，出售转让给其他法人或自然人，国家获得转让收入，其他法人或自然人并不拿走买到的资产，而是把这些资产留在国有独资企业作为投资，自己则成为一个股东，国有独资企业从而实现股权多元化。这种方式一般适用于其他法人或自然人特别看中国有独资企业的业务渠道、销售网络、企业品牌情况。这种出售转让能否成功的关键在于国有独资企业内部员工是否愿意接受其他法人或自然人作为新股东。

7.员工持股

员工持股方式是国有企业通过一系列约定条款以合法的方式赋予员工选择获取该国有企业股票并长期持有的权利。员工持股的资金主要来自职工的薪酬及以自行筹措资金的方式来购买国有企业股票，在数额较大的情况下，还存在以引入杠杆的借款方式来筹措资金的情况。国有企业实行员工持股的股票来源主要有 5 种方式：竞价转让、定向受让、非公开发行股票再进行认购、回购二级市场上的股票和股东直接赠与股票的方式。

四、电力企业股权多元化实施路径的涉税分析

（一）增资扩股的涉税分析

在增资扩股实践中，增资扩股分为"平价增资""溢价增资""折价增资"3 种情况。具体的财税处理方式如下。

1."平价增资"的财税处理

"平价增资"是指新投资者投资入被投资企业的投入资金等于新投资者在被投资企业所占的投资比例乘以接受新投资者投资后的被投资企业的净资产公允价值，或者说，被投资企业的旧投资者在接受新投资者投资后的被投资企业所占的投资比例乘以接受新投资者投资后的被投资企业的净资产公允价值等于新投资者投资前的被投资企业的净资产公允价值。"平价增资"行为对被投资者企业的新旧股东都没有产生所得，因此，都没有产生纳税义务。

2. "折价增资"的财税处理

"折价增资"是指新投资入者投资被投资企业的投入资金小于新投资者在被投资企业所占的投资比例乘以接受新投资者投资后的被投资企业的净资产公允价值，或者说，被投资企业的旧投资者在接受新投资者投资后的被投资企业所占的投资比例乘以接受新投资者投资后的被投资企业的净资产公允价值小于新投资者投资前的被投资企业的净资产公允价值。"折价增资"后的被投资企业以后发生股权转让时，计算股权转让所得的历史基础是不变的，而且股权转让价格是以后发生股权转让时点的公允价，不会发生国家税收流失的问题，到目前为止，因"折价增资"后的被投资企业的新股东拥有的净资产溢价没有征税的法律依据，不征收所得税。

3. "溢价增资"的财税处理

"溢价增资"是指新投资者投资入被投资企业的投入资金大于新投资者在被投资企业所占的投资比例乘以接受新投资者投资后的被投资企业的净资产公允价值，或者说，被投资企业的旧投资者在接受新投资者投资后的被投资企业所占的投资比例乘以接受新投资者投资后的被投资企业的净资产公允价值大于新投资者投资前的被投资企业的净资产公允价值。"溢价增资"后的被投资企业以后发生股权转让时，计算股权转让所得的历史基础是不变的，而且股权转让价格是以后发生股权转让时点的公允价，不会发生国家税收流失问题，到目前为止，因"溢价增资"后的被投资企业的旧股东拥有的净资产溢价没有征税的法律依据，不征收所得税。

（二）合并的涉税分析

第一，增值税方面。企业吸收合并，被合并方原有的资产发生转移，被合并企业股东换取合并企业的股权或非股权支付。与一般销售货物、不动产、无形资产有着本质的区别：企业吸收合并是将企业资产、债权、债务和劳动力一并转让。根据《财政部、国家税务总局关于全面推开营业税改征增值税试点的通知》（财税〔2016〕36号）的规定，在资产重组过程中，通过合并、分立、出售、置换等方式，将全部或者部分实物资产，以及与其相关联的债权、负债和劳动力一并转让给其他单位和个人，其中涉及的不动产、土地使用权转让行为不征收增值税项目。也就是说，尽管货物、房产与土地所有权发生了转移，但在增值税上不认为是一种销售行为，不属于增值税的征税范围。

另外，企业合并时，如果被合并企业存在增值税留抵的，根据《国家税务总局关于纳税人资产重组增值税留抵税额处理有关问题的公告》（国家税务总局公告 2012 年第 55 号）的规定，增值税一般纳税人（以下称原纳税人）在资产重组过程中，将全部资产、负债和劳动力一并转让给其他增值税一般纳税人（以下称新纳税人），并按程序办理注销税务登记的，其在办理注销登记前尚未抵扣的进项税额可结转至新纳税人处继续抵扣。原纳税人主管税务机关应认真核查纳税人资产重组相关资料，核实原纳税人在办理注销税务登记前尚未抵扣的进项税额，填写《增值税一般纳税人资产重组进项留抵税额转移单》（一式三份），原纳税人主管税务机关留存一份，交纳税人一份，传递新纳税人主管税务机关一份。新纳税人主管税务机关应将原纳税人主管税务机关传递来的《增值税一般纳税人资产重组进项留抵税额转移单》与纳税人报送资料进行认真核对，对原纳税人尚未抵扣的进项税额，在确认无误后，允许新纳税人继续申报抵扣。

需要注意的是：原纳税人留抵税额结转抵扣的前提必须是全部资产、负债和劳动力一并转让，必须按程序办理注销税务登记，只有在申请办理注销税务登记时，才能在注销前将尚未抵扣的进项税额结转至新纳税人处继续抵扣。

第二，土地增值税方面。土地增值税是指对土地使用权转让及出售建筑物时所产生的价格增值量征收的税种。企业吸收合并，相应被合并方不动产及土地使用权应当过户到合并方。《财政部国家税务总局关于继续实施企业改制重组有关土地增值税政策的通知》（财税〔2018〕57 号）规定：按照法律规定或者合同约定，两个或两个以上企业合并为一个企业，且原企业投资主体存续的，对原企业将国有土地、房屋权属转移、变更到合并后的企业，暂不征土地增值税，但不适用于房地产开发企业。

第三，企业所得税方面。吸收合并对于合并方来说，主要是一种支付行为，所以一般不涉及税收问题（非货币性资产支付一般需要视同销售）；对于被合并方来说，企业被合并注销后，企业资产被兼并转移，相应涉及企业所得税的处理。被合并企业的企业所得税处理，分为一般性税务处理和特殊性税务处理两种处理方法。根据《财政部、国家税务总局关于企业重组业务企业所得税处理若干问题的通知》（财税〔2009〕59 号）的规定，一般性税务处理：合并企业应按公允价值确定接受被合并企业各项资产和负债的计税基础。被合并企业应按清算进行所得税处理（《财政部、国家税务总局关于企业清算业务企业所得税处理若干问题的通知》（财税〔2009〕60号）第二条第二款"企业重组中需要按清算处理的企业，应进行清算的所得税处理"、第四条"企业的全部资产可变现价值或交易价格，减除资产的计税基础、清算费用、相关税费，加上债务清偿损益等后的余额，为清算所得"）。被合并企业的亏损不得在合并企业结转弥补。特殊性税务处理，可以选择对交易中股权支付暂不确认有关资产的转让所得或损失：合并企业接受被合并企业资产和负债的计税基础，以被合并企业的原有计税基础确定；被合并企业合并前的相关所得税事项由合并企业承继；可由合并企业弥补的被合并企业亏损的限额＝被合并企业净资产公允价值×截至合并业务发生当年年末国家发行的最长期限的国债利率。可由合并企业弥补的被合并企业的亏损应不超过法定弥补期限。可由合并企业弥补的被合并企业的亏损的限额应按年计算。计算公式中的"被合并企业净资产公允价值"包括商誉。适用特殊性税务处理的条件为：具有合理的商业目的，且不以减少、免除或者推迟缴纳税款为主要目的。被收购、合并或分立部分的资产或股权比例符合本通知规定的比例。企业重组后的连续12个月内不改变重组资产原来的实质性经营活动。重组交易对价中涉及股权支付金额不低于其交易支付总额的85%。企业重组中取得股权支付的原主要股东，在重组后连续12个月内，不得转让所取得的股权。

另外，被合并方股东的企业所得税也同样区分一般性税务处理和特殊性税务处理。

一般性税务处理。控股合并：在控股合并中，应当确认股权转让所得或损失，出售股权所得价款与投资成本之间的差额全额确认为股权转让所得，而不是区分为股息所得和投资转让所得，应当全额并入当期的应纳税所得额。吸收合并或新设合并：吸收合并或新设合并、被合并方的股东需要进行所得税清算。被清算企业股东分得的剩余资产的金额，其中相当于被清算企业累计未分配利润和累计盈余公积中按该股东所占股份比例计算的部分，应确认为股息所得；剩余资产减除股息所得后的余额，超过或低于股东投资成本的部分，应确认为股东的投资转让所得或损失。

特殊性税务处理。控股合并：被合并方股东取得合并方股权的计税基础，以被收购股权的原有计税基础确定。即被合并方的股东无须确认股权转让所得或损失，无须缴纳所得税。被合并方股东应确认股权转让所得或损失，但应根据企业合并不同方式确定是否需要进行所得税清算处理。吸收合并或新设合并：合并各方在适用特殊性税务处理规定的情况下，被合并方的股东取得合并方股权的计税基础，以其原持有的被合并方股权的计税基础确定。即被合并方的股东无须确认股权转让所得或损失，无须缴纳所得税。被合并方股东既不需要确认股权转让所得或损失，也不需要进行所得税清算处理。

（三）债务重组的涉税分析

以债务转增资本清偿债务，应当分解为清偿债务和进行股权投资两项业务。

对于债务清偿而言，债权人所取得的股权的公允价值就是债务清偿的数额。

对于股权投资而言，债权人应当按照股权的公允价值核算对外投资，债务人应当按照股权的公允价值增加注册资本，不需要确认所得或损失，股权投资的计税基础以原债权的计税基础确定。企业的其他相关所得税事项保持不变。

（四）员工持股的涉税分析

员工持股，其实质就是企业股权结构调整，包括普通员工股权、经营者股权、技术股权等。员工作为自然人，通过股权交易成为股东。《混改意见》对员工持股方式做出了规定。持股员工可以个人名义直接持股，也可通过公司制企业、合伙制企业等持股平台持有股权。

1．个人直接持股方式

根据规定，个人转让限售股取得的所得，按照"财产转让所得"，适用20%税率征收个税。如果纳税人未能提供完整、真实的限售股原值凭证的，不能准确计算限售股原值的，税务机关可以核定征收。因此，员工直接持股时，限售股转让个税税率为20%，如按核定征收，税率为股权转让所得的20%×(1−15%)，即17%。

对于股息红利，如果是上市公司，目前执行股息红利差别化政策，员工长期持股的，在限售期内股息红利的个税税率实际为10%，解禁后股息红利的个税税率为5%。

自然人转让限售股、收到股息红利，都不需要缴纳增值税。

2．通过公司制企业持股平台

股权转让时，公司缴纳 6% 的增值税，以及城建税与教育费附加；公司取得股权转让收入后，按 25% 的税率缴纳企业所得税。员工持股平台公司分红时，自然人股东还需要缴纳 20% 的个人所得税。

3.持股平台

根据《关于个人独资企业和合伙企业投资者征收个人所得税的规定》（财税〔2000〕91 号），合伙企业每一纳税年度的收入总额减除成本、费用及损失后的余额，作为投资者个人的生产经营所得，比照"个体工商户的生产经营所得"应税项目，适用 5% ～ 35% 的五级超额累进税率，计算征收个人所得税。因此，合伙企业转让限售股时，合伙企业缴纳 6% 的增值税，以及城建税与教育费附加，自然人合伙人按 5% ～ 35% 的累进税率征收个人所得税。

自然人通过合伙企业持股时，取得的股息红利的个人所得税率为 20%。

通过上面的梳理，可以直观发现，员工持股通过公司制企业、合伙制企业等持股平台都存在一定的重复征税的问题，税负较高。而且大家还要注意一点，《混改意见》明确规定，持股平台不得从事除持股以外的任何经营活动，由此就进一步缩窄了持股平台进行税收筹划的可能空间。因此，单纯站在税收角度上看，员工直接持股对员工个人而言更加有利。

五、电力企业股权多元化税收筹划路径

（一）税收筹划概述

1.税务筹划的基本技术

节税筹划技术主要是根据税制构成要素进行的筹划，主要有：免税技术、减税技术、税率差异技术、分割技术、扣除技术、抵免税技术、延（缓）期纳税技术和退税技术等 8 种方法。

（1）免税技术同时也可归属于税额筹划技术的范畴，指的是纳税人在法律规范的前提下，通过合理安排经济活动，从事免税事项或成为免税人身份，并争取免税额最大和免税期限最长的一种税务筹划技术。

（2）减税技术同时也可归属于税额筹划技术的范畴，指的是纳税人在法律规范的前提下，采用合理的技术手段，减少应纳税额的一种税务筹划技术。减税技术在于纳税人尽量争取享受减税政策，扩大减税额和延长减税时间。

（3）税率差异技术同时可归属为税率筹划技术的范畴，指的是在遵守税法的前提下，利用税率的差异，减少税款支出的税务筹划技术。在开放的经济环境下，税率在不同的企业组织形式、不同的行业和地区中是不同的。往往税率的差异也体现了不同国家或地区的政策导向性。

（4）分割技术同时可归属于税基筹划技术的范畴。纳税人在不违反税法的前提下，采用合理的技术手段，将应税财产或应税所得分割给两人或多个纳税人，从而降低整体税负的税务筹划技术称之为分割技术。分割技术特别适用于累进税率的税务筹划。如果应税财产或应税所得采用的是累进税率征收所得税，将个人所得分割给两人或多人，可以减小个体的税基，从而降低了最高边际适用税率，起到了节税的效果。

（5）扣除技术同时也归属于税基筹划技术范畴。扣除技术指的是在不违反税法的前提下，尽量最大化纳税人税前可冲抵额，通过降低税基来达到节税的目的。

（6）抵免税技术同样可归属于税基筹划技术范畴。与扣除技术类似，抵免税技术通过降低税基来实现节税的效果，这指的是最大化抵免税额，最小化重复纳税额。

（7）延（缓）期纳税技术指的是纳税人在不违法的前提下，将收入的确认时间推迟、将税前扣除的时间提前等方式，尽量延（缓）纳税期限。这种税务筹划技术虽然不能真正减少应纳税款，但是却获得了资金的时间价值。

（8）退税技术也同时归属于税额筹划技术的范畴。退税技术指的是纳税人在法律规范的前提下，采用合理的技术手段，取得退税待遇并进一步使得退税额最大化的节税技术。

2.税务筹划的操作程序

税务筹划的操作流程指的是从筹划前设立目标到最后筹划实施、完成的全过程。一般情况下，企业税务筹划的操作程序如下。

第一步研究企业基本情况，包括企业的组织形式、财务信息、税负情况、发展现状、未来规划及企业对风险的态度等。

第二步收集、掌握企业相关财税政策，其中包括掌握本行业、部门的税收政策，理解国家税收政策的精神，收集类似成功税务筹划案例，争取税务机关的帮助与合作。如果有条件可以建立企业税务信息资料库，以备查阅。

第三步确立税务筹划目标同时进行可行性分析。税务筹划既要考虑全局，又要突出重点。经过分析，得出筹划空间比较大的税种并针对此税种设计筹划方案。

第四步建立税务筹划备选方案并模拟测算。根据税务筹划的目标，建立若干备选方案，并模拟测算筹划结果，定量分析。

第五步筛选并制订税务筹划方案。综合考虑税务筹划风险的前提下，根据成本最低化和税后利润最大化的原则，筛选并制订方案。

第六步方案实施与控制。在众多备选方案中选择最有利企业的方案，在方案付诸实施的同时采用信息及时反馈机制，对方案的实施进行有效控制，及时调整。

第七步整理税务筹划资料，留存今后参考。

（二）股权多元化税收筹划路径

A公司（非房地产开发企业，一般纳税人）系某省电力公司全资子公司。根据国家电网有限公司要求，列入2020年度国有企业改革的对象之一。

1.场景一：公司进行股权多元化改革

根据工作安排，公司需要进行股权多元化改革，拟引入新法人股东。但由于公司实收资本过大，需要先行减资后，方可引入新股东。涉税政策分析如下。

（1）减资

减资本身不涉及税收问题，但若与场景二、三形成整体来看，公司可以选择将部分资产划转给省公司和全资子公司，且不取得对价的方式来实现减少实收资本。

（2）引入新股东

①模式一：增资扩股

新股东以货币形式增资扩股的，仅涉及新增"资金账簿"的印花税。《中华人民共和国印花税法》出台后，营业账簿不再区分资金账簿和其他账簿，按实收资本（股本）、资本公积合计金额的万分之二点五征收印花税。

新股东以非货币形式增资扩股的，涉税政策分析参见"场景二涉税政策分析"。

②模式二：股权转让

新股东受让省公司部分股权，仅涉及企业所得税，省公司根据评估价值确定股权转让所得，并入企业所得税汇算清缴。

2.场景二：公司拟将部分资产划转给母公司省电力公司

税法上的划转是指对100%直接控制的居民企业之间，以及受同一或相同多家居民企业100%直接控制的居民企业之间按账面净值划转股权或资产，具体包括以下四种情形。

（1）100%直接控制的母子公司之间，母公司向子公司按账面净值划转其持有的股权或资产，母公司获得子公司100%的股权支付。

（2）100%直接控制的母子公司之间，母公司向子公司按账面净值划转其持有的股权或资产，母公司没有获得任何股权或非股权支付。

（3）100%直接控制的母子公司之间，子公司向母公司按账面净值划转其持有的股权或资产，子公司没有获得任何股权或非股权支付。

（4）受同一或相同多家母公司100%直接控制的子公司之间，在母公司主导下，一家子公司向另一家子公司按账面净值划转其持有的股权或资产，划出方没有获得任何股权或非股权支付。

公司向母公司省电力公司划转部分资产，适用第（3）种情形，即100%直接控制的母子公司之间，子公司向母公司按账面净值划转其持有的股权或资产，子公司没有获得任何股权或非股权支付。母公司按收回投资处理，或按接受投资处理，子公司按冲减实收资本处理。母公司应按被划转股权或资产的原计税基础，相应调减持有子公司股权的计税基础。

涉税政策分析如表1所示。

表1 涉税政策分析（场景二）

税种				增值税及附加
结论	缴纳	动产		1. 货物：按照对应的税率计算应纳税额 2. 自己使用的固定资产：参见"自己使用的固定资产涉税处理总结表"（见表2） 3. 专利或非专利技术：按照适用税率计算应纳税额，符合条件的可免征增值税 4. 其他无形资产：按照6%的税率计算应纳税额
		不动产	自建	缴纳，以取得的全部价款和价外费用为销售额，简易征收按5%的征收率计算应纳税额；一般征收按9%的税率计算应纳税额
			非自建	缴纳，以取得的全部价款和价外费用减去该项不动产购置原价或者取得不动产时的作价后的余额为销售额，简易征收按5%的征收率计算应纳税额；一般征收按9%的税率计算应纳税额
	不征收			符合《国家税务总局关于纳税人资产重组有关增值税问题的公告》（国家税务总局公告2011年第13号）或《全面推开营业税改征增值税试点的通知》（财税〔2016〕36号）附件二第一条第二款第五项规定的条件
政策依据	动产			1.货物 （1）《中华人民共和国增值税暂行条例实施细则》（财政部国家税务总局令第50号公布，财政部国家税务总局令第65号修改） 第四条　单位或者个体工商户的下列行为，视同销售货物： （八）将自产、委托加工或者购进的货物无偿赠送其他单位或者个人。 （2）《营业税改征增值税试点实施办法》（财税〔2016〕36号附件一） 第二十七条　下列项目的进项税额不得从销项税额中抵扣： （一）用于简易计税方法计税项目、免征增值税项目、集体福利或者个人消费的购进货物、加工修理修配劳务、服务、无形资产和不动产。其中涉及的固定资产、无形资产、不动产，仅指专用于上述项目的固定资产、无形资产（不包括其他权益性无形资产）、不动产。 纳税人的交际应酬消费属于个人消费。 第二十八条第二款　固定资产，是指使用期限超过12个月的机器、机械、运输工具，以及其他与生产经营有关的设备、工具、器具等有形动产。 （3）《国家税务总局关于纳税人资产重组有关增值税问题的公告》（国家税务总局公告2011年第13号） 纳税人在资产重组过程中，通过合并、分立、出售、置换等方式，将全部或者部分实物资产，以及与其相关联的债权、负债和劳动力一并转让给其他单位和个人，不属于增值税的征税范围，其中涉及的货物转让，不征收增值税。 （4）《财政部国家税务总局海关总署关于深化增值税改革有关政策的公告》（财政部税务总局海关总署公告2019年第39号） 一、增值税一般纳税人（以下称纳税人）发生增值税应税销售行为或者进口货物，原适用16%税率的，税率调整为13%；原适用10%税率的，调整为9%。

税种		增值税及附加
政策依据	动产	2.使用过的固定资产 （1）《营业税改征增值税试点有关事项的规定》（财税〔2016〕36号附件二） 一、营改增试点期间，试点纳税人［指按照《营业税改征增值税试点实施办法》（以下称《试点实施办法》）缴纳增值税的纳税人］有关政策 （十四）销售使用过的固定资产。 一般纳税人销售自己使用过的、纳入营改增试点之日前取得的固定资产，按照现行旧货相关增值税政策执行。 使用过的固定资产，是指纳税人符合《试点实施办法》第二十八条规定并根据财务会计制度已经计提折旧的固定资产。 （2）《财政部国家税务总局关于全国实施增值税转型改革若干问题的通知》（财税〔2008〕170号） 四、自2009年1月1日起，纳税人销售自己使用过的固定资产（以下简称已使用过的固定资产），应区分不同情形征收增值税： （一）销售自己使用过的2009年1月1日以后购进或者自制的固定资产，按照适用税率征收增值税； （二）2008年12月31日以前未纳入扩大增值税抵扣范围试点的纳税人，销售自己使用过的2008年12月31日以前购进或者自制的固定资产，按照4%征收率减半征收增值税； （三）2008年12月31日以前已纳入扩大增值税抵扣范围试点的纳税人，销售自己使用过的在本地区扩大增值税抵扣范围试点以前购进或者自制的固定资产，按照4%征收率减半征收增值税；销售自己使用过的在本地区扩大增值税抵扣范围试点以后购进或者自制的固定资产，按照适用税率征收增值税。 本通知所称已使用过的固定资产，是指纳税人根据财务会计制度已经计提折旧的固定资产。 （3）《财政部国家税务总局关于简并增值税征收率政策的通知》（财税〔2014〕57号） 一、《财政部国家税务总局关于全国实施增值税转型改革若干问题的通知》（财税〔2008〕170号）第四条第（二）项和第（三）项中"按照4%征收率减半征收增值税"调整为"按照简易办法依照3%征收率减按2%征收增值税"。 （4）《国家税务总局关于一般纳税人销售自己使用过的固定资产增值税有关问题的公告》（国家税务总局公告2012年第1号） 增值税一般纳税人销售自己使用过的固定资产，属于以下两种情形的，可按简易办法依4%征收率减半征收增值税，同时不得开具增值税专用发票： 一、纳税人购进或者自制固定资产时为小规模纳税人，认定为一般纳税人后销售该固定资产。 二、增值税一般纳税人发生按简易办法征收增值税应税行为，销售其按照规定不得抵扣且未抵扣进项税额的固定资产。

续表

税种		增值税及附加
政策依据	动产	（5）《国家税务总局关于营业税改征增值税试点期间有关增值税问题的公告》（国家税务总局公告2015年第90号） 二、纳税人销售自己使用过的固定资产，适用简易办法依照3%征收率减按2%征收增值税政策的，可以放弃减税，按照简易办法依照3%征收率缴纳增值税，并可以开具增值税专用发票。 3.专利或非专利技术 《营业税改征增值税试点过渡政策的规定》（财税〔2016〕36号附件3） 一、下列项目免征增值税。 （二十六）纳税人提供技术转让、技术开发和与之相关的技术咨询、技术服务。 1.技术转让、技术开发，是指《销售服务、无形资产、不动产注释》中"转让技术""研发服务"范围内的业务活动。技术咨询，是指就特定技术项目提供可行性论证、技术预测、专题技术调查、分析评价报告等业务活动。 与技术转让、技术开发相关的技术咨询、技术服务，是指转让方（或者受托方）根据技术转让或者开发合同的规定，为帮助受让方（或者委托方）掌握所转让（或者委托开发）的技术，而提供的技术咨询、技术服务业务，且这部分技术咨询、技术服务的价款与技术转让或者技术开发的价款应当在同一张发票上开具。 2.备案程序。试点纳税人申请免征增值税时，须持技术转让、开发的书面合同，到纳税人所在地省级科技主管部门进行认定，并持有关的书面合同和科技主管部门审核意见证明文件报主管税务机关备查。 4.除国有土地使用权外的其他无形资产 《中华人民共和国增值税暂行条例》（国务院令第691号公布） 第二条　增值税税率 （三）纳税人销售服务、无形资产，除本条第一项、第二项、第五项另有规定外，税率为6%。
	不动产	（1）《营业税改征增值税试点实施办法》（财税〔2016〕36号附件一） 第十四条下列情形视同销售服务、无形资产或者不动产： （二）单位或者个人向其他单位或者个人无偿转让无形资产或者不动产，但用于公益事业或者以社会公众为对象的除外。 （2）《营业税改征增值税试点有关事项的规定》（财税〔2016〕36号附件二） 一、营改增试点期间，试点纳税人〔指按照《营业税改征增值税试点实施办法》（以下称《试点实施办法》）缴纳增值税的纳税人〕有关政策 （二）不征收增值税项目。 5.在资产重组过程中，通过合并、分立、出售、置换等方式，将全部或者部分实物资产，以及与其相关联的债权、负债和劳动力一并转让给其他单位和个人，其中涉及的不动产、土地使用权转让行为。 （八）销售不动产。 1.一般纳税人销售其2016年4月30日前取得（不含自建）的不动产，可以选择适用简易计税方法，以取得的全部价款和价外费用减去该项不动产购

税种		增值税及附加
政策依据	不动产	置原价或者取得不动产时的作价后的余额为销售额，按照5%的征收率计算应纳税额。纳税人应按照上述计税方法在不动产所在地预缴税款后，向机构所在地主管税务机关进行纳税申报。 2.一般纳税人销售其2016年4月30日前自建的不动产，可以选择适用简易计税方法，以取得的全部价款和价外费用为销售额，按照5%的征收率计算应纳税额。纳税人应按照上述计税方法在不动产所在地预缴税款后，向机构所在地主管税务机关进行纳税申报。取得（不含自建）的不动产，应适用一般计税方法，以取得的全部价款和价外费用为销售额计算应纳税额。纳税人应以取得的全部价款和价外费用减去该项不动产购置原价或者取得不动产时的作价后的余额，按照5%的预征率在不动产所在地预缴税款后，向机构所在地主管税务机关进行纳税申报。 4.一般纳税人销售其2016年5月1日后自建的不动产，应适用一般计税方法，以取得的全部价款和价外费用为销售额计算应纳税额。纳税人应以取得的全部价款和价外费用，按照5%的预征率在不动产所在地预缴税款后，向机构所在地主管税务机关进行纳税申报。
税种		企业所得税
结论		免税
政策依据		（1）《财政部国家税务总局关于促进企业重组有关企业所得税处理问题的通知》（财税〔2014〕109号） 三、关于股权、资产划转 　　对100%直接控制的居民企业之间，以及受同一或相同多家居民企业100%直接控制的居民企业之间按账面净值划转股权或资产，凡具有合理商业目的、不以减少、免除或者推迟缴纳税款为主要目的，股权或资产划转后连续12个月内不改变被划转股权或资产原来实质性经营活动，且划出方企业和划入方企业均未在会计上确认损益的，可以选择按以下规定进行特殊性税务处理： 　　1.划出方企业和划入方企业均不确认所得。 　　2.划入方企业取得被划转股权或资产的计税基础，以被划转股权或资产的原账面净值确定。 　　3.划入方企业取得的被划转资产，应按其原账面净值计算折旧扣除。 （2）《国家税务总局关于资产（股权）划转企业所得税征管问题的公告》（国家税务总局公告2015年第40号） 　　一、《通知》第三条所称"100%直接控制的居民企业之间，以及受同一或相同多家居民企业100%直接控制的居民企业之间按账面净值划转股权或资产"，限于以下情形： 　　（三）100%直接控制的母子公司之间，子公司向母公司按账面净值划转其持有的股权或资产，子公司没有获得任何股权或非股权支付。母公司按收回投资处理，或按接受投资处理，子公司按冲减实收资本处理。母公司应按被划转股权或资产的原计税基础，相应调减持有子公司股权的计税基础。
税种		土地增值税
结论		缴纳

续表

政策依据	《中华人民共和国土地增值税暂行条例》（国务院令第138号发布、国务院令第588号修订） 第二条　转让国有土地使用权、地上的建筑物及其附着物（以下简称转让房地产）并取得收入的单位和个人，为土地增值税的纳税义务人（以下简称纳税人），应当依照本条例缴纳土地增值税。 第三条　土地增值税按照纳税人转让房地产所取得的增值额和本条例第七条规定的税率计算征收。 第四条　纳税人转让房地产所取得的收入减除本条例第六条规定扣除项目金额后的余额，为增值额。 第五条　纳税人转让房地产所取得的收入，包括货币收入、实物收入和其他收入。 第六条　计算增值额的扣除项目： （一）取得土地使用权所支付的金额； （二）开发土地的成本、费用； （三）新建房及配套设施的成本、费用，或者旧房及建筑物的评估价格； （四）与转让房地产有关的税金； （五）财政部规定的其他扣除项目。 第七条　土地增值税实行四级超率累进税率： 增值额未超过扣除项目金额50%的部分，税率为30%。 增值额超过扣除项目金额50%、未超过扣除项目金额100%的部分，税率为40%。 增值额超过扣除项目金额100%、未超过扣除项目金额200%的部分，税率为50%。 增值额超过扣除项目金额200%的部分，税率为60%。
税种	契税
结论	免征
政策依据	《财政部税务总局关于继续支持企业事业单位改制重组有关契税政策的通知》（财税〔2018〕17号） 六、资产划转 同一投资主体内部所属企业之间土地、房屋权属的划转，包括母公司与其全资子公司之间，同一公司所属全资子公司之间，同一自然人与其设立的个人独资企业、一人有限公司之间土地、房屋权属的划转，免征契税。
税种	印花税
结论	不缴
政策依据	《中华人民共和国印花税暂行条例》（国务院令第11号发布，国务院令第588号修订） 划转双方签订划转协议不属于印花税税目范围，无须缴纳印花税。

表2 自己使用的固定资产涉税处理总结表

销售行为		涉税核算	开票实务	账务处理
可以抵扣的固定资产	按规定抵扣过的固定资产	按正常适用税率征收增值税，适用一般计税方法可以按规定抵扣进项税额	可以按规定开具增值税专用发票	通过"固定资产清理"、"应交税费—应交增值税—销项税额"科目核算
	企业自身等原因可以抵扣但没有抵扣固定资产			
不可以抵扣固定资产	2008年12月31日以前未纳入扩大增值税抵扣范围试点的纳税人，销售自己使用过的2008年12月31日以前购进或者自制的固定资产	按销售自己使用过的固定资产简易征收增值税，不得抵扣进项税额	1. 按简易办法依3%的征收率，减按2%征收增值税，只能开具增值税普通发票 2. 放弃减税，按简易办法依照3%征收率缴纳增值税，可以开具增值税专用发票	通过"固定资产清理""应交税费—简易计税"科目核算
	纳税人购进或者自制固定资产时为小规模纳税人			
	2013年8月1日前购进自用的应征消费税的摩托车、汽车、游艇			
	营改增纳税人，营改增后购进不得抵扣固定资产			
	购进其他情况按规定不能抵扣进项税额的固定资产			
	营改增纳税人、纳入营改增试点前取得的固定资产	按简易办法依3%的征收率，减按2%征收增值税	按简易办法依3%的征收率，减按2%征收增值税，只能开具增值税普通发票	
销售旧货				按照销售处理

3.场景三：公司拟在当地成立相对控股（持股51%）子公司，并将部分资产作价入股投资到子公司

涉税政策分析如表3所示。

表3 涉税政策分析（场景三）

税种	增值税及附加（参见"场景一涉税政策分析"）
税种	企业所得税
结论	不超过5年期限内分期计入应纳税所得额;符合《财政部国家财税总局关于企业重组业务企业所得税处理若干问题的通知》（财税〔2009〕59号）规定的条件，免税

续表

政策依据	（1）《财政部国家税务总局关于非货币性资产投资企业所得税政策问题的通知》（财税〔2014〕116号） 一、居民企业（以下简称企业）以非货币性资产对外投资确认的非货币性资产转让所得，可在不超过5年期限内，分期均匀计入相应年度的应纳税所得额，按规定计算缴纳企业所得税。 二、企业以非货币性资产对外投资，应对非货币性资产进行评估并按评估后的公允价值扣除计税基础后的余额，计算确认非货币性资产转让所得。 企业以非货币性资产对外投资，应于投资协议生效并办理股权登记手续时，确认非货币性资产转让收入的实现。 三、企业以非货币性资产对外投资而取得被投资企业的股权，应以非货币性资产的原计税成本为计税基础，加上每年确认的非货币性资产转让所得，逐年进行调整。 被投资企业取得非货币性资产的计税基础，应按非货币性资产的公允价值确定。 （2）《国家税务总局关于非货币性资产投资企业所得税有关征管问题的公告》（国家税务总局公告2015年第33号） 一、实行查账征收的居民企业（以下简称企业）以非货币性资产对外投资确认的非货币性资产转让所得，可自确认非货币性资产转让收入年度起在不超过连续5个纳税年度的期间内，分期均匀计入相应年度的应纳税所得额，按规定计算缴纳企业所得税。 二、关联企业之间发生的非货币性资产投资行为，投资协议生效后12个月内尚未完成股权变更登记手续的，于投资协议生效时，确认非货币性资产转让收入的实现。 三、符合财税〔2014〕116号文件规定的企业非货币性资产投资行为，同时又符合《财政部国家税务总局关于企业重组业务企业所得税处理若干问题的通知》（财税〔2009〕59号）、《财政部国家税务总局关于促进企业重组有关企业所得税处理问题的通知》（财税〔2014〕109号）等文件规定的特殊性税务处理条件的，可由企业选择其中一项政策执行，且一经选择，不得改变。
税种	土地增值税
结论	暂不征
政策依据	《财政部税务总局关于继续实施企业改制重组有关土地增值税政策的通知》（财税〔2018〕57号） 四、单位、个人在改制重组时以房地产作价入股进行投资，对其将房地产转移、变更到被投资的企业，暂不征土地增值税。
税种	契税
结论	缴纳
政策依据	《中华人民共和国契税法》 第二条第三款 以作价投资（入股）、偿还债务、划转、奖励等方式转移土地、房屋权属的，应当依照本法规定征收契税。

税种		印花税
结论	不动产转移	不缴
	资金账簿	缴纳
政策依据	投资协议	《中华人民共和国印花税暂行条例》（国务院令第11号发布，国务院令第588号修订） 　　投资双方签订投资协议不属于印花税税目范围，无须缴纳印花税。
	资金账簿	《中华人民共和国印花税法》附件 　　营业账簿按实收资本（股本）、资本公积合计金额的万分之二点五收取。

4.场景四：子公司进行股权多元化改革

根据工作安排，子公司也需要进行股权多元化改革，拟引入新股东，并由管理团队持股。涉税政策分析如下。

（1）引入新股东，涉税政策分析参见"场景三涉税政策分析"。

（2）管理团队持股。

经职工代表大会讨论通过并经管理团队成员本人同意，可成立持股平台间接或由管理团队成员本人直接对企业持股。常见的持股平台模式：有限合伙、公司制（有限公司或股份有限公司），在理论上，持股平台还可以私募基金、信托计划、资管计划的形式存在（这三者亦被称为"三类股东"，统称"契约制"）。

涉税分析参见前述"员工持股的涉税分析"。

六、结语

发展股权多元化改革是实现混合所有制经济共同发展的有效途径，有利于各种所有制资本取长补短，协同发展。发展股权多元化改革是深化国有企业改革和推进现代企业制度的重要手段。通过股权多元化改革，引入民间资本参与投资，加强股东的外部监督，改进公司董事会的结构，采用更加市场化的管理机制，提高国有企业和经济的绩效。

立足于我国公有经济占主导地位，引入民间资本形成多元化投资主体。国有资本从竞争性领域退出，将其重心转向社会服务福利性和公共性建设行业，发挥作为国有企业在社会主义经济建设中应有作用。

以大智慧、大胸怀的态度通过增资扩股、吸收合并、股权置换、债务重组、出售转让等形式吸引民间资本收购合作，鼓励国有投资公司参与股份多元化改革。实现国有企业多种经济所有方式并存和各法人互持股份的企业股权多元化结构格局。

成立企业联合集团深化国有企业股权多元化改革，防止固化条块分割，建立跨区域防垄断的公司联合。加快金融信托行业发展，切实有效发展资本市场，以金融中介将债权转化为投资股权的方式规避区域限制。

股权多元化改革要以现代企业制度为依托，结合市场经济体制，与国有经济改革战略步调一致。转变政治职能，调节企业控股比例，合理调整国有经济进入和退出领域和战略。

完善社会保障制度，在国有企业股权多元化改革过程中，合理安排企业员工的工作变动和区域变动，保障工人的合法权益，同时保障地方区域经济建设不受影响，实现稳定的改革社会环境。

加强市场法规建设和国有资产管理立法工作，规范改革过程中的市场行为和国有资产管理，保证合作中介机构合法守法，对中介机构进行严格监督，实现股权交易公平公正，适当公开。

技改 EPC 工程项目管理模式创新与思考

孙伟军　叶　荣　汪金勇

一、引言

近年来，公司承揽技改 EPC 工程大量增加，将为公司创造新的利益增长点。技改 EPC 工程不同于常规基建工程，它有着工程体量小、工期短、跨越多等特点。在这种新业态下如何实现工程安全准点竣工、如何控制工程成本，实现预期的工期目标和效益目标，给工程项目管理提出了全新的课题。

为此，本课题就相关问题展开了研究，主要任务有：第一，加强项目管理，充分考虑现场各类影响因素，探究如何压缩管理成本，并提升利润空间；第二，针对工程点多、面广、风险点多等问题，研究如何培育一支精干的项目管理团队，以解决现场管理人员严重不足的突出矛盾；第三，面对工程条数多、计划进程快、工程分包成本高等困境，探讨如何合理控制成本、技经工作如何提前介入等问题。

针对以上存在的问题，拟从以下几个方面来进行思考：项目管理人员一岗多职、一岗多能，扁平化管理，重要工作专人负责，减轻项目管理压力；加强分包结算工作力度，确保结算工作科学、有序推进；在工程集群化、规模化的基础上，项目统筹工程计划进度，平稳投入核心分包人员，确保实现连续施工，减少人员进出场次数，实现工效最大化。

湖杭铁路涉及杭州地区的高压电力线路迁改工程作为公司体量最大的用户技改 EPC 工程，具有工程量大，涉及行政区域多，线路改造复杂、停电施工难度大和多条工程之间穿插作业频繁等特点。该工程涉及 500 千伏线路有 6 条，其中，中泰街道 2 条，仁和街道 4 条；220 千伏线路有 13 条，其中在余杭区中泰街道有2条，余杭区仓前街道有4条，余杭区仁和街道有3条，在西湖区有3条，临安区1条。总计新建基础、杆塔96基，架线（折单）44.092千米；拆除旧塔73基，线路（折单）30.404千米。根据浙江省电力有限公司、杭州供电公司的停电计划及湖杭铁路公司的工期节点要求，整个项目的施工工期为2020年3月—2020年10月，除杭岭线在12月初停电外，项目主体的工期为8个月。

二、项目组织机构优化

为确保圆满完成繁重的施工任务，项目部结合现场施工管理需要和人员配置实际情况，及时调整各岗位人员，进一步明确每个人的职责和工作范围，重申了在整个施工过程中，所有管理人员工作应互补，确保及时、高效完成任务的原则。项目组织结构如图1所示。

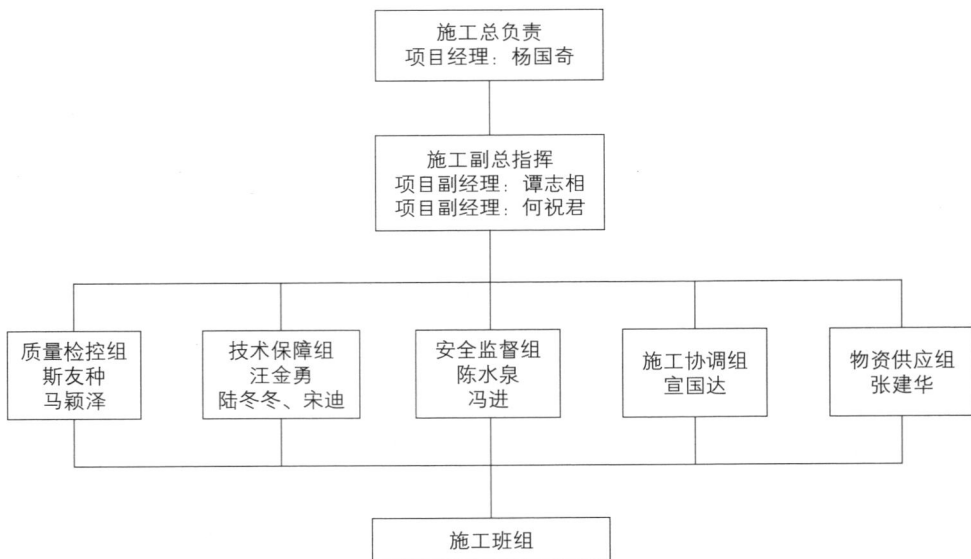

图1　项目组织结构

通过岗位设定和职责调整，项目部实现了组织结构优化，管理人员一岗多职、一岗多能，现场施工扁平化管理，重要工作专人负责，一般管理工作权限下沉，减轻项目管理压力的目的。这一管理理念通过在现场的落地执行，充分调动、发挥了全体管理人员的工作积极性，有效解决了人员相对不足的困难。

优化后的组织结构如图 2 所示。

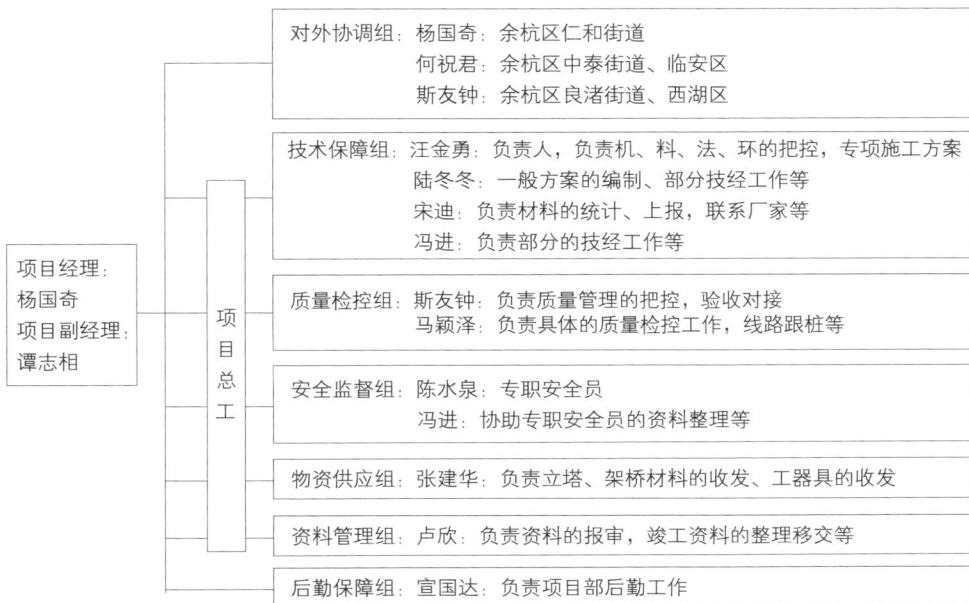

图 2　优化后的项目组织结构

三、深化技经管理工作

（一）严格分包采购，科学编制分包限价

　　线路工程情况复杂，从工程规模、杆塔塔型、导地线规格、地形地貌、政策处理环境、材料供应情况、工期要求和气候影响等方面来看，没有哪两条线路工程是一模一样的。因此，分公司在分包成交价的编制过程中，高度重视费用编制的科学性，通过对现场充分进行踏勘、合理安排施工计划的前提下，充分考虑到施工班组投入、工期长短、管理需求、分部分项工程转序衔接等因素，统筹编制分包价格。

（二）加强过程监管，科学安排施工计划，合理控制各项合同外费用

　　过程监管是最终能否实现分包成本下降的重要影响因素之一。结合以往分包结算的工程分析，结算增加的费用主要由合同内工程量增加，如杆塔总吨位量增加等；合同外工作量，如验收配合、临时电缆展放、跨越索道封网、电力

线下线等；现场因政策处理和材料供应不及时导致的误工、停工产生的人员重复进出场、超合同工期产生的分包单位房租费、车辆使用费、管理费等增加情况。

针对上述费用的发生，项目部科学制订施工计划，通过分部分项工程按期完成的方式来实现分包费用下降的目的。

（三）严肃对待竣工分包结算，以事实为依据，签证为基础，全面控制分包总体成本

正确认识到竣工分包结算并不只是竣工以后才着手开始的工作。除了常规的竣工考核、工器具丢失扣款等，分包结算最重要的部分——经营联系单签证其实是贯穿整个施工过程的，这也是联系单"月结月清"制度的重要性和必要性所在。

四、科学安排施工计划，确保工程按期圆满完成

（一）工期拖延的不利后果

1.工程直接成本大幅度增长

工程按合同工期竣工投产，既是业主对施工单位的要求，更是施工单位控制工程成本、实现经济效益最大化的重要保障条件之一。

从工程直接成本的组成科目来看，工期拖延将直接导致人工费、车辆使用费、临时设施费、仓储保管费、差旅费、办公费、临时劳务费和招待费等成本的增加。

2.管理人员受牵制

超工期施工的项目往往并非全线路完全停工，这就对项目部、施工队的管理人员产生了明显的牵制。现场虽然工效不高，但相应的职能管理人员却一个不能少，不能发挥应有的管理效应，间接促使人力资源的浪费。

3.工器具积压降低固定资产周转率

停工、误工，现场大量的工器具积压不能正常发挥作用，甚至因此打乱公司范围内总体的工器具流转计划，造成连锁反应。

4.由于人员的不稳定带来的安全、质量隐患

当工程推进缓慢，项目部要求分包单位反复进出场时，对于分包班组和核心分包人员的控制极其困难，原有劳务班组更换、骨干人员变更等增加安全管理难度。施工的不连贯和人员的不稳定，在现场就有可能造成工艺执行不到位，质量管控不严格等问题，容易造成质量隐患。

5.分部分项工程界面不清，造成分包工效严重降低

基础、立塔和架线之间是一种相互依存和延续的关系。若当前分部分项工程不能按计划节点时间完成，势必对后续施工造成影响，出现基础、立塔和架线同步施工的情况。为了确保工程按时竣工投产，项目部往往会投入大量的劳务班组进行抢建施工，而这部分班组受制于基础完工工程量的影响，不能完全发挥施工能力，导致工效降低。

（二）按期竣工工程的优点

针对之前的弊端，项目部在有效避免或降低影响的基础上，实现了按期竣工所特有的优点。

1.加快资金流转，降低公司总体资金压力

工程按期竣工，就能及时开展竣工决算，回收工程尾款，确保收支整体趋于平衡，有效缓解单项工程资金压力。

2.有利于缩短人才的培养周期

一个优秀的项目管理人才一般需要经历多个基建工程的锻炼和培养。工期刚性执行，有利于青年员工在相同的时间内接触更多的具有不同特点、难度和要求的工程，面对更多的业主、监理和其他相关管理单位，解决更多的技术、质量和管理难题，这样将加快人才的培育速度，缓解公司人才断层的问题。

3.对于核心分包队伍、核心劳务班组的培育具有积极的作用

随着国网基建改革12项配套措施的落地、执行，对于核心分包单位的培育、核心班组的管控和核心人员的考核，将成为现场一项持续性、全员性的重要工作。而生产任务的不稳定导致劳务班组流动性加剧，给现场管理带来不可预见的困难。

五、技改 EPC 工程工期管控的优化建议

（一）重点监控，协力推进，针对重大困难充分发挥合力作用

影响工期刚性执行因素众多，虽然对应各种情况项目部也有专职管理人员，但应对重大困难，单凭项目部、分公司的管理力量就显得相对薄弱。在湖杭迁改工程中，500 千伏安仁 5827 线 / 安和 5828 线改造工程新建杆塔 17 基，总重量达到 3021 吨，其中单基重量超 200 吨的 6 基，最重的杆塔 286 吨，为了确保工程的顺利推进，项目部采取了人工和吊机混合作业"两班倒"的模式，正是在所有工程参建单位和上级领导高度重视和大力支持下，群策群力，最终得以顺利完成施工任务。

（二）工期刚性执行的几个关键节点

工期刚性执行就是施工计划的严格施行，工程从开工到竣工的整个过程中，有以下几个关键节点需要我们重视。

1.高度重视施工计划的编制

计划编制的过程，本身就是梳理工作重点要点的过程。它反映了项目主要人员对资源把控和整合的能力，反映了项目主要人员对可能影响施工的要因预判能力。计划，明晰了阶段性重点工作的时间节点，避免在项目实施过程中少走弯路，达成事半功倍的效果。此外，一个切合实际行之有效的计划，能将所有资源有效集成从而达到效益的最大化产出。同样，计划的不合理，是对资源的最大浪费，更难以确保工期的刚性执行。

2.严格控制认真实施

分包队伍的选择，施工任务的划分是项目前期关注的要点。工器具配置合理、材料供应及时是保障，努力营造良好的施工内外部环境。对内，加强管理，营造按章办事、按图施工氛围，减少因返工造成不必要的工期延长。对外，加强沟通，最大限度争取当地政府、属地公司的支持，及时催要施工图、甲供材料，解决设计等问题，为工程有序实施创造良好的外部条件。

3.及时纠偏良性推进

线路施工因牵涉面广，偶发因素多，常常出现施工难以按计划实施的情况发生。因此，对偶发因素提前预判并制定补救措施，显得尤为重要。可以说，

处理突发事件，是对项目部平时工作和能力的最好检验。

湖杭高铁迁改工程是目前为止，公司承接合同额最大的用户技改工程，其施工难度之高，任务之重，投入之巨均创下了同类工程的新高。工程的圆满完成，充分验证了现场管理的科学性和有效性，可为同类工程提供借鉴。

面向"物联网+"的电力施工装备全寿命周期管理

高优梁　王　霖　张欣阳　郑伟伟　向星雨　沈仕洲

一、引言

国网浙江省电力有限公司是国家电网有限公司的全资子公司，以建设和运营电网为核心业务，是浙江省能源领域的核心企业。2020年底，国网浙江省电力有限公司下辖11家地市供电公司、19家直属单位和68家县级供电公司；拥有110千伏及以上输电线路6万千米、变电容量4.71亿千伏安；已建成1000千伏变电站3座、变电容量1800万千伏安，±800千伏直流换流站2座，换流容量1600万千瓦；供电服务人口超过5800万。在服务于浙江经济社会发展、加快浙江电力工业发展中，国网浙江省电力有限公司不断成长壮大。公司荣获全国文明单位、中国一流电力公司、全国五一劳动奖状、电力行业AAA级信用企业、全国电力供应行业排头兵企业、浙江省工业大奖金奖等称号。

2018年8月，国网浙江省电力有限公司针对装备管理领域缺乏全程系统管理、与实际业务融合度不足等问题，启动了电力施工装备管理提升专项工作，并在浙江省送变电工程有限公司建立试点。在推进过程中，逐步形成了适应电力行业发展的全寿命周期装备管理的雏形，并对管理模型持续优化完善。2019年3月，国网浙江省电力有限公司紧密结合国网公司提出的物联网建设目标，对前期工作成果进行提炼总结，最终形成面向"物联网+"的电力施工装备全寿命周期管理模式。

二、实施背景

（一）规划企业装备管理发展路径的必然趋势

随着我国电网的快速发展，电网资产规模迅速扩大，如何突破传统装备管理模式的束缚，探寻提高电网安全稳定运行能力和资产盈利能力、延长电网经济寿命的新途径和新方法，成为电网企业亟待解决的关键问题。装备全寿命周期管理作为国际上一种先进的管理理念和决策方法，通过对采购、安装、使用、维修、保养直至退役等全过程的统筹管理，在装备安全可靠运行和满足使用需求的条件下，有效提升企业对装备管理的精细化程度和综合管理能力。近年来，国际上一些大型企业不断持续加大对装备全寿命周期管理模式的投入力度，根据国际后勤装备组织 2019 年公布《全球装备管理发展预测报告》显示，截至 2025 年，全寿命周期管理能够为全球装备企业节约数以万亿的管理成本，经济效益突显。国网浙江省电力有限公司作为电力施工装备密集型企业，推动企业装备全寿命周期管理将是未来发展的必然趋势。

（二）转向数字经济时代发展战略的主动选择

随着全球进入数字经济时代，新的生产关系和经济形态正在形成。物联网作为新型战略资源和数字经济时代的战略高地，日益成为世界各国价值再造的核心要素与经济发展的新动能。我国大力实施国家物联网战略、加快推进数字经济时代发展战略，要求构建以"万物互联"为关键要素的数字经济，推动实体经济和数字经济融合的同向发展。目前，国内许多企业已将物联网建设作为核心发展战略目标，利用"万物互联"有效支撑主营业务开展及新型业务开拓。国网浙江电力公司作为一家大型电力企业，经过长期的发展，拥有着十分庞大的电力施工装备基础，通过积极推进物联网建设的实施和落地，打通物与物之间的数据封锁，更好地将电力施工装备管理数据与实际业务深度融合，实现业务与数据价值创造的最大化，在转变发展战略上，主动把握数字经济时代的发展红利。

（三）突破电力施工装备管理瓶颈的迫切需要

根据调查研究，目前电力行业施工装备管理普遍存在以下几个痛点：一是装备选型购置与日常维护脱节。二是安全运行目标控制与成本控制脱节。三是过程管理不连续,与实际业务管理衔接存在人为割裂。四是人工成本逐年递增,综合管理效率提升不明显。随着近年来对装备管理的要求不断提高,对于装备管理的信息化支撑力要求也随之提升,上述痛点对电力企业在装备管理领域造成了前所未有的内外部压力。为全面提升国网浙江省电力有限公司电力施工装备全过程系统性的信息化管理水平,同时配合国网浙江省电力有限公司"十四五"战略规划的整体发展要求,有力支持多元融合高弹性电网建设的发展战略需要,亟须实现装备全寿命管理与实际业务深度融合,提供装备日常管理、调度管理、使用管理等能力,全面提升装备智能管理的信息化水平,提高电力施工装备的综合有效利用率,突破电力施工装备管理瓶颈。

三、内涵和主要做法

依据国家电网公司战略目标,贯彻现代企业"创新、协同、共赢、开放、绿色"的创新创建发展理念,统一指导思想、工作目标和规划蓝图,构建了面向"物联网+"的电力施工装备管理平台全寿命周期管理模型。这套管理模型汇集智慧物联信息,全面提升了电力施工装备业管理与实际业务融合、协同交互的能力;优先建立电力施工装备思维评价体系,提高电力施工装备质量,优化完善采购策略机制,保障电网设备安全稳定运行,创新管理方法,全方位提升电力施工装备管理效益;电力施工装备管理平台通过与电力工程设计企业、电力工程施工企业多源信息共享,实现产业链上下游多方信息的深度交互和价值提升,充分聚合工程设计要求、施工工艺、质量、进度等装备生产大数据信息,对内与公司内部业务系统贯通,为各专业提供质量控制、服务协同、数据挖掘等各维度的全过程信息服务,依托新平台,强化电力施工装备生态圈实时交互的协同能力,构建优势互补、互利共赢的服务生态,以内外部需求为驱动,以电力施工装备供应链为主线,以需求侧引领供给侧及配套服务第三方等合作伙伴的核心利益为诉求,向数字化经济时代发展企业转变。

主要做法如下。

（一）明确电力施工装备管理的指导思想和主要目标

1.统一指导思想

围绕公司"走在前，作示范，建设具有中国特色国际领先的能源互联网企业的示范窗口"战略目标，以《中国制造2025》规划为引领，实施装备台账、主数据管理、装备调度管理、现场接收管理、送检管理、报废鉴定管理、使用轨迹管理的电力施工装备全寿命周期管理建设，构建电力施工装备管理平台，提升国网浙江省电力有限公司装备全面化、系统化、信息化的综合管理能力。构建起电力施工装备的四维评价体系，加强装备管理与实际业务深度融合的能力，进一步促进企业电力施工装备管理提质增效，加快实现企业向数字经济时代转变的进程。

2.明确主要目标

采用移动应用、地理信息等技术，完成电力施工装备全寿命周期管理平台实施工作，满足装备台账及主数据管理、装备调度管理、现场接收管理、送检管理、报废鉴定管理、使用轨迹管理、专题分析的需要，运用物联网、移动应用、地理信息、身份识别码等新技术，实现重大装备从入库到报废的全寿命履历追溯，实现装备从入库、送检、出库的全过程事件、状态、位置的追踪管理，同时建立完善的评价体系。基于大数据平台完成可视化展示各项综合分析主题应用实施工作。实现基于历年实际数据的专题分析的可视化、形象化展示，实现当前装备需求及资源分布情况展示，实现数据支撑式辅助决策。

（二）建立电力施工装备管理工作推进协同运转机制

针对公司力量分散、专业化和集约化水平不高等问题，通过在公司层面成立电力施工装备管理工作推进领导小组，加强对基层单位的纵向管控，同时强化业务部门和管理部门的协同运转，快速响应电力施工装备管理各方需求。

1.增设数据相关机构，强化统筹数据管理和应用

优化专业组织，增设数据相关机构。一是公司层面成立数据管理中心，领导组由公司主要技术负责人牵头，工作组由相关业务部门负责人组成，强化数据管理应用统筹。二是公司本部设立互联网部，并设置数据管理处；公司各部门设立"数据协调小组"，与现有部门合署；运维检修部（互联网部）设数据运维、数据应用、业务运维三组，强化数据管理应用和支撑保障，深化业务和数

据协同管理，强化基层单位数据治理和业务应用水平。

2.明确各级管理职责，深化业务和数据的横纵向协同

公司层面数据管理中心负责统筹开展数据治理和数据分析应用工作，制订总体工作实施计划与方案并组织实施，管控数据治理质量与进度；负责跨业务部门和单位的协调工作，统筹数据分析应用需求和成果应用，打破专业壁垒，推动各专业数据共享融合和数据分析成果共用。

横向协同方面，互联网部负责制定数据管理办法和规范，梳理流程机制；业务部门数据处负责汇集本部及基层单位业务需求，维护处理系统数据，推广数据分析成果应用，开展数据运维及数据分析工作。

纵向管控方面，公司负责数据管理及数据分析应用的顶层设计、整体规划与组织管理，处理全局性、系统性问题；下属公司负责结合本单位各自业务，制订工作实施计划和方案并推动落实，探索业务创新；基层单位侧重于数据质量源端治理和数据分析成果的落地应用。

（三）实施电力施工装备管理升级路径

1.建立电力施工装备管理体系

电力施工装备升级管理体系是围绕服务多元融合高弹性电网建设，以电力施工装备全寿命周期管理为一条主线，秉承"集约、开放、共享、合作、低碳"的理念，对当前电力施工装备进行升级改造，构建以物联网建设为导向的电力施工装备管理平台，促进电力施工装备质量管理、安全管理、仓储管理和物流管理四个方面提升，激活多元融合高弹性电网建设生态产业链电力数据蓝海，利用数据创造价值，创新创建两项增值服务：在企业内部建立以资产评价、质量评价、安全评价和效益评价为管理指标的四维评价体系，为企业内部管理提质增效和管理决策提供可靠依据；在企业外部建立面向电力施工装备制造企业、电力工程设计企业及电力工程施工企业提供一站式的数据服务。摒弃传统基础性行业的管理理念，主动融入市场向现代企业及专业型、智慧型、服务型企业升级。为全面实现电力物联网建设奠定坚实基础。电力施工装备升级管理体系建设目标如图1所示。

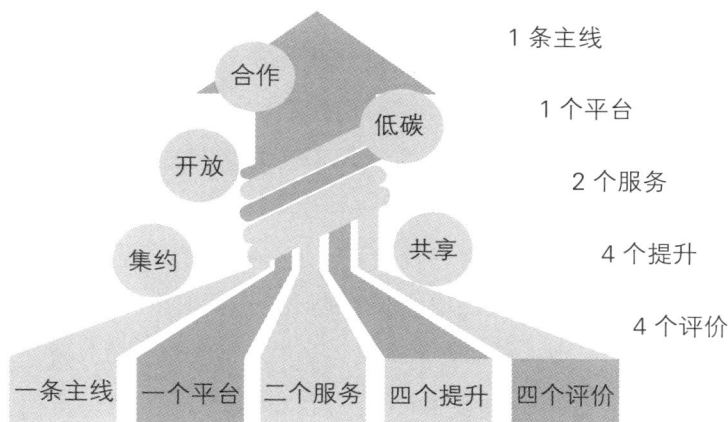

1 条主线
1 个平台
2 个服务
4 个提升
4 个评价

一条主线　一个平台　二个服务　四个提升　四个评价

图 1　电力施工装备升级管理体系建设目标

2.建立电力施工装备升级信息融合技术规范

电力施工装备产业链上下游企业融合的数据具有多源、异构、海量的特性，为实现多源异构数据的高效接入，解决多种类感知设备数据接入问题，研究模型命名、设备信息、数据结构等数据格式与协议的标准化；基于业务数据需求，分析不同品类、多种类电力施工装备数据的接入频率及接入方式；制定电力施工装备不同品类、多种类生产数据接入相关接口规范。在采购入库阶段生成电网资产实物ID，生成后不可变更，具备可追溯、需定位、独立个体、终身不变的特征，运用一个ID助力贯通，建立实现装备从入库、送检、出库的全过程事件、状态、位置的追踪管理，实现重大装备从购置到报废的100%全寿命履历追踪。截至目前，已制定《电力施工装备管理数据编码技术规范》等标准性文件（含正式稿件和送审稿件）10余项，该系列标准性文件是在遵循公司信息化体系架构的基础上，按照全面覆盖、轻松接入、简单适用和架构统一的原则制定的，为与其他相关物联平台互联，实现更广泛的互联打下良好标准化基础。

3.建立电力施工装备管理平台架构

以物联网技术为核心，构建电力施工装备管理平台。建设内容主要包括：多源数据管理中心、电力施工装备管理中心、可视化监测中心、四维评价管理中心和虚拟专家决策中心5个部分。多源数据管理中心为电力施工装备产业链上下游企业提供数据接入和共享服务，激活电力施工装备全产业链相关专业数据蓝海，消除信息孤岛和行业壁垒。电力施工装备管理中心直接参与电力施工装备全寿命周期的管理，包括电力施工装备管理的前期管理、过程管理和后期管理。可视化监测中心用于在线监测电力施工装备运行状态、分布状态和物流状态，为专业管理人员提供可视化管理服务，提高从业人员工作效率。四维评价管理中心通过采集电力施工装备全寿命周期管理过程中的相关数据，依据电力施工装备安全管理、质量管理、绩效管理和创新管理评价体系指标算法，分析评价电力施工装备在使用过程中的安全、质量管理缺陷，以及对运营绩效和提质增效进行评价，帮助企业管理者全面了解公司运营情况。虚拟专家决策中心是面向产业链上下游企业提供增值服务的模块，如对电力施工装备制造企业提供产品性能提升和对施工企业提供施工方案所用装备选型优化等。

（四）打造电力施工装备管理综合应用

打造一套"契合业务、运行稳定、操作简便、支撑有力"的信息化应用，重点是对公司整体的装备数据的管理，以及装备新增、日常业务、报废的全寿命全过程的智能管理，同时充分利用可视化和大数据分析技术，构建多维度分析主题，统计分析全省区域内装备的分布总览，如型式分布、年龄分布、资金来源分布、地域分布、利用分布等，结合实际使用记录、检测记录分析统计各类装备的利用率、故障率及配置短板等，用于辅助年度装备配置计划的完善，为全过程机械化施工分散化发展，以及重点不清、聚焦不明等问题的解决提供基于实际业务数据价值的辅助决策手段。

1.提升电力施工装备质量管理能力

通过采集电力施工装备制造企业装备参数指标、出厂试验检测数据、服役期间实际运用的性能指标（包括正常条件运行参数、满载运行参数和过载性能参数等），以及电力施工装备采购批次、老化情况和故障率等，使用四维评价中的质量评价模块，给出不同电力施工装备制造和生产厂家各专业装备质量实用化数据库，针对供应商的历史供货质量水平和质量缺陷发生原因，综合制订并适时调整有针对性的采购计划，提高电力施工装备质量品控。并通过数据刻画直观分析出电力施工装备在采购环节和使用环节的质量管控情况，构建网络化、智能化、可视化的创新质量管理模式，为电力施工装备各环节质量管理提升提供可靠的管理依据。

2.提升电力施工装备安全管控能力

电力施工装备产生安全问题的原因，总体可以归纳为装备选型匹配问题、系统故障问题、老化问题、人为操作问题及施工机具装备系统配置问题等5个方面。通过对电力施工装备升级和电力施工装备管理平台的应用，建立起电力施工装备"物与物"之间的连接与信息交互。一方面，通过实时监测电力施工装备的运行状态、故障反馈信息、操作流程等，在线监测电力施工装备的安全与运行，提升安全风险监管的能力。另一方面，通过分析人为操作习惯、施工机具装备系统配置情况，主动研判和智能分析施工过程中潜在的安全风险，并通过表单的形式自动发送至施工现场负责人，并在平台上生成告警信息和记录，为后续安全管理改进提升提供数据支撑。

3.提升电力施工装备仓储管理能力

公司在传统电力施工装备仓储近30年的管理过程中积累了大量经验，但是传统的仓储管理存在劳动强度高、管理工序复杂、管理效率低下等特点，随着"三型两网"建设不断深入，电网向"特高新智"方向不断迈进，工器具由原来常用的120种增加到304种之多，这对电力施工装备的仓储管理能力提出了严峻的考验。而通过对电力施工装备进行升级和改造，通过在电力施工装备上粘贴具有射频识别芯片的二维码，以及在仓库出入口和堆垛机安装感应设备，实现电力施工装备的自动识别、入库、储藏、盘点、分类和分拣，实时掌握电力施工装备进出仓库情况。同时，在电力施工装备入库识别时，实时显示装备状态信息，对存在故障、老化严重及需要报废处理的装备提出分类报警，提示管理人员及时处理。

4.提升电力施工装备物流管理能力

传统的电力施工装备物流管理采用人工询问的方式，工作效率低下，且存在电力施工装备周转效率不高等问题。通过在电力施工装备管理平台中集成地理信息系统模块，并利用大型机具设备中的GPS设备，实现电力施工装备的信息查询、业务配送情况、车辆流动及运输路线等信息。有效提升了电力施工装备的物流管理能力及周转效率。且创新实现电力施工装备当前的分布情况和使用情况等的可视化动态显示，不仅提高了电力施工装备数据查询的效率和质量，同时为企业电力施工装备运营决策和业务承载能力提供数据支撑，为企业创造更多的经济效益和社会效益提供了坚实基础。

（五）构建电力施工装备管理四维评价体系

在电力施工装备全寿命周期管理过程中，通过对资产管理、质量管理、安全管理及绩效管理4个方面进行综合分析，可以评价分析出企业在经营管理活动中的优势与不足，同时可辅助企业管理者进行战略决策和开拓市场布局。通过创新构建电力施工装备全寿命周期过程的资产评价体系、质量评价体系、安全评价体系和效益评价体系，从而在战略性层面提高企业的经营管理能力。

1.建立电力施工装备资产评价体系

资产管理更侧重于整个设备相关价值运动状态，其覆盖购置投资、折旧、维修支出、报废等一系列资产寿命周期概念，其出发点是整个企业运营的经济性，具有为降低运营成本，增加收入而管理的内涵，体现的是资产的价值运动状态。通过企业内部电力施工装备资产评价体系，结合企业实际资产情况，给出综合的评价分析。一方面，将技术落后、服役时间较长、老损严重及具有设计缺陷的一类电力施工装备按照Ⅰ、Ⅱ、Ⅲ3个类别分别列入相应等级的资产库进行管理。另一方面，根据资产分析结果动态调整采购计划及资金使用计划，确保企业资产配置的合理性。

2.建立电力施工装备质量评价体系

基于不同电力施工装备的品类划分原则，分析不同品类电力施工装备特性，量化不同品类电力施工装备质量影响因素，利用特征提取算法对指标重要程度进行分析，提取不同品类电力施工装备的核心指标；研究不同种类电力施工装备质量评价体系，从扩展性、可靠性等角度对电力施工装备的质量特性进行分析，构建基于不同目标的各品类电力施工装备的评价指标体系及质量评价体系模型；研究信息化、自动化及工艺差异性大的电力施工装备的实用化场景，针对不同实用化场景选取电力施工装备实用化质量指标，根据不同指标对电力施工装备的影响程度确定指标权重，构建电力施工装备实用化质量评价模型。

3.建立电力施工装备安全评价体系

通过采集大型设备实时回传到后台运行参数，建立设备运行状态、施工机具参数配置、人员操作流程等流程数据评价模型，按照4大类、48项二级安全评价指标，实时动态给出电力施工装备在运输、使用和维修等过程中的安全评价指标，记录设备全寿命服役过程信息，对后期设备维护、采购计划调整等提供依据。管理人员和技术人员可通过后台获知装备的实时状态，为该装备的维护、保养计划的制订提供有力支撑，并能及时发现可能存在的不安全因素，减少非正常停机和安全事故的发生。不仅减轻了安全管理人员的劳动强度，同时节约了大量的人财物等直接成本，也降低了电力施工机具的安全管理风险。

4.建立电力施工装备效益评价体系

按照电力施工装备效益评价指标设置的全面完整、层次分明和简明科学的3个原则，建立装备管理工作绩效电力施工装备效益评价指标体系。按照管理经验，电力施工装备管理工作绩效评价可利用二级综合评判。第一级评判指标有6项：包括调配管理、日常管理、维修管理、经费管理、信息管理、资产管理。这6项指标再细分为29项二级指标。它们之间构成一个递阶层次结构，综合全面地反映了装备管理工作绩效评价的内容。从而为企业的经营管理提供数据支撑。

（六）提高电力施工装备管理效率

基于全业务统一数据中心建设数据资源管理工具、数据质量管控平台、企业级业数融合数据分析服务平台，推进数据资源在线管控应用及数据治理、数据分析工作，有效支撑业数映射、业数协同、业数互驱三层交互机制运转，提升数据需求响应效率，提高数据质量，推动业务流程贯通和数据分析能力提升。

1.强化多维电力施工装备升级支撑保障

公司及时将电力施工装备管理平台运营经验形成管理制度，总结提炼出项目运营和平台运营3大类10余项工作标准，形成了省市纵向两级+横向业务条块的制度标准体系。同时，积极推进产业链上下游企业共享合作的深度与广度，通过电力施工装备管理平台在多元融合弹性电网建设服务方面的应用，建立起以服务为中心的良好产业生态环境，以物联网等核心技术方式快速共同共享产业链上下游企业优势资源，依托扁平化的管理架构，构建多元共享的信息管理模式，支撑电力施工装备管理平台的有效应用。

2.持续升级电力施工装备管理平台

公司持续升级电力施工装备管理平台，深度定制电力数据分析产品。一方面，打通与基建产业链上下游企业之间的数据壁垒，在大中型企业项目赋码阶段自动推送项目信息至电力业务系统，形成"储备库"，结合电网基建项目建设需求及国内技术发展情况，科学布局，精准分析业务有效承载能力，合理释放产能。另一方面，积极与产业链上下游企业深度合作，及时沟通，创新创建深度应用，保障电力施工装备平台的不断更替和推陈出新。

3.持续拓展电力施工装备管理平台应用

公司紧扣"国网科技创新工作会议精神",将电力施工装备管理平台纳入重点任务规划,以"平台最先进、效益最大化"为目标,研究国内外先进指标体系,依据先进性、相似性、可比性原则,选定对标企业名单,梳理构建并不断完善内部同业对标体系,推动产业升级和业态创新。同时,打造各行业"数据驾驶舱",拓展平台在城市治理、能效管控、安防预警等方面的深度应用,实现数据场景的可持续开发,更大程度地发挥电力大数据在提升政府宏观经济能力和微观管理能力方面的作用,更好地服务社会、服务企业、服务民生。

四、实施效果

该项目是装备管理与大数据、移动应用、地理信息相结合的一次实践,完成一套"契合业务、统一标准、配置灵活、支撑有力"的信息管理实施工作,从而实现更深更广的装备智能一体化管理,重点是对公司整体的装备数据的管理,以及装备新增、日常业务、报废的全寿命全过程的智能管理,同时充分利用可视化和大数据分析技术,构建多维度分析主题,从而使业务人员对装备整体面貌一目了然,提升管理效率,提高公司装备管理水平。

装备全寿命周期管理平台实施,将建立省内重大装备资源的信息通道,规范统一装备全寿命全过程管理,全面支持电网建设开展装备管理相关工作。主要的效益如下。

(一)助力电力施工装备管理提档增效

实现重大装备资源信息共享。将工程重大装备资源信息纳入大数据平台统一管理,建立装备资源信息库,实现装备信息浙江全省共享。通过规范装备出入库、日常送检、报废鉴定,结合物联网、移动应用、地理信息、身份识别码等新技术应用,全面提升装备全寿命全过程管理效率。通过可视化调度平台与装备智能化配置平台的输出数据进行联动,根据工程优先级、地理位置、需求迫切程度等条件,依托地图建立最佳实践算法,出具最优、最经济的跨地区装备调度方案。为全过程机械化发展提供辅助决策。通过开展云平台应用,围绕装备全寿命周期、使用全过程环节产生的数据,开展专题分析,为全过程机械化施工分散化发展与重点不清、聚焦不明等问题的解决提供基于实际业务数据的辅助决策手段。提高重大装备的有效利用率。通过施行高效率的装备调度、优质装备的优先调度机制，实现各类装备资源的均衡调度，避免装备过度使用和闲置不用的情况，提高重大装备的有效利用率。

（二）推进电力施工装备管理降本增效

针对重点业务应用，充分运用大数据、人工智能等技术，克服传统项目管理以工程建设管理为核心，强调对工程质量、进度、费用三大方面进行控制所带来的管理视角低、系统性不足的问题。一方面，主动对电力施工装备全寿命周期各环节管理进行优化，按照以全过程管理为核心，以流程优化为重点，以信息化为手段，应用全寿命周期四维评价方法、状态检修等先进决策和运行管理方法，减少现场的人力、物力、管理等成本的投入，实现资产全寿命周期的高效率、低成本。通过 2019—2020 年系统运行实践，该管理项目应用累计节约业务直接管理成本费用约 370 万元，减少人工成本费用约 120 万元，节约设备维修管理费用约 210 万元，总计节约 600 余万元，降本效果显著。另一方面，电力施工装备的全寿命周期管理打破了部门界限，将规划、基建、运行等不同阶段的成本统筹考虑变为可能，在合适的可用率和全费用之间寻求平衡，以企业总体效益为出发点寻求最佳方案，避免短期成本行为，增效成果显著。

（三）构建高水平电力施工装备生态圈

电力施工装备升级对公司内外部业务拓展及电力施工装备制造行业有重要影响。一是通过两项增值服务，为电力工程设计企业和电力工程施工企业提供施工设计图参数完整性、施工方案安全风险评估，以及其他在线服务，构建产业链上下游企业良好生态合作关系；二是通过大数据价值挖掘结果共享，对内指导电网建设和运行，对外引导电力施工企业针对施工方案进行技术升级和改进提醒等，为全面铺开机械化施工提供有力支撑作用。平台秉承开放共享、互利共赢原则，一方面通过供需双方海量、多样、时序、低价值密度的数据交互共享，深度挖掘数据价值，促进智能制造能力提升；基于电力施工装备管理平台的供应链管理体系建设和应用将进一步推动公司新战略落地，服务国家《中国制造 2025》战略推进和供给侧结构性改革，推动转型升级，提升全行业安全、质量、效率、效益和服务水平。

"双百企业"基于战略目标导向的股权多元改革实践

谭舟洋　杨　凯　潘建明

一、引言

浙江省送变电工程有限公司是国网浙江省电力有限公司下属子公司，成立于 1978 年 1 月 1 日。2019 年 4 月 28 日，浙江省送变电工程有限公司被增补为国资委国企改革"双百企业"；2020 年 12 月，在国家电网省级送变电企业中率先完成股权多元化改革，通过增资扩股方式引入 3 家战略投资人，其中杭州居住区投资建设集团持股占比 15%、国网通用航空有限公司持股占比 10%、中国能源建设集团浙江电力设计院有限公司持股占比 5%，合计持股 30%；国网浙江省电力有限公司持股 70%，居于控股地位。浙江省送变电工程有限公司本轮股权多元化改革是一次大胆的探索、尝试和突破，课题组在国家电网有限公司2018 年度管理创新获奖课题"公司混合所有制改革探索与实践"的基础上，进行了深入的研究和分析，结合送变电行业现状和浙江省送变电工程有限公司实际，围绕企业战略目标和发展定位，大力推动企业改革转型，在股权多元化改革和体制机制改革上取得了突破。

二、"双百企业"基于战略目标导向的股权多元改革实践背景

（一）国企股权多元化改革向纵深推进

当前，为应对日益激烈的国际竞争和挑战，推动我国经济保持中高速增长、迈向中高端水平，需要通过深化国有企业混合所有制改革（本文中指股权多元化改革，以下以股权多元化改革替代），推动完善现代企业制度，健全企业法

人治理结构。国有企业的股权多元化改革是适应我国市场转型和经济发展的需要。2019 年以来，面对疫情的影响和日益突出的中美贸易摩擦等新形势、新挑战，国家提出要逐步形成以国内大循环为主体、国内国际双循环相互促进的新发展格局。这一指示要求，为我国经济发展指明了方向、明确了任务。国有企业尤其是央企作为"国家队""顶梁柱"，更应该在国内大循环中发挥更大的作用，进一步提高企业的经营效益，这对于提升循环效率具有重要意义。股权改革（以下简称股改）的意义正在于此，从宏观层面看，推动股改的目的是提高国有资本配置和运行效率，优化国有经济布局，增强国有经济活力、控制力、影响力和抗风险能力，主动适应和引领经济发展新常态；从微观层面看，推动股改的目的是促进国有企业转换经营机制，放大国有资本功能，实现国有资产保值增值，实现各种所有制资本取长补短、相互促进、共同发展。目前，根据相关政策要求，国家正稳妥推进主业处于充分竞争行业和领域的商业类国有企业的股改，按照市场化、国际化要求，积极引入其他国有资本或各类非国有资本实现股权多元化。

（二）送变电行业发展面临改革转型变局

根据送变电行业协会的统计数据显示，国家电网系统 27 家省送变电公司经营状况不佳，普遍面临较大经营压力，平均利润率只有 2%，其中 18 家净资产收益率低于 9%。一方面，送变电行业面临市场萎缩、竞争加剧。从国家电力规划来看，全国电力主网结构日臻完善，投资规模已呈下降趋势，建设市场逐步萎缩，而电力施工行业则整体产能过剩，竞争日益激烈。一部分省送变电公司通过"代维"方式介入输电运维业务，但定位不明确，长期保障性不明朗；一部分省送变电公司"借船出海"开拓国际市场，由于风险较高，实现长期稳定收益较为困难。另一方面，各类成本刚性上涨。根据国家统计局数据，2018 年 CPI 比 2009 年上涨 25.43%。工程建设领域实际涨幅更高，特别是人工成本。此外，建设环境日益复杂和税收政策变化对施工单位成本也产生较大影响。与此同时，浙江省送变电工程有限公司作为商二类企业国家电网所属的商一类企业，既有履行社会责任的属性，又需直面市场参与竞争，特别在收入和用工方面，受市场影响较大（包括内部市场和外部市场）。以上这些情况，都需要送变电行业通过改革的手段来完成破局，寻求行业新的发展机遇。

（三）浙江送变电亟须通过改革提升发展质量

国企改革"1+N"文件指出，国有企业的股权结构多元化改革是适应我国市场转型和经济发展的需要，对主业处于充分竞争行业和领域的商业类"双百企业"，稳妥、积极引入其他国有资本或社会资本，率先实现股权多元化改革突破，符合当前国企改革政策要求。通过引入在市场、技术、管理方面具有协同作用的战略投资者，浙江省送变电工程有限公司能够实现与战略投资者取长补短，相互促进，共同发展，有助于链接战略资源，打造企业发展新引擎，进一步发挥核心竞争力，拓展新业务、新市场，弥补主网架基建工程量下滑，拓宽企业发展道路。同时，通过实施股权多元化改革，能够借助股权结构改革促进内部机制变革，有助于发挥社会资本市场化机制优势，带动企业内部体制机制变革，激发企业活力，加速企业业务转型和商业模式创新，为企业发展带来利好。经过近年来的转型升级、公司制改制、战略提升行动，浙江省送变电工程有限公司经营形势稳中向好，企业未来的发展方向、业务布局更加明确，在硬件条件、体制机制等方面具备了进一步改革的基础，也具备通过改革提高效率效益、提升竞争能力的潜力。

三、"双百企业"基于战略目标导向的股权多元改革实践的内涵及主要做法

经过一年多的政策研究、方案设计与实践操作，在国家电网有限公司2018年度管理创新二等奖成果"公司混合所有制改革探索与实践"的基础上，浙江省送变电工程有限公司大力推动企业实现股权多元化改革目标。本课题围绕企业战略目标和发展定位，通过"引资本、转机制、提品质"的"三步走"方式，以"一核两轴"（即以股权多元化改革为核心，以建立现代企业治理体系和完善市场化经营机制为两条轴线）为主线，加快企业改革发展。本课题在原成果的基础上，充分考虑了国企股权多元化改革存在的难点痛点，有针对性地设计改革方案，引入合适的战略投资人实现股权多元化，并在此基础上，深入推进企业治理结构改革和经营机制改革，切中国企改革的核心要求，为企业转型发展注入了新的活力动力。本课题对于国网系统内企业，尤其是省级送变电企业未来改革发展具有较高的借鉴意义，有助于行业的健康发展。

主要做法如下。

（一）明确企业战略发展目标

1.分析企业薄弱环节

浙江省送变电工程有限公司作为传统的电力施工企业，在改革发展中主要存在以下几方面问题：一是精益管理体系尚未健全，经营能力有待提升。"十三五"期间，浙江省送变电工程有限公司曾短暂经历经营困局，暴露出了管理颗粒不够精细、制度流程不够规范、监督管控不够严格等方面的问题，在经营发展上仍留有较多"计划经济"的痕迹，精益化管理能力不足。二是主营业务较为单一，业务布局有待优化。浙江省送变电工程有限公司主营业务中500千伏以上电网建设板块仍占主导地位，从长远来看，基建业务的产值下滑不可避免，"多业并举"的战略规划尚处在布局阶段，生产业务和新型业务还需要进一步加大开拓力度。三是员工队伍结构失衡，安全管控有待巩固。浙江省送变电工程有限公司市场开拓的力度不断加大，年产值预计将持续在30亿元左右的历史高位运行，亟须拓展新的招聘渠道，应用新的技术手段，释放新的管理潜能，不断夯实管理基础，确保企业安全稳定。四是激励约束手段不足，员工活力有待激发。"十四五"期间，浙江省送变电工程有限公司生产经营压力、安全管控压力、改革发展压力可能会持续加码，必须探索更加优化、更加有效的激励约束机制，进一步激发员工的干事创业热情。

2.积极开展调研走访

由于股权多元化改革对于国网系统而言尚属新生事物，并无成熟经验案例可供参考，为确保改革路径设计时能够充分考虑各种可能性，浙江省送变电工程有限公司走访调研了多家"双百"、混改试点企业。调研中了解到，企业在设计改革路径时各有侧重，均充分结合了自身的发展定位和企业特点。广东省输变电工程有限公司确立了电网建设运行保障者和关注新兴业务价值创造的发展定位，选择了以健全法人治理结构、完善市场化经营机制、健全激励约束机制为重点的改革路径。深圳交通中心聚焦行业竞争加剧、人才不断流失等问题，以市场化为导向，分类引入启迪控股、联想集团和高瓴资本3家千亿级战略投资者，精心设计并开展核心员工持股，进行了较为彻底的混合所有制改革，促使企业活力充分激发，实现由传统城市规划设计企业向互联网、大数据企业的转型，并成功跻身智慧城市行业头部企业。湖南省建筑设计研究院确立了"国际化、工程化"的发展方向，拟引入在市场、管理、技术、资金等方面有助于加快实现国际化、业务转型的战略投资者。中铁二十三局集团有限公司针对下属企业经营基础差异大、市场竞争力不均衡的现实情况，确定了"自下而上"的改革思路，推动基础较好的专业化子公司在混合所有制改革上先行先试，在"混资本、优管理、提效益"的改革方向上取得了积极进展。安徽电力建设第二工程有限公司围绕六大业务板块的拓展，在战略投资者中重点寻找主营业务上具有产业链或价值链关联、能与企业形成协同效应的企业；同时考虑到自身资产较重，为减轻战略投资者资金压力，拟采取股权置换形式进行混合所有制改革。中铁九局集团有限公司原计划开展混合所有制改革，但在实施过程中发现引入战略投资者存在较多困难，改革对企业未来发展作用不及预期，转而采用合并重组三级企业等"健体瘦身"举措，通过体制机制方面的改革增强企业经营能力。

3.明确企业战略方向

通过调研掌握的信息，结合企业自身实际情况，浙江省送变电工程有限公司确立了基于战略目标导向的股权改革路径设计，因此在设计股权路径前，浙江省送变电工程有限公司首先着手明确了企业的战略目标方向，即紧紧围绕国家电网、省公司和电网发展需求，坚持"双轮驱动，多业并举，服务电网"的发展方向和"电网建设主力军、电网运行保障者、电网抢修先锋队"的发展定位，在聚焦主业中延伸产业链条，在发挥优势中赢得发展先机，通过构建"4+3"战略路径，即全面实施"治理变革、市场变革、管理变革、绩效变革"四大变革，坚持"人才引领、技术引领、党建引领"三大引领，做强做优电网基建业务、做强做大电网生产业务、做实做精电力新型业务，有力支撑能源互联网建设，打造具有国际竞争力的一流能源互联网发展企业，打造全国送变电企业改革发展的"示范窗口"，为省公司建设多元融合高弹性电网做出新的贡献。

（二）做好改革方案组织保障

1.成立专项工作小组

为加快推进"双百改革"进程，确保专项改革举措的落地实施，经研究，浙江省送变电工程有限公司成立了"双百行动"综合改革领导小组和5个专项工作组,专项工作组在领导小组指导下开展工作。5个专项工作组如下。

(1)战略规划组

主要职责为按照"双百行动"综合改革领导小组的工作要求,负责公司发展战略规划研究;协调落实相关工作,立足核心优势、科学规划布局,为公司改革转型发展奠定基础。

(2)股权多元化改革工作组

主要职责为按照"双百行动"综合改革领导小组的工作要求,负责股权多元化改革的具体实施;协调落实改革工作,把握整体实施进度,确保改革有序推进;负责落实改革过程中涉及的方案编制、资产评估、法律尽调、产权交易等相关工作;及时汇总改革工作重大事项,并提交领导小组研究决策;完成领导小组交办的其他事项。

(3)法人治理结构改革工作组

主要职责为按照"双百行动"综合改革领导小组的工作要求,负责法人治理结构改革的具体实施;协调落实改革工作,把握整体实施进度,确保改革有序推进;负责落实改革过程中涉及的方案编制、制度修订、会议组织等相关工作;及时汇总改革工作重大事项,并提交领导小组研究决策;完成领导小组交办的其他事项。

(4)市场化经营机制改革工作组

主要职责为按照"双百行动"综合改革领导小组的工作要求,负责市场化经营机制改革的具体实施,包括推行经理层任期制契约化管理、建立市场化用工体系、实施职业经理人制度、建立与市场化对标挂钩的工资总额核定机制、优化绩效考核与薪酬分配体系、推行内部经营业绩考核、开展中长期激励机制研究等具体举措的落地实施;及时汇总改革工作重大事项,并提交领导小组研究决策;完成领导小组交办的其他事项。

(5)宣传保障工作组

主要职责为按照"双百行动"综合改革领导小组的工作要求,负责"双百改革"的宣传保障工作;做好员工思想政治工作,确保队伍稳定;及时汇总改革工作重大事项,并提交领导小组研究决策。

2.拟定战略投资人画像

本次引战以战略协同作为主要的引资原则，计划引入不超过4家与浙江省送变电工程有限公司具有业务协同、资源互补、文化认同的战略投资者，重点考虑以下几个领域的战略投资者。一是优先选择能够与浙江省送变电工程有限公司在产业、资源、战略、技术等方面匹配和互补的企业，借助其市场化业务开拓优势和总承包项目管理优势，帮助浙江省送变电工程有限公司大力拓展EPC、DB项目，加快浙江省送变电工程有限公司在综合能源服务、增量配电服务等领域的渗透，为客户提供成套的咨询、设计、施工、运维等一体的工程服务。二是优先选择在产业投资、上市公司运营、现代企业治理等方面能够给予浙江省送变电工程有限公司提供帮助与支撑的企业，通过发挥双方资源优势和项目管理、专业技术优势，深入开发EPC、PPP、BOT等高端项目，积极拓展新的经济增长点。借助其资本市场运作经验和上市公司资源，帮助浙江省送变电工程有限公司提升资本运营能力，实现生产经营和资本运营的双轮驱动。三是优先选择能够提升浙江省送变电工程有限公司在电网建设和运检领域专业技术能力的企业，在电网建设领域开展直升机组塔架线施工，提升浙江省送变电工程有限公司机械化施工能力，在电网运检领域通过开展直升机巡检、无人机巡线等合作，推进省内输电线路数字化建设，帮助浙江省送变电工程有限公司提升数字化基建能力、数字化运维能力，加快在能源互联网服务业务领域的有效渗透。

3.确定股权结构设计

有限责任公司设计股权结构时，重点考量几条界线：67%绝对控股权，修改公司章程、分立、合并、解散、清算、变更公司形式、增加或减少注册资本等重大决策的单方通过权；51%相对控股权，属于控制线，相对控制公司；34%安全控制权，重大决策一票否决权；10%，召开临时股东会会议提议权、主持权、强制解散权。从国企股权改革的核心目标来看，通过引入盈利动机更为明确的投资人，有助于形成股权制衡的分权控制，有助于从更深层次解决国企所有者缺位问题。如果引入的投资人持股比例过低，就无法真正达到引资的目的；如果过高，可能影响国网浙江省电力有限公司对浙江省送变电工程有限公司的实际控制权，基于上述考虑，设计引入的资本持股占比为30%，在保证绝对控制权的前提下，兼顾了引入投资人的作用。最终引入的3家投资人中，持股份额最大的杭州居住区投资建设集团占到了 15%，3 家投资人的持股份额并不平均，差异较大。如此设计股权结构，一方面考虑到了投资人的需求和意愿，另一方面也是基于企业对不同投资人的定位。3 家投资人中，杭州居住区投资建设集团在战略、业务、管理等方面与浙江省送变电工程有限公司互补性最高，其在业务等层面的融合意愿也最为强烈，给予其较高的持股比例，有助于构建企业利益共同体，通过利益的绑定，为企业股改后的合作、融合提供便利。

（三）实施股权多元化改革

1.开展资产评估、法律尽调

根据国企改革中关于国有资产评估和国家电网有限公司股权投资相关管理办法要求，企业开展股权多元化改革，正式进场挂牌交易前，必须按要求履行资产评估手续。本次股改中，浙江省送变电工程有限公司聘请了第三方资产评估机构对企业资产进行全面评估。鉴于浙江省送变电工程有限公司近 3 年的经营数据不能体现企业正常年份情况，本次评估采用了资产基础法，对企业全部资产、负债进行评估。评估中发现，由于浙江省送变电工程有限公司账面上有较多的土地、房屋等资产，该部分资产购入时间较长，由于近年来土地升值较快，该部分资产的评估价值较账面价值出现了较大比例的增长，导致企业净资产评估值较账面值大幅提升。由于浙江省送变电工程有限公司作为电力施工企业，主要从事传统的施工业务，本身净资产收益率就不高，历史数据显示，一般在 8% 左右，本次评估带来的增值影响了潜在投资人的投资收益预期，导致企业的吸引力进一步下降，加大了引资难度。为此，浙江省送变电工程有限公司积极与出资人国网浙江省电力有限公司沟通对接，对部分土地、房屋等低效资产（由于历史原因存在，并不能为企业带来直接受益）进行划转处理，降低企业净资产评估值。减值后，企业的投资收益预期得到提升，在资本市场上的受欢迎度也得以提升。浙江省送变电工程有限公司还同步开展了对自身的法律尽调工作，排除法律风险，确保改革依法合规，也进一步从侧面提升了自身对潜在投资人的吸引力。

2.进场挂牌交易

在完成资产评估并履行相应的国有资产评估备案手续、增资扩股实施方案审批备案等手续后，浙江省送变电工程有限公司股改项目启动挂牌程序。目前，国有企业股权多元化在引入外部资本时可采用股权转让、增资扩股等方式，浙江省送变电工程有限公司选取了增资扩股方式，该方式通过新股东投资入股扩大股权。引入新的投资人增加了企业的资本金，企业的经济实力得到了增强，并可将新募集的资金用于新项目投资等企业发展所需业务，有助于企业未来发展。最终，浙江省送变电工程有限公司增资项目选择在上海联合产权交易所进场挂牌交易。按照交易程序要求，采用增资扩股方式挂牌的，挂牌公示期为40个工作日，挂牌公示期满后，如有符合条件的意向投资人摘牌，则进入交易环节，否则增资人可根据需要在履行相关程序后延长公示期，或终止挂牌。

3.投资人最终遴选确认

浙江省送变电工程有限公司挂牌期满后，共有4家投资人向交易机构递交了意向书，意向投资的比例超过了浙江省送变电工程有限公司设定的上限，根据在交易机构网站上公布的程序，该项目进入投资人遴选环节。根据方案，本项目采用了竞争性谈判的方式确定最终投资人。浙江省送变电工程有限公司根据企业自身的需要，结合投资人画像，编制了择优方案，明确了竞争性谈判的要点，主要包括：（1）意向投资人的综合实力：包括但不限于经营状况、资产状况、资金实力等；（2）意向投资人能够为增资方提供支持的程度，包括但不限于：业务发展、产业协同、资金支持等；（3）意向投资人与增资方的契合程度，包括但不限于：与增资方企业文化、发展战略规划、产业领域及经营理念等；（4）意向投资人的投资报价等。

项目打分采用综合得分方法，即

综合得分＝价格得分×40%＋商务因素得分×60%

在价格得分中，对意向投资人的报价进行打分，投资报价满分100分。

在商务因素得分中，投资报价为交易底价的，得基础分60分；投资报价高于交易底价的部分，加分规则如下：投资报价每高于交易底价2%，加1分；不足2%的部分，按等比例计算加分。

通过竞争性谈判，确定了最终的3家投资人，浙江省送变电工程有限公司增资项目在相关环节中的主要程序履行完毕。

（四）改革中的涉税问题处理

1.增资扩股的涉税分析

在增资扩股实践中，增资扩股分为"平价增资""溢价增资""折价增资"3种情况。其中，"平价增资"是指新投资者投资入被投资企业的投入资金等于新投资者在被投资企业所占的投资比例乘以接受新投资者投资后的被投资企业的净资产公允价值，或者说，被投资企业的旧投资者在接受新投资者投资后的被投资企业所占的投资比例乘以接受新投资者投资后的被投资企业的净资产公允价值等于新投资者投资前的被投资企业的净资产公允价值。"平价增资"行为对被投资者企业的新旧股东都没有产生所得，因此，都没有产生纳税义务。本次浙江送变电的增资扩股属于平价增资行为，浙江送变电与投资人均无纳税义务。

2.员工持股的涉税分析

本次浙江省送变电工程有限公司股权多元化改革并未引入非公资本，且不涉及员工持股，但从改革趋势来看，国企混改是大趋势，员工持股在混改企业中多有采用，因此，浙江省送变电工程有限公司同时开展了员工持股的涉税问题研究，为下阶段工作打下基础。根据员工持股工作意见，持股员工可以个人名义直接持股，也可通过公司制企业、合伙制企业等持股平台持有股权。其中，（1）采用个人直接持股方式的，个人转让限售股取得的所得，按照"财产转让所得"，适用20%税率征收个税。因此，员工直接持股时，限售股转让个税税率为20%，如按核定征收，税率为股权转让所得的20%×(1-15%)，即17%。（2）通过公司制企业持股平台持股的，股权转让时，公司缴纳6%的增值税，以及城建税与教育费附加；公司取得股权转让收入后，按25%的税率缴纳企业所得税。员工持股平台公司分红时，自然人股东还需要缴纳20%的个人所得税。（3）通过合伙制企业持股平台持股的，合伙企业转让限售股时，合伙企业缴纳6%的增值税，以及城建税与教育费附加，自然人合伙人按5%~35%的累进税率征收个人所得税。自然人通过合伙企业持股时，取得的股息红利的个人所得税率为20%。

（五）改革配套机制设计

1.法人治理结构设计

根据国企改革要求，完善国有企业法人治理结构是全面推进依法治企、推进国家治理体系和治理能力现代化的内在要求，是本轮国企改革的重要任务。浙江省送变电工程有限公司在本次股权多元化改革中，同步推进法人治理结构改革，通过组建较为完善的，包括股东会、董事会、监事会在内的"四会一层"法人治理结构，进一步健全各司其职、各负其责、协调运转、有效制衡的国有企业法人治理结构。根据要求，为加强董事会内部的制衡制约，董事会中外部董事应占多数，结合股改后的股权结构比例，浙江省送变电工程有限公司董事会组建方案中，共有7名董事，其中职工董事1名、外部董事4名，外部董事分别来自4家股东（包括原股东国网浙江省电力有限公司）中持股比例靠前的3家。根据要求，监事会中职工监事的人数应超过1/3，浙江省送变电工程有限公司监事会组建方案中，共有5名监事，其中职工监事2名，另有3名外部监事分别来自不同股东方。与此同时，浙江省送变电工程有限公司制定了股东会议事规则、董事会议事规则、监事会议事规则、总经理办公会议事规则等配套制度，形成了较为完善的法人治理结构运作体系，为下阶段"三会一层"的有效运作奠定了基础。

2.经理层任期制契约化管理制度设计

为建立健全市场化经营机制、激发企业活力的决策部署，完善国有企业领导人员分类分层管理制度，更好解决三项制度改革中的突出矛盾和问题，有效激发微观主体活力，国企改革中要求改革企业推动经理层任期制契约化管理。所谓经理层成员任期制和契约化管理，是指对企业经理层成员实行的，以固定任期和契约关系为基础，根据合同或协议约定开展年度和任期考核，并根据考核结果兑现薪酬和实施聘任（或解聘）的管理方式。浙江省送变电工程有限公司根据相关要求，初步制订了公司经理层成员任期制和契约化管理方案，实施范围包括公司总经理、副总经理及公司章程规定的高级管理人员，公司董事长（实际主持公司党政工作的领导人员）、纪委书记（工会主席）等参照实施。实施过程中，浙江省送变电工程有限公司党委负责研究讨论相关工作方案和考核结果应用等重大事项，董事会负责组织制订相关工作方案、履行决策审批程序、与经理层成员签订契约、开展考核、兑现薪酬、聘任（或解聘）等工作，包括负责依法依规建立浙江省送变电工程有限公司经理层成员任期制和契约化管理各项规章制度；负责制订和完善经理层成员聘任方案及岗位聘任协议，明确岗位职责、履职条件、工作标准等内容；负责分解制订浙江省送变电工程有限公司经营业绩目标，制订浙江省送变电工程有限公司经理层成员（不含董事长）考核目标并组织实施，并向上级单位备案；负责制订和完善经理层成员薪酬发放方案，落实薪酬发放标准、应用考核结果等。其中，考核是任期制契约化管理的核心，经理层成员经营业绩考核由公司经营业绩考核和个人经营业绩考核两部分组成。企业经营业绩考核主要考核效益，侧重考核"利润总额""资产负债率""项目及费用管理规范率""人工成本利润率""总产值"等。个人经营业绩指标主要考核发展，侧重考核"市场拓展效率""科技创新贡献指数"等。

3.内部薪酬体系等体制机制改革

浙江省送变电工程有限公司主要从市场化经营机制和激励约束体系两个方面推动内部体制机制改革。一是推动市场化经营机制。根据国网浙江电力有限公司"放管服"事项清单，自主完成内部机构设置规划方案编制。开展管理层瘦身健体，逐步构建内部人力资源市场，压降管理人员，缩短管理链条，不断提升人力资源效率。组建消防、物流、档案等3家子公司，加快推动子公司在专业领域实现市场立足、独立运营、自负盈亏。编制任期制契约化管理延伸方案，将中层管理人员纳入实施范围。开展中长期激励机制研究，形成研究报告等初步成果。二是优化内部薪酬分配体系。优化调整工资总额核定模型，初步建立了工资总额与经营规模、效率效益联动机制，员工收入与企业经营情况匹配度进一步提高。实施以经营指标为主线、生产指标为基础的月度绩效考核模式，合理拉开月度绩效薪酬水平，业务机构间最大绩效薪酬差距达18%。重构员工薪酬绩效体系，研究制定《薪酬改革方案》《基层单位绩效考核方案》，完成积分升薪、加成系数、岗位薪点工资测算调整工作，充分体现岗位价值差异，激发员工干事创业热情。

四、实施效果

（一）实现经营效益化，发展动力不断增强

通过基于战略目标导向的股权多元化改革实践，在"效益化、现代化、市场化"战略观念的指引下，浙江省送变电工程有限公司构建了一套更为市场化的现代企业管理体系和架构，通过多元化的业务模式、精益化的管理方式，提升了企业的经营效益。2020年，浙江省送变电工程有限公司完成营业收入近30

亿元（同比增长约20%，参照2019年统计数据，居于国网省级送变电公司首位）、实现利润超6618万元（同比增长超250%，参照2019年统计数据，居于国网省级送变电公司前五）、签约合同金额超38亿元（同比增长超50%），均创近10年新高。

（二）全员活力有效激发

信息化手段的应用、标准化建设的实施为浙江省送变电工程有限公司数字化企业建设打下了坚实的基础，信息平台的建设打通了工程、财务、经营等不同管理条线的专业壁垒，提高了信息传递效率，切实发挥了经营分析作用和财务指导作用，年度资金收入预算执行率提升超20%，大幅压降资金备付额，实现提前归还全部贷款1.5亿元，节约财务费用353万元。同时，通过机构优化、人员调整、薪酬改革和经营业绩考核等举措，拉开薪酬差距，业务机构间最大绩效薪酬差距达18%、普通员工收入最大差距超50%，人力资源效能得到进一步释放，人才战略作用得到有效发挥，为企业未来发展提供强劲续航。

（三）实现业务市场化，综合实力保持领先

通过"双轮驱动，多业并举，服务电网"的发展模式，进一步优化了企业的业务构成，通过战略立足电网主业、发挥核心竞争力的战略规划，在电网运维、检修及延伸产业上取得竞争优势。2020年，浙江省送变电工程有限公司先后获得电力设计、消防工程等多项重要资质，并在电网运维、消防、档案等新业务领域取得突破，其中市场化业务收入6.6亿元，运维、检修、物流等非基建业务收入4.1亿元，均实现大幅提升。2020年全年累计承揽项目270余个，中标、签约合同金额38亿元，同比增长53%。其中，重点开拓的用户总承包工程中标（签约）11个，累计签约金额超7亿元，超过前3年签约总额；中标220千伏基建项目18.2亿元，市场占有率57%，同比提升6%。

国企"双百改革"下的市场化人力资源管理机制研究

潘建明 岑建明 陈红翔 沈 颖 盛志亮 楼 迪 俞 斌
张东亚 杨 静 王 舸 徐培斌

一、引言

作为国企"双百行动"改革试点单位,浙江省送变电工程有限公司深入贯彻落实《中共中央、国务院关于深化国有企业改革的指导意见》(中发〔2015〕22号)、《关于印发〈国企改革"双百行动"工作方案〉的通知》(国资发研究〔2018〕70号)、《国务院国有企业改革领导小组办公室关于支持鼓励"双百企业"进一步加大改革创新力度有关事项的通知》(国资改办〔2019〕302号)等国企改革"1+N"政策文件精神,结合企业发展实际,持续健全公司组织管理结构,建立市场化选人用人机制,完善激励约束机制,向市场化人力资源管理模式转型等方面进行了有益探索,推动了企业向高质量发展转型,为国网浙江省电力有限公司率先引领世界一流能源互联网企业建设提供了有力保障,同时对国网浙江省电力有限公司所属各单位的市场化进程也具有一定的借鉴意义。

二、研究背景

(一)必要性分析

1.深化国企改革提出新要求

当前,我国正处在转变发展方式、优化经济结构、转换增长动力的关键时期。十九大报告指出要推动国有资本做强做优做大,有效防止国有资产流失。作为我国国民经济的支柱,国有企业走上了改革转型的"快车道",国企混合

331

所有制改革、"双百行动"综合改革等载体相继出台，将国企改革不断推向纵深，企业市场化运行机制将不断完善。

2020年是国家电网有限公司"改革攻坚年"，公司实施"双百改革"是国网浙江省电力有限公司改革攻坚第一项重点任务。省公司要求，要在改革中体现先进性，通过实施股权多元化改革，积极引入多元投资主体，完善公司法人治理结构，落实董事会职权，推行管理人员任期制与契约化管理。公司应准确把握企业发展的历史方位，统一思想、统一方向、统一步调，快节奏推动改革进程，充分释放改革红利，为企业发展注入新动能、增添新活力。

2.落实战略目标明确新任务

2020年，国家电网有限公司将"具有中国特色国际领先的能源互联网企业"确立为引领企业长远发展的战略目标，"中国特色"是根本，体现为坚持"两个一以贯之"、党的领导有机融入公司治理，体现为坚定不移服务党和国家工作大局，体现为走符合国情的电网转型发展和电力体制改革道路，体现为全面履行政治责任、经济责任、社会责任。"国际领先"是追求，致力于企业综合竞争力处于全球同行业最先进水平，经营实力领先，核心技术领先，服务品质领先，企业治理领先，绿色能源领先，品牌价值领先，公司硬实力和软实力充分彰显。"能源互联网"是方向，代表电网发展的更高阶段，能源是主体，互联网是手段，公司建设能源互联网企业的过程，就是推动电网向能源互联互通、共享互济的过程，也是用互联网技术优化提升传统电网的过程。

三者有机一体，构成了指引浙江省送变电工程有限公司发展的航标，公司应积极将国家电网有限公司的新要求新期待落实到实际工作中，确立企业新目标新定位，在推动能源互联网企业建设中走前列、当排头、立潮头。

3.树立"三个理念"展现新作为

围绕国家电网有限公司新战略目标，国网浙江省电力有限公司提出"打造国网公司建设具有中国特色国际领先的能源互联网企业的重要窗口"这一战略目标，能源互联网是最关键的物质基础，其核心是要构建多能互补、高效互动、绿色低碳的能源互联网。要树立"节约的能源是最清洁的能源、节省的投资是最高效的投资、唤醒的资源是最优质的资源"3个理念，构建海量资源被唤醒、源网荷储全交互、安全效率双提升的多元融合高弹性电网，打造能源互联网形态下未来电网技术载体，推动电力互联网向能源互联网转型。

公司正处在大有作为的机遇期，也处在充满困难和压力的挑战期，更处在爬坡过坎和转型升级的关键期，应以理念为先导、创新为动力，在实践国家电网有限公司和国网浙江省电力有限公司战略、推动能源革命中体现价值、展现作为。公司应坚定不移抓好改革任务落地见效，以改革破解发展难题、完善体制机制，争做省公司展示"重要窗口"的"先行者"，激发企业内在活力。

（二）可行性分析

1."新基建"创造新市场

十九大报告对加快电网基础设施网络建设、推进能源生产和消费革命、构建清洁低碳安全高效的能源体系等提出明确要求，为公司持续健康发展指明了前进方向，提供了根本遵循。公司紧紧抓住能源革命与"新基建"的有利机遇，坚持外延发展和内涵发展并重，完善内部组织架构和管理机制，积极参与特高压、充电设施项目建设，坚决保证安全稳定、坚决稳住经营发展、坚决培育新的增长点，力争为实现高质量发展奠定坚实基础。

2020年国家电网有限公司成立了"新基建"工作领导小组，将年度固定资产投资额调增约10%，重点向特高压、新能源汽车充电桩、数字基础设施等领域倾斜，强调要"发挥特高压产业带动力，加快新型基础设施建设"。

2."十四五"带来新机遇

国网浙江省电力有限公司"十四五"发展将落实中央关于加快新型基础设施建设进度的要求，按照建设多元融合高弹性电网的总体要求，聚焦大电网安全与效率、新能源发展、智慧能源系统等电网发展重点，加快构建以特高压、超高压为骨干网架，各级电网协调发展，安全可靠、经济高效、绿色低碳、智慧共享的坚强智能电网。

电网安全与社会公共安全的关系日益密切，能否运行好、管理好这样一个特大型电网尤显重要和紧迫。浙江省送变电工程有限公司抓住电网发展的痛点、难点，探索布局电力物流、消防、档案、仓储等市场领域，找寻新业态切入点，不断获取新的经济增长点。

3."双百改革"提供新契机

"双百改革"要求企业聚焦"五个突破"和"一个加强"。包括健全企业法人治理结构、完善市场化经营机制、积极稳妥推进股权多元化和混合所有制改革、健全激励约束机制、解决历史遗留问题，以及加强党的领导。通过企业法人治理结构的突破，夯实现代国有企业制度主体，规范各类治理主体权责，逐级实现充分、规范、有序的授权放权和行权。通过市场化经营机制的突破，激发国有企业改革发展的内生活力，建立更加灵活高效的市场化经营机制。通过激励约束机制设计的突破，丰富分红激励、超额业绩激励、中长期激励、股权激励、建立以正向激励为主的分配制度，充分激发员工活力与动力。

浙江省送变电工程有限公司借助本次"双百改革"契机，以改革政策要求为指引，明确改革实施路径，充分释放本次改革红利，积极健全公司组织管理架构，建立多元化的用工体系，完善员工激励约束机制，建立风险共担、利益共享的员工激励机制，充分激发员工干事创业热情。

三、理论依据

（一）人力资源管理演进历程

人力资源管理是指企业的一些人力资源政策及相应的管理活动，其最终目标是为企业发展战略目标的实现提供可靠的支持和保障。从历史演进的角度，人力资源管理包含"四个层面"，实现了"三次跨越"。

第一层面为劳动人事管理。该阶段管理以"物"为中心，管理对象是劳动力，强调投入和产出的成本性管理及依附性的雇佣关系，管理内容多为事务性工作、专业性不强，一般不涉及企业战略决策。

第二层面为人力资源管理。该阶段管理以"人"为中心，管理对象是人力资源，强调开发和利用的资源性管理及契约式的聘用关系，是企业管理的重要内容，参与企业战略决策。

第三层面为人力资本管理。该阶段管理对象是人力资本，强调激励和约束和资本性管理及聘用关系和合作关系，是完善公司治理结构的核心内容。

第四层面为市场化的人力资源管理体制。该阶段以对人力资源的激励、约束为核心内容，以市场化的供求机制、激励机制和竞争机制为主要依据。该阶段资源性管理和资本性管理进入更加理性化、系统化、规范化的有机结合的运作状态。

（二）市场化人力资源管理体制内容

市场化人力资源管理体制作为人力资源管理的第四个层面，突出体现为转变到具有市场本质特征的过程和状态，其内涵包含"围绕一个中心、贯穿一条主线、创新五大运行机制、完善五大管理体系"。

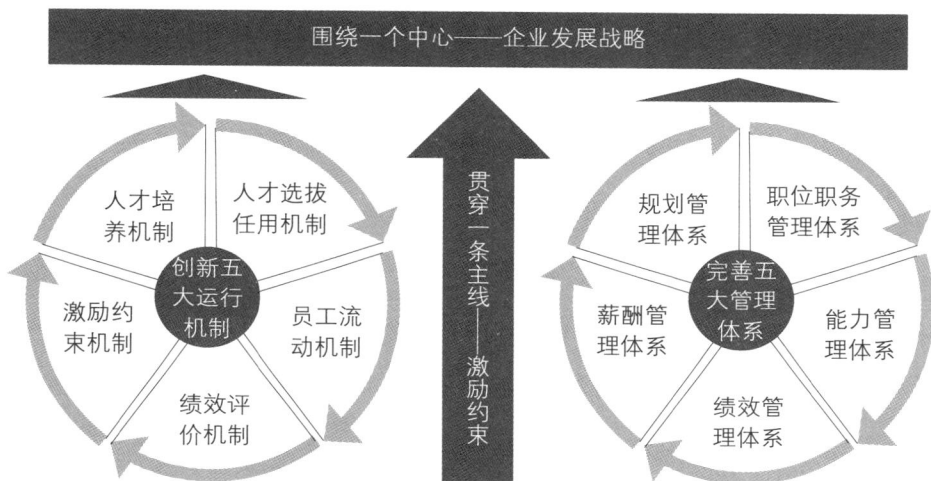

图1　市场化人力资源管理体制内容

1.一个中心——企业发展战略

人力资源的开发利用，必须紧紧围绕企业发展战略来展开；人力资源管理的目标、任务，要以企业发展战略为依据来设定；人力资源管理的成效，应以其在企业发展战略推进中所发挥的作用来检验。

2.一条主线——激励约束

对员工行为的激励和约束应贯穿于人力资源管理的全过程。一方面，通过激励，提高员工的积极性、主动性、创造性；另一方面，通过约束，使企业权益不受侵犯，从而实现企业价值最大化和员工个人价值最大化的有机统一。

3.创新五大运行机制

实现员工能进能出、职务能上能下、收入能多能少。创新员工流动机制，以企业发展战略需求为依据，充分发挥市场化配置人力资源的基础作用，以契约关系为基础，依法合规实现员工能进、能出、能流动。创新人才培养机制，以提升岗位能力为核心，以投资和激励为手段，将企业发展需求与员工个人职业生涯发展需求实行有机结合。创新绩效评价机制，将企业整体目标与所辖各机构、岗位的具体责任目标建立有机联系，使企业绩效的实现获得更可靠的保障，使人才的培养、使用、奖励和回报获得更可靠的依据。创新激励约束机制，以实现企业价值最大化和员工个人价值最大化的有机统一为目标，以核心人才为主要对象，激励人力资本，使其作用得到充分发挥，约束人力资本，使货币资本的权益不受到侵害。创新人才选拔任用机制，以公开、平等、竞争、择优为导向，以有利于优秀人才脱颖而出为目标进行人才选拔。

4.完善五大管理体系

完善规划管理体系，强化人力资源总量规划，制订科学合理的需求和供给计划；强化人力资源结构规划，合理规划不同层次、不同类型人才配比关系；强化员工素质规划，制定基于企业发展战略的员工素质提升政策。完善职位职务管理体系，以岗位责任、岗位准入资格条件、岗位风险和贡献度为重要依据，进行岗位价值评估；推行岗位职务聘任制，严格职数管理、任职资格管理、聘任程序管理和任期目标责任管理，实现职务能上能下和岗位能交流。完善能力管理体系，依据不同岗位资格条件，建立人才素质模型；运用人才素质模型，对各类人才的能力和素质进行评价；以提升岗位能力为核心目标，健全企业培训体制。完善绩效管理体系，明确设定各岗位职责及规定期限内的任务和目标责任，实施过程监控、支持和调整，对绩效结果实施考量核定，并依据绩效考评结果，有针对性地对员工实施辅导。完善薪酬管理体系，以回报与贡献相匹配为核心原则，以市场价格和企业自身可支付能力为依据，与组织绩效挂钩，建立薪酬总量管理制度，与岗位业绩考评要素挂钩，建立岗位制员工薪酬分配制度。

市场经济条件下，企业面临强大的竞争压力和强烈的创新要求，人力资源已成为企业的核心资源。人力资源管理须从企业发展战略出发开创新局面，使其在企业发展战略的推进中充分发挥服务支持和保障作用。

四、现实原因分析

（一）企业基本情况

浙江省送变电工程有限公司是国家电网有限公司三级单位，成立于1958年9月，由国网浙江省电力有限公司全资控股，注册资本32000万元，拥有电力工程施工总承包一级、承装（修、试）电力设施许可一级、送变电工程调试甲级、电力大件运输总承包甲级、电力工程监理甲级等多项资质。

公司具备年同时施工线路超 1000 千米、安装变电容量超 1000 万千伏安的能力，并满足浙江电网年度综合检修和应急抢修需求，在特高压、特高塔、跨海架线及海外市场等施工领域有着丰富的经验，并获得多项国家殊荣，为我国电力工业发展做出了卓越的贡献。

（二）存在的主要问题

浙江省送变电工程有限公司当前发展面临的困难和存在的不足主要有以下四点。一是主营业务单一，基建业务不稳定。送变电行业面临产能过剩局面，各省级送变电公司普遍存在主营业务下滑的情况，省外特高压及跨区联网项目竞争十分激烈。与此同时，送变电公司当前主要产值仍来源于基建业务，随着省内主网架的进一步完善，主网架基建工程量下滑趋势明显。二是经营压力较大，盈利能力不强。受外部政策、市场变化等不利因素影响，加上主营业务单一和内部经营策略调整相对滞后、应对措施不够完善等原因，整体效益出现下滑，面临亏损压力。三是人员活力不足，薪酬激励效果不明显。产业工人队伍面临老龄化，人员流失现象普遍，新生代施工管理和技术人员缺乏，现场管控能力呈弱化趋势。同时，由于绩效考核、薪酬分配未有效发挥作用，员工干事创业热情得不到充分激发。四是体制机制约束较多，市场开拓意愿不强。"三集五大"为作为省公司全资子公司的送变电公司构建了较为完备的管理体系，但集中统一的管控模式也对企业的发展带来了约束，不利于参与外部市场竞争。因此，浙江省送变电工程有限公司需要通过改革增强市场拓展能力、优化内部体制机制，进一步激发人力资源活力和企业发展动力。

五、公司市场化人力资源管理机制主要做法

（一）基本框架

浙江省送变电工程有限公司市场化人力资源管理机制的基本框架为：以省公司"打造国网公司建设具有中国特色国际领先的能源互联网企业的重要窗口"这一战略目标为中心，以完善激励约束管理体系为主线，创新五大运行机制，

完善五大管理体系，使公司的人力资源管理从发展战略出发，从而开创新局面，在公司发展战略的推进中充分发挥服务支持和保障作用。

（二）围绕一个中心：企业发展战略

2020年，国家电网有限公司将"具有中国特色国际领先的能源互联网企业"确立为引领企业长远发展的战略目标，"中国特色"是根本，体现为坚持"两个一以贯之"、党的领导有机融入公司治理，体现为坚定不移服务党和国家工作大局，体现为走符合国情的电网转型发展和电力体制改革道路，体现为全面履行政治责任、经济责任、社会责任。"国际领先"是追求，致力于企业综合竞争力处于全球同行业最先进水平，经营实力领先，核心技术领先，服务品质领先，企业治理领先，绿色能源领先，品牌价值领先，公司硬实力和软实力充分彰显。"能源互联网"是方向，代表电网发展的更高阶段，能源是主体，互联网是手段，公司建设能源互联网企业的过程，就是推动电网向能源互联互通、共享互济的过程，也是用互联网技术优化提升传统电网的过程。

围绕国家电网有限公司新战略目标，省公司提出"打造国网公司建设具有中国特色国际领先的能源互联网企业的重要窗口"，能源互联网是最关键的物质基础，其核心是要构建多能互补、高效互动、绿色低碳的能源互联网。要树立"节约的能源是最清洁的能源、节省的投资是最高效的投资、唤醒的资源是最优质的资源"三个理念，构建海量资源被唤醒、源网荷储全交互、安全效率双提升的多元融合高弹性电网，打造能源互联网形态下未来电网技术载体，推动电力互联网向能源互联网转型。

送变电公司坚定"双轮驱动，多业并举，服务电网"的发展方向，践行"为电网保平安，为企业谋发展，为员工谋幸福"的初心使命，以理念为先导、创新为动力，在实践国家电网有限公司和国网浙江省电力有限公司战略中体现价值、展现作为，完善市场化人力资源管理机制，争做省公司展示"重要窗口"的"先行者"，激发企业内在活力，建设具有国际竞争力的一流能源互联网企业。

（三）贯穿一条主线：完善激励约束管理体系

工资总额管理优化是公司转型发展和管理提升的必然需求。面对更为激烈的市场化竞争，通过建立和完善以市场化、经营业绩为导向的工资总额管理机制，自我加压，促进公司市场化业务开拓。通过工资决定机制改革，做深做大电网生产业务，做实做精电力新型业务。在管理和机制变革过程中，必然要经历阵痛期，需要省公司的扶持，需要更科学的工资总额管理机制。

受国家宏观政策影响，送变电工程等基建业务规模具有明显周期性波动的特点，同时公司市场化业务占比较小，短期内很难实现根本性的扭转，公司年度工资总额结余部分设结余池，以丰补歉；在符合省公司整体布局的前提下，统筹协调，保障员工收入浮动机制施行平稳有序。同时，公司利润总额保持持续增长既不现实也不科学，为此，送变电公司设立营业收入和利润总额基础目标，在完成基础目标和省公司下达的各项工作任务的前提下，能够保障公司工资总额不降低，保证职工队伍稳定、企业稳健发展。

（四）创新五大运行机制

1.机制一：创新员工流动机制

完善员工退出机制。公司在现有退出岗位、退出单位的基础上，依法合规地完善退出机制，并建立有效的保障体系。及时办理退休手续，终止劳动关系，维护和保障员工权益。严格执行绩效考核与员工退出挂钩机制，对绩效考核结果差，岗位工作胜任能力弱的员工，实行考核降岗、待岗。对符合解除（终止）劳动合同条件的员工，履行法律和民主程序后，及时办理相关手续。职业经理人实行任期考核制，未达到任期目标，不再续聘续签。

以岗位管理为基础，结合各个岗位的价值评估，实行"劳动合同+外包合同"灵活用工方式，提高人力资源反应速率，降低人力成本，充分实现人力资源经济效益最大化。对职能管理、技术骨干、关键性岗位采取劳动合同制；辅助性、临时性、替代性岗位采用劳务派遣制；社会化通用工种采用业务外包用工；经验要求丰富的岗位采用退休人员返聘协议；短期临时用工需求采取临时用工协议。

2.机制二：创新人才培养机制

推进市场化选人用人机制，按照市场的意识选择，实现人岗匹配最优配置。一是通过市场化方式引入职业经理人，形成一批"去行政化"的职业经理人队伍，建立深耕行业、勇于开拓、敢于创新的企业家队伍；二是拓宽人才招聘渠道，从社会招聘中选拔优秀管理人才，直接支持公司基层管理，从校园招聘中挑选优秀苗子，规划人才梯队建设，从劳务派遣、外包队伍中发现操作能手，充实基层骨干岗位；三是畅通人才发展渠道，明确各类岗位要求和条件，优秀人才经过选拔、培育、锻炼，结合个人考核结果，具备向上级岗位上升条件的，公司可主动或依其本人申请并通过考核后予以提拔。

2020年春季开始校园招聘，在国家电网有限公司核定的指标基础上，独立增加招聘专业对口的应届高校毕业生作为管理培训生人才储备，重点围绕工程设计咨询、机械工程自动化、计算机信息化、人资财会法律等专业方向。

3. 机制三：创新绩效评价机制

聚焦于深化国有市场化改革，紧紧围绕"提升企业效率效益，增强员工活力创造力"的中心，坚持薪酬分配以考核结果为轴线，考核内容以项目完成情况为轴线，考核和分配以量化数据为轴线的绩效管理原则，优化完善绩效考核体系、严格落实绩效制度执行，发挥绩效考核和薪酬分配对员工的激励作用，达到严控项目成本、提升经济效益的目的。

坚持"效率优先、兼顾公平"原则优化完善组织考核，调整提升员工个人考核，系统性分解梳理公司整体考核指标体系，将各类绩效指标进行梯度优化，充分发挥指标的激励约束功能。

4. 机制四：创新激励约束机制

在优化完善绩效考核体系的基础上，整体优化调整思路，系统性构建倾向一线、突出能力、业绩导向的绩效薪酬联动体系，为建立起一支高水平、高素养，综合能力强的管理队伍和生产经营两手抓的项目团队，服务并促进公司改革发展，做好薪酬保障和导向作用。

建立完善与市场水平基本协调的薪酬分配体系，以市场化指标考核为核心把工资与企业效益、员工贡献结合起来，多劳多得、按绩取酬，形成收入能增能减动态工资机制，充分激发员工工作积极性，体现公司市场化考核优势，保障公司市场化运营和高质量发展。

5. 机制五：创新人才选拔任用机制

建立依法合规、权责统一、激励约束相结合的系统化的经理层任期制契约化管理体系；在企业本级层面推进经理层任期制、契约化管理，建立内部培养和外部引进并重的选聘模式，对内保留身份和级别，对外加强引进力度和风险管控，积极做好经理层的选用育留，激发企业内生动力，保障公司市场化运营和高质量发展。以契约为管理载体，通过董事会与经理层签订"岗位聘任合同""目标责任书"的方式，明确任职期限、任期和年度目标、责任权利义务和奖惩措施；同时引入行业对标机制和动态考核机制，完善评价标准，根据完成目标实施激励和约束机制。

按照"双百改革"发展的有关要求，通过市场化选聘方式，打造公司职业化企业经营管理人才队伍建设，形成"责权明晰、奖惩分明、特点突出、流动有序"的职业经理人管理模式。同时，通过引入职业经理人，向市场汲取先进的管理资源和创新机制，提升公司经营管理活力与竞争力。

在 2020 年底开展职业经理人遴选，主要围绕本级高级管理人员和独立子公司负责人进行首批次招聘，根据管理项目与公司或子公司签订劳动合同，限定在公司内部流动。后续一般按照年度开展职业经理人的遴选工作，直至职业经理人制度运作规范、取得较大成效。

（五）完善五大管理体系

1.体系一：完善规划管理体系

完善人力资源统筹规划管理体系，构建公司劳动定员总量核算机制，为测算组织业务用工需求提供准确的支撑。结合公司发展实际，将业务与人员拆分为承担重大专项任务与承接市场化任务两部分：承接市场业务的用工总量根据同行业对标，以人员效率为标杆确定；承担电网重大专项任务的用工总量核定参照控制定员业务执行。

在 2019 年底，公司已完成内设机构的优化和调整，完成各分公司、子公司"定编、定岗、定员"方案，形成用工总量调控机制，并通过总量与现量的对比，制定超量转岗和缺量补员方案。公司根据扩充的企业资质、经营范围、专业类别、工程量等需要，明确经营管理人员、专业技术人员、一线施工人员的社会招聘比例，根据业务、岗位实际需求，引进企业资质升级所需配备的注册资格人员，新拓展业务的经营管理人员、专业技术人员，以及施工生产亟须的项目管理、关键技术技能人才，执行市场化的薪酬和聘用机制。在权限内实施自主招聘。

2.体系二：完善职位职务管理体系

为确保组织机构建设满足"三型两网"战略发展和"人民电业为人民"服

务宗旨的需要，服务于"双轮驱动，多业并举，服务电网"企业发展方向，明确"电网建设主力军、电网运行保障者、电网抢险先锋队"的企业发展定位，把握"双百改革"契机，激发内生活力动力，打造专业型、服务型、技术型组织，建设具有国际竞争力的一流能源互联网发展企业，浙江省送变电工程有限公司结合企业实际，优化制订了公司机构设置和岗位配置实施方案。

岗位"五位一体"管理体系由人力资源部（党委组织部）组织管理，各部门、各单位配合完成岗位分类、岗位职责、岗位任职资格等信息的编制工作。岗级是评价岗位价值的指标，按照岗位"五位一体"管理标准进行核定，结合实际情况动态更新。重点专业和关键岗位按照省公司有关规定，纳入轮换名单，定期开展轮换工作，由监察部门负责监督。

3.体系三：完善能力管理体系

统筹健全公司岗位体系，建立岗位与业务有效联动机制，根据多元化的业务发展，设计多元化的岗位组成，明确岗位设置、分类、层级和职责。充分利用"双百"政策，跨越身份管理界限，逐步弱化身份管理意识，强化岗位管理宣传，实现岗位管理基石作用。在2019年三季度末，公司已对现有岗位体系重新梳理，健全完善业务模式和组织机构调整后的典型岗位体系。依托公司信息化系统，建立起劳动合同"1+N"信息体系，奠定市场化用工的基础建设。

4.体系四：完善绩效管理体系

为进一步加强公司全员经营意识，有效提升各基层单位和广大职工经营业绩，根据突出产值贡献、加强成本控制、引导效率提升、实现利润创造的原则，浙江省送变电工程有限公司通过进一步精简业绩指标数量，加强量化考核，将每个基层单位视为独立核算、模拟收支、考核盈亏的责任经济主体，优化绩效考核指标体系和绩效评价机制。

根据业务定位将基层单位分为主业单位、支撑保障单位及集体企业三类，设置不同的考核重点。主业单位：重点考核产值完成情况、年度成本控制情况、内部利润总额、人均产值（利润）4个方面，引导主业分公司创造产值、严控成本、提升效益。支撑保障单位：重点考核产值完成情况、年度成本控制情况、人均产值3个方面，提升其为公司发展提供可持续的装备支撑、服务支撑、提升资金周转的能力。集体企业：重点考核营业总收入、营业利润、人均利润三方面指标，引导集体企业提升经营效益和外部市场开拓能力。各单位年度、月度考核结果与本单位中层管理人员和职工年度、月度绩效薪金的60%挂钩。

5.体系五：完善薪酬管理体系

浙江省送变电工程有限公司自2016年开始实施员工职级薪级工资制度，主要由职级薪级工资、绩效奖金、劳动积累工资、津补贴、福利性补贴等组成，逐步建立了基于岗位、个人能力和业绩的薪酬分配体系。制度实施3年后，由于企业形势变化，也出现了各单位之间分配水平不平衡，岗位等级序列有待完善，绩效奖金分配体系与市场脱节等问题。公司按照"优化薪酬分配结构、规范工资发放项目、完善动态调整机制"原则，对原有薪酬体系进行合理优化。

公司薪酬结构按照国网浙江省电力有限公司模式，整体调整采用岗位薪点工资制和岗薪调整机制。绩效工资（绩效奖金）分为绩效考核奖和专项考核奖。绩效考核奖主要按照公司全员绩效管理要求，与部门绩效、个人绩效、岗位层级等挂钩，与绩效考核结果的挂钩比例不低于绩效奖金的60%。明确公司各专项考核奖设置原则，规定专项考核奖总额占工资总额的比例原则上控制在5%左右。同时依据能力素质评价和职工个人绩效考核结果，对职工岗位薪点工资实行动态调整，职工个人当年积分＝绩效考核积分+能力素质积分＋人才（专家）积分，职工个人积分满足要求，即可升一个薪级。

六、实施成效

（一）"双百改革"取得实质性成果

浙江省送变电工程有限公司以"双百改革"为契机，以"1+N"政策体系为改革方式实施指导，聚焦"五个突破"和"一个加强"。包括健全企业法人治理结构、完善市场化经营机制、积极稳妥推进股权多元化和混合所有制改革、健全激励约束机制、解决历史遗留问题，以及加强党的领导。

在"五个突破"方面，公司通过引入三家战略投资方，实现股权多元化的突破，奠定打造现代企业制度的核心基础。通过股权多元化从根本上转变公司经营管理机制，探索形成有别于国有独资企业的治理机制和监管模式。通过企业法人治理结构的完善，有效规范了各类治理主体权责，逐级实现充分、规范、有序的授权放权和行权。通过市场化业务拓展，建立市场化经营机制的突破，激发公司和员工积极改革发展的内生动力。通过激励约束机制设计的突破，建立以正向激励制度为主的分配机制。通过稳妥推进离退休人员社会化管理、深化厂办集体企业改革等措施，解决公司历史遗留问题，营造企业公平参与竞争的内部环境。

同时，公司切实加强党的领导和党的建设，牢牢把握国企改革的正确方向。在公司章程中明确约定党组织的核心地位和领导作用。改革实施的具体方案内容充分体现党委在决策、执行、监督各环节的权责；清晰界定了党委和其他治理主体的关系。明确党组织研究讨论是董事会、经理层决策重大问题的前置程序。在程序设计上无缝衔接，确保各司其职，各负其责，运转协调，有效制衡。

健全组织管理架构体系，按照现代企业制度，引入三家战略投资方，健全"四会一层"的公司法人治理体系，依照《中华人民共和国公司法》规范公司章程，明确党委会、股东会、董事会、监事会和管理层的权责边界。系统优化组织岗位人员配置，打造专业、高效精简的员工团队。进行经理层任期制、契约化管理及职业经理人建设；开拓多元化用工体系，统筹规划人力资源需求，设计劳动定员模型，提高人员规划准确性；健全市场化用工机制，试点开展社会化招聘，健全"以劳动用工自主为原则，以劳动合同管理为核心，以岗位管理为基础"的市场化用工体系。完善激励约束管理体系，优化工资总额核定机制，建立与效益、效率联动的工资总额激励机制；开展经营业绩考核、优化薪酬绩效体系，加大市场化考核力度，完善评价标准、方式和手段，聚焦利润等市场化考核指标，实现多劳多得、按绩取酬。研究中长期激励措施，重点开拓纯市场化业务领域，建立风险共担、利益共享的员工激励机制，充分激发员工干事创业热情。

（二）公司经营效益显著增长

通过一系列的改革，有效激发了公司整体的经营活力，2020年预计完成合同签订额约为28亿元，利润6000万元，较2019年大幅提升。

在基建业务方面，2020年，公司共承揽浙江省内500千伏基建项目共计约5.3亿元。220千伏基建市场约为9亿元，浙江省内基建项目预计中标金额达14.3亿元。EPC及PC总承包项目共计5.4亿元，基建项目共计中标额21.6亿元。在生产业务方面预计创造营收5亿元，包含生产性技改项目、输电检修项目、变电检修项目、线路运维项目等。在新型业务方面预计创造营收1.8亿元，包括电力物流承接电力物资配送项目、经营性租赁项目、承揽电力消防项目等。

（三）市场化业务拓展取得实质性突破

浙江省送变电工程有限公司以内部体制机制改革为重点，初步建立了以市场化为导向的现代企业制度和公司治理机制，以产业链上下游延伸为核心，积极拓展多元化、市场化业务，构建了市场化的经营机制，有效提高了企业运营效率和市场竞争能力。

主营保障性业务更为稳固明确。公司坚持"立足省内、面向国内、拓展国际"的市场定位，省内市场上，逐步提升了 220 千伏及以上电网基建市场占有率，提升了 EPC 总承包工程占比。积极承担 500 千伏及以上、部分 220 千伏线路迁改工程。公司立足杭州、宁波等中心城市，持续推动电缆业务做大做强。在省外市场上，公司重点抓好特高压及跨区联网工程建设，提高了特高压工程中标率。国际市场上，结合"一带一路"倡议、能源互联网建设契机，有针对性地开拓海外电建市场。运维方面，为进一步发挥送变电公司队伍优势，培育运检一体化专业队伍，减轻各地市公司线路运检压力，积极承揽电网输电线路运维业务，打造"1 小时运维圈、2 小时抢修圈"。检修方面，巩固 500 千伏及以上检修、技改和大修业务市场，争取变电站保障支撑业务。抢修方面，持续提升了应急抢修、应急救援能力，有效防范和应对大型电力设施故障，同时也积极做好重大活动保供电工作。

公司转型迅速，市场化业务稳步开拓。公司将业务与坚强智能电网、泛在电力物联网建设紧密结合，在物流、培训、仓储、档案管理、消防、变电站专业维护等领域实现了市场立足，并持续扩大了市场份额；同时公司进一步将装备租赁、设计咨询、新能源、储能、数据中心等业务作为未来专业服务拓展的方向。优化现有资产配置，探索建设物流网平台、区域仓储中心、教育实训基地、档案中心、专业消防队伍，形成发展合力，持续提高经济效益。

送变电企业股权结构改革政策研究

潘建明　杨凯　许雪开　任晨静

一、政策研究及形势分析

（一）国企股份多元化改革背景

国有企业实行股权多元化改革是适应我国市场转型和经济发展的重要举措，通过建立国有企业多元化的产权结构，能够推动国有企业逐步建立起规范的现代企业制度和市场化的运作机制，进而促进国有资本的市场流动，优化资源配置，提高国有企业的运营效率。浙江省送变电工程有限公司作为国家电网有限公司唯——家入选"双百企业"的送变电企业，肩负着为送变电行业转型发展探路攻坚的重任，同时也是国网浙江省电力有限公司打造国企改革"示范窗口"的重要载体。浙江省送变电工程有限公司深入研究国企改革尤其是股权多元化改革方面的相关政策，并走访调研多家改革企业，实地探访改革情况，从而为企业推进股权多元化改革提供参考和借鉴。同时，浙江省送变电工程有限公司积极推进完善法人治理改革、研究员工持股政策等企业内部经营机制市场化改革事项研究，在实现股权多元化的基础上，进一步激发企业发展活力和员工干事创业热情，实现企业做大做强和国有资产保值增值。

根据《国家电网有限公司 2020 年改革攻坚重点工作安排》《国网浙江省电力有限公司 2020 年改革攻坚重点工作安排》的要求，浙江省送变电工程有限公司将在 2020 年重点推进股权多元化改革实施，国网浙江省电力有限公司尹积军董事长在相关会议上要求，浙江省送变电工程有限公司要在改革中体现省公司的先进性，让改革既"好看"，又"好吃"。为确保改革工作顺利实施，确保相关举措依法合规，确保股改工作取得实效，同时也为送变电行业的转型升级和改革发展提供示范样板，打造行业改革的"示范窗口"，浙江省送变电工程有限公司特开展本研究工作。

（二）送变电企业现状分析

1.普遍面临较大经营压力

统计数据显示，国家电网系统 27 家省送变电公司经营状况不佳，平均利润率只有 2%，18 家净资产收益率低于 9%。在调研过程中，浙江省送变电工程有限公司也普遍反映目前经营压力较大、盈利能力下降、成本管控困难。究其原因，一是市场萎缩竞争加剧。从国家电力规划来看，全国电力主网结构日臻完善，投资规模已呈下降趋势，建设市场逐步萎缩，而电力施工行业则整体产能过剩，竞争日益激烈。二是各类成本刚性上涨。根据国家统计局数据，2018 年 CPI 比 2009 年上涨 25.43%。工程建设领域实际涨幅更高，特别是人工成本。此外，建设环境日益复杂和税收政策变化对施工单位成本也产生较大影响。三是历史负担普遍较重。27 家省送变电公司普遍存在冗员问题，劳动生产率提升缓慢。离退休职工超过 20000 人（与在职职工数量基本持平），尚未完全实现社会化管理，企业仍需承担较大的管理成本和福利支出。

2.管控模式有待优化

浙江省送变电工程有限公司作为商二类企业所属的商一类企业，既有履行社会责任的属性，又需直面市场参与竞争，特别在收入和用工方面，受市场影响较大（包括内部市场和外部市场）。而目前公司集中统一的管控模式对此则考量不足。薪酬机制方面，以总额管控、薪点工资制为核心的薪酬机制与企业经营体量、效益脱节，多劳不多得，在一定程度上影响了浙江省送变电工程有限公司员工工作积极性和整体队伍建设。用工机制方面，招人难、留人难等问题和多元化用工矛盾日渐凸显，亟须机制优化和结构调整。送变电企业工作环境艰苦、待遇较为一般，在人力资源市场吸引力不大。因此，有必要在校园招聘和社会招聘方面授予浙江省送变电工程有限公司一定的自主权限，促进其改善人企匹配状况、加快优化人才结构。在财务预算、资产购置等方面，过于集中、链条较长的管理模式难以满足浙江省送变电工程有限公司市场化经营的需要。

（三）改革必要性与可行性分析

1.必要性方面

一是符合国企改革政策要求。国企改革"1+N"文件指出，国有企业的股权结构多元化改革是适应我国市场转型和经济发展的需要，对主业处于充分竞争行业和领域的商业类"双百企业"，稳妥、积极引入其他国有资本或社会资本，率先实现股权多元化改革突破，符合当前国企改革政策要求。二是有利于提高国有资本配置效率。通过引入在市场、技术、管理方面具有协同作用的战略投资者，与战略投资者取长补短，相互促进，共同发展，有助于链接战略资源，打造企业发展新引擎，进一步发挥核心竞争力，拓展新业务、新市场，弥补主网架基建工程量下滑，拓宽企业发展道路。三是有利于完善法人治理结构。通过股权多元化改革，有助于以资本为纽带建立健全现代企业制度，推动企业法人治理结构的完善和管理体制的变革，提升企业活力和竞争力，促进可持续发展。四是有利于切实转换企业经营机制。当前浙江省送变电工程有限公司面临经营压力较大、利润率偏低、体制机制约束较多、人员活力不足等问题，通过实施股权多元化改革，能够借助股权结构改革促进内部机制变革，有助于发挥社会资本市场化机制优势，带动企业内部体制机制变革，激发企业活力，加速企业业务转型和商业模式创新，为企业发展带来利好。

2.可行性方面

一是国网浙江省电力有限公司全力支持。省公司作为国家电网有限公司改革工作的先行者、引领者，在各项改革工作中一直走在前列、勇立潮头。浙江省送变电工程有限公司是国网系统唯一一家入选"双百企业"的省级送变电公司，省公司将全力支持其改革工作，打造国网系统国企改革的标杆样本。二是综合实力较强。浙江省送变电工程有限公司作为我国省级送变电企业的典型代表，在资产总额、营业收入、装备实力、人才储备等方面居于行业前列，具有较强的行业影响力、良好的企业品牌形象。三是改革基础扎实。经过近年来的转型升级、公司制改制、战略提升行动，浙江省送变电工程有限公司经营形势稳中向好，企业未来的发展方向、业务布局更加明确，在硬件条件、体制机制等方面具备了进一步改革的基础，也具备通过改革提高效率效益、提升竞争能力的潜力。

二、公司股权多元化改革总体目标

（一）改革目标

围绕"双轮驱动，多业并举，服务电网"的发展方向和"电网建设主力军、电网运行保障者、电网抢修先锋队"的发展定位，引入不超过 4 家战略目标同向、综合实力较强、主业结构匹配的战略投资者。积极发挥自身电网建设领域竞争优势，聚焦电网运维、电力设计、国际业务等重点领域，强化能力建设，完善业务体系，开展产业链优质资源合作，实现规模与效益、结构与布局、速度与质量的合理匹配，推动浙江省送变电工程有限公司从"传统的电网建设施工方"向"能源互联网发展综合服务商"转型，坚决走出一条"效益化、专业化、多元化、高端化"的创新发展之路，争取 3 年内年营业总收入超 30 亿（其中市场化业务占比超 40%）。

（二）总体思路

按照"双百改革"总体部署，全面落实国企改革"1+N"政策要求，立足浙江省送变电工程有限公司实际，坚持经济效益和社会效益相结合、短期目标和长远发展相结合，积极探索引入具有市场、技术、管理等多重优势的战略投资者，建立科学合理的法人治理结构和现代企业制度，构建灵活高效的市场化经营机制，加快市场化进程，激发员工干事创业热情，汇聚企业转型发展动能，不断提升企业运行效率、经营效益，实现国有资产保值增值，更好支撑浙江省电力有限公司打造国网电网有限公司建设具有中国特色国际领先的能源互联网企业的"重要窗口"。

三、股权多元化改革具体举措的探索与研究

（一）股权结构设计

有限责任公司设计股权结构时，重点考量几条界线：67%绝对控股权，修改公司章程、分立、合并、解散、清算、变更公司形式、增加或减少注册资本等重大决策的单方通过权；51%相对控股权，属于控制线，相对控制公司；34%安全控制权，重大决策一票否决权；10%，召开临时股东会议提议权、主持

权、强制解散权（见表 1）。

表 1　有限责任公司持股比例 4 条线

持股比例 /%	对应权限
67	绝对控制权，修改公司章程、分立、合并、解散、清算、变更公司形式、增加或减少注册资本等重大决策的单方通过权
51	相对控制权，属于控制线，相对控制公司
34	安全控制权，重大决策一票否决权
10	召开临时股东会会议提议权、主持权、强制解散权

股权结构设计基本考虑如下，对于商业二类企业，首先需保持国有股东控股地位，其次，引入外部资本的总持股比例应高于一定下限，即 1/3，并获得相应份额的董事提名权，鼓励向非国有资本释放更多股权；对于商业一类企业，国有股东宜参则参，宜控则控，引入的社会资本（包括员工持股）原则上不低于 1/3，单个股东（单一员工持股比例除外）的持股比例建议不低于 5%，同时保证各类资本具有一定的话语权。应充分分析国企和外部资本的各自优势在价值提升中所能发挥的作用，据此设计股权结构，并通过市场化谈判达成一致。

浙江省送变电工程有限公司当前作为国网浙江省电力有限公司的全资子公司，承担了如保电、抢险、"急难险重"工程建设等部分以体现社会责任和政治责任为主的业务，是国网浙江省电力有限公司的"电网建设主力军，电网运行保障者，电网抢险先锋队"，对于建设多元融合高弹性电网建设具有重要的支撑作用。因此，浙江省送变电工程有限公司在股权结构比例设计中，以"改革后国网浙江省电力有限公司仍为浙江送变电控股股东"为原则，结合股权多元化改革需求，构建了浙江省送变电工程有限公司改革后的股权结构：引入外部投资人对应持股比例合计不超过 30%，国网浙江省电力有限公司持股比例不低于 70%，对浙江省送变电工程有限公司具有绝对控制权。

（二）引资方式选择

中央企业混合所有制改革操作指引中指出，中央企业所属各级子企业可以通过产权转让、增资扩股、首发上市（IPO）、上市公司资产重组等方式，引入非公有资本、集体资本实施混合所有制改革。从目前实操来看，主要有两大方式，一是出资入股，包括增资扩股、出资新设（新设公司）。二是股权转让

（收购股权、认购可转债）与股权置换（见表2）。其中又以增资扩股方式最为普遍。

表2　引资方式的特点

类别	特点
增资扩股	有利于保持国有控股地位，同时优化股权结构，增强活力；可根据行业及企业实际情况实行国有相对控股或者参股；非国有资本通过此方式要成为有制衡力的股东所需成本代价相对高；主业突出、竞争优势明显的大型国企，采取整体上市或者引入战略投资者等方式加快改制
新设公司	由不同所有制性质的资本共同出资组成新的混合所有制形式的企业，这种企业历史负担小，资产负债状况明晰；可能增加企业管理层级，不适应当前"压减"的政策要求
股权转让	国有产权转让给非国有投资者，更容易形成国有企业产权混合所有制；目前大型国有企业的辅业机构剥离改制一般多采用产权转让，全额入股的存量方式；对资产和业务分散，缺乏竞争力的大型国企，可通过此方式引入非国有投资主体，尽可能降低国有股权重
股权置换	适用于同行业或者具有内在联系的相关产业的企业采用；减少企业产权流动重组中对现金流的需求；容易发生不正当的关联交易（控股股东，实际控制人），损害公司利益，不利于维护子公司独立法人资格，难以形成实际控股股东，甚至形成内部人控制，不利于维护小股东利益

浙江省送变电工程有限公司在对改革后的企业规划中提出，要拓展多元化业务，向能源互联网建设的综合服务商转型升级，其中涉及新业务的培育、新市场的开拓、新技术的应用等，均需要大量的资源投入，因此，浙江省送变电工程有限公司考虑通过增资扩股方式引入战略投资人，通过引入增量资金，加大对企业发展的投入力度，从而实现企业进一步做优做大做强。

（三）战略投资人选择

引入战略投资者的一般原则为，有利于优化业务布局（开拓市场），有利于提升公司治理水平，有利于转换市场化经营机制，有利于消除同业竞争等。根据自身主业发展战略和行业发展方向，重点引入战略协同、优势互补的战略投资者（见表3），并注重对方的公司特质和诉求：公司治理完善程度和市场化机制，意向持股比例，对董事、监事席位的诉求，持股期限，资金实力等。一般需要对战略投资者进行尽职调查。应在入股文件中对投资者的锁定期和运营参与度进行约定，确保拟混合所有制改革企业及其国资股东、外部股东三方的诉求得到制度性保障。在引入战略协同的战略投资者后，关键是用好战略投资者的资源禀赋，创新合作模式，向产业链上下游延伸，提升产业价值链，赋能高质量发展。

表3 投资者分类

类别	特点
财务投资人	具有雄厚资金实力，能够迅速满足融资企业资金需求，此类投资人一般追求高回报，投资期限相对较短，一般不要求参与企业经营管理
战略投资人	与融资企业有一定契合度，能够对融资企业在技术、业务或市场等方面产生助力，有意愿与融资企业开展战略合作的投资人。此类投资人偏向追求中长期投资和稳定收益，但一般要求参与企业经营管理
产业投资人	兼具资金与战略实力，在行业内具有较大影响力，期望借助对外投资形成产业内完整生态链、巩固行业地位的投资人。此类投资人主要关注点在于企业现实经营情况与综合成长能力，追求长期投资和稳定收益，且一般要求以控股股东身份参与企业经营管理

综合考虑送变电公司未来发展规划，计划引入的战略投资者主要偏向以下几种类型：一是优先选择能够与浙江省送变电工程有限公司在产业、资源、战略、技术等方面匹配和互补的企业。二是优先选择在产业投资、上市公司运营、现代企业治理等方面能够给予浙江省送变电工程有限公司提供帮助与支撑的企业。三是优先选择能够提升浙江送变电工程有限公司在电网建设和运检领域专业技术能力的企业。

（四）增资扩股实施的具体路径

一是选定产权交易机构。根据央企混改操作指引，实施混合所有制改革应按照有关规定在国资委确定的可以从事相关业务的产权交易机构中公开进行，其中，从事中央企业增资扩股业务的机构有北京产权交易所和上海联合产权交易所。二是披露相关交易信息。进场交易项目要严格按照规定在产权交易机构进行信息披露。企业股改方案确定后，可合理选择信息发布时机，及早披露相关信息。其中，增资扩股项目信息披露时间不少于40个工作日。三是遴选意向投资人。其中增资扩股项目可采取竞价、竞争性谈判、综合评议等方式。投资人遴选过程中，对战略投资人主要关注与企业发展战略、经营目标、主营业务等方面的匹配和协同情况，对财务投资人主要关注资金实力和财务状况等。四是完成交易结算工作。完成投资人遴选后，交易所出具"增资结果通知"，由增资人安排增资人和新老股东共同签订增资协议，增资协议内容与增资信息公告约定的增资条件及《择优方案》约定的内容一致，并递交交易所备案。最终投资人在《增资协议》生效后约定时间内将除保证金外的剩余增资款支付至增资人。增资人收取剩余增资款后，交易所出具"增资凭证"，并将增资结果予以公告。

（五）改革后的企业治理结构设计

股改完成后，企业需进一步完善现代企业制度，建立健全"四会一层"的公司治理体系，依照《公司法》规范公司章程，重视公司章程在法人治理中的基础作用，与其他股东充分协商，合理制定章程条款，切实维护各方股东权利；通过制定章程，明确党委会、股东会、董事会、监事会和管理层的权责边界，按章程行权、依规则运行，形成定位清晰、权责对等、运转协调、制衡有效的法人治理结构。一是组建党委会（党组织）。根据国企党建工作要求，党委会（党组织）是公司法人治理结构的重要组成部分，确保党组织在改革后公司决策、执行、监督各环节的权责组织化、制度化、具体化。党委会与董事会、监事会、经理层在有效制衡的基础上各负其责，并通过"双向进入，交叉任职"得到体现。党委会审议作为重大事项决策的前置程序，从而保证党组织发挥作用组织化、制度化和具体化。二是组建股东会。根据股改后的持股比例，设计股东会决议事项的通过比例，原则上除增加减少注册资本的决议及公司合并、分立、解散或者变更公司形式、修改公司章程的决议须经代表 2/3 以上表决权的股东通过外，其他事项均经代表半数以上表决权的股东通过即可生效。三是组建董事会。建立各方参与、有效制衡的董事会。国有控股企业的董事由相关股东依据股权份额推荐派出，由股东会选举或更换。董事会是企业决策机构，依照法定程序和公司章程授权决定公司重大事项，认真履行决策把关、内部管理、防范风险、深化改革等职责。规范董事会议事规则，实行集体审议、独立表决、个人负责的决策制度，建立董事会决议跟踪落实及后评估制度，做好与其他治理主体的联系沟通。四是保障经理层经营自主权。探索实行经理层任期制和契约化管理和职业经理人制度。五是组建监事会。进一步增强监事会的独立性，保障监事会行使各项监督权力。

四、改革存在的问题及困难

（一）对战略投资者吸引力不足

浙江省送变电工程有限公司作为传统的劳动密集型企业，由于资产较重、历史包袱较多、盈利能力较差，战略投资者的选择面较小。从公司角度看，改革需要引入的是"携带资源的资本"，引入的战略投资者要契合企业发展定位，能够带来增量业务、有助于体制创新，从而全方位提升企业价值，增强核心竞争力，同时又要保持省公司对自身的相对控制权；从战略投资者角度看，参与浙江省送变电工程有限公司改革看重的是其市场资源、品牌价值或者较好的回报预期，也期望能获得更大的控制权，有助于投资者自身的业务发展，因此双方的需求存在差异，导致市场匹配困难，进一步增加了战略投资者的引入难度。

（二）不满足员工持股政策要求

在与战略投资人的洽谈中发现，战略投资人对于改革企业员工是否持股、持股比例较为看重，认为这是员工对企业未来发展信心的体现，也是对其投资的重要保障，是其是否参与投资的重要考量因素。由于浙江省送变电工程有限公司缺乏实行员工持股的客观条件，未能实现核心团队与企业发展的风险共担、利益共享，一定程度上减弱了对战略投资人的吸引力。根据浙江省国资委的指导意见，省属国企凡是涉及股权多元化改革的，均需同步推行员工持股计划。员工持股是一项重要的中长期激励约束机制，也是"双百改革"在"健全激励约束机制方面率先突破"中的一项重要措施，有助于打造员工与企业的利益、命运共同体，能够极大地提升核心骨干员工积极性，保持团队稳定性，促使其更加积极主动地发挥自身创造力和创新精神。

（三）实行工资总额预算备案制管理存在一定难度

《关于支持鼓励"双百企业"进一步加大改革创新力度有关事项的通知》（即"双百九条"）强调，要对"双百企业"及所出资企业实施更加灵活高效的工资总额管理方式，支持鼓励各中央企业和地方国资委对商业一类"双百企业"实行工资总额预算备案制管理。但浙江省送变电工程有限公司的改革仍在国网浙江省电力有限公司绝对控股的框架下展开，受国家电网有限公司、国网浙江省电力有限公司管控较严，尚不能实行工资总额预算备案制度，也在客观上减弱了对战略投资人的吸引力。

（四）改革的顺利推进需要上级单位的大力支持

上级单位提供的政策、资金支持，有助于改革企业解决历史遗留问题、优化财务指标，从而实现轻装上阵，增强对战略投资者的吸引力。反之，如果一些棘手的历史遗留问题得不到上级单位的政策支持或协助解决，改革将难以推进甚至会停滞不前。同时，上级单位通过推动去行政化管理、赋予企业董事会应有的职权、积极松绑薪酬和用人政策，甚至在一些改革创新举措上以"法无禁止即可为"的精神给予政策支持与突破，对于企业推进体制机制改革、激发内生活力至关重要，是改革取得成效的关键。其中，完善法人治理结构、职业经理人机制建设关注的是企业的决策层、关键少数，股权激励关注的是核心骨干，工资总额决定机制、薪酬绩效体系设计、三项制度改革涉及全体员工。改革的探索必须关注全体员工的利益，要以市场化为导向，统筹考虑体制机制设计，将以人为本落到实处，让各类人才在物质上得到应有回报、精神上得到有效激励，才能实现改革红利全体员工共享，企业持续健康发展。

五、政策研究与实务操作的相关启示

（一）股权架构的合理设计是引入战略投资者的关键

无论是财务投资者还是战略投资者，都能为所投资的项目提供资金支持，但两者之间有很大的区别。财务投资者关注投资的中期回报，以上市为主要退出途径。所以在选择投资对象时，他们会考察企业3~5年后的业绩能否达到上市要求，但对持股比例要求不高，一般持有少数股份即可（34%以下）。如果一家企业希望保持其独立性，财务投资者是最佳的选择。而战略投资者追求长期投资利益，战略投资者具有技术、管理、市场、人才优势，能够促进产业结构升级，增强企业核心竞争力和创新能力，拓展市场占有率，致力于长期投资合作。但战略投资者往往以控股为最终目的，通常要求持有一定量的股份（34%及以上）。因此在实际操作中，如果释放的股比不高，对引入合适的战略投资者难度较大。

（二）有效应对投资人对分红回报与股份退出的诉求是谈判成功的关键

在资本市场，不管是财务投资者还是战略投资者，都会要求明确现金分红与退出机制。例如，关于分红回报，投资人入股当年、第二年现金分红不低于投资金额的 5%，后续 3 年现金分红不低于投资金额的 8%；关于标的股份退出，若公司成功上市，投资人可在限售期满后通过二级市场出售实现退出；若公司未达到上述分红回报条件或者 5 年内未成功上市，投资人有权要求大股东回购其全部标的股权；届时标的股份转让价款与投资人在投资期间分红及其他资金占用费（如有）之和，根据国家电网有限公司管控要求，从合法合规性考量，目前大股东无法直接签署协议承诺现金分红或综合业务回报，且无法承诺收购股权或同意减资退出，投资人所持有浙江省送变电工程有限公司股权可依法转让并实现投资退出。因此，改革企业要全面论证项目的可行性、成长性，完善项目数据，说明上市的可能性，从企业自身管理能力、技术、资源等多方面去吸引投资人，从而产生协同效应。

（三）加强董事会建设是建立有效制衡的法人治理结构的关键

有效制衡的法人治理结构就是要建立健全权责对等、运转协调、有效制衡的决策执行监督机制；规范董事长、总经理行权行为，充分发挥董事会的决策作用、监事会的监督作用、经理层的经营管理作用、党组织的领导核心和政治核心作用。强调落实董事会权利。要切实落实和维护董事会依法行使重大决策、选人用人、薪酬分配等权利，保障经理层经营自主权。强化董事会内部制衡。要有职工代表，坚持一人一票，董事对董事会决议承担责任。强化对董事会董事的管理。改进董事会和董事评价办法，强化对董事的考核评价和管理，对重大决策失误负有直接责任的要及时调整或解聘，并依法追究责任。进一步加强外部董事队伍建设，拓宽来源渠道。因此，在公司章程设计、董事会组建、董事会议事规则制定等机制建设中提前策划，对于企业运营管理能力提升具有决定性意义。

（四）加快改革后的体制机制转换是改革成效真正体现的关键

股权多元化改革并不会因为完成项目交易而停止，而是通过引入多元化、多样性的产权，真正敲开企业内部机制变革的大门，重要体现在推行职业经理人制度与建立市场化的管理机制等方面。国有企业职业经理人特指在所有权与经营权分开、公司法人治理结构完善的国有企业，根据党管干部原则，由董事会聘任，根据合同进行契约化管理的，处于企业经营管理岗位，通过发挥经验、专业技术、管理技能等职业能力，负责企业日常经营管理，以年度薪酬和中长期激励为报酬的有关经营管理人。狭义的经理人指以公司总经理为首的经理层，广义的经理人指各级经理层。推行经理层成员任期制和契约化管理是完善市场化运营机制的重要内容。目前按照"市场化选聘、契约化管理、差异化薪酬、市场化退出"的原则，大力推行职业经理人制度，畅通企业现有经营管理者与职业经理人身份转换通道，有助于激发经理层的干事创业热情，充分发挥企业家作用，带领企业实现健康发展。在市场化用工管理方面，根据发展规划、预期经营效益等，构建适合国企发展和市场需求的内部机构调整机制，构建与利润总额、营业收入等经营效益指标相挂钩的用工总量管控机制，用工需求随着企业发展规模动态调整，推进员工能进能出的用人机制。在市场化薪酬管理方面，优化国企工资总额确定办法，建立工资总额与经营规模、效率效益联动机制，由董事会自主决定年度工资总额预算，实施工资总额备案制，建立与市场接轨的岗位职级与薪酬体系，强化业绩导向，依据业绩考核结果兑现，实现"效益升、工资升，效益降、工资降"。这些市场化的配套机制建设都是需要改革企业在制订股权多元化改革方案时同步考量与统筹设计的关键要点。

电建"双百企业"股权改革路径设计

杨　凯　任晨静　许雪开　潘建明　沈仕洲

一、引言

2019 年，浙江省送变电工程有限公司作为国家电网公司系统唯一入选国资委国企改革"双百行动"的施工企业，迈上了改革转型的新征程。以着力激发送变电企业微观主体活力、破解国企改革重点难点问题为出发点，全面落实国家电网有限公司战略、服务"重要窗口"建设，针对竞争性领域国企股权多元化改革实践，国网浙江省电力有限公司提出了股权多元化改革实践的"一轴两翼"的框架体系，总结了改革设计"三原则"方法论，形成了覆盖股权多元化改革"引资本、健体制、转机制"全过程的"股改十步法"，以确保股权多元化改革的微观目标和国企改革总目标相统一。2020 年 12 月，浙江省送变电工程有限公司在国网系统第二批"双百企业"、省级送变电企业中率先完成股权多元化改革。

国网浙江省电力有限公司深入落实国企改革要求，坚持市场化、透明度、高效率三个关键点，扎实推进国企改革"双百行动"、国企改革三年行动，以浙江送变电股权多元化改革为载体，放大国有资本功能，切实推动企业实现高质量发展，创造了国内同行业领先的浙江经验、浙江样本，加快建设具有中国特色国际领先的能源互联网企业示范窗口。实施过程中，国网浙江省电力有限公司提出了股权多元化改革实践的"一轴两翼"的框架体系，总结了改革设计"三原则"方法论，形成了覆盖股权多元化改革"引资本、健体制、转机制"全过程的"股改十步法"，将浙江送变电打造成为治理结构科学完善、经营机制灵活高效、党的领导坚强有力、创新能力和市场竞争力显著提升的国企改革尖兵。

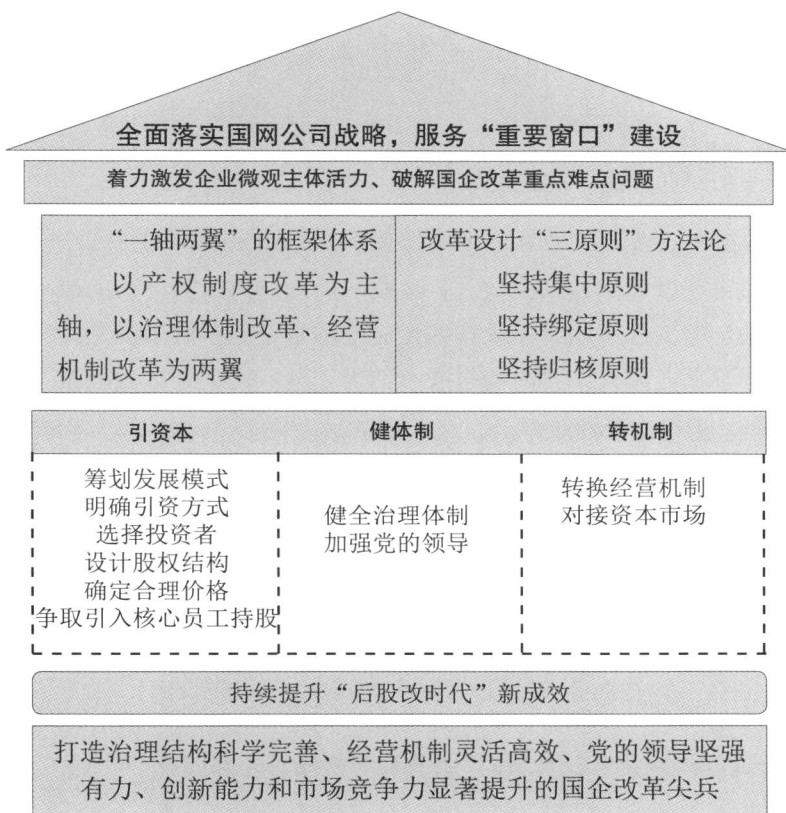

图1 浙江省送变电工程有限公司股权多元化改革主要做法

二、构建"一轴两翼"框架体系

（一）成立"联动式"的改革专班

围绕重点改革攻坚任务，国网浙江省电力有限公司组建由主要领导担任组长的"双百行动"综合改革工作组，与浙江省送变电工程有限公司组建的"双百改革"领导小组联合成立改革专班，建立协同联动机制，明确责任分工，落实改革责任，确保政令畅通、执行有力。

（二）建立"常态化"的工作机制

在实施改革的过程中，由经济法律部（体改办）牵头，对上建立政策沟通协商机制，对内建立业务沟通协调机制，对下建立日常工作联系机制，定期研究和推动重点工作，协调解决重点难点问题。在改革冲刺阶段，建立"日报送、周协调、月小结"的工作机制，每日跟踪关注项目进展，把握改革重点，优化资源配置，形成工作合力。

（三）推行"一轴两翼"综合改革

充分理解国企改革的内涵，准确把握新一轮国企改革的主题——增活力提效率，瞄准资本层面做强做优做大、企业层面提升持久竞争力的改革目标，明确浙江省送变电工程有限公司股权多元化改革始于国有资本和具体完整市场化特征的外部资本的混合，以产权制度改革为主轴，以治理体制改革、经营机制改革为两翼，进行综合性改革。

三、科学构筑"三原则"方法论

（一）坚持集中原则，优先引入股权集中的战略投资者

通过对国企改革有关政策研究、机制分析和实证分析，提出在改革的设计思路中应遵循的三大原则。以投资主体科学化为切入方向的股权多元化改革，着眼于引入能够形成"到位"和"制衡"的积极的外部股东。

（二）坚持绑定原则，争取优先同步引入核心员工持股

在深化改革的新时代背景下、着眼于破解国企体制机制问题的改革，在企业内部需要更大的动力，并突破更大的阻力，需要一种针对利益相关者的更加强化、更加侧重于长期利益统一的约束机制，使其成为驱动企业持续改革和长期发展的力量。

（三）坚持归核原则，确保优先打造专业化的业务平台

经研究，在"多元化折价"的客观规律下，以主业多元化的主体对接资本市场将遭遇股权价值的低估。在实施中，指导浙江省送变电工程有限公司积极发挥自身电网建设领域核心竞争优势，开展产业链优质资源合作，强化能力建设、完善业务体系，开展专业化业务平台建设，实现国有资产保值增值。

四、筹划"引资本"最有效路径

（一）步骤一：筹划发展模式

在国网浙江省电力有限公司的顶层设计和指导下，浙江省送变电工程有限公司明确了"双轮驱动，多业并举，服务电网"的发展方向，制订增资扩股实施方案，针对工程总承包市场、电网运维检修业务、市场化业务及机械化施工等重点领域，确定拟引入的投资者画像，从企业自身管理能力、技术、资源等多方面去吸引投资人，引入关键能力，补齐资源短板，从而产生协同效应。

（二）步骤二：明确引资方式

目前，国企股改主要采用以下两种方式：增资扩股——有利于保持国有控股地位，同时优化股权结构，增强活力；股权转让——国有产权转让给非国有投资者，更容易形成国有企业产权混合所有制。根据浙江省送变电工程有限公司补充营运资金、扩大经营规模的需要，采用增资扩股方式引进战略投资者，该方式可在实现浙江送变电股权多元化改革的同时引入资本增量，国网浙江省电力有限公司所持浙江省送变电工程有限公司长期股权投资总额不变。

（三）步骤三：选择投资者

国网浙江省电力有限公司提出"以股权为纽带、以市场为导向、以效益为核心"的引资思路，建立与地方国资委及其下属企业、地方央企的沟通对接渠道，陆续与12个投资者进行了对接洽谈，做好项目推介，了解对收益率的预期，扩大潜在投资者范围。最终引入的杭州居住区投资建设集团、国网通用航空有限公司、中国能源建设集团浙江省电力设计院有限公司等3家企业与浙江省送变电工程有限公司在市场、技术、管理等方面的需求十分契合。

（四）步骤四：设计股权结构

国网浙江省电力有限公司党委经研究决定，对浙江省送变电工程有限公司保留绝对控制，即通过增资扩股释放30%的股权。在股权结构制衡化的风险考量上，全面分析外部资本各自优势在价值提升过程中所能发挥的作用，通过市场化谈判达成一致，最终杭州居住区投资建设集团持股15%、国网通用航空有限公司有限持股10%、中国能源建设集团浙江省电力设计院有限公司持股5%，合计持股 30%。

（五）步骤五：确定合理价格

浙江省送变电工程有限公司在评估前通过上缴未分配利润、剥离低效房产等手段，控制净资产规模，并履行国有资产评估备案程序，明确股权价值的基准价值。对于定价过程，先保障投资者质量优先，再保证价格优先的原则，以在产权交易机构公开挂牌的交易方式确定最终交易价格。

（六）步骤六：争取引入核心员工持股

根据"绑定原则"，在首次引资的同时，坚持市场化的方式，将员工持股与战略投资者同步进入、同价入股，是最好的时机。国企改革员工持股现阶段仍处于初步探索阶段，国家日前出台的政策约束性较强，浙江省送变电工程有限公司制订了员工持股研究方案，虽未完全符合政策允许条件，但仍将随着改革不断推进，积极争取上级政策支持。虽然本次改革未真正涉及员工持股具体操作，但员工持股依然是新一轮国企改革的重要一环。

五、明确定义"建体制"各界限

（一）健全治理体制

按照国企改革要求，组建了外部董事占多数、外部监事占多数的董事会、监事会架构。其中，董事会由 7 名董事组成，外部董事为 4 名，另有 1 名职工董事，有利于决策与执行的分离，有利于各董事从不同视角参与决策，提高决策科学性。

（二）加强党的领导

在公司治理中，国企改革强调发挥党组织的把关定向作用，在推进党的领导融入公司治理中，指导浙江省送变电工程有限公司将党建工作总体要求纳入公司章程，明确党委研究讨论是董事会、经理层决策重大问题的前置程序，落实党委在公司治理中的法定地位，并细化了"党的领导与公司治理相统一"的体现形式，即参加董事会会议、总经理办公会的党委委员应当按照党委会决定发表意见。

六、切实推动"转机制"真落地

（一）转换经营机制

一是完善企业管控模式。结合"放管服"事项清单，逐步完善管控边界，指导浙江省送变电工程有限公司创新管理架构、运作模式。浙江省送变电工程有限公司自主完成内部机构调整，开展管理部门瘦身健体，构建内部人力资源市场。二是优化人力资源配置。指导浙江省送变电工程有限公司初步实现经理层任期制契约化管理。加大项目经理等关键领域外部人才引进，拓宽社会招聘用工配置，形成内外部人才的互补效应。三是推进薪酬市场化改革，激发干部员工活力。在工资总额的框架下积极地"调结构"，向关键骨干人员倾斜，合理拉开差距。

（二）继续对接资本市场

浙江省送变电工程有限公司在完成股权多元化改革后，加快推动产权变化在体制机制和运营层面落地，注重提升公司资产品质，在优化股权结构和完善公司治理的同时，继续在优化产业布局和提高运行质量上下功夫，通过深化核心业务培育、提升市场占有率、打造行业龙头地位、持续增强盈利能力等途径，进一步提高资产质量。同时，抓紧研究企业上市的可行路径，谋划上市工作。

七、结语

从启动开始仅耗时 9 个月，浙江省送变电工程有限公司成为国网系统基建领域首家、国网第二批"双百企业"首家实现股权多元化的企业。同时，企业经营效益实现较大增长，全年实现营收 29.8 亿元，同比增长 17%；实现利润 6618 万元，同比增长 252%，均创近 10 年新高。

企业
文化

开 拓 管 理 之 路

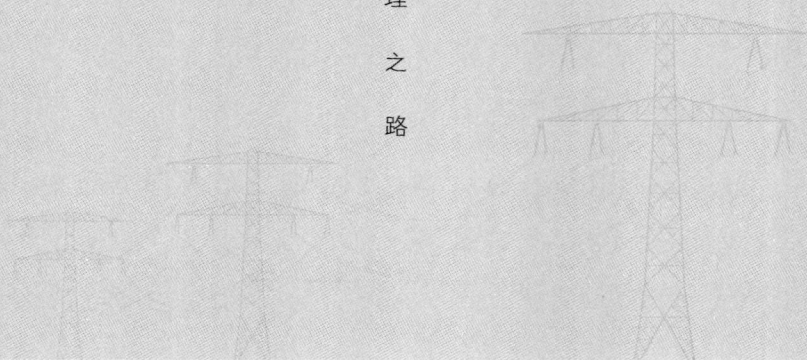

文化长廊助推企业文化根植落地

骆贤华　彭立新　杨勤学　纪芯燕

一、研究背景

文化走廊建设就是要充分利用廊道空间，充分发挥墙体的宣传功能，立足于职工的发展，实现文化与装饰的完美结合，使企业的每一道墙都成为宣传的载体。

企业文化是企业综合实力的体现，是企业文明程度的反映，是知识形态生产力向物质形态生产力转化的源泉。企业要做大做强，必须树立"用文化管理企业"和"用文化振兴企业"的理念，积极推进以文化做强企业的战略。为了进一步弘扬企业文化，树立公司正面形象，增强员工归属感，提高企业创新、形象和核心竞争力，把企业文化建设作为积极推进精神文明建设的重要措施。输电运检公司大力实施五大运检站企业走廊文化设计建设，让墙壁"说话"，让走廊"传达美"活动形成魅力。

员工在潜移默化的情况下，会受到公司企业文化的影响，能有效提高员工的积极性，增强团队凝聚力，使公司的整体氛围呈现出积极、乐观、欢快的氛围。这些无形的东西会潜意识地影响每个人的工作热情。

二、输电运检公司文化长廊建设概况

2020—2021年，输电运检公司积极推进企业文化阵地建设，在5个运检站建设完成文化长廊。输电运检公司企业文化长廊以"用心检修、精心运维、服务电网"为主题，内容涵盖了公司简介、发展历程、党建园地、廉洁文化、安全文化、各运检站管辖区域地图、辖区重要线路、地区介绍、台风提前预防举措、防火警示牌照片、外破处理案例、一小时运维圈、两小时抢修圈覆盖巡检站数量、运维相关注意事项、无人机巡线场景照片等，从不同角度展示了公司的核心业务和文化理念。打造成为对外宣传公司文化、树立浙江省送变电工程有限公司形象的重要展示窗口和文化阵地，使员工在潜移默化中了解、支持、参与、融入企业文化创建工作。

三、输电运检公司文化长廊建设成效

文化需求，催生企业文化长廊建设。评价一个企业的好坏，不能只看生产经营业绩，更应关注其文化建设。优秀的企业文化，是企业持续健康发展的助推器。在新经济条件下，文化已成为企业的灵魂。企业文化是企业最重要的无形资产，企业文化对企业长期经营业绩具有重大作用，这个作用不是促进，而是直接提高。

大多数企业在进行文化建设的过程中，由于过于重视外来文化的吸收和借鉴，而忽视了对本单位个性文化的塑造，使文化建设步入了无源之水的尴尬之境。为此，输电运检公司提出企业文化长廊建设，要结合分公司员工自身特点，贴近分公司员工需求，丰富分公司文化生活，建设符合时代发展的企业文化。只有如此，文化才能真正发挥精神激励作用，促进公司的良性发展。

输电运检公司力求将企业文化建设成具有鲜明个性、生命力强盛的企业文化。个性文化是输电运检公司文化长廊建设的生命力。例如分公司在文化长廊中注入"安全"元素，从安全文化理念渗透，安全制度落实和安全行为巩固等方面着手，加强安全视觉形象宣传。

根据分公司各运检站的输电线路分布和气候状态设计地域特色定位，其中以湖州为中心的浙北地区重点考虑冰灾对浙北密集通道的影响，保障大通道安全稳定、可靠运行。以杭州为中心的浙中地区重点考虑的是保障浙江省政治、经济、文化中心的重大保电工作。以宁波、台州为中心的浙东地区重点考虑的是沿海抗台风"防避抢"原则，尽量减少台风对电网运行的影响。以金华为中心的浙西南地区重点考虑的是防御山火及频发的山洪滑坡等地质灾害对电网的影响。

四、启示与总结

输电运检公司高度重视企业文化建设，不断创新企业文化传播方式。企业文化长廊的建设落地，深化了员工对企业文化的认同感，促进企业文化落地生根，激发了员工以良好的精神风貌，更加务实的工作作风投入工作中，为实现"打造具有较强竞争力的一流专业投资机构"凝聚思想共识，为公司高质量发展提供动力。企业文化长廊也成为领导调研、党支部建设及公司新员工培训的重要一站。

传承国有企业红色基因、先进精神和优良传统研究

王苏兰　何泽辉　杜德富

一、实施背景

习近平总书记在庆祝中国共产党成立 100 周年大会上指出："一百年来，中国共产党团结带领中国人民，以'为有牺牲多壮志，敢教日月换新天'的气概，书写了中华民族几千年历史上最恢宏的史诗。"[①]

在"两个一百年"奋斗目标历史交会的时间节点，国有企业步入崭新的发展阶段，在发展格局中的坐标定位也愈渐清晰，为广大国企员工建功立业、大展宏图提供了前所未有的大好平台。国有企业需要把握大势、紧跟潮流、紧抓机遇，响应党和人民的号召，顺应时代的浪潮，继承并发扬优秀的红色基因、优良传统、先进精神，把握"双百"发展的契机，在高速发展的道路上做好领头人。

纵观国有企业发展史，就是一部坚持党的领导、加强党的建设的历史；坚持党的领导、加强党的建设是国有企业的"根"和"魂"。"根"，是指由红色文化所奠定的、如同基因般刻在思想中薪火相传的精神文明；"魂"，是指由坚定的马克思主义理想信念，艰苦奋斗、勇于创新等优良传统和积极向上的"精气神"所组成的思想文明。

红色基因是国有企业的根魂所系和独特优势。传承红色基因是国有企业保持本色的必然要求，是打造国有企业精神文明建设高地的重要举措。红色基因蕴含着中国共产党的本质特性，对红色基因的传承，也是对党的本质、特性的

[①]　庆祝中国共产党成立 100 周年大会在天安门广场隆重举行 [M]. 人民日报，2021-07-02（01）.

继承与践行，决定着国企的红色性质和红色使命。

国有企业要想基业长青，绝对不能忘记初心，要继续弘扬光荣传统、赓续红色血脉，永远把伟大建党精神继承下去、发扬光大。

浙江省送变电工程有限公司是国家电网公司直属企业，是浙江省超高压及以上电网建设最重要的承担者。公司传承国企的红色基因，发扬优良的国企传统，紧跟国家政策，积极拓展改革，跻身并保持全国送变电行业前列。在改革转型的关键时期，公司持续激发员工活力、持续弘扬浙送正气，发扬"风餐露宿讲奉献，优质高效争一流"的优良传统，锲而不舍树立"浙送"品牌，进一步提升队伍凝聚力、战斗力。严格遵守工作纪律，保持良好工作作风，维护企业良好形象。

二、具体内涵

红色基因是历史的积淀，是革命精神的传承，诞生于瑞金、井冈山等革命圣地，并随着共产党人的不断壮大得以强化和发展。

在硝烟四起、战火连天的革命年代，英勇的共产党人抛头颅、洒热血，用自己的生命铸造鲜红血色的红色基因；在艰苦卓绝的万里长征途中，信仰坚定的红军战士爬雪山、过草地、越天堑，用不屈不挠的斗志锤炼顽强拼搏的先进精神；在实现民族复兴的伟大征程中，共产党人带领全国人民涉险滩、闯难关，发扬艰苦奋斗的优良传统。

红色基因是信仰，坚定理想、饱含热忱；红色基因是忠诚，爱党爱国，矢志不渝；红色基因是奋斗，顽强拼搏，自强不息；红色基因是无私，忘我奉献，不计得失。红色基因是中华民族镌刻在骨子里的印记，是流淌在身体中的血液，是铭刻进思想深处的灵魂。

新时代传承红色基因、先进精神和优良传统，就是要不忘初心、牢记使命，巩固坚定理想信念宗旨根基，永葆党的性质、宗旨、本色。

国家电网公司作为关系国民经济命脉和国家能源安全的特大型国有重点骨干企业，肩负着引领国有企业改革发展、走向世界的重任，肩负着带领国家经济发展、引领国家经济转型的重任，肩负着更多社会责任、为全面建成小康社会有效助力的重任。作为国家电网有限公司直属公司的浙江省送变电工程有限公司，是电力工程施工的中坚力量，不仅是单纯的经济组织，更具有社会主义的政治属性，承担着更多的责任和担当。作为国企，只有依靠党组织的领导核心和政治核心作用，才能最大限度地调动广大员工的主观能动性，不断推动深化改革，更好地服务人民群众。

三、实施策略

传承和发扬红色基因，要引导广大员工深入了解党史、挖掘红色基因、领会先进精神、传承优良传统，不断加强以社会主义核心价值观为核心内容的精神文明建设，不断提升员工整体素养，为国企发展壮大提供精神支撑。

公司目前面临新形势，明确新定位、新目标，锚定参与新型电力系统建设的方向，以"打造全国送变电行业的先行示范窗口"为目标，更要大力传承和弘扬红色基因，打造红色基因作为企业品牌文化，提升党建工作的内容和深度，为企业转型升级提供内生动力，为企业高质量发展提供强大的精神动力和政治保证。

针对公司点多面广的生产特点，浙江省送变电工程有限公司党建工作要以党组织凝聚下的党支部为渠道载体和桥梁纽带，深入一线，贴近群众，将党建工作现场化，聆听群众呼声高、排查难度大、亟待解决的问题，为群众办好实事，做好红色基因的播种者和传播者。在思想上，要紧跟党组织的号召，紧随党组织的步伐，弘扬先进精神，不断增强广大员工政治素养和政治意识，调动党员群众参与的积极性。

具体主要从以下几个方面展开。

（一）学习党史，把握今朝，继承红色基因

"回溯既往，我们党经历了生与死、血与火的考验，始终充满朝气、风华正茂；面向未来，催人奋进的精神力量，必将激励亿万人民顽强拼搏、奋勇向前。"[1]党的历史，凝聚了庞大的红色力量，其中蕴含的精神与传统更是需要静下心去细细钻研和学习。

通过开展包括回顾发展成就、讲述红色故事、传承优秀传统、举办红色讲

---

[1] 尹双红.从党的历史中汲取前进力量[N].人民日报，2021-08-09（06）.

堂、建设红色基地等系列的红色教育活动，在传承红色基因方面探索前行，通过实践引发深邃思考。鼓励员工多学党史、新中国史，自觉接受红色传统教育，常学常新，不断感悟，建立远大的奋斗目标，巩固和升华理想信念。结合实际工作岗位，发挥先进精神，树立榜样典型，在学习中提高修养，传承优良传统并得以发扬，将红色基因牢牢根植于企业的思想动态。

（二）追寻红色，感悟真理，赓续红色血脉

于乱世探索真理，在至暗时刻寻找光明。先驱们无数次用行动告诉我们：面对苦难，要以百折不挠的精神跨过一道道沟坎、夺取一次次胜利。他们的鲜血激励晚辈拼搏奋进，他们的事迹照耀后人砥砺前行。从先辈们的身上，我们能看到一个民族在面临困境时爆发出的力量，遇到危难时坚守的信仰，民族的美德在他们身上绽放而开，并得以代代延续。

通过开展红色主题教育、探寻红色故事等活动，回顾红色历史，参观红色发源地，切身感受红色精神，走革命前辈走过的路，追榜样先烈留下的影，从"星火燎原"的红色事迹中汲取精神力量。学习追求真理、勤恳踏实、为党为人民的事业奋斗终身的坚定信念；领会刚正不阿、无私无畏、勇于担当的浩然正气；传承不怕挫折的革命乐观主义精神、始终坚持人民利益高于一切、忠于党和人民的高贵品质。

（三）深入一线，牢筑基层，争当先锋模范

要将红色基因融入党建工作，筑牢红色堡垒基石，始终将红色基因贯彻党员的教育，忌空泛说教、抽象讲理，宜循循善诱、生动举例。以讲故事、悟道理的方式，引导广大党员不忘初心、牢记使命，时刻牢记自己共产党员的身份，不计得失，甘于奉献，爱岗敬业，积极发挥先锋模范作用。

要在思想上、行动上进一步树立为人民服务的奉献意识，积极开展党建联建。借助红船服务队平台，真心实意为现场员工服务，想员工之所想，急员工之所急，解决项目推进过程中所面临的人员不足、物资缺乏、沟通不便等困难，充分发挥党支部战斗堡垒作用和党员先锋模范作用，将红色精神带入一线，与群众面对面、心贴心交流，传递党员的先进精神和优良作风。

（四）艰苦奋斗，力戒享乐，发扬优良传统

历史和现实告诉我们：一个没有奋斗精神的国家，难以屹立世界；一个没有奋斗精神的民族，难以自立自强；一个没有奋斗精神的企业，难以基业长青。贪图享乐终会斗志颓废，坐享其成必将坐吃山空，只有脚踏实地、真抓实干，靠自己的双手去拼搏奋斗，才能攻坚克难、成就伟业。

哪怕身处当今比较安逸、稳定的环境，也要不断培养艰苦奋斗的精神，时刻提醒自身不要受享乐主义影响而懈怠。通过学习理论，激励员工发扬和保持艰苦奋斗优良作风，坚决反对追求奢靡、安于现状甚至贪图享乐的享乐主义，坚决反对以权谋私、尸位素餐，把党和人民赋予的权力变为谋取私利的工具，破除腐败、落后的思想，发扬艰苦奋斗的作风，始终保持党的先进性和纯洁性。

（五）培育青年，树立榜样，弘扬劳模精神

劳模精神、劳动精神、工匠精神是以爱国主义为核心的民族精神的生动体现，是红色基因所激发的伟大精神。对劳模精神、劳动精神、工匠精神的大力弘扬，既是新中国成立以来，国有企业不断发展壮大的重要原因，也是未来在开拓创新、开创新局时须具备的必要条件。

劳模的奋斗历程贯穿整个公司的发展史，今日公司的辉煌成绩离不开劳模的奉献。对于勤奋好学的青年来说，树立榜样是一件至关重要的事，优秀的榜样能够快速引领青年冲破初期的迷惘，踏上未来可期的征程。要讲好变电劳模故事、讲好劳动故事、讲好工匠故事，让劳动最光荣、劳动最崇高、劳动最伟大、劳动最美丽的观念深入人心，教育引导青年树立以辛勤劳动为荣、以好逸恶劳为耻，从师带徒成长、劳模引领、党员模范作用等方面着手完善青年的培训机制，夯实青年发展成才道路。

四、策略实践及成效

（一）党员的理论知识更加丰富

浙江省送变电工程有限公司积极响应庆祝中国共产党成立100周年的"学党史、悟思想、办实事、开新局"的党史学习主题。党支部采用党支部集中学习、党小组集中学习、自主学习等形式多样的学习方式开展党史学习，认真学

习习近平总书记在庆祝中国共产党成立 100 周年大会上的重要讲话、《中国共产党简史》等学习材料，领会习近平新时代中国特色社会主义思想。

畅游历史，追昔抚今，结合主题实践、交流研讨等活动，激励员工牢记初心使命、坚定理想信念，更深刻地领会历史长河中优良传统、先进精神、理想信念的精神追求，传承红色基因，争做时代的领航人。

（二）党员的服务意识空前提高

结合建党 100 周年主题，党支部开展"服务一线办实事，助力工程建设"的主题党日活动，深化红色精神的探索，推动广大党员学史明理、学史增信、学史崇德、学史力行。

变电党支部与国网嘉兴供电公司建设部党支部在 220 千伏荷花变开展争先创优主题联建活动，集中讨论工程创优方案，开展政治理论学习，为迎接中国共产党建党 100 周年做好工作部署及安排。

组织党员前往沙南 220 千伏变电站现场，开展"学制度、讲规矩、比精细、转观念、促提升"主题党日活动，安排党员深入施工现场，集中力量服务一线，充分发挥共产党员"螺丝钉"的作用，把关工程关键节点，助力工程稳步推进。

（三）党员的身份意识更加牢固

党支部组织党员前往良渚古城遗址公园，参加"行读百年党史，探寻良渚遗址文化"红色教育活动，在可听、可看、可感的浸润式教育中开展党史学习教育，通过重温入党誓词，探寻红色故事，提醒广大党员要牢记初心使命，明确自己光荣的党员身份。

通过参观"开天辟地——中国共产党创建史图片展""中国共产党历届全国代表大会专题展"等红色专题展览，全体党员重温峥嵘岁月，在 5000 年的良渚文明中感受红色基因，感受革命先辈崇高的信仰和玉汝于成的奋斗，传承先进精神与优良传统，加深党员的民族自豪感和爱国主义情怀。

组织综合施工队、各工程项目部员工通过网络直播收看庆祝中国共产党成立 100 周年大会现场直播，感受百年民族发展的沧桑巨变，提醒党员以主人翁和建设者的身份严格要求自己，传承红色基因，赓续红色血脉。

（四）党员的政治思想不断升华

党支部开展《反腐倡廉教育酒驾醉驾专刊》学习宣贯会，宣贯反腐倡廉及酒驾醉驾相关知识，对包括但不仅限于贪污、腐败、酒驾、醉驾等问题的认定标准、行政处罚、法律条文、刑事责任和党内处分等展开了细致讲解，党员群众上了一堂生动的普法教育课。

要求全体员工从典型案例中汲取教训，牢固树立法纪意识，始终紧绷纪律规矩这根弦，打消任何可能存在的侥幸心理，坚决对任何贪赃枉法、徇私舞弊等违法犯罪行为说不，做到知敬畏、存戒惧、守底线。

（五）企业文化建设得以更新壮大

公司以多位劳动模范为标杆，建立新型变电劳模工作室，开设劳模故事课堂。以模范为引领，以劳模为榜样，结合劳模勤恳踏实的工作态度、甘于奉献的工作精神，全面展示变电公司技术创新、科技成果、管理措施、文化建设等成果，充分发挥劳模示范引领的榜样作用，激励广大员工爱岗敬业、团结奋进。同时，发挥劳模的创新能力、创造潜力和"传、帮、带"作用，激励劳模在新时期再立新功。

推进团青工作，克服变电公司团员青年分散，人员难以集中的困难，抓好施工间隙，定期开展青年思想座谈会、红色主题观影、党史学习教育、读书交流分享会等活动，引领青年员工文化，促进青年员工发展，搭建青年成长平台，拓宽青年成才渠道，打造企业文化阵地。

党史学习教育与档案工作相互促进的探索与实践

庄迪英　尹　燕　李佳颖

一、实施背景

习近平总书记在党史学习教育动员大会上发表重要讲话，深刻阐述了开展党史学习教育的重大意义，深刻阐明了党史学习教育的重点和工作要求，对党史学习教育进行全面动员，对新时代学习党的历史、弘扬党的传统、开启新的征程、创造新的伟业做出重要部署。

2021 年是建党 100 周年，也是落实国家"十四五"规划、全面建设社会主义现代化国家的开局之年，此刻全党上下正在深入开展党史学习教育。如何开展好、贯彻好、落实好党史学习教育，促进党史学习教育"活"起来，引导党员干部"动"起来，是 2021 年党史学习教育工作要思考研究的一个课题。而档案工作是一项记录历史、传承文明、服务社会、造福人民的事业，还事关改革和发展大局。

历史的车轮滚滚向前，每一处车辙都在档案里留下最真实最原始的记录。中国共产党为什么"能"？马克思主义为什么"行"？中国特色社会主义为什么"好"？中国共产党为什么能成功的密码，就藏在这些珍贵的档案中。档案承载着过去，也影响着未来，它无处不在，它就在我们身边，小到个人的人生起落，大到国家的荣辱兴衰。

习近平总书记在浙江工作期间就曾指出，档案工作是一项非常重要的工作，经验得以总结，规律得以认识，历史得以延续，各项事业得以发展，都离不开档案。①以档为凭可正视听，以史为鉴可知兴替，档案工作与党史工作相辅相成、相伴而生，与党史学习教育有着密不可分的关系，在中国共产党百年华诞的重大时刻和"两个一百年"历史交汇的关键节点，做好档案工作更具现实意义。

浙江省送变电工程有限公司 1958 年从新安江畔启航，至今走过 60 多年的发展历程，是浙江电力系统内历史最悠久的直属单位。而浙电兰创（浙江）信息智能化科技有限公司（以下简称兰创公司）是浙江省送变电工程有限公司在"双百改革"中新成立的全资子公司，自成立以来立足于"智慧化档案保管服务、专业化档案技术服务、多元化信息业务开发"三大板块，致力于打造档案智能化全产业链服务企业。作为一家档案专业类目的科技公司，在党史学习教育中应发挥自身优势、展现档案特色，通过党史学习教育推动档案工作，用档案资料为党史学习教育增添一分色彩。

二、现状与特点分析

（一）队伍规模小，业务新手多

兰创公司目前在岗员工 16 名，62.5% 的人员为档案业务领域新手，且作为独立经营核算的子公司，在经营、财务、综合管理等业务方面也缺乏专业性人员。兰创公司将通过岗位选拔、内部培养、岗位锻炼、学习培训、技能竞赛等方式，培养"一岗多能、全面发展"的综合型人才，打造了一支管理能力强、业务素质高、恪守档案职业操守的队伍。同时，利用课题研究、科技创新、负责人揭榜挂帅等方面，加大青年人才的使用，培养了一支专业的档案青年队伍。

（二）阵地规模大，设备系统先进

兰创公司拥有约 7700 平方米的智慧档案中心，作为国网浙江省电力有限公司档案集约化管理的保管场所，拥有浙江省内走在前列的智能库房及后台管理系统，实现全天候库房环境自动调节，库房监控数据自动采集，远程操控一键式管理。库内馆藏档案资源丰富，可为后期档案大数据编研提供支撑，为高弹

---

① 陆国强. 新时代档案事业高质量发展的根本遵循 [EB/OL]. (2021-10-11)[2022-06-08]. https://www.saac.gov.cn/daj/yaow/202110/72919f375716451f9babc96071986aa9.shtml.

性电网建设提供材料支持。

（三）工作强度大，经营压力有效传递

兰创公司各项业务陆续开展，大部分员工的工作量接近饱和，有时有些超负荷，员工普遍觉得压力较大，可见企业经营压力已有效传递。持续适度的压力是提高企业工作效率和竞争力的重要条件，但如何把握好压力强度，如何分配好薪酬机制，如何结合党史学习教育激发员工活力是企业现阶段需要思考的一个问题。

（四）继承传统，延续发扬浙送精神

正如王承奋老书记笔记本上的那句"要把电灯送到每一个深山小村"那样，老一辈送变电人为建设祖国走遍大江南北，他们朝着黑暗进发，把光明留在身后，用一盏盏煤油灯点了万家灯火，"风餐露宿讲奉献，优质高效争一流"的优秀传统在一代又一代送变电人身上体现。新一代的送变电人矢志践行国家电网有限公司"人民电业为人民"的初心和使命，在电网建设及抗台抗冰抗洪保电工作上冲在前沿。而我们送变电兰台人，作为各项工作有序开展的支撑力量，始终践行"为党管档，为国守史，为民服务"的使命，将敬业、精益、专注的工匠精神根植于日常档案工作中。

三、党史学习教育中档案工作的重要作用

（一）档案的收集整理使党史资料更加完善

档案工作最重要的环节就是收集，这也是档案工作最初的环节。没有档案的收集，档案的内容就得不到增加、补充，档案利用也无法谈起。中国共产党自 1921 年建党，至今已经逾 100 年，在这百年的历史长河中，有饱受压迫奋起反抗的战争时期，也有改革开放奔赴小康的和平建设时期；有一个个影响中国未来走向的重要历史时刻，也有一件件记录普通百姓生活变迁的时代故事，而档案就是这些历史最真实、最直观、最完整的记录。"有史实，才能有正确的史识"，通过研读这些原始资料，我们可以进一步丰富、还原历史情节，更好地引导人民群众感悟中国共产党在长期奋斗中铸就的伟大精神，深刻领会中国共

产党成功推进革命、建设、改革的宝贵经验，而做好这些的前提就是要有完整的原始记录资料。可见，档案的收集整理在党史工作中尤为重要。

（二）档案的保管使党史资料得以留存、参考

档案保管是档案管理的一项重要内容，基本任务和要求就是维护档案的完整与安全，便于借阅调用。共产党成立初期，条件艰苦、环境恶劣，许多档案迫于形势不得不销毁，或毁于战火，或遗弃丢失。1927年大革命低潮时期，一位名叫张人亚的党员把首部党章和一些珍贵的文献送往了老家保存。他的父亲对外宣称儿子在外面过世，以衣冠冢的方式保存了这些送回来的文献，直到1951年，老人才请人打开了儿子的衣冠冢，把这些珍贵的文献取出捐赠给了国家。1933年初，中共中央机关迁离上海时，留下了中国共产党成立10多年以来的档案，共15000余件。中华人民共和国成立后，这15000余件文件资料都完好无损地入藏中央档案馆，这得益于党的中央文库的建立与保管。红色档案为我们探知党史真相提供了真实可靠的历史材料，正因为有这些档案的留存，历史才更让我们铭记，才不容易被有心之人篡改。一份份档案资料，一个个历史纪念馆是对历史虚无主义及企图篡改侵略历史的日本右翼分子最好最有力的反击武器。

（三）档案是党史学习教育的生动素材

中国革命历史是最好的营养剂，它记录了党团结和带领中国人民，浴血奋战、百折不挠，完成新民主主义革命，建立中华人民共和国的伟大历程，而红色档案正记录了这诸多鲜为人知的历史细节，一个个生动的故事围绕着这些珍贵的红色档案而展开，每一份珍贵的档案背后，都有一个关于信仰的故事。都说历史是最好的教科书，而档案以翔实的史料、直观鲜活的图片影像，再现当时的历史场景。通过这些文字、实物、照片、影像等不同载体的红色档案，我们可以重温党走过的岁月，重看党发生的故事，在风雨飘摇的岁月里，现实与理想、生存与死亡、苟且偷生、负重前行还是舍生取义，都能在看似沉默的档案中找寻到答案。在党史学习教育中大力运用红色档案，能够加深党史学习教育的记忆深度，提升党史学习教育的情感温度，强化党史学习教育的认同感，进而推动党史学习教育成果转化为"学党史、悟思想、办实事、开新局"的前

进力量。

四、党史学习教育的思路、实践及成效

（一）高位领航，推动融入中心

领导干部是党和人民事业的中坚力量，领导干部对党史学习教育的态度、做法及效果具有风向标作用。要充分发挥领导干部的"头雁效应"，在学党史、讲党史、懂党史、用党史方面发挥示范引领作用，以上率下、以身作则，学在前、走在前，以"关键少数"带动"绝大多数"，把党的光荣传统和优良作风学习好、传承好、发扬好。要始终把习近平总书记重要讲话精神作为当前的一项重要政治任务来抓，做到学史明理、学史增信、学史崇德、学史力行，教育引导广大党员、职工群众学党史、悟思想、办实事、开新局，不断增强"四个意识"、坚定"四个自信"、做到"两个维护"。以党史学习教育和岗位实践为切入点及着力点，加强党组织在企业发展规划中的领导核心作用，将党史学习教育成果转化为党建工作源源不竭的动力，不断推动党建工作融入中心工作，保证企业中心工作有效落实和开展。

兰创公司党支部通过支部书记带头学党史、讲党课，微信群里晒"学习强国"积分的方式，教育引导全体党员积极投入党史学习中，带动广大职工群众做到知史爱党、知史爱国、知史爱企，并采取"沉浸式"党史学习教育，将特高压和跨区联网工程档案属地化移交保管、建分舟联项目创国优档案的优化提升服务和智慧档案RFID管理模式应用等项目作为一次党员主体岗位实践，充分发挥党员攻坚克难带头冲锋模范作用，带领全体员工同心协力，苦干巧干结合，分工不分心，充分发扬兰台人不怕苦、不怕累的工作精神及敬业、精益、专注的工匠精神，在公司营造"人人都是档案员"的工作氛围，以思想落地的方式，将学习成果转化成实践成果，促进党建工作与中心工作的有效融合。同时在公司设立党史学习读书角，鼓励广大员工阅读红色读物，在公司营造热烈浓郁学习氛围。其间，兰创公司党员深入施工一线，通过工程档案业务指导的方式，为一线职工办实事，树立党员以身作则、热心服务、融入中心的先锋形象，真正把"服务窗口"点亮。

（二）提高站位，牢筑安全屏障

习近平总书记在参观中共一大会址和嘉兴南湖红船时讲道："我们是为了不忘初心、坚持真理而来，我们的初心、真理就蕴含在这些档案之中。"[①]作为肩负着"为党管档、为国守史、为民服务"使命的档案工作者，要牢记"档案工作姓党"的政治属性，深刻领会开展党史学习教育是牢记初心使命、推进中华民族伟大复兴历史伟业的必然要求，是坚定信仰信念、在新时代坚持和发展中国特色社会主义的必然要求，是推进党的自我革命、永葆党的生机活力的必然要求。教育引导党员干部把党的电力事业发展好，把党的档案资源保管好、利用好，矢志践行"人民电业为人民"的初心和使命。而档案安全是档案工作的生命线，其本质上是政治安全，核心要义就是做到安全保管。习近平总书记多次强调，要"提高政治判断力、政治领悟力、政治执行力"[②]，讲政治是公司工作的第一位要求。要坚决贯彻国家电网有限公司党组书记、董事长辛保安提出的关于"档案是公司的核心资产和宝贵财富"重要论述，牢筑安全屏障，将党史学习教育成效转化为夯实档案安全工作的具体任务、具体措施。

兰创公司党支部通过观看《纪念馆里的党史》系列短片、参观红色档案珍品展，组织学习《习近平关于档案工作、历史学习与研究、文化遗产保护重要论述摘编》等方式，深化党史学习教育，深悟建党百年的宝贵经验，进一步加深档案人员对档案史料、文化遗产重要意义和价值的认识，通过学习提升党员政治素养党性觉悟，提高职工群众思想认识，强化责任担当，将党史学习教育成果落实到档案工作全过程、各方面。同时，兰创公司通过定期召开安全生产月度例会，定期对库房进行巡查及隐患排查整治，落实应急措施等方式，切实扛起"为党管档"政治责任，并以"安全生产月"为契机，开展公司"一把手"讲安全课活动，组织消防安全培训及消防安全演练，加强档案人员档案安全责任意识，做到档案安全零事故，确保档案实体和信息安全，为有序开展档案保管业务奠定坚实基础。

（三）学思践悟，促进工作开展

党史学习教育容易出现"两张皮"现象，学归学、做归做，理论所学与实

---

① 吴琳.让历史档案"活"起来.[N].光明日报，2021-11-26（05）.
② 全党必须完整、准确、全面贯彻新发展理念[N].人民日报，2021-08-16（01）.

际工作脱节。要破除这种形式主义，探索找寻理论与实际工作的结合点，坚持学做结合、知行合一。习近平总书记在中共中央党校建校 80 周年庆祝大会上强调："我们的干部要上进，我们的党要上进，我们的国家要上进，我们的民族要上进，就必须大兴学习之风，坚持学习、学习、再学习，坚持实践、实践、再实践。"[1]要认识好、解决好我们国家发展起来后出现的各种新问题，把握好新机遇，迎接好新挑战，唯一的途径就是增强我们自身的本领。要理论联系实际，带着问题去学习；要把学到的知识运用于实践，用实践检验真理；要向实践学习，在实践中增长解决问题的新本领。要引导党员把党史学习教育激发的热情和干劲，转化为推动工作的强大动力，激励党员带着自身所学到实际岗位上攻坚克难带头冲锋，确保档案工作高效有序开展。

着眼浙江省送变电工程有限公司力争三年内实现"两个第一、两个领先"发展目标，聚焦公司党委各项重大决策部署，紧盯公司全年工作任务目标，把党史学习教育与推动各项重点工作紧密结合起来。兰创公司党支部充分利用"三会一课"的形式，以习近平总书记重要讲话精神和党中央指定的 4 本学习材料为主定期组织集中学习，以劳模精神、工匠精神为内容开展学习讨论，并加强引导党员干部合理利用"学习强国"平台进行自学，坚持不懈在"读原著、学原文、悟原理"上花时间，在学懂弄通、深钻细研上下功夫。通过开展"绽芳华不负新时代 学历史自信档案人"系列活动及档案技术培训和技术技能比武，营造"比学赶帮超"的良好氛围，帮助新员工快速融入档案工作新环境，化压力为学习动力，不断提升档案人员政治理论素养和业务水平，增强档案工作者履职尽责责任感，为高效开展档案技术服务提供人力保障。同时，充分发挥党员先锋模范作用，带头深入档案服务项目、基建施工一线，在实践中坚持把"为民办实事、办好事"作为党史学习教育的落脚点，把党史学习教育转化为为群众办实事的具体行动，切实增强职工群众的获得感、幸福感。真正做到学思践悟、融会贯通，确保党史学习教育真正取得实效。

（四）锐意创新，打造特色品牌

认真学习贯彻习近平总书记在党史学习教育动员大会及庆祝中国共产党成

---

[1] 习近平在中央党校建校 80 周年庆祝大会暨 2013 年春季学期开学典礼上的讲话 [N]. 人民日报，2013-03-03（01）.

立 100 周年大会上的重要讲话精神，立足实践、守正创新，高标准高质量完成党史学习教育各项任务。以"广泛参与、服务中心、突出特色、打造品牌"为建设目标，结合档案工作实际，扎实开展"基层党建创新拓展年"。同时，深入落实习近平总书记关于"让历史说话，用史实发言"①的重要指示，以建党100 周年为契机，大力开展党史学习教育，充分利用好"家门口"的红色资源，开发好身边的红色电力档案资源，进一步丰富红色教育文化内涵，挖掘提炼红色革命精神，从红色档案中追忆"红船精神"，在红色档案中赓续"红色基因"，充分发挥档案资政育人的作用，并做好档案宣传教育工作，向广大党员干部、职工群众普及档案知识、宣传档案文化，让档案工作更好地服务电网建设需要，更好地服务党史学习教育开展，更好地服务民生。

兰创公司党支部充分发挥档案信息资源优势，以红色档案话党史为主线，开展支部书记讲党课活动、红色档案征文活动。其中微型党课《比黄金还要珍贵的国宝》获公司"书记开讲"微型党课竞赛一等奖，并选送至国网浙江省电力有限公司参加主题党课竞赛，红色档案征文《档案讲故事 中国人骨子里的温良》在公司公众号发表。其间，兰创公司党支部书记庄迪英作为国网浙江省电力有限公司"红船·光明宣讲团"成员，与地市局优秀党课获奖者一起走进基层站所、走进工程现场，开展党史宣讲活动。同时，兰创公司积极参与开展"电力档案话百年"国际档案日主题系列宣传活动，用档案溯源"点亮浙江"百年历程，从档案工作视角讲好电力"红色故事"。此外，关于特高压和跨区联网工程档案属地化移交保管及智慧档案中心智能库房介绍的相关文章在"浙电e家""国网档案""今日头条"等公众号发表，打响了兰创智慧档案中心特色品牌。

---

① 让历史说话用史实发言 深入开展中国人民抗日战争研究 [N]. 人民日报，2015-08-01（01）.

新时代如何增强职工对企业的认同感与归属感

沈仕洲　潘建明

本文在对新时代如何增强职工对企业的认同感与归属感剖析的论述上，提出新时期，作为送变电公司，如何增强职工对企业认同感及归属感具体措施。具体分为4个方面，分别为加强企业文化建设、为职工提供多渠道的职业道路、改善薪酬福利制度、改进职工的管理模式。

职工对企业的认同感与归属感，重要的是要寻找并放大职工价值观和企业价值观的共同点。比如，强化职工与企业利益共同体、事业共同体和命运共同体，加强对职工的企业文化教育，厘清企业的工作重心和职工个人的工作义务的关系等，都能够较好地提高职工对企业的认同感，使职工能够和企业心连心，同舟共济。

在企业发展的过程中，企业寻找并放大职工价值观和企业价值观的共同点，坚持以人为本的管理宗旨，增强职工的归属感和凝聚力，增强职工爱岗敬业精神，方能使职工最大化实现个人的自我价值，增强自己对企业的认同感和归属感。

一、切实加强公司企业文化建设

（一）强调并强化"以人为本"的企业文化建设

浙江省送变电工程有限公司作为电力工程施工企业，生产任务重、安全风险高、工作地点不固定，公司必须认识到在企业中人才是最重要的因素。尊重职工、认同职工、提高职工的获得感是"以人为本"的管理理念的首要条件。强调并强化"以人为本"的管理理念就要为职工提供和创造各种有利条件来调动职工积极性和主观能动性的发挥，让职工可以认可公司，超预期完成岗位任务。

（二）加强物质和精神文化建设，丰富职工业余文化生活

公司要注重职工的物质文化生活，特别是一线职工，他们工作强度大、工作环境恶劣，要改善他们的食宿条件，基本保证冬暖夏凉，使职工有一个良好的休息环境，也要适当提高职工伙食待遇，以确保他们在施工现场工作的大强度体力需要。公司的企业精神"风餐露宿讲奉献、优质高效争一流"展示出公司成立60多年来排除万难，建功立业的意志勇气。公司可以每年开展企业文化月、每月开展文化周活动，树立企业文化的典型事例供职工共同学习，加深职工对公司的企业文化内涵、精神和优良传统的理解和继承。还可以定期组织职工进行劳模精神感知、劳模工作室学习，组织演讲比赛、拔河比赛，或组织职工出游、文艺汇演、运动会、篮球赛、足球赛等体育文化活动，在丰富职工的工作生活的同时还可以增强职工的凝聚力和向心力。

（三）建立通畅的沟通渠道

公司可以将与公司发展相关的文件进行适当的公布公开，加强职工对公司的了解与认知，比如可以设立领导邮箱，倾听职工声音，解决职工所反映的问题；公司领导还应定期深入基层进行调研，倾听基层职工的心声；这样做的目的不仅仅能让职工表达诉求，还能有效提高职工们的满意度，有利于企业和职工共同发展。

二、提供多渠道的职业道路

（一）提供多渠道的职业生涯路径，注重人才与本公司岗位的匹配

人力资源部门需要扎实做好公司职工的全方位综合评估。对培养出来的各级人才，公司人力资源部门应该每半年组织一次公司领导与人才面对面沟通、会谈的活动，了解职工内心想法，掌握职工心理动态。对当前的工作或者部门不适应或者不匹配的，公司应该及时进行沟通协调或者采取其他有效措施。对主动申请、愿意面对挑战的人才，公司在全方位考评其能力后可以同意其提出的岗位，使其到更容易发挥其才能的岗位工作。

（二）创造职工的成长与发展空间

1.为职工提供学习、再深造机会

公司应该定期选送技术人才到专业的电力院校或者电力培训中心进行学习深造，学习送变电前沿技术，还可到同行业其他技术比较发达的送变电公司进行交流学习，或者聘请相关专家进行面对面的培训，以提高职工技能，让职工想学，主动学。

2.重视对人才的人文关怀

因为送变电公司的工作性质和环境的限制，职工的工作地点不固定，普通职工中有很多与家人分居两地，公司应加大人文主义关怀，长期性探访职工家庭，为职工家庭提供帮助，送去温暖；同时在公司里年轻人占比每年都在上升，因为工作环境和工作性质等因素，没有机会和时间解决个人问题，较大部分都未成家，公司可以主动创造机会，组织一些交友活动，帮助那些青年职工尽快解决个人生活问题，这样既为青年职工解决后顾之忧，又把公司对职工的人文主义关怀落到实处。

三、改善薪酬与福利

（一）组织薪酬调研，完善薪酬制度

为了提供具有一定竞争力的薪酬制度，有必要对公司职工的薪酬进行一次全面的调查。公司地处长三角地区，新一线城市，公司如果不具有完善的薪酬制度，引进人才、留住人才会有一定的困难。应重新树立公司内部各岗位工资的标准，在此基础上对原有的薪酬体系进行适度的调整，完善薪酬制度，保持薪酬体系的适度灵活。根据调研结果，调高人均工资，从而增强职工对企业的认同感和归属感。

（二）为人才制订合理的薪酬方案，建立科学、合理、有竞争力的薪酬体系

公司应根据送变电行业的特点、企业所处的城市、环境和自身的发展阶段制订合适的薪酬策略，了解市场同行业的薪酬水平，建立具有竞争优势的薪酬体系，使企业的薪资水平等于或者略高于同行业其他企业同岗位的薪资水平。同时对积极攻克技术难题、在工程中做出突出贡献、对工程的顺利完成有突出

贡献的、业绩突出者给予一定的报酬奖励；还可以拨出资金重点培养人才及进行专门的技术难题攻坚；同时也要适当提高一线专业技术人才的薪酬水平。

一线专业技术人才的绩效工资应从整体上有所提高。目前公司技术职工的工资构成形式为：基础工资＋岗位工资＋绩效工资。可以适当地减少基础工资，加大对岗位工资和绩效工资的投入和比例，以此来促进职工提高技术水平，营造多劳多得的竞争环境。针对某个项目部，只要他们优质高效完成工程，或者能够高效、安全无事故地提前完成施工，便给予这个团队一定数目的项目嘉奖并予以表彰。

（三）设计具有吸引力、有效的福利激励机制

公司应该在原有的福利上采取多种福利措施，以增强职工对公司的认同感和归属感。如职业病免费防护及免费定期体检等，提供带薪休假，提供教育培训性福利。

针对技术人员，可以制订富有吸引力的带薪休假计划。当一个工程项目特别是那些难度大时间紧任务重的工程顺利完成后，对那些在工程中有突出贡献的团队，可以由公司出钱免费让这些团队成员外出旅游，这样既能让他们感到一种人性化的关怀，同时也能让他们休息调整状态，以一种更好的精神状态来进行下一阶段的工作。

四、改进职工的管理与绩效考核模式

（一）建立绩效与岗位紧密挂钩的绩效评估体系，提高收入分配的公平性

建立绩效与岗位紧密挂钩的绩效评估体系，应根据公司职工工作内容、职责大小及承担风险的程度制定不同的考核标准；在考评的方法上应该综合采取上级评价、下级评价、同级评价、自我评价相结合的方法，对一些特殊的、技能要求比较高的岗位可以聘请专家进行考评，这样有助于考评工作的全面与透彻。评估的结果要及时反馈给被评估人，要将考评结果与职工的薪酬水平和职位的调动紧密结合在一起，保证收入分配的公平和公正。

（二）规范人才的激励机制、认可优秀典型职工的成绩

通过公司内部的网站、报纸和月报等方式对艰苦奋斗、取得成绩的各级人才在公司内外进行宣传，每月更新一次。特别是在工程结束时要召开职工大会，对在工程建设期间涌现出来的优秀人才和事迹进行点评和奖励，拍摄专题片、宣传片，对在工程中的优秀人才和事迹进行媒体报道，在公司内部弘扬奉献、奋斗、付出精神。对那些获得省级以上表彰嘉奖的个人进行奖励、宣传，各级人才觉得自己被公司重视了、成绩被公司认可了，从而更加努力地工作。

（三）改进培养职工的管理模式，制定关键岗位储备人员选拔流程

通过调查表或访谈法的形式了解职工所擅长的岗位或技能，根据职工的性格特点和所擅长的技能安排岗位；对一些关键岗位尤其一些技能要求高、技术难度大，岗位更要注意进行内部人力资源的储备和选拔，岗位轮换就是一种很有效的方法，因为岗位轮换可以使职工同时了解和熟悉两个或以上的岗位工作内容和所需技能，尤其是对那些综合能力强、综合素质高、要求积极上进、期望不断充实自己、渴望展现自己的才能和实现自我价值的人才来说，岗位轮换就是一个行之有效又难得的机会。

五、结论

本文从企业文化建设、职业道路铺设、薪酬福利体系调整、改变管理模式等方面入手，对新时期如何增强职工对企业的认同感和归属感进行了论述。

首先，本文对公司加强企业文化建设对提高职工对企业的认同感和归属感的益处做了阐述，指出必须强调并强化"以人为本"的企业文化，加强物质和精神文化建设，丰富职工的业余文化生活，建立通畅的沟通渠道。

其次，为职工提供多渠道的职业道路方面，从注重人才与本公司岗位的匹配，加快实习期新职工的认知，学习创造职工的成长与发展空间，为职工提供学习、再深造机会，重视对人才的人文关怀，进一步激发人才高层次需求，推进"快速成才法"提升人才质量几个方面阐述。

改善薪酬与福利方面，从组织薪酬调研、完善薪酬制度，建立科学、合理、有竞争力的薪酬体系，加强薪酬的激励作用，设计具有吸引力、有效的福利激

励机制 4 个方面阐述。

最后，改进职工的管理和考核模式方面，从建立绩效与岗位紧密挂钩的绩效评估体系，提高收入分配的公平性，建立以能力考核为基础的薪酬管理体系，规范人才的激励机制改进培养职工的管理模式阐述。

新时期，增强职工对企业的认同感和归属感，任重而道远，需要浙江省送变电工程有限公司珍惜人才，自身不断改革，适应企业的发展，适应职工的需求。

新形势下变检公司文化建设的探索与研究

骆贤华　胡　腾

一、引言

企业文化，或称组织文化，是一个组织由其价值观、信念、仪式、符号、行为方式等组成特有的文化形象，简单而言，就是企业在日常运行中所表现出的各方各面，是在一定的条件下，企业生产经营和管理活动中所创造的具有该企业特色的精神财富和物质形态，它包括企业愿景、文化观念、价值观念、企业精神、道德规范、行为准则、历史传统、企业制度、文化环境、企业产品等。其中价值观是企业文化的核心，企业文化是企业的灵魂，是推动企业发展的不竭动力。

企业文化的作用在于：一是激发员工的使命感；二是凝聚员工的归属感，企业通过其价值观的提炼和传播，让一群来自不同地方的人共同追求同一个梦想；三是加强员工的责任感，企业管理人员给全体员工灌输责任意识、危机意识和团队意识，使员工深刻认识企业是全体员工共同的企业；四是赋予员工荣誉感，促使每个员工都努力在本职岗位多做贡献、多出成绩、多追求荣誉；五是实现员工成就感，员工会以企业强大为自豪，奋力拼搏进取，实现自我。

二、背景

（一）企业文化建设的难点

进行企业文化建设的最大难点在于，一是在拓展市场或者变革的初期，企业的信仰很难建立；二是由于环境规则的不健全，企业中的不同角色都存在着一定程度的短板，所有者、管理者和员工都专注于个人的、眼前的利益，单个主体的利益是最高的追求目标。

但是，任何发展的规律都是从无序走向有序的，企业的发展和市场的发展也是这样。由于环境规则的建立，企业的竞争平台越来越完善，而企业的经营者则逐渐从投机转向长期和诚信上来，竞争的着眼点也从产品、服务逐渐上升至管理和文化的竞争，可以说，企业文化的竞争是企业间竞争最高阶段。

（二）企业文化建设的表现

很多企业并没有系统地进行企业文化的建设，但这并不意味着这些企业是没有企业文化的。好的企业文化可以极大地统一员工思想，营造和谐的组织气氛，在大家都接受企业的目标的情况下，积极主动工作，获得较高的生产率，而较差的企业文化则表现如下。

一是员工并不接受企业的目标和价值观，只是因为谋生的需要而不得不委曲求全，稍有机会便会弃之而去。

二是缺乏对员工的尊重使员工漠视企业的利益。

三是管理风格和分配体系使团队协作难以建立。

（三）企业文化的重建

就企业发展而言，一个公司的变革，包括机构的改组重建就是重大的转折，这种转折既包括战略上的，也包括业务和管理上的，当然，伴随着以上诸多的转变，对企业文化的反思和重建也是当务之急，这种重建工作必须基于以下前提条件。

一是战略调整规划。

二是基本管理系统的构建。

三是对现有文化要素的深刻反思。

企业文化的建设需要从决策者到一般员工对企业文化内涵的理解准确，同时积极参与创建过程。

对企业文化的理解有这样两种情况：即过于狭窄和过于宽泛。狭隘的理解将企业文化限定于企业的一些文娱活动或企业的口号之类；而宽泛的理解则导致对企业文化的定义过大，难以在企业的日常管理活动中进行运用和操作。因此，在构建公司企业文化系统时，应从企业文化的含义出发，结合公司的具体情况，落实到操作的层次上来，使企业文化系统的建设对公司的发展有现实的促进作用。

变检公司作为公司下属的一家分公司，在公司的核心价值观、企业文化基础之上，应该形成适用于自身的，满足自身队伍建设、分公司业务开展需求的文化体系。本文讨论的企业文化主要是指变检公司自己的文化体系建设。

三、企业文化的基本要素

从不同的角度看，企业文化有不同的构成要素。

（一）在垂直层次上

企业文化可以分为表层文化、中层文化、深层文化。在每一个层次上还可以根据企业的不同情况进行进一步的划分。

（二）在表现形态上

企业文化可以划分为物质文化、管理文化、制度文化、生活文化、观念文化。

（三）在构成要素上

企业文化包括组织价值观、组织理念，组织目标、管理风格、组织结构与制度、组织行为、组织形象等，由此构成一个有着内在联系的复合网络图，如图 1 所示。

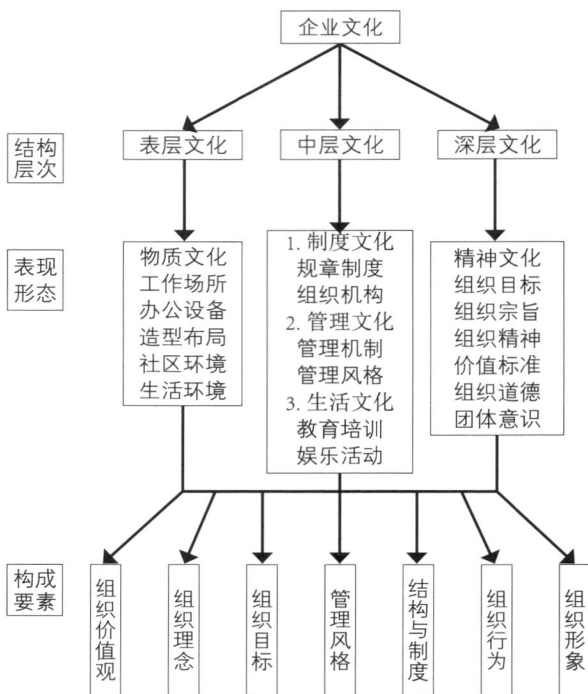

图 1　企业文化构成

四、塑造企业文化的主要途径

（一）选择价值标准

由于价值观是整个企业文化的核心和灵魂，因此选择正确的价值观是塑造企业文化的首要战略问题。

选择正确的企业价值标准要抓住三点。

第一，组织价值标准要正确、明晰、科学，具有鲜明特点。

第二，组织价值观和组织文化要体现组织的宗旨、管理战略和发展方向。

第三，要切实调查本组织员工的认可程度和接纳程度，使之与组织员工的基本素质相和谐，过高或过低的标准都很难奏效。

选择组织价值观要坚持群众路线，充分发挥群众的创造精神，认真听取群众的意见，并经过自上而下和自下而上的多次反复，审慎地筛选出既符合本企业特点又能反映大形势下员工心态的企业价值观和企业文化模式。

（二）强化员工认同

一旦选择和确立企业价值观和企业文化模式之后，就应把基本认可的方案通过一定的强化灌输方法使其深入人心，具体做法如下。

1.充分利用一切宣传工具和手段

积极地宣传企业文化的内容和要求，使之家喻户晓，人人皆知，以创造浓厚的环境氛围。

2.树立典型人物

典型榜样和英雄人物是企业精神和企业文化的人格化身与形象缩影，组织成员也正是从英雄人物和典型榜样的精神风貌、价值追求、工作态度和言行表现之中深刻理解到企业文化的实质和意义。

3.培训教育

有目的的培训与教育，能够使组织成员系统接受和强化认同组织所倡导的组织精神和组织文化。培训教育的形式可以多种多样，在健康有益的娱乐活动中恰如其分地揉进企业文化的基本内容和价值准则，往往不失为一种有效的方法。

4.精心分析

在经过群众性的初步认同实践之后，应当将反馈回来的意见加以剖析和评价，详细分析和仔细比较实践结果与规划方案的差距，必要时可吸收有关专家和员工的合理化意见。

5.全面归纳

在系统分析的基础上，进行综合的整理、归纳、总结和反思，采取去粗取精、去伪存真、由此及彼、由表及里的方法，删除那些落后的、不为员工所认可的内容与形式，保留那些满足企业发展需求的、进步的、卓有成效的、为广大员接受的形式与内容。

6.精练定格

把经过科学论证的和实践检验的企业精神、企业价值观、企业文化，予以条理化、完善化、格式化，再加以必要的理论加工和文字处理，用精练的语言表述出来。建构完善的企业文化需要经过一定的时间过程，充分的时间、广泛的发动、认真的提炼、严肃的定格是创建优秀的企业文化所不可缺少的。

（三）巩固落实

1.必要的制度保障

在企业文化演变为全体员工的习惯行为之前，要使每一位成员都能自觉主动地按照企业文化中企业精神的标准去行事，是几乎不可能的。因此，建立某种奖优罚劣的规章制度有一定的必要性。

2.领导的率先垂范

组织领导者在塑造企业文化的过程中起着决定性的作用，他本人的模范行为就是一种无声的号召和导向，对广大员工会产生强大的示范效应。所以任何一个组织如果没有组织领导者以身作则，要想培育和巩固优秀的企业文化都是非常困难的。这就要求组织领导者观念更新、作风正派，真正肩负起带领组织成员共建优秀企业文化的重任。

（四）丰富发展

任何一种组织文化都是特定历史的产物，当组织的内外条件发生变化时，应不失时机地调整、更新、丰富和发展企业文化的内容和形式。这既是一个不断淘汰旧文化性质和不断产生新文化特质的过程，也是一个认识与实践不断深化的过程，企业文化由此经过循环往复达到更高的层次。

五、企业文化建设的 3 个步骤

企业文化建设的误区有三：企业文化的内容容易流于空洞，企业文化的提出容易过于随意，企业文化的贯彻容易流于形式。在企业文化建设的方法上，有两种倾向：一种是自然主义倾向，认为企业文化、企业理念是企业长期生产经营活动中自然形成的，企业没有办法、也不应该进行人为的设计；另一种是主观主义倾向，认为企业文化、企业理念就是人为的设计。前者使企业文化建设出现"无为"现象，一切任其自然发展，企业缺乏明确的理念指导；后者则导致企业建设搞"突击"，企业可以一夜之间设计出很响亮的理念、口号，也可以耗巨资印刷出很漂亮的企业文化手册。但这两种方法都有一种共同的结果：员工在心理上，企业在文化、理念、行为上都仍是空白。

企业文化建设应该注意 3 个基本要求：第一，企业文化建设的方法应该是具体的、可操作的；第二，企业文化建设的效果应该是可以衡量的；第三，企业文化建设的参与者应该是企业全员。

（一）企业文化的评估

企业文化的核心是企业精神。成功的企业精神或口号，能使员工产生积极的、具体的联想，而正是这种联想，具有强大的激励作用。

显然，企业文化是否被员工接受和认同，企业文化是否在对员工发挥作用，首先需要有很好的诊断。诊断的方法和原理是：把员工按一定的方式集中起来，按照企业文化的要素逐条分析，请员工说出具有代表性的人物或事件，根据人物或事件是正面的还是反面的，来确定企业在这一要素上的状态。

按照垂直方向将企业文化划分成7个层次，即价值观、远景目标、经营理念、管理模式与管理体系、主业、行为与作风及企业形象，在每一要素下，设置一定数量的二级要素，从而构成了公司企业文化的结构框图，通过这样的一个结构框图，可以对公司的企业文化进行评估、描述和构建。

价值观主要包括对国家、对社会、对员工的观念，远景目标包括企业的国际定位、国内定位、行业定位、未来企业的属性定位，经营理念主要包括技术理念、人力资源理念、市场拓展理念、管理理念，管理模式与体系主要是组织架构、管理系统，其中管理系统包括市场拓展运营管理体系、生产管理体系、人力资源管理体系、技术研发体系、质量管理体系、安全管理体系、财务管理体系，产品与服务主要是指主业内容的定义与属性，行为与作风是指员工行为规范、责任心、效率，形象包括机械仪器设备的统一标准化、员工着装等，标语与口号是指价值观、远景目标、经营理念等的标化口号。

（二）企业文化的提炼

企业文化首先要从历史中提炼。公司作为一家具有数十年发展历史的企业，在企业十几年，甚至几十年的发展中一定会沉淀下一些支撑员工思想的理念和精神。这些理念和精神包含在企业创业和发展的过程之中，隐藏在一些关键事件之中，把隐藏在这些事件中的精神和理念提炼出来并进行加工整理就会发现真正支撑企业发展的深层次精神和理念究竟是什么。当然企业文化建设还要从远景进行设计，对行业进行分析，对竞争对手进行分析，对自己的发展目标进行定位，找到现状与目标的差距。而后问自己：要想缩短差距，实现目标，企业必须具备什么精神，应该用什么理念指导自己，按照这种要求设计出面向未来的文化理念。

把从历史中提炼出来的文化理念和从未来出发设计的理念综合加工整理，就形成了企业的核心理念和理念体系。

（三）企业文化的强化

首先，对全体员工进行企业文化培训。培训的方式是先培训讲故事者，故事的主角可以是企业领导、故事的当事人，也可以是一线员工。按照策划把故事中想表达的理念讲深刻、讲生动，使每一个员工都记住、理解，并主动向新员工讲解这些理念和故事，这些故事可以使企业文化变得具体化、人格化。

其次，树立和培养典型人物。提炼和设计出企业文化并进行宣传培训之后，有一部分人能够直接认同并接受下来，并能运用理念指导自己的具体行动，他们就是企业的骨干。这时，企业把这部分骨干树立为典型，充分利用其示范效应使理念形象化，从而使更多的人理解并认同理念。

最后，以企业文化理念与价值观为导向，制定管理制度。通过制度的强制性使员工发生符合企业理念与价值观的行为，在执行制度的过程中企业理念与价值观就会不断得到内化，最终变成员工自己的理念与价值观。

六、企业文化系统建设的前期准备

（一）基本原则

重在操作，领导垂范，培训当头，全员参与，循序渐进，完善体系。

（二）关于企业文化基本知识的培训

虽然企业文化对于企业的发展有十分重要的作用，但在很多企业里，员工对企业文化这一概念的理解仍然是比较贫乏的，有的甚至将企业文化理解为企业的一些娱乐活动或者思想教育。因此，要想进行企业文化系统的建设，就必须先对企业的员工进行企业文化的基本知识的培训，使他们明白企业文化的内涵、构成要素、与企业运作的关系等。培训应包括如下内容。

（1）企业文化的内涵。

（2）企业文化的功能。

（3）企业文化与企业员工的关系。

（4）企业文化与管理。

（5）公司企业文化建设规划。

（三）相关机构的建设

企业文化的形成与发展是一个积累性的过程，但在形成与建设的初期应当把它当作一项工程来对待，而不是任其自由发展，或仅由领导倡导来实现。为此就需要赋予企业内的特定组织或部门，由其来承担企业文化建设的职责。在公司，该职责可以由人力资源部门来承担，包括如下内容。

（1）制定企业文化系统建设的规划。

（2）组织各项活动，使员工参与企业文化的评估和讨论。

（3）形成正规的企业文化体系并与企业的运作和管理结合起来。

（4）将企业文化体系具体化为相应的规则。

（5）以适当的活动或其他形式进行宣传和培训。

（6）监督执行，对执行过程中的正面和负面现象分别给予激励和惩罚。

（四）全员参与公司企业文化的评估

进行企业文化建设的非常重要的一点就是要求全体员工的参与。其中的第一个环节便是企业员工对企业既有的企业文化状态进行系统的反思，实事求是地指出现有文化系统中不合时宜、自相矛盾，以及与更高一级要素或原则相违背的方方面面，由人力资源部对该项活动进行组织并汇总员工意见。员工的参与不但可以反映出员工对企业文化系统现状的看法，还可以借此活动使员工了解企业文化的内涵，为下一步的各项活动打好基础。

（五）对企业文化系统要素的定义

根据环境状况、竞争状况、公司历史和现状，根据上述所罗列的企业文化的框架，由全体员工逐一对未来的企业文化的标准和模式进行描述，形成一整套对企业文化的定义和说明。

（六）企业文化系统的规范与系统化

员工对企业文化的定义可能是模糊的、分散的，在语言上存在着散乱的问题，此时就需要由公司负责企业文化建设的部门对这些素材进行整理、归纳，最终形成比较完整的条文体系，条文体系形成后，应下发征求员工意见，最终成稿。

若发现企业文化的基础有问题，如管理制度、管理程序的缺乏等，应责成相关部门加以弥补，并加强这些方面的管理。

应当明确的是，优秀的企业文化是企业的全体员工围绕共同追求的目标而形成的对相互关系的定义，而不是提供给管理者又一套管理工具。

（七）企业文化系统的宣传与培训

广义上，企业文化的宣传培训包括了管理者的言传、身教，以及企业以特定的符号来表现自己的文化。

狭义上，企业文化的宣传与培训则主要由宣传部门负责。在进行宣传与培训之前应做好以下工作。

（1）口号与标语的提炼。

（2）故事整理。

（3）公司典范式人物的塑造。

（4）活动设计。

（5）考评。

企业文化系统的宣传培训是一件长期的事情，但在建设的初期，应加大培训的力度，力求在尽可能短的时间内，使员工对企业文化系统的内容有全面的掌握，当然，培训也很重要，员工并不是仅背熟企业文化的条文就可以的。文化的深层次要素，如理念、远景目标、价值观等都必须通过合适的方式加以明确和具体化，比如这些要素所指向的规章制度、正面反面的人物和事件，以及特定行为所引发的奖惩等。

（八）企业文化系统的实施

作为一项工程而言，企业的文化系统建设并不抽象，它由具体的标志物、行为、规则和理念构成，建设部门应将企业文化的建设工作与员工的日常工作紧密结合起来，包括以下内容。

（1）根据企业文化的要求，对管理者、一般员工的行为规范做出具体规定。

（2）制定明确的奖罚规则。

（3）完善企业的制度体系。

（4）适时对促进企业文化建设的行为进行褒奖，对损害企业文化的行为进行惩罚。

（5）编制企业文化手册，要求员工熟记于心，照章办事。

其中文化手册内容主要包括：员工行为准则、员工奖惩条例、企业制度体系、企业文化建设纲要、企业文化用语、企业文化单项奖、企业文化宣传与培训制度等。

（九）企业文化的反复性与相关性

企业文化的建设不是短时期的事，要总结出具有真正价值，并能指引全体员工前进的企业文化，本身就是一个充满反复的过程，而要使员工真正从内心接受企业文化，并自觉按照企业文化的规则行事，则需要更加漫长的时间，企业应对此有充分的准备，既不能任其自然发展，也不能一味求快。应是在周密的计划的指引下，稳扎稳打地前进。

1.因势而动

作为一个多层次的企业文化系统，企业文化愈向深层发展，则愈表现出统一性和稳定性，而在企业文化的表层，如形象和视觉、行为乃至管理系统等，在不同的职能领域会表现出较大的灵活性和差异性，如财务部门的严谨，技术部门的创新及市场运营管理部门的开放，均导致了风格迥异的表层特征，这是正常的现象，企业文化的建设不可以一刀切。

2.因时而动

随着企业内外环境的改变，企业文化的表层特征也会发生较大的变化，如强调公关到强调营销，强调服务和成本等，都会导致管理模式、风格、行为等要素的变化，但是企业文化的深层次要素仍然会保持稳定，这是正常的现象，因此企业文化的建设还必须因时而动。

七、企业文化建设的流程

（一）确定企业文化的目的

全面提升员工凝聚力，形成符合企业战略的企业价值观、经营理念、企业精神和管理理念，并在实际工作中加以推行，提升企业管理水平，形成强有力的企业文化和企业竞争力。

（二）理解塑造企业文化的原则

1. 符合公司战略

变检公司的文化体系必须符合公司的发展战略，对企业发展起到支持和推进作用。

2. 符合行业特性

企业文化必须符合行业的特点，如本行业生产、技术、营销、人力资源等的特点。

3. 激励原则

通过塑造强有力的企业理念体系并体现在企业的各项工作中，增强员工士气，提高企业凝聚力。

4. 约束原则

优秀的企业文化可以对员工行为起到约束作用，规范的员工行为。

5. 一致性原则

企业文化在理念、制度、行为和物质层面都必须保持一致。

（三）企业文化的内容

1. 理念

具体可包括：企业宗旨、价值观、企业精神、人才理念、质量理念、管理理念、营销理念等。

2. 制度

各项管理制度必须都体现出企业文化的思想，如招聘制度、考核制度、质量管理制度等。

3.行为

全体员工的日常工作和行为都必须体现企业文化的思想。

4.物质

机械物资、标语、口号等宣传工具都必须与企业文化相一致。

（四）各部门在企业文化管理中的作用

1.党办

（1）协助分公司领导进行企业文化核心理念的提炼，包括企业宗旨、价值观、企业精神、人才理念、质量理念、管理理念、营销理念等，并进行具体阐释和宣传。

（2）制定相应制度，并监督执行，保证企业文化的规范合理落地。

（3）提炼先进人物、事迹，从企业文化的角度进行对内对外宣传报道，确保企业文化深入人心。

（4）开展相应的企业文化培训活动，使企业文化理念深入全体员工。

（5）负责企业文化推广渠道的维护，包括内刊、板报、互联网、新闻媒体等，保证各个渠道的畅通。

（6）监督各个部门企业文化的建设工作，从理念的宣传和贯彻、制度的制定和执行、工作行为的符合度等方面，确保各项工作与企业文化相一致。

（7）每年进行企业文化的总结，协助人力资源处进行年度先进人物的评选。

（8）负责企业内刊的编辑和发放，将内刊作为企业文化宣传的首要工具。

（9）企业文化手册和员工手册的制定和修改，体现企业文化的核心理念。

2.人力资源部

（1）制度建设：在制定人力资源的招聘、培训、薪酬、考核、奖惩和人员管理等各项制度中融入公司企业文化的核心理念。

（2）理念贯彻与执行：在各项具体工作中体现企业文化的思想，如考核要素设计、招聘流程设计、培训内容与方式、人员奖惩和任免等。

（3）年度优秀员工和班组评选：体现企业文化理念，并进行相应的宣传。

3.工会

（1）理念贯彻与执行：在各项具体工作中体现企业文化的思想，如制定规章制度、维护职工合法权益、维护职工民主权利等。

（2）文娱活动组织：体现企业文化理念，并进行相应的宣传。

（3）先进人物事迹提炼：协助党办和人力资源部进行相关工作。

4.其他部门

（1）工作推进：在各项具体工作中体现企业文化的思想，如制定规章制度、员工管理、目标管理等。

（2）先进人物事迹提炼：协助党办和人力资源部进行相关工作。

5.分公司领导在企业文化塑造中的作用

（1）企业文化的塑造者、倡导者和推行者。

（2）对外宣传故事企业文化，并对企业文化进行宣扬。

（3）助推先进人物，提炼典型故事。

（4）经常到基层中，了解员工工作情况，增进沟通和了解。

（5）以身作则，率先示范。

6.管理人员在企业文化塑造中的作用

（1）理念的理解、倡导与推行。

（2）提炼本部门英雄人物和事迹。

（3）鼓励创新。

（4）跨部门沟通与合作。

（5）团队建设，提高部门凝聚力。

（6）以身作则，率先示范。

7.班组管理者和员工在企业文化塑造中的作用

（1）深刻理解企业理念，使各项行为与企业文化要求保持一致。

（2）积极参加各种培训和学习。

（3）积极参与先进人物事迹评选和参与各项企业文化活动。

八、目前公司企业文化的现状与困难

（一）队伍现状

1.年龄、学历对企业文化建设的影响

原调试人员学历相对较高，主要以大专及以上学历为主，检修队平均学历

较低，35 周岁以下人员以初中、高中、中专居多，35 周岁以上平均学历更低。此外，随着员工的年轻化个性化，在考虑诸多问题的出发点上也会不一。文化层次不同，认知不一，在企业文化建设工作中，宣贯、落实等工作的途径会不一样。图 1、图 2 为检修一队、二队班组年龄分布（相关数据只统计两支新检修队 4 个班成员）。

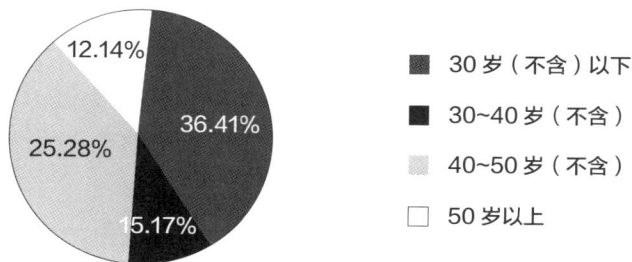

图 1　检修一队班组年龄分布

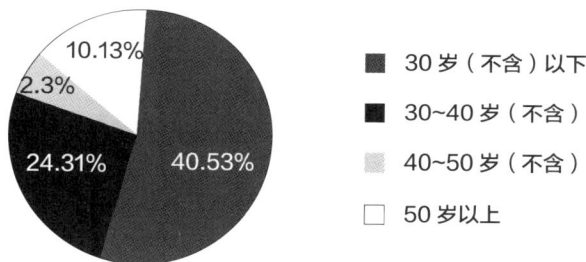

图 2　检修二队年龄分布

2.地域来源对于企业文化建设的影响

原调试员工虽然来源广泛，浙江省内省外都有，但是地域观念较为淡薄，而检修队成员省外多来自四川，省内以遂昌居多，乡土情结较为严重，老乡会、小团体较多，在涉及利益的问题上会抱团，在企业文化建设过程中需要充分考虑到地域、风俗等，否则容易牵一发而动全身。

3.用工制度对于企业文化建设的影响

除去外包队伍，检修队的用工制度包括固定工、直签等多种方式，不同用工制度造成员工对公司的归属感和认知程度不一，对于企业文化建设工作的认可度和归属感也不一样。

4.不同感情生活状况的员工对企业文化建设工作的影响

原调试人员加入检修队以后，由原来的以萧山生产基地为主变为以检修队为主，对于不同感情生活状况的人群在地域上会有不适。主要包括以下情况。

（1）单身的员工目前来说相对来说归属感较低，但后期随着年龄增长，开始考虑婚恋问题，而长期出差住基地，随着时间的推移会逐渐爆发出矛盾点。

（2）恋爱中的员工目前处于婚恋的关键期，长期出差住基地，员工会产生一定的担忧和动摇，容易产生不稳定的因素。

（3）已婚未育员工，考虑的出发点主要以稳定收入为主，在保证稳定收入的前提之下每月能适时回家，相对来说较为稳定。但随着时间推移后期开始考虑生育问题，会出现一些不稳定的因素。

（4）已婚已育员工，相对来说前期已经经历过频繁出差的工作模式，员工本身与家人适应度高，这部分员工主要求稳定为主，在收入、安全等有保证的前提之下不容易产生波动。

以上不同感情生活状况的员工，一旦矛盾点爆发，会对企业文化的建设产生冲击，员工会对现有企业文化的认可发生动摇。对于企业文化的建设会有不利的影响。

5.员工收入对于企业文化建设的影响

新检修队人员的加入，原有调试员工和检修队原有员工由于分工不同，岗位不同，在收入上会体现出差距，检修队员工长此以往可能会对薪酬考核体系产生一定的否定情绪，会对企业文化建设产生负面的影响。

（二）分公司建设现状

现状主要从3个层面分析，主要包括物质文化、制度文化、精神文化。

1.物质文化层面

物质层面主要包括团队风貌、文化设施、标示等。在物质层面上，还存在诸多不完善的地方，公司的标识、环境等尚未成为统一的企业文化的物质载体。

2.制度文化层面

（1）目前只做了一部分基础工作，但尚未形成标准化、规范化、制度化管理的雏形。

（2）正是因为制度执行不力，造成制度严肃性的丧失，执行力打折扣。

（3）此外，公司刚刚经历改组不久，由于公司生产工作的特殊性，目前公司管理以刚性的奖惩为主，缺乏通过树立正面典型，传播员工好行为的柔性管理制度的辅助。

（4）员工的行为规范和规章制度尚未与企业目标、价值观、作风形成统一的体系，导致无形的观念无法在企业的日常管理中贯彻落实。

（5）公司尚未成立专职的企业文化管理部门，未能为企业文化建设提供组织保障。

（6）公司对于企业文化建设存在一定的误区，企业文化等同于企业思想政治工作，企业文化的核心层——精神层的内容属于思想政治工作的范围，制度层的形成和贯彻由思想政治工作保障，这两者有着相同的目标、对象和相似的内容，但在实质上，企业文化建设是一种管理方式，将思想政治工作与生产经营活动紧密结合，助力企业发展。

（7）在企业文化建设过程中注重形式，而忽略内涵，应该将企业文化建设纳入管理体系，加强企业文化内涵的灌输和传播。

（8）在企业文化管理和建设上缺乏系统的思想、科学的步骤。

（9）企业文化建设在企业管理中的定位不明确。

3.在精神文化层面

变检公司刚刚改组成立，公司曾经以基建为主业的观点与目前及今后公司以检修为主营业务的方向不符，企业文化的更新落后于企业制度和目标的变更。

（1）目前变检公司现有的价值观念缺乏一致性，由于前文所说的地域、年龄、学历等差异的存在，导致员工存在个性较强、缺乏利益共同体和命运共同体的意识等问题，当员工个性较强时，队伍无法建立统一性，在执行力上会打折扣。

（2）目前变检公司管理主线分为工程技术、综合管理、后勤保障3条主线，目前依然保持自上而下的沟通，但部门横向之间的沟通与协作不足，会导致部分信息的横向传导和工作的协作开展滞后。

（3）目前公司内部的创新意识不足，公司注重员工的服从性，对于创新意识和能动精神的提倡较少，整个团队缺乏突破性与进取性。

（4）公司内部缺乏竞争意识，缺乏你争我赶的干劲，而是完成任务即可，员工关心的不是工作怎样做得更好，达到更高的目标，而是在什么位置，挣多少钱。

（5）员工缺乏危机意识，感觉不到目前团队内部的问题，背靠大树好乘凉的思想弥漫，导致节奏慢、效率低，按部就班、思维定式的问题较为严重。

综上所述，目前公司所处的阶段要求开展企业文化的研究和建设，以达到理顺思想、凝聚人心、规范管理、适应竞争的目的，就需要建立共同的核心价值观，明确企业的发展目标，使企业内部存在共同的利益和目标，使之成为员工的精神支柱，从而把员工牢牢地连接起来。

九、变检公司企业文化建设步骤

（一）变检公司企业文化建设的阶段性目标

2019 年：搭建和完善公司的企业文化系统框架，在培养凝聚力、提高员工基本素质等方面初见成效。

2020 年：企业文化的建设对于企业形象的宣传维护、知名度的提高起到明显成效。

2021 年：企业文化建设为企业超常规发展与规范性管理技术创新起到明显的支撑和推动作用。

（二）企业文化建设短期工作计划

企业文化建设短期工作计划如图 3 所示。

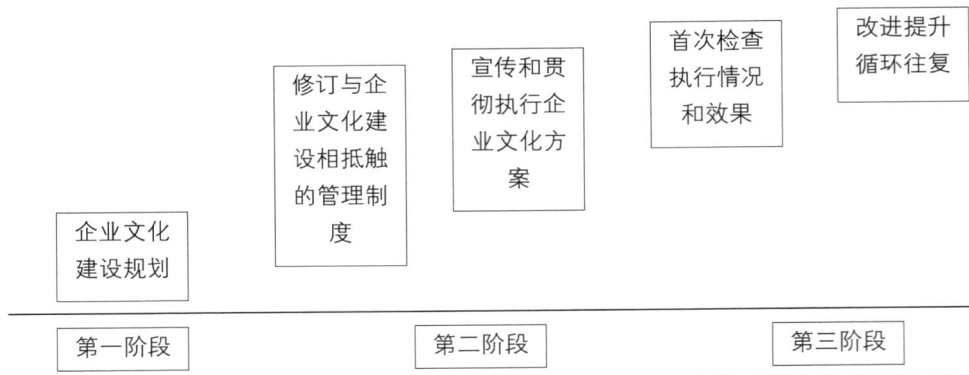

图 3　短期工作计划

（三）企业文化的宣贯可沿四条线进行

企业文化建设实施主线如图 4 所示。

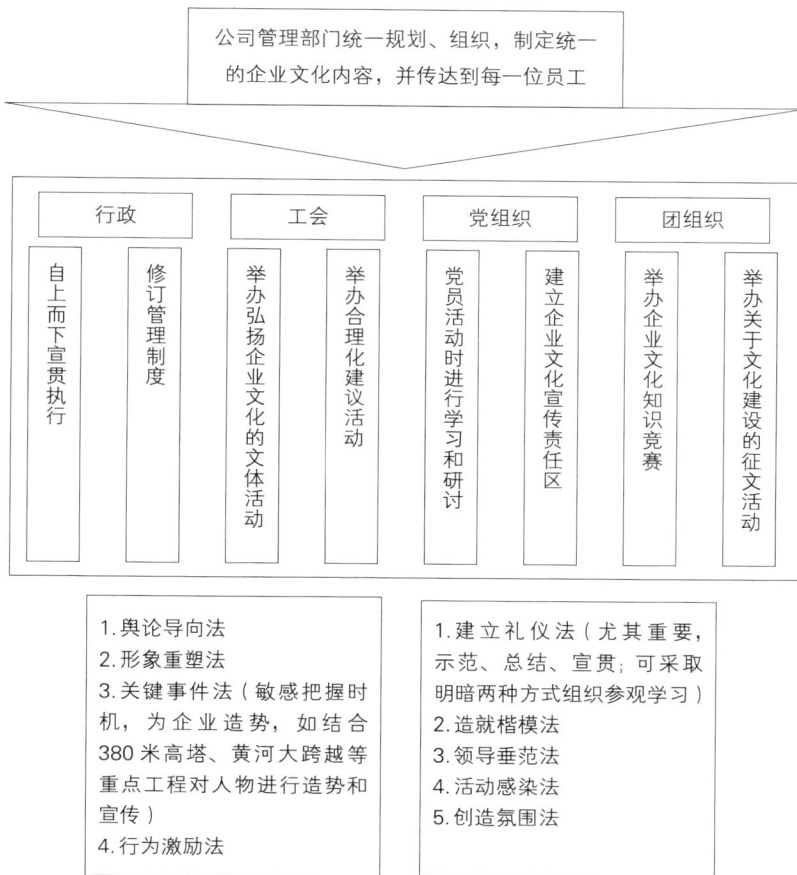

图 4　企业文化建设实施主线

公司作为电网建设的先锋队，主力军，秉持着打造专业化检修队伍这一目标，在重大工程检修、新建、抢修工作中扮演着不可替代的角色。目前变检公司通过近一阶段的努力，标化建设已经初见成效，宣贯教育和执行已经开始实施。但是怎样开展一系列团队建设、企业文化建设工作，打造一支文化统一、思想统一、制度统一、标准统一的专业化检修队伍，任重而道远。

宣传
思想

开 拓 管 理 之 路

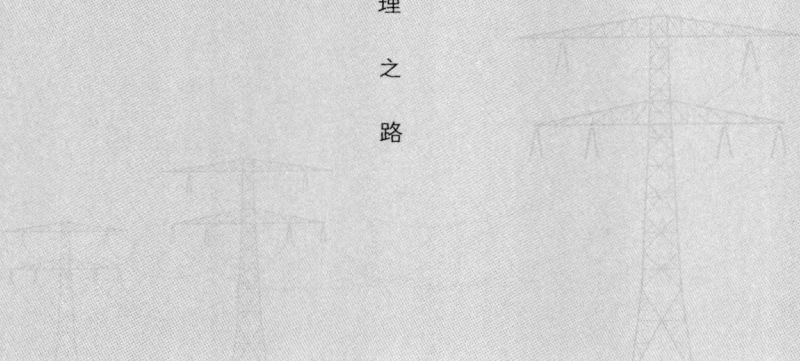

浅析年轻员工如何走出集中培训后的困顿和迷茫——后教导队的反思与建议

贡月秋　李佳琪

一、课题背景

公司风雨 60 多载，曾经为浙江电网开疆拓土的老一辈送变电人早已迈入退休行列，公司年龄结构已成倒三角模式。今后三年是公司转型发展的历史性窗口期和战略性机遇期，公司发展将历经考验，实现更大的飞跃。

2016 年，公司为储备骨干力量，打造复合型人才，特创新员工"教导队"模式。新员工入职后由公司统一安排实行轮岗培训，通过一年时间的培训后，正式分配工作岗位。"教导队"自成立以来已实行了 3 届，效果斐然，成绩明显。根据已分配工作的新员工反馈，尽管在推行过程中培训模式不断优化，仍暴露出一些新的问题，因此，探讨教导队培养模式乃至引导青年员工职业规划显得格外重要。

二、培训反馈

（一）培训模式

2016 届、2017 届新员工培训时长一整年。2018 届培训模式有所调整，培训半年后预分配至各分公司一线岗位实习。2019 届新员工培训时长拟为 3 个月。

（二）分配情况

2016 届、2017 届分配的单位有送变电公司、调试公司、康达公司。2018

届分配的单位有运检公司、送变电公司、变检公司、电力物流、康达公司。分配单位趋于多元化。分配的岗位有现场技术员、项目总工、政策处理专职、政工专职等。

（三）在职情况

2016届招收52名应届生，已辞职4人。2017届招收27人，已辞职5人。2018届招收20人，已辞职5人。

三、教导队模式分析

（一）融入感

教导队主体由新入职大学生、研究生组成，由公司指派的"老员工"担任教导队队长。年轻职工在同龄环境中能够较快地融入集体，并在愉快轻松的氛围中接触工作内容、了解工作性质，可以帮助员工顺利度过从校园迈向社会的过渡期。在沟通方面，年轻人之间无论是在工作、生活、感情上都有很大的交流空间，这不仅帮助青年员工自行发现问题、解决问题，还可以有效提高公司新进员工的凝聚力。

但是哪怕采用轮岗培训且稳扎现场，为什么员工还是缺乏与公司的融入感？原因有三：老师与学员比例不对等，培训过程中往往是一至两名对口专业的老师教授几十名学生，师资力量不足；教学过程走马观花，现场课程以观摩为主；缺乏与现场人员的互动交流，因此对公司的工作性质、强度及要求缺乏认知，甚至部分员工表现出心浮气躁的状态。

（二）获得感

1.对公司有更全面的了解

通过轮岗培训，新员工可以在不同的岗位了解不同分公司的主要业务范围及工作环境，并结合自己的实际情况选择更适合的工作单位及岗位，既有利于个人的成长，也有助于公司的发展。

2.对工作有更清晰的认识

送变电相比于其他单位要辛苦得多，工作环境差，工作强度大，与家人聚少离多。一年的轮岗时间，让年轻员工渐渐适应送变电的工作节奏和工作氛围，从内心真正接受并热爱企业。

3.对同事有更深厚的感情

教导队将同一届进单位的年轻人聚集在一个团队中，每天同吃同住同学习，建立了深厚的感情，提高了年轻队伍的凝聚力。

4.对业务有较浅的认知

教导队的轮岗培训是依托于各分公司开展，会受到教学场地、器械及施工进度等制约因素，因而造成一群人围着一两台机器进行实操训练，更有甚者因摸不到机器而在旁聊天、玩手机，培训效率低，学习氛围差。教导队的学员来自不同的学校，有着不同的学历、专业，培训老师数量少而不能做到因材施教、面面俱到，因此"一锅炖"成了教导队的培训弊端。但是2018届教导队后期的预分配岗位实习，很好地解决了这一弊端，让青年员工真正下现场、感受现场。

（三）危机感

1.横向比较带来的危机感

教导队在2016届至2018届的培训模式中，均为1年培训期。在这一年中，尽管员工收获良多，但收获不实，实际的工作业务并没有开始学上手。且尽管2018届有半年的预分配期，但部分员工的分配岗位在最后还是有所变动。横向比较曾经一个班级的同学，部分员工开始对自己的职业规划有了一定的担心。

2.工作状态带来的危机感

送变电是基建单位，常年在外奔波劳碌的工作状态降低了生活质量，与家人聚少离多。这虽是送变电工作的常态，但对于部分选择电力系统且不熟悉送变电的员工来说无异于是一次打击，因为当初他们对单位的选择也许只是为图安逸、稳定。

3.生活成本带来的危机感

杭州生活成本不断攀升，买房、结婚成了员工老大难的问题。"我这点工资，要工作多少年才能买得起一套房啊！"这是很多教导队员的心里话。特别对于研究生毕业且非浙江本地的员工来说，安家落户是他们亟待解决的问题。

四、主要措施

（一）增强组织协作

培养员工的今天就是发展公司的明天。公司上下要提高思想认识，不能把教导队的培训工作当做是额外的附加作业，不能随便安排授课老师应付了事。公司的合作程度将决定新员工工作初期的适应情况及后期工作的发展轨迹，老师的工作态度将影响新员工对公司的第一印象及他们对工作的态度。

（二）提升培训效率

建议培训时间缩短至 3 个月及以内，精密安排教学计划。严肃纪律，重视考核，培训期内需要严格遵从队长的安排，提高思想认识，不能把学生时期上课开小差、玩手机等自由散漫的习惯带到工作中来。

（三）提高职工福利

在福利待遇上给青年员工以安全感，让他们深刻认识到所从事的单位是一家有保障的单位，被动转为主动，让他们在自己的岗位上踏踏实实上班。在工作状态前给青年员工以温暖度，关心关爱青年员工生活，分享生活中的便利消息，帮助解决因工作带来的生活难题。

（四）做好职业引导

做好新入职员工的引路人，帮助他们顺利地度过过渡期，快速转变角色投入适合自己的岗位。因材施教，摒弃传统分配思想，将从公司发展需求、个人诉求、个人特点 3 个维度做好员工职业引导及分配工作。岗位设置不应再笼统局限于技术员岗位，可拓宽到政策处理、安全员、质量员等即将断层的岗位中。

从"菜鸟"到"高手"之攻略

贡月秋　钟林海　杨凯钧

一、实施背景

随着国家对行业执业资格管理的日益规范和公司资质增项及业务领域的不断拓展，拥有一支足额数量的注册师队伍已成为公司可持续发展壮大的重要条件。目前国家电网有限公司规定担任 330 千伏及以上电压等级送电线路或变电站工程、220 千伏 30 千米及以上送电线路工程的项目经理必须持有注册一级建造师（机电）证书，对于担任一般 220 千伏工程的项目经理也必须至少持有注册二级建造师（机电）证书，否则将失去项目投标资格。当前送电一公司参建的电力工程建设项目多，电压等级高，合同金额大。公司可以承担项目管理的关键岗位项目经理、项目总工等岗位的备选人员明显不足，培养一支项目管理关键岗位后备人才队伍显得尤为重要和迫切。

二、现状分析

送电一公司持证人员基本情况为：在册正式职工 108 人，其中硕士研究生学历 5 人，大学本科学历 25 人（含外借 7 人），大学专科学历 15 人。持有一级建造师人员执业资格证书 6 人，二级建造师执业资格证书 7 人，监理工程师执业资格证书 1 人（以上数据截至 2019 年 10 月 12 日）。

三、总体思路及预期目标

（一）总体思路

坚持以人为本，实施人才发展战略，坚持职工成才培养，依托重大工程培育和造就优秀人才，突出培养基层一线技能型人才和复合型、高层次人才，加快建设一流人才队伍，为送电一公司及公司战略发展提供坚强的人才保证和智力保障。

（二）预期目标

第一，加快培养技能操作型人才、高层次复合型人才和优秀专家人才，并以此带动整个人才队伍整体素质的提升，努力造就数量充足、结构合理、素质优良、作风过硬的经营、管理、技术、技能人才队伍。以能力和业绩为导向，创新人才培养、使用、考核、激励机制和人才工作体制，完善员工职业成长、薪酬发展通道，人才使用方式。

第二，根据送电一公司发展现状，结合分公司人力资源需求情况，定期盘点分公司人力资源现状和存在的问题，明确今后工作目标和措施，不断壮大送电一公司人才队伍，提升人才素质。

第三，将送电一公司员工职业发展体系建设成果更好地展现给新进员工，使新进员工充分了解分公司职业发展通道与各项政策制度，掌握个人职业发展规划方法和途径，在分公司搭建的平台上更好更快地实现个人成长、成才。

第四，使送电一公司新员工对职业发展形成深刻全面的理解，帮助他们认识和思考职业发展的重要性，鼓励新员工结合自身的优势和职业发展目标，通过分公司规划的职业发展路径自我提升。

第五，关键岗位人员有资质、有能力、有潜力，人员有储备，按标准达到公司项目管理需要。

第六，最终为公司打造一支人员精干、技能突出、管理高效的送变电精兵强"队"。

四、主要措施

（一）坚持引导与教育并举

送电线路施工工作单调，有时劳动强度比较大，而有时又必须有一定的胆量才能完成工作。因此，送电专业人才的培养，不仅是对新员工进行技能和技术上的训练，更是对他们进行吃苦耐劳、性格坚强、勇敢果断的优良品质的磨炼。在培养过程中，需要老师傅不断地对新员工进行相应的教育。进行入职教育时，就应指出，输电专业的工作是很艰苦的，欢迎有志于电网建设的年轻人来就业，一定要培养吃苦耐劳精神，才能胜任将来的工作。首先必须要有心理准备，在学习和实习过程中，就注意对自己进行磨炼。进一步完善"师带徒"模式，签订师徒协议书，进一步细化师徒责权关系，专业培养任务清单和授业内容、教授时限等，提高师傅的奖励标准，鼓励师傅带徒弟的积极性，明确师傅在传授技术技能和工作经验的同时，更加注重规范自身行为，言传身教，培养徒弟良好的职业道德、敬业精神和作业习惯。

（二）坚持培训和自学并行

一是结合一线实际工作任务，有针对性地开展定期或不定期的、线路施工各阶段的、更加贴近实战的技术技能培训；二是积极安排合适职工参加公司举办的各类注册师考试培训，作为施工企业，各类注册类执业资格证书是企业资质的需要，也是各项工程项目管理人员的上岗要求，特别是注册类建造师。根据国家关于一级建造师的报考条件要求，大学本科工程类专业毕业工作满4年、硕士研究生工程类专业毕业工作满2年可报考。

针对这些取证，新员工可考虑积极参与公司组织的专门培训辅导，以帮助新员工及时取得该类证书。同时对提前、积极取得相关的证书的员工给予精神鼓励、工作机会、薪酬奖励等。公司也会对完成各类注册证书的取证的员工进行奖金奖励。

分公司充分利用现有人员成才途径，如技术竞赛、技能比武等，同时进一步丰富、拓宽技能人员成才的途径和通道，引导和帮助新员工做好职业生涯规划。

（三）坚持技术与技能并进

根据国家电网有限公司职称评定有关文件规定，在取得职称计算机、英语证书前提下，要求工程技术专业大学本科学历员工入职一年后认定助理级职称，助理满4年参与中级职称的评定，研究生学历入职两年认定中级职称。

送电一公司将鼓励员工积极参与职称评定，并在平时做好相关材料的积累，同时将职称等级纳入薪酬积分体系，与个人薪酬收入挂钩。

一方面加强年轻员工技术职称的晋级，另一方面加强他们技能等级的同步提升。推进"双师型"模式的有效落地。

（四）坚持管理与实践并重

一方面积极推行切实有效的项目管理方法，让年轻员工多学习思考，新员工的绩效评价由生产一线的班组长（项目经理、施工队长）等作为绩效经理进行考核。考核内容包括工作任务指标（80分）和劳动纪律指标（20分）。其中工作任务指标依据员工在考核期内完成工作的数量和质量进行量化积分，劳动纪律指标包括考勤和工作态度等。绩效考核的结果通过奖金的方式体现。同时，班组长作为绩效经理，要向新员工反馈其绩效结果，不断督促其进步。

另一方面加强年轻员工施工现场的管控的实践操作，重点开展技能人才培训建设。以职业素质和职业技能提升为核心，以技师和高级技师培养为重点，采取设立技能大师工作室等方式，推动技能人员培训向"重技能、重效果"转变，建设一支爱岗敬业、技艺精湛、具有专门技能、善于解决技术难题、适应新型生产模式的高技能人才队伍，有效提高生产一线人才的技能水平和解决实际问题的能力。积极推进技能人才取证工作。要求技能人才必须具有从事岗位需要的相应资格，对不符合要求的人员进行培训、转岗。同时，建立奖惩制度督促技能人才取得与其技能水平相适应的技能等级资格，通过薪酬奖励等方式鼓励技能人才申报技能专家等。建立送电一公司技能竞赛和岗位练兵常态机制。鼓励员工积极参加国家电网有限公司、浙江省送变电工程有限公司或送电一公司组织的技能竞赛，对取得优秀成绩的选手，除给予物质奖励外，提供相应的职业成长通道。建立并完善以班组实施为主的全员岗位练兵机制，全面提升技能人才的技能操作水平。

通过以上途径和方法，争取把更多的"菜鸟"培养为"高手"。

慎微慎初，廉洁自律，当好工程"清道夫"

王　松

一、实施背景

想要把"抓安全、促效益、增活力"结合到政策处理中，首先就要理解，对于政策处理岗位（以下简称政处岗）而言，这9个字的切实含义。

"抓安全"对于政处岗而言，主要为廉政安全。因为工作原因，政处岗需要经手大量资金的汇入汇出，因此具有很大的廉政风险。公司内部的会签制度及属地监督避免了内部不合规操作的可能性。政处岗人员的廉政意识建设及严格的监察制度也进一步规避了贪腐事件的发生。

"促效益"对于政处岗来说，可以分为两个方面。一方面是工作完成的时间早于工程预期的时间，而另一方面则是工作完成的成本要尽可能控制在成本线以下。工作完成得早，就不会造成施工班组误工的情况，甚至可以减少施工成本。而成本控制在成本线以下，首先，不会对业主产生较大负担；其次，对以后在本地区及附近地区工作开展就有了良好的参照；最后，也不会对工程进度款造成影响，从而避免影响施工班组的正常运作。公司面临的问题是，成本控制必须考虑时间成本。一般来说工期完成快，成本也越高，因此既要加快工期，又要控制成本，这只是最理想的状态，所以就需要联合当地政府、业主进行综合推进，才能既保障时间，又节约成本。

"增活力"可以从两方面来理解。一是从业人员本身的活力，二是从业人员的年轻化。政处岗由于工作原因会经常进行一些对外交流的活动，这就需要政处人员保持自身饱满的精神状态，充满激情和活力。从员工年龄来看，送电一公司政处岗新员工就一名，四五年之后，如何保证岗位的活力、如何维护好现在老员工们营造出来的大好局面就是一个现实且急迫的问题。

二、工作要求

（一）抓安全

1.严格按照规章制度办事

严格按照当地政府相应的法律法规及公司制度进行合同签订及价格确定。

2.强化廉政教育，主动提高廉政意识

强化廉政教育不光要被动地接受廉政教育，也需要主动地学习。比如经常观看廉政视频，参观爱国主义和廉政教育基地等，提升自己的精神境界，让自己充满正能量。

（二）促效益

1.摆正自身位置，明确时间节点

想要控制好时间节奏首先要明确工程的时间节点，进场时间、施工周期、转序时间等都要做到了然于心。然后根据不同工程需求，制订大致的成本计划和时间计划，灵活工作。其次要详细掌握现场难点及需要提前攻克的难关，如线路迁改、虾塘或大棚收成时间等相关信息，提前开展工作，打好充分的提前量，避免其他因素干扰的问题。

摆正自身的正确位置，合理运用各方优势。我们是作为施工方的业主代表在进行政策处理，所以在工作中应当合理运用业主、属地单位及相关政府部门的力量推进工作。及时沟通，减少不必要的损失和工作延迟。

2.严守标准底线，充分使用社交

工作过程中的赔付依据主要是当地的公示标准，这是一条红线。因为一旦超出标准，不但面临审核风险，还需要面对前期工程反跳、后续工程涨价的局面。但还是有很多农户要求溢价赔偿，这应该如何处理呢？这就是需要公司重点攻克的问题了。首先要和村内干部达成共识，由他们出面协商解决。如果处理不了，就找街道或者乡镇级单位再次沟通。如果还是无法处理，则应及时汇报属地及业主单位，由他们确定方式方法。政处岗位的角色发挥作用的地方主要就在于居中调节，促进协商沟通。

（三）增活力

1.加强体育锻炼，提高身体素质

政处岗工作繁忙紧张，应加强锻炼，提高身体素质。注重营养搭配，同时保证睡眠时间和睡眠质量，只有这样才能够增强身体的抵抗力，不会轻易因病误工。

2.整理工作流程，做好迎新准备

鉴于政处岗人员老龄化严重的问题，必须要做好培养新人的准备，计划好迎新工作。但是对于新人而言，面对新的岗位，也要做好心理准备。例如，经手的资金和本身工资的差距带来的巨大心理落差，由较为单纯的技术工作转为多方面的协调工作会出现一定的不适应等，都要提前进行思想引导和疏通，防患于未然，将不稳定的因素提前控制、消除。

三、实施效果

通过以上措施的开展保证了政处岗员工的廉洁自律，有利于顺利地开展日常政处工作，满足工程需求及合理地控制成本。

缓解职业压力也是企业思想政治工作的重点

王 坤

一、职工心理压力的现状

什么是职业压力？职业压力是指职业要求迫使人们做出偏离常态机能的改变时所引起的压力。据国外一些研究机构调查，目前企业职工的职业压力呈上升趋势，职工普遍感到工作中承受着较大的心理压力。仅在美国，每年因职工压力过大而造成的企业经济损失就高达 3050 亿美元，超过 500 家大公司税后利润的 5 倍！而在中国，据业内人士估计，职业压力带给企业的损失每年至少有上亿元。损失主要源于职工经常性的旷工、心不在焉、创造力下降而导致的生产率的降低。职业压力本身并非一件坏事，关键是要有一个度。因为适度的工作压力，可以排除心中的空虚和郁闷，令人振奋，给人以向上的力量，有利于提高工作效率和学习效率；与此相反，过度的工作压力，则给人带来苦恼，使人产生生理、心理及行为失调反应，甚至在日常活动中产生焦虑、心悸、神经衰弱、消化不良、沮丧、注意力不集中、自我评价过低、工作效率差等现象。

二、职工心理压力的产生原因和表现形式

职工心理压力的形成主要有管理因素、人际因素、工作因素、生活因素及自身因素等方面。在实际工作中如不加以科学倡导和正确引导，不仅会影响到个人的心态，为个人事业蒙上阴影，而且对整个企业的管理效益都将产生较大的影响。其主要表现形式如下。

（一）面对改革的压力

怕被竞争淘汰、怕收入水平降低，这种压力极易影响工作状态和思想情绪。

（二）安全生产的压力

电网企业的安全管理是一切管理的重中之重，在生产一线，安全责任是职工最大的责任。职工的心理素质在安全上体现得最敏感、最明显。怕出事故、怕打断企业的安全记录、怕因事故影响企业声誉等压力会分散工作精力和注意力，这在某种程度上也成为诱发事故的原因。

（三）工作紧张的压力

在一些部门和岗位，工作紧张的现象非常突出，往往需要加班加点。工作紧张容易造成心理紧张、情绪失控，而在这种状态下越容易发生一些意想不到的事故。

（四）人际关系紧张的压力

部分职工由于某种原因，与同事或领导发生了矛盾和冲突，造成了某种紧张的关系，从而产生了压力。

以上职业压力产生的原因，也不是绝对的。这和每个人的心理承受能力、对现代社会快节奏的适应能力等有很大关系。这就需要我们企业思想政治工作者及时针对职业压力出现的种种问题加以研究，将职工心理压力的调适与缓解纳入企业思想政治工作中去。

三、企业政治思想工作者缓解职工心理压力的主要措施

过去我们对职工的心理压力问题关心太少，往往偏重政治和业务素质的教育，而忽略了对职工心理素质的锻炼和抗压、自控能力的培养，使得很多问题没有及时发现。据有关资料统计，近些年职工因为心理压力问题而导致的工作失误，甚至犯罪的情况有所增多，这才引起了有关部门的重视，作为企业思想政治工作者应通过组织援助的方法缓解职工压力。可考虑以下几个措施。

（一）优化企业管理水平，减缓管理心理压力

政治思想工作者应充分了解企业职工的心理需要，加强研究，通过一定的管理机制加以合理满足，让职工感受到企业对职工的关心和爱护，从心理上亲近企业，减少畏惧感和心理逆反，形成企业内部良好的人际关系和宽松的工作环境，从思想上放松自己，避免管理心理压力的形成。

（二）加强职工心理素质的培养和训练，增强职工的心理承受能力

解决职工心理压力根本途径是培养职工良好的心理素质和增强职工的心理承受能力，而如何做到这些最直接的做法是通过加强心理知识的普及和宣传，让职工了解心理发生变化的规律及心理调适的方法，在遇到心理压力时就能恰当地进行自我调适，通过情绪转移、自我宣泄、改变认知、寻求支持等方式将压力转化为动力，加强自我放松，提高承受能力。

（三）建立心理引导机构，定期进行心理疏导

心理的科学引导，对心理的健康发展是必须的。职工心理压力的形成，有的可以通过自身的努力来得到缓解，有的却由于自身认识的局限难以解决。心理引导机构的引入就能及时根据职工的心理状况加以适当的心理疏导，以减少心理焦虑的发生。企业还可通过建立心理咨询室、开辟心理热线、开设心理信箱等方式加强职工的心理引导。

（四）建立双向沟通，认真倾听职工的心声

新形势下思想政治工作要贴近职工生活。思想教育要解决职工的实际问题，这是思想政治工作的出发点和归宿，要结合员工的思想实际，如实了解职工的真实状况，正确处理职工反映的热点、难点、疑点问题。忽视解决实际问题，思想教育就会变成空洞说教，就会显得苍白无力。思想政治工作者必须密切联系群众，要面向基层、面向职工群众进行工作。把落实企业各项工作的过程转变成经常与职工群众进行沟通的过程。首先，要用高度的热忱从政治、文化、生活等方面去关心职工群众，不能忽略有利于职工的"小事"。其次，政治思想工作者必须通过有效的沟通来缓解他们的心理压力，为他们创造宽松的心理环境。第三，要抓好企业重大决策的思想沟通工作。在这期间，政治思想工作者和职工要开展广泛的谈心活动，要让职工群众明白企业的绩效目标与自己分

担的责任目标是一致的，只有完成好个人的目标，才能保证企业整体目标的实现。让广大职工知道，企业的生存与发展同个人的生存与发展是息息相关的。

职业压力管理的出现给新形势下企业思想政治工作提出了新的重大挑战，职业压力的形成原因和发展趋势，是企业必须面对的一个现实问题，它无时不有、无处不在。以上缓解职工职业压力的方法和措施表明，企业思想政治工作者和职工必须共同努力，互相配合，才能解决这一难题。只有不断坚持以人为本，遵循人性化管理的原则，才能促使职工职业压力减小到最低程度，才能确保职工的心理安全和健康始终处于最佳状态，从而达到企业稳定和社会稳定的目的。

电力建设企业思想政治工作的"暖心"实践

吴雅琼　李　栋　周晓鹰

一、实施背景

　　浙江省送变电工程有限公司是一家担负着浙江省特高压、超高压电网建设重任的施工企业，在特高压、特高塔、跨海架线等特殊施工领域积累了十分丰富的经验。电网工程点多、面广、人员分散，加之企业工作重心扑在安全质量、生产技术方面，施工一线职工的生活水平和工作环境仍存在很大改善空间。

　　在"建设具有中国特色国际领先的能源互联网企业"的战略目标的指引下，如何进一步发挥思想政治工作在凝聚力量、关爱职工、激励创新、促进管理提升、推动高质量发展上的作用，进而解决部分基层员工对企业的归属感、获得感和幸福感出现缺失的现象，消除员工个人成长与企业发展理念之间存在的价值错位、协调不畅的矛盾，建立一套员工心理认可、精神共鸣的新模式，是企业思想政治工作的重要课题。

二、实施内容

　　针对这一现象，浙江省送变电工程有限公司以强化思想政治工作为目标，持续加强职工关心关爱工作，连续3年深入贯彻"暖心浙送·幸福登高"特色品牌实践，不断增强职工对企业的凝聚力和向心力。做实关怀基础，做优关爱项目，搭建"关怀登高""文化登高""价值登高"三大"暖心阶梯"，策划职工十块"幸福拼图"，逐级攀升，全面推进。通过做实职工服务，做精发展规划，进一步满足职工美好生活需求，弘扬正能量，提振精气神，凝聚全员共识，团结带领广大职工担当作为，砥砺奋进。

三、具体做法

（一）关怀登高——"三送"到工地

1. "送美食到工地"，实现全方位温暖

作为施工型企业，"点多面广，人员分散，工作和生活环境差"是一直以来的"老大难"问题。浙江省送变电工程有限公司不断增强职工的关心关爱力度，尽全力为职工改善一线工作和生活环境。新春伊始，"暖心六送"直通车通过"防疫包送关爱、年夜饭送年味、防疫香囊送健康、留杭礼包送文化、心理热线送安心、元宵灯谜送祝福"等活动，慰问因疫情原因留浙过年员工，做到慰问到岗位、关怀到一线、祝福到家庭，为职工送去节日的关爱与温暖。结合端午、中秋等重要传统节日，在重点工程现场开展元宵包汤团、端午裹粽子、中秋做月饼等节日特色美食志愿活动，开展"家人式"关爱和服务，与工地职工一起做美食、过佳节、话民俗，让现场的劳动者在传统佳节品尝到有阳光、有温度的"家"味道。

2. "送服务到工地"，满足家庭式需求

以重点解决好现场职工所需所求为出发点，深化户外作业"休憩小站"，丰富现场设施和载体，实现"暖心扩容"。开展"护航'百日攻坚'，暖心'理发服务'"活动，先后组织工会志愿者到金华运检站、500千伏丽西变，以及台州、镇海项目及施工队，开展现场理发服务，助力重点工程建设。为进一步丰富站内文化建设，在省内外特高压重点工程项目部、省内多个运检站建成"文体驿站"，配备健身运动设施和职工书屋，丰富职工业余文化生活。依托困难帮扶、心理守护等志愿者队伍，努力完善关爱帮扶服务体系，开展"工会进万家"现场慰问走访活动，深化省外工程"家属工地探亲"活动，做好职工精神物质双重关怀。

3. "送健康到工地"，构建多层次保障

围绕重点工程为一线职工提供"一站式"健康服务，构建职工多层次"健康保障"，关心职工健康管理，开展健康咨询义诊、心理健康讲座、"健康下工地"等线上线下医疗服务。组织"暖心浙送·健康生活"心血管疾病防治健康大讲堂，通过网络同步直播，将大讲堂延伸到现场职工及家属，首次直播点击量破万次。举办"暖心浙送·健康生活"医疗保险健康专场咨询，开展测血糖、量

血压志愿服务，分发健康知识小册，宣传和解答职工健康管理问题。组织"名中医进企业冬季养生膏方节"活动，开展冬季养生中医体质辨识服务，多维度为职工身心健康保驾护航。

（二）文化登高——"三心"强自信

1.活力"文化艺术节"，唱响"我心向党"主旋律

2021 年是中国共产党建党 100 周年，也是"十四五"规划开局之年。浙江省送变电工程有限公司成功举办"我心向党"职工第六届艺术节，以"浙送之声""浙送之印""浙送之艺"为载体构建职工文化新阵地，团结带领广大职工唱响"我心向党"主旋律。"咏唱春天故事，逐梦百年征程"音乐诗会、"红船百年之光，浙送万里护航"文艺汇演、"红歌献党听，启航新征程"红歌大合唱等活动，将党史学习教育内容与丰富多彩的文化活动形式相融合，为全体职工加强党性修养、把握政治方向、开拓思路眼界提供有力支撑。

2.活跃"会员读书会"，弘扬"文心铸魂"正能量

以职工书屋为载体，每季度开展职工主题读书活动，在公司内部和工程一线项目部设立"移动书架"，精准服务职工阅读需求，努力营造"好读书、读好书"良好氛围。线上线下同步开展以"共读百年党史，践行初心使命"为主题的特色"党史朗读"活动，持续推送 100 篇党史朗读作品，以沉浸式阅读方式深化党史学习教育。开展"劳动创造幸福"女职工读书活动，读红书、践初心，提升女职工素质，激励女职工贡献"巾帼力量"。

3.活动"文体小协会"，传播"艺心载道"好声音

文体协会充分贯彻"小型化、精致化、灵活化"的"小精灵模式"，推出一批有"浙送"辨识度和"浙送"温度的文体协会品牌活动。组织 12 个文体协会"动起来""联起来"，探索将"体能"和"艺能"有机融合的文体活动新路径，因地制宜开展职工喜闻乐见的文体活动，推进活动深入施工一线。以"庆祝中国共产党成立 100 周年""共同富裕示范区建设"等为主题，推出了原创歌曲《平凡英雄》、职工书法美术作品等一批有思想、有温度、有品质的文艺作品和文化作品。

（三）价值登高——"三火"锻精兵

1.发挥劳模工匠优势，擎举探路领航的"火把"

努力深化"劳模工匠师带徒"，深推"劳模工匠课堂"，培育一批未来的新劳模新工匠。在公司内部开展"百对师徒"人才培养计划，构建人才梯队，其中一对师徒入选浙江省总工会百对"名师带徒"计划。依托"劳模工匠学堂"，定期开展"工匠沙龙""夏季技术集训营""创新工作室对标学习"等活动，培育一批能把美好蓝图变为现实楼阁的未来劳模工匠。

2.致力蓝领队伍打造，锻炼人才培养的"火炉"

创新组建"科技创新虚拟团队"，以"揭榜挂帅制"建设"科技创新孵化空间"，孵化出一批优秀科技创新成果和先进操作工法。以劳模工匠、技术技能专家作为团队"总导师"，招募创新创效科技项目"主责人"、先进操作工法项目"领衔人"，搭建优秀青年创新人才创新团队，挖掘高质量创新创效课题，努力实践产生一批高质量科技成果和先进操作法。搭建职工技术创新成果转化工作桥梁，聚焦企业高质量转型发展，激发职工创新活力和内生动力。

3.搭设立功竞赛舞台，点旺全民创新的"火焰"

形成"全员创新创效机制"，推出一批学以致用、成效突出的首创成果。坚持"学以致用"原则，围绕工程建设重点难点，将传统施工经验与新型科技创新有机融合，择优推荐省公司职工技术创新优秀成果 5 项、全国能源化学系统职工技术创新成果转化项目 2 项、中电联电力职工技术创新成果 1 项。1 项成果荣获省公司 2021 年职工技术创新优秀成果二等奖。1 项班组创新创效项目荣获首届（2021）电力企业班组创新创效一等奖。发挥立功竞赛平台优势，广泛深入开展技术革新、技能竞赛、班组竞赛、QC 小组等各类活动，将竞赛主题深化到班组工地和施工现场，将创新意识融入工作日常，形成全员创新创效意识。

四、分析与思考

"暖心浙送·幸福登高"特色工程是在深刻领会国有企业党建工作部署的基础上，以解决实际困难为目标，结合现实难题认真实践得出的独特成果。浙江省送变电工程有限公司通过做好每一件幸福小事，完成每一个为民善举，让职工幸福感、获得感、安全感得到进一步提升，全力打造了广大职工的幸福家园，为企业高质量发展凝聚起磅礴力量。

该成果的成功应用对于提升职工幸福感，增强全员凝聚力和战斗力有着很强的指导意义和实践价值，构筑起职工个人理想与企业长远发展的"共同体"，为新时代做优做强国有企业思想政治工作提供了一套行之有效的典型经验做法。

转型
发展

开 拓 管 理 之 路

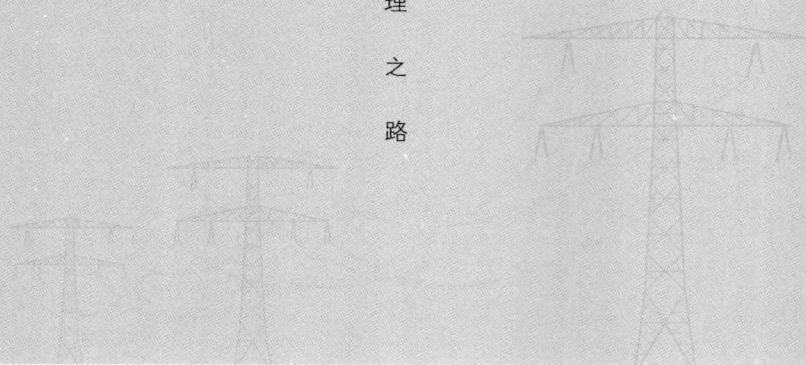

基于物联网技术的调试仪器设备数字化管理体系建设与实施

张杰锋　盛宏伟　徐　春　李嘉麟

一、课题背景

基于物联网技术的调试仪器设备数字化管理体系建设是不同于传统仪器设备管理方法的全新创新。变检公司通过对仪器设备管理现状调研，结合变电工程基建施工、检修工程现场的实际使用情况，采用互联网技术，设计实现了基于物联网技术的调试仪器设备数字化管理系统。其实施的必要性体现如下。

（一）是"物联网＋"背景下实施仪器设备信息化集群管理的必然选择

变检公司现有仪器设备4000余件，价值超出1亿元，不仅是浙江省送变电工程有限公司固定资产的重要组成部分，更是开展送变电基建、检修工作的重要物质基础。但是一直以来，尽管计算机应用于设备管理，但只是停留在计算机应用的初始阶段，即单项数据处理阶段，主要是模仿手工管理方式，用于制作统计报表之类的日常事务性工作。管理模式未能跟上实际需求，不能更好地发挥仪器设备的投资效益。

（二）是加快推进调试业务施工专业化、数字化发展战略的重要举措

近年来，物联网发展突飞猛进，已实现物与物、物与人的紧密连接，方便识别、管理和智能化控制。设计一个基于物联网技术的调试仪器设备数字化管理体系，把动态试验仪器设备状况、使用与维护情况，以及与传统仪器设备信息管理系统的添加、删除、参数修改、查询、预约、审批、数据备份、报表统计与打印等功能无缝连接起来，实现智能化管理。

（三）是提高企业核心竞争力、实现降本增效、创新管理模式的需要

加强仪器设备的调度管理，提高仪器设备的使用率和完好率，实现资源共享，能够减少投入，减轻管理人员工作量及出错率，形成"互联网+仪器设备"的新型管理模式。

二、课题研究的内容及主要做法

我们对变电工程基建调试、检修工程的设备实际需求进行详细分析，设计了一套仪器设备管控系统，应用物联网技术实现对仪器设备的科学、智能化管理（见图1）。

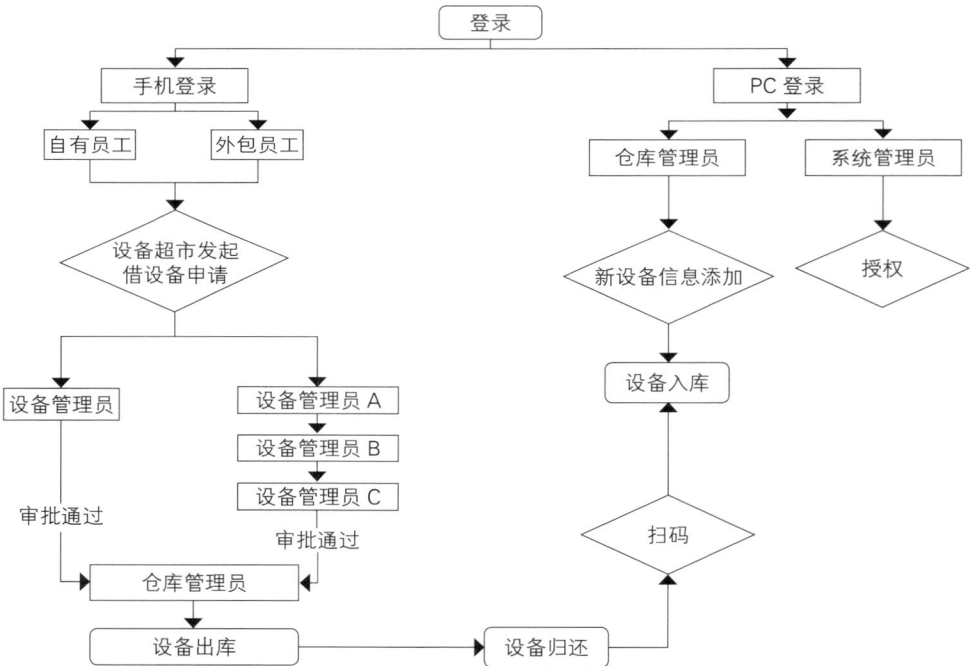

图 1　仪器设备管控系统

（一）加强顶层设计，构建多元物联管理体系

把变检公司调试设备库中的仪器设备重新分类、建账，从而有效区分计量设备和非计量设备，保证系统监测计量设备的有效性。建立设备超市，设备状态清晰化，使领用快速便捷（见图2）。

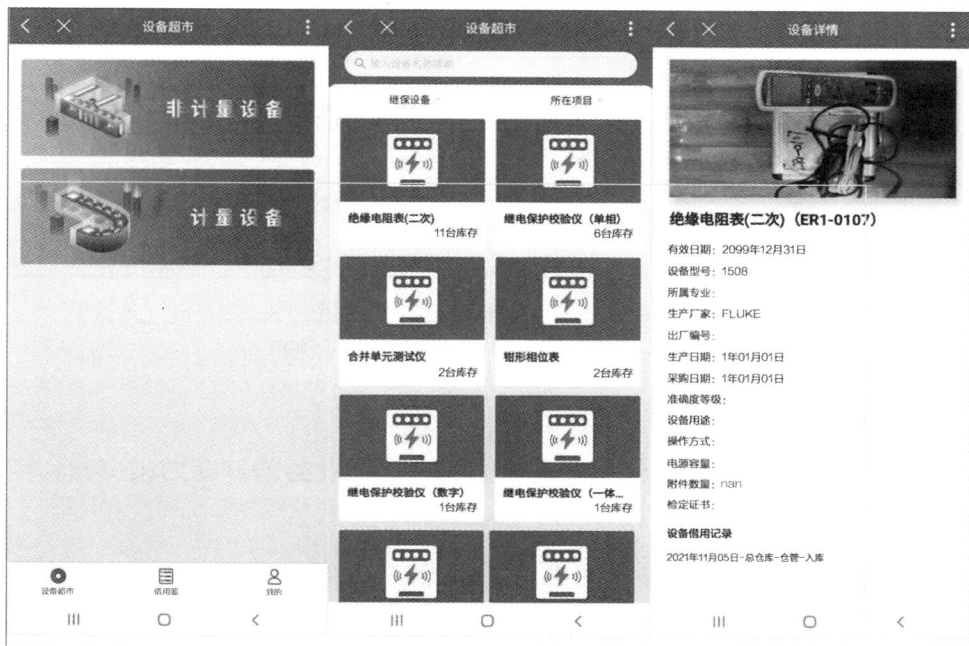

图 2　设备超市示意

（二）增强识别系统，强化人员设备管理合一

对仪器设备的使用者身份进行有效鉴别，通过公司钉钉认证人员信息，对人员进行识别，各类人员通过不同的申请通道领用仪器设备，保证仪器设备使用的可控性。

（三）融合数据监测，促进设备数据集群管控

对使用过程中仪器设备状态进行实时管控，采集包括设备的使用时间，使用人，使用过程中对仪器状态的 7 天定时检查并留下记录，做到动态管控、台账数字化，保证仪器良好运行。

（四）设计数字应用，提高设备资源利用效率

利用手机或PC扫码控制借用，转移、归还调试设备，确保出入库正确，提高出入库效率。

三、课题研究的成果

（一）实现设备全寿命周期的信息化管理，有效推动物联网模式下设备现代化管理升级

该系统在物联网技术下建立了一套从仪器管理机构设置、使用、调度与管理、周期检定、维护与修理、报废、事故的处理一整套新型管理制度，实现从"库房式""静态式""重物轻人式"的管理到"工作过程管理""动态管理""重人轻物式"管理的转变，实现仪器设备出入库管理和现场仪器监督管理合一，而不再是一个单纯的出入库管理。

（二）实施仪器设备数字化、可视化管理，促进业务管理能力和资源利用效率的双提升

该系统按照"数字化改革"的总体建设要求，建立设备管理驾驶舱，通过地图和列表的方式，实时展示调试仪器设备在浙江省的位置，给工程管理者调度设备提供了依据。对仪器设备使用进行了信息采集并留存，可调出使用者或使用部门对设备的使用天数，精确计算设备使用成本，并计入工程投入。

（三）开展设备全息感知智慧数据分析，促进公司业务质效提升并增强企业核心竞争力

该系统对每种设备的年度使用率、维修率进行统计，为以后采买设备提供依据；对设备损坏情况提供确切统计，对使用人采取奖惩或技术培训等措施提供依据。通过手机扫码转移设备大大适应了偏远地区作业的一线员工操作的便捷性。

四、课题应用情况及前景

基于物联网技术的仪器设备数字化管理系统对仪器设备使用进行动态信息采集，实现对仪器设备实时管理，能合理调度设备，缩短仪器设备周转周期，提高应急响应速度；有效解决以往仪器设备与工程关系、借用人与仪器设备关系不匹配而导致出现的计量设备失联的情况。

　　仪器扫码转移，实现了仪器设备与使用人的紧密关联，杜绝了仪器设备失联情况的出现。通过设置，使用人每周可以自查仪器设备状态，从侧面督促了仪器设备使用人爱护仪器设备，从而保障了仪器设备的使用寿命。

　　系统创新设置了计量仪器设备有效期过期闭锁功能，严防过期设备出库和转移，有效杜绝了过期设备的使用。对现场在用临期设备设置提醒，督促使用人及时归还计量设备，从源头保障了仪器设备运行的可靠性、安全性。

　　系统对每件仪器设备都会形成使用日志，为送变电资产管理部门对仪器设备的效益评价提供了翔实的依据，有利于加强仪器设备精确监管。

　　总之，基于物联网技术的仪器设备数字化管理系统较好地实现了仪器设备的科学管理，保障了仪器设备安全有效的运行，有利于提高维护水平，切实做到科学管控。

直升机技术在电网建设中的一体化运作模式管理

程隽瀚　丁鹏杰　黄超胜　张　琦

一、实施背景

新时代电网建设对提升输电线路施工机械化水平、降低施工安全风险、减少环境破坏有更高的要求。国网浙江省电力有限公司着力以机械化手段解决工程建设特殊难题。近年来，浙江省送变电工程有限公司与国网通用航空有限公司合作，在直升机基建施工领域取得了成功的工程实践经验，在双方继续加深战略合作的基础上，将进一步探索直升机在输电线路建设施工中混凝土吊运、塔料运输、杆塔组立、导引绳展放的一体化运作模式应用。

（一）深化提质增效是电网企业发展的必然要求

电网基建、检修、应急等业务是维持电网安全稳定运行的重要工作，因此必须结合当前各专业管理难题，提出提质增效解决方案，优化管理效率与效果，满足电网企业的发展需求，保证企业在复杂经营形势下的高质量发展。

（二）开展技术创新是电网企业建设发展的必然需要

随着技术、信息等资源配置更集约，技术和管理更智能，必须依托当前的管理问题，结合技术创新、理念创新，提升技术手段，创新管理模式，通过与直升机特点的有机融合，克服人工作业的实际困难，成为提升现代化大电网安全稳定运行的重要途径。

（三）保证安全可靠是社会经济发展的必然需求

企业必须积极探索智能技术，进行有效变革，加强输电线路的安全质量管控，构建输电交互的建设安全质量管控体系，全面提升运检效率效益，实现输电线路的专业精益化管控，这也是企业破解发展难题的必由之路。

二、课题研究的内容

（一）基于直升机的输电线路混凝土基础连续循环浇筑作业模式

分析混凝土基础的影响因素，构建混凝土基础质量评估模型，提出直升机协作的混凝土浇筑策略，分析混凝土层结构强度影响因素，提出混凝土连续循环浇筑方法，提升作业施工效率。

（二）复杂环境下的直升机吊装运输优化模式

研究直升机吊装的运输关键技术，构建基于直升机运输的目标函数模型，对运输影响因子进行分析，建立运输路径优化调度模型，提出基于直升机性能约束的最优运输路径求解策略，保证直升机的精准吊运。

（三）基于直升机的输电线路模块化组塔施工模式

研究组塔的施工工艺，分析组塔关键施工技术，构建铁塔节点力学模型，提出塔腿分解吊装策略，建立吊装塔段对接有限元模型，提出铁塔横向对接组装模拟方法，优化直升机吊装作业施工安全系数，实现基于直升机的模块化组塔。

（四）基于直升机的高效率牵放导引绳施工技术

研究张力架线施工过程关键技术，提出基于直升机的牵放导引绳施工方法，设计用于直升机牵放钢导引绳的配套专用机具，实现海岛复杂地段的多档、连续、快速牵放钢导引绳施工及大跨越不封航架线施工。

三、课题研究的主要做法

（一）提出了基于直升机的输电塔混凝土基础连续循环浇筑技术

在浇筑时采用 H215 直升机协助，配置主减吊钩设备，安排同一基塔 2 个方量近似的塔腿同时开展浇筑，利用直升机轮流为 2 个塔腿运送混凝土。

（二）提出了复杂环境下的直升机吊装运输优化策略

通过构建基于直升机运输的目标函数模型，分析运输影响因素，建立运输路径优化调度模型并采用改进粒子群算法进行求解，加入性能约束提升模型收敛性和稳定性，优化直升机吊装运输精度。

（三）提出了基于直升机的输电铁塔分次吊装组立技术

将塔身中最下端的塔身段平均分为与4个塔腿对应的4个下塔身单元，使4个塔腿与4个下塔身单元一一对应连接成4个完整塔腿，在塔身段的上端安装就位导轨，利用直升机每次将一个完整塔腿吊装固定于预定地点，在安装段间十字联板上移至双肢主材开断点上方，借助四方架、塔脚导轨、地脚螺栓等辅助就位系统装置通过多次往复该直升机完成塔腿段和塔身段的吊装。

（四）提出了基于直升机的高效率牵放导引绳施工技术

采用牵放式的展放导引绳方法，在张力场设置专用高速张力机，将导引绳线轴放置在线轴支架上，导引绳的绳头通过专用高速张力机及设置于地面的压线滑车引出，在各基铁塔上的放线施工位置悬挂导杆式滑车，由直升机牵引导引绳的绳头沿预定的导线展放通道上空飞行，将直升机主吊索、导引绳、配重通过U形环与"三角联板"形成Y形连接结构，使直升机飞至铁塔上空时能够将导引绳落入导杆式滑车中，避免了人工辅助。

四、实施成效

2018年10月28日至10月31日上午，浙江省送变电工程有限公司成功应用直升机完成舟山500千伏联网输变电工程3基角钢塔吊装，总重200吨，将原定8天的施工计划提前4天完成，且当日最多完成18吊次，创下了国内单日吊装次数记录（见图1）。

图1　舟山500千伏联网输变电工程

2021 年 5 月 14 日至 5 月 29 日，公司在 500 千伏兰凤 5457 线抢修过程中，针对现场山地崎岖、运输不便的特点，与国网通用航空有限公司联合开展全国首次电力工程直升机抢修作业，仅耗时 2 天，完成采用传统索道方式需 5~7 天才能完成的全部 220 吨新旧塔材吊运任务，大幅节约工期，同时避免砍伐树林约 15 亩，有力践行了绿色施工方式（见图 2）。

图 2　500 千伏兰凤 5457 线直升机抢修施工现场

2021 年 5 月 31 日至 6 月 15 日，公司继续联合国网通用航空有限公司在丽西—莲都双回 500 千伏线路工程中成功试点开展直升机吊运混凝土和吊运塔材应用研究，并同步实施了直升机消防灭火、吊运应急物资、绞车运送人员等应急演练项目（见图 3）。

图 3　丽西—莲都双回 500 千伏线路工程直升机施工现场

通过舟山 500 千伏联网输变电工程、绍兴兰凤 5457 线抢修和丽西—莲都双回 500 千伏线路工程直升机组塔、牵放导引绳、吊运混凝土、塔材及应急演练的项目实施，充分体现直升机航空作业技术的高效性、安全性、环保性，具有显著的示范效应。应加快推广直升机在基建施工及应急抢修中的应用，为浙江省送变电工程有限公司深化多元融合高弹性电网建设，全面实现"走在前、作示范，打造示范窗口"的战略目标定位贡献力量。

电力施工企业工程项目智慧审计管理

王　狄　徐　焕　余官秋　吴艳霞　杨峰峰

一、引言

浙江省送变电工程有限公司成立于 1958 年，在输变电施工行业保持国内同行业先进水平。但近年来，在国家电力体制改革降低电网环节收费和输配电价的背景下，公司经营压力日渐增大，加强工程项目精益化管理势在必行。同时，公司入选国企改革"双百行动"，有关文件明确要求"双百企业"主动探索、锐意创新。为准确把握新时期工程审计新要求，浙江省送变电工程有限公司深入探索研究电力施工企业工程项目智慧审计管理，创新审计方式方法，推进审计工作转型，为公司健康可持续发展保驾护航。

二、工程项目智慧审计管理实施背景

开展电力施工企业工程项目智慧审计管理研究，是国家持续强化审计发展，坚持科技强审，推进审计转型，全面加强审计发展的大势所趋；是国家电网有限公司立足新发展阶段、贯彻新发展理念、构建新发展格局，深化改革、科学发展的必然要求；也是浙江省送变电工程有限公司探索"双百改革"，实现管理提升，推进发展战略落地的内在要求。

三、工程项目智慧审计管理内涵

工程项目智慧审计管理内涵体现为"构筑一种模式，优化两个机制，践行三项措施"，即构筑一种过程完整、重点突出、方式灵活的智慧审计管理模式，通过优化两个机制(贯行部门/专业横纵向联动机制，审计资源配置动态平衡机制)、强化三项管控措施（过程管控措施、敏感监控措施、整改控制措施）。

四、工程项目智慧审计管理主要做法

（一）构筑过程完整、重点突出、方式灵活的智慧审计管理模式

1.分类梳理项目流程，明确全景全程管控环节

以主网基建项目为例，制定相应项目流程环节分类框架（见表1）。

表 1　主网基建项目流程环节分类框架

阶段	前期准备	工程实施	完工结算	效益分析	合计
涉及主要控制环节	1. 承包管理 2. 采购管理（施工、物资） 3. 合同管理 4. 许可证办理 5. 政策处理	1. 政策处理 2. 施工管理 3. 物资领用 4. 分包管理 5. 安全管理 6. 进度管理 7. 质量管理 8. 财务管理	1. 档案管理 2. 完工验收 3. 物资管理 4. 结算管理 5. 财务管理	1. 经济评价 2. 社会评价	
环节数量	5 项	8 项	5 项	2 项	20 项

2.综合全面评估风险，重点锚定关键节点及审计要点

（1）全面提炼全程风险点，明确风险点全景

主网基建项目项目环节控制点与风险点分析如图1、表2所示。

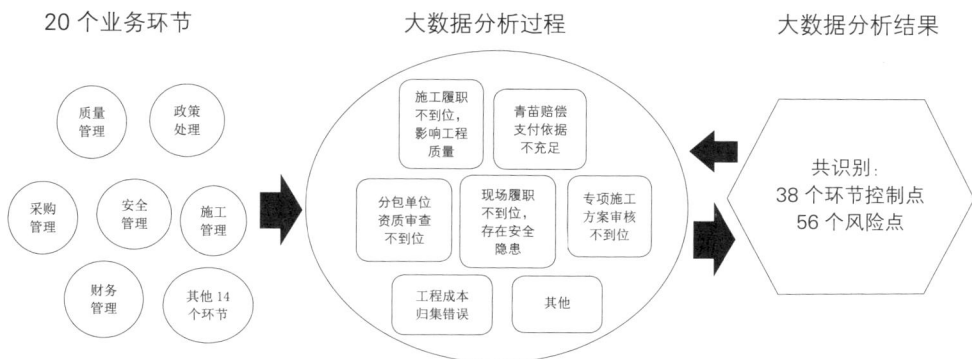

图 1　主网基建项目项目环节控制点与风险点分析

表 2   主网基建项目风险点

序号	项目阶段	主要环节控制点	风险点	表现形式	风险类别
A1	前期准备	采购管理	采购方式选择不合理	应招标项目未招标、单一来源采购未履行审批流程等	廉政风险 舞弊风险 资产损失风险
		……	……	……	……
B1	工程实施	政策处理	政策处理费支付依据不足	青苗赔偿未执行有关标准、青苗赔偿费用未经多方鉴证等	资产损失风险 廉政风险
		……	……	……	……
C1	完工结算	结算管理	分包费用结算依据不足	分包签证单未经审批、劳务分包考勤造假等	资产损失风险 廉政风险
		……	……	……	……
D1	效益分析	……	……	……	……
	……	……	……	……	……

（2）系统评估风险等级，锚定关键控制点及审计重点

以风险危害性为主标准，结合风险发生的可预见性、可控性，逐一对历史风险点及潜在风险点进行系统评估，有重点地锚定各环节关键控制点及审计要点。

纳入评估的 20 个业务环节涉及 38 个控制点、56 个风险点（见图 2）。

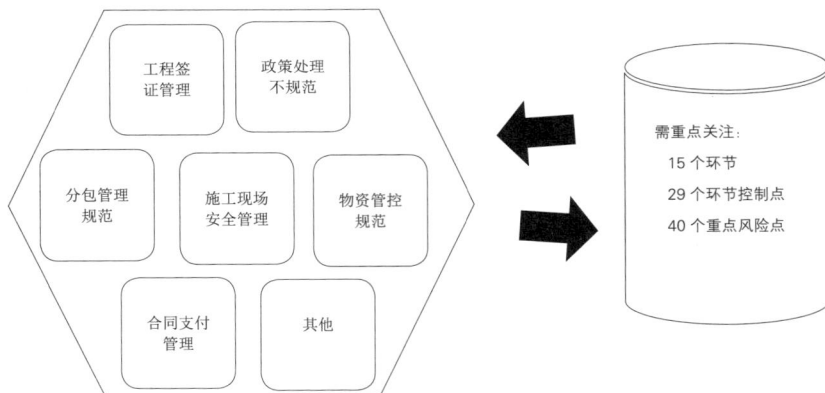

图 2   环节关键控制点及重点风险点评估

3.提升策略灵活性，常态化全面履行审计职责

积极响应中央审计委员会第一次会议和全国审计工作会议精神要求，坚持科技强审，做好常态化"经济体检"工作，将反应迟滞、方式单一的事后审计为主的审计方式转变为线上线下可持续，事前、事中、事后各环节有序介入，常规风险事项实时警示，重大风险事项一事一查的动态化审计。

（二）优化组织管理，建立部门（专业）横纵向联动机制

通过打破专业阻隔，优化项目联动管理组织机制，依托各专业部门"横向联动定标准"，以各业务流程"纵向联动促实施"为推手，创建智慧审计管理联动机制，逐步实现齐抓共管、高质高效的管理目标。

（三）优化审计方法，建立审计资源配置动态平衡机制

充分借鉴IIA新三线模型理论，打破跨专业壁垒，通过审计资源配置动态平衡机制，充分发挥持续性非现场审计便捷、高效、全面的优势，并在数字化审计平台自动报警、持续性非现场审计基础上，因时因地制宜实施现场审计，实现效率提升、效果加成。

（四）强化过程管控，注重统筹兼顾

通过部门（专业）横纵向联动机制和审计资源配置动态平衡机制，强化全程管控，逐步加强管审联动融合管理，统筹兼顾所有审计对象、范围和业务流程，依托常态化的流程支撑和科学操作方法，促进全面、持续提升项目综合管理水平。

（五）强化敏感监控，注重重大风险控制

坚持在根据业务流程有序开展全程管控的基础上，坚持"重点突出，敏感控制"原则，重点关注各环节关键控制点及审计要点，一旦触发系统重大预警或者线下发现重要节点关键风险事项及敏感风险事项即时发起整改并跟进闭环。

（六）强化整改控制措施，注重实效落地、长效提升

审计问题整改管理环节中，根据轻重缓急对发现问题进行分级分类管理，实行针对性整改；坚持"举一反三、以点带面、限期整改、全面闭环"原则；通过跟进问题台账改完销号，强化考核机制，保证实效落地；推动数字化审计平

台自优化升级，促进实现长效提升（见图3）。

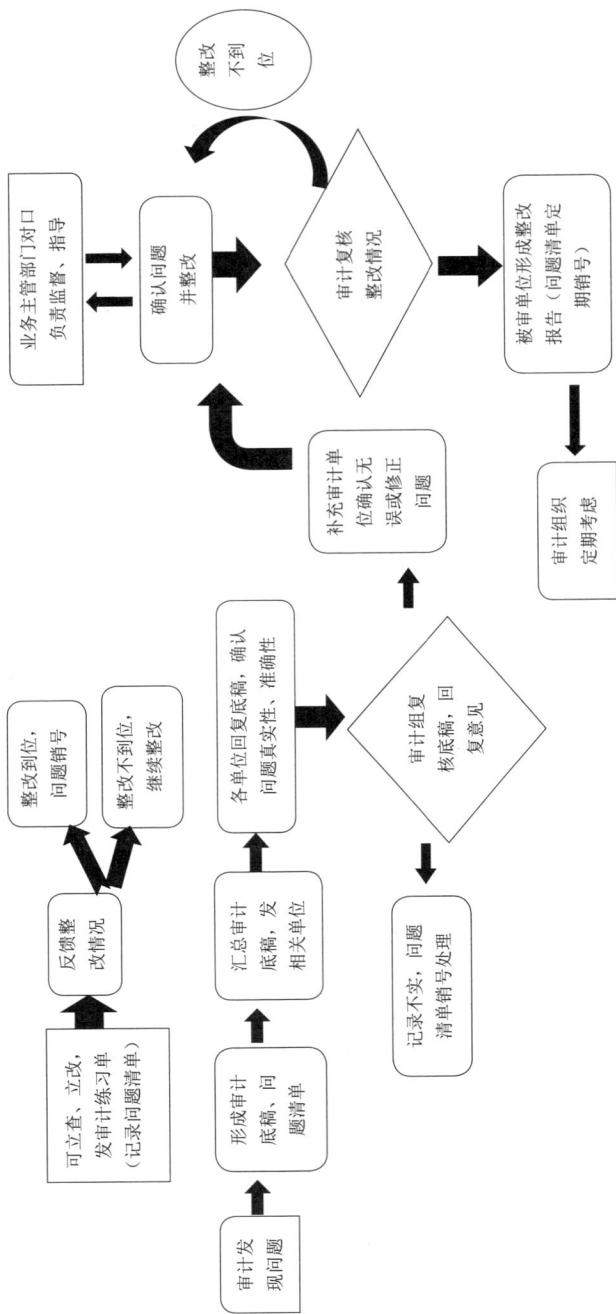

图 3　整改考核控制

五、工程项目智慧审计管理实施效果

（一）机制共振优化管控，提升管理水平

电力施工企业工程项目智慧审计管理通过"构筑一种模式，优化两个机制，践行三项措施"，明确了全程管控的各业务环节风险全景，充分发挥各部门/专业在事前、事中、事后各环节业审联动机制，推进整改工作实效落地、长效提升。

2020—2021年，浙江省送变电工程有限公司针对2个输变电工程初步试行智慧审计，涉及2个施工项目部和4个下属单位，累计发现问题76个，提出审计建议65条，召开协调会议6次，下达"审计整改通知书"8份，完成整改76个问题，整改率达到100%。

（二）突出强效成本控制，提升经济效益

电力施工企业工程项目智慧审计，将各业务环节风险全程管控和环节关键控制点重点管控进行有机结合，线上实时介入监督，线下因时因地及时介入，在控制人力成本、规范核算、降低工程成本方面取得了较好的经济效益。

2020—2021年，浙江省送变电工程有限公司试行针对两个输变电工程施工的智慧审计，通过重点监控分包结算、政策处理结算事项，事中纠偏39项，涉及金额2466万元，追回多结算款项10万元。

（三）优化资源配置示范，扩大社会效应

浙江省送变电工程有限公司推行电力施工企业工程项目智慧审计管理模式，以风险审计为导向，优化部门/专业联动机制，充分调动跨专业优势，优化审计资源配置动态平衡机制，通过实施有重点的全过程管控，紧抓整改实效落地，为电力施工企业优化内审资源配置做出了初步示范。

输电线路检修工作数字化改革

何 超 崔砚辰 孙加强 徐守博

一、课题背景

近年来，浙江省能源互联网建设不断完善，特高压及普通 500 千伏输电线路数量也在不断增加，浙江省内输电线路检修工作日趋繁重，随之而来的问题也日益增多，主要表现在：同一时间段内检修线路数量增加，停电时间短，并且检修作业点多面广，平时工作票、任务单、双许可等安全流程制度较为烦琐，检修队技术员负担较重。施工的同时还要对已检修竣工的线路进行资料整理及归档。同时参看国内外文献，仅有部分地方供电公司对输电线路运维方面进行了数字化管理的探究，且大多停留在简单的线路巡视、在线监控设备汇总及台账管理方面，与检修形成相关完整体系较少。

由此目前亟须通过数字化平台对线路检修完整流程进行汇总，从而实现线路检修工作中绝大部分信息管理工作，使得线路检修信息系统化、规范化、自动化，从而提升线路检修管理工作的效率。

二、课题开展的内容及主要做法

（一）课题开展的目标

针对检修工作灵活性强，工作周期短的特点，检修模块应重点实现以下目标：第一，检修工作信息显示清晰明确，显示内容应符合地市公司及相关监管部门相关要求。第二，有效减轻线路检修现场技术员工作负担，将检修技术员从日常的资料工作中解放出来，使技术员有更多的空余时间提升专业技术能力与知识，另外可相应减少检修队中资料员数量，相应减少工作中的人工成本。第三，利用软件中已开发的运维模块，结合线路检修需求，进一步整合线路检修运维一体化，是输电运检工作未来实现数字化的基石。第四，安全性方面严格遵照国网网络安全条例开发软件，避免信息泄密等情况。第五，在未来的工作中彻底实现线路工作数字化。

（二）课题开展的阶段

数字化检修模块主要分为三阶段开展研发。

1.第一阶段

该阶段主要侧重点包括：第一，整体软件平台开发，包括开发手机端及电脑端软件界面、后台修改平台、线路资料库的建立；第二，支持分公司部署工作年、月计划，电子及纸质工作票生成，检修队任务分工单生成，建立检修工作联系单、工作任务单及缺陷库；第三，实现现场手机端工作票工作许可，各项安全组织措施实现手机端确认签字，如工作票、工作任务单安全措施确认签字。

2.第二阶段

该阶段主要侧重点包括：第一，实现特高压及 500 千伏输电线路检修照片手机端上传；第二，实现检修照片云端库，可方便检修技术员在线查找历史照片或针对铁塔上某一部件进行单独查询；第三，实现检修照片与工作量完成情况的联动，系统可根据检修照片自动统计检修工作量完成情况，生成检修日志及检修日报；第四，实现检修照片与缺陷库联动，可自动生成缺陷消除列表。

3.第三阶段

该阶段主要侧重点包括：第一，实现准确工作量完成情况统计，自动生成与经营有关的相关文件；第二，可在线上实现检修队内每位队员的月完成工作量统计汇总，为队员每月绩效考核提供参考依据；第三，增加网上安全许可工作，方便分公司管理人员对现场工作情况的监管；第四，对第一、第二阶段进行持续改进更新。

（三）课题开展的难点

1.信息管理工作流程逻辑梳理

线路检修工作涉及浙江省范围内所有地市公司及省检修公司，而各个公司对检修工作都存在不同的要求，因此各工作流程除了满足常规的逻辑关系外还应满足地域化需求，并可进行相应的修改。检修工作流程烦琐，具体逻辑关系梳理较为困难。采用工作流程图的方式对检修工作施工流程进行梳理，具体流程如下。

（1）工作票逻辑流程

工作票逻辑流程如图1所示。

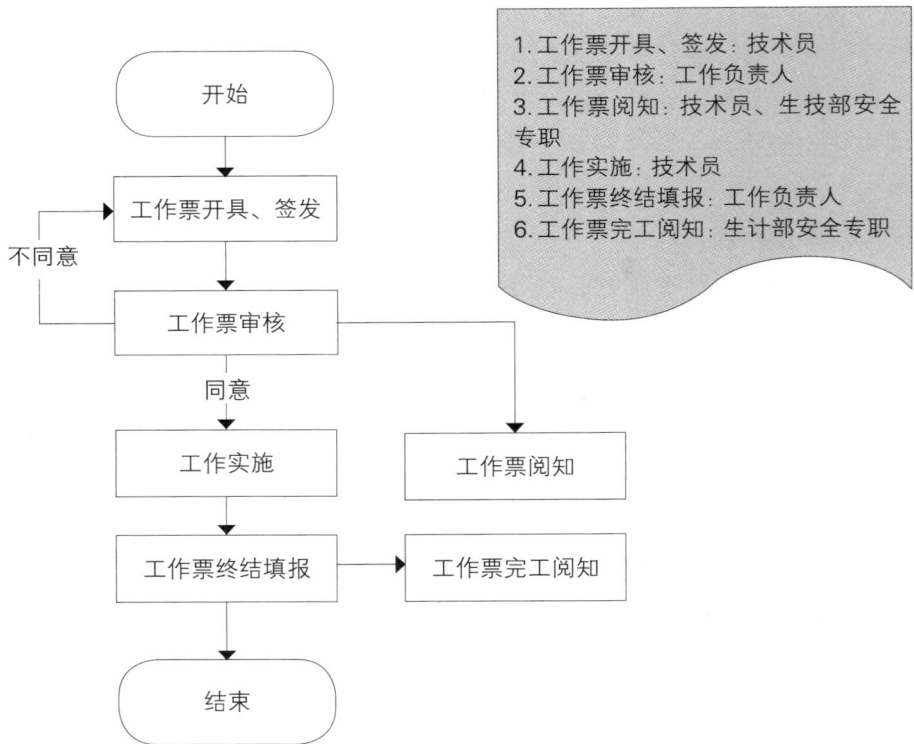

图 1　工作票逻辑流程

（2）工作任务单逻辑流程

工作任务单逻辑流程如图2所示。

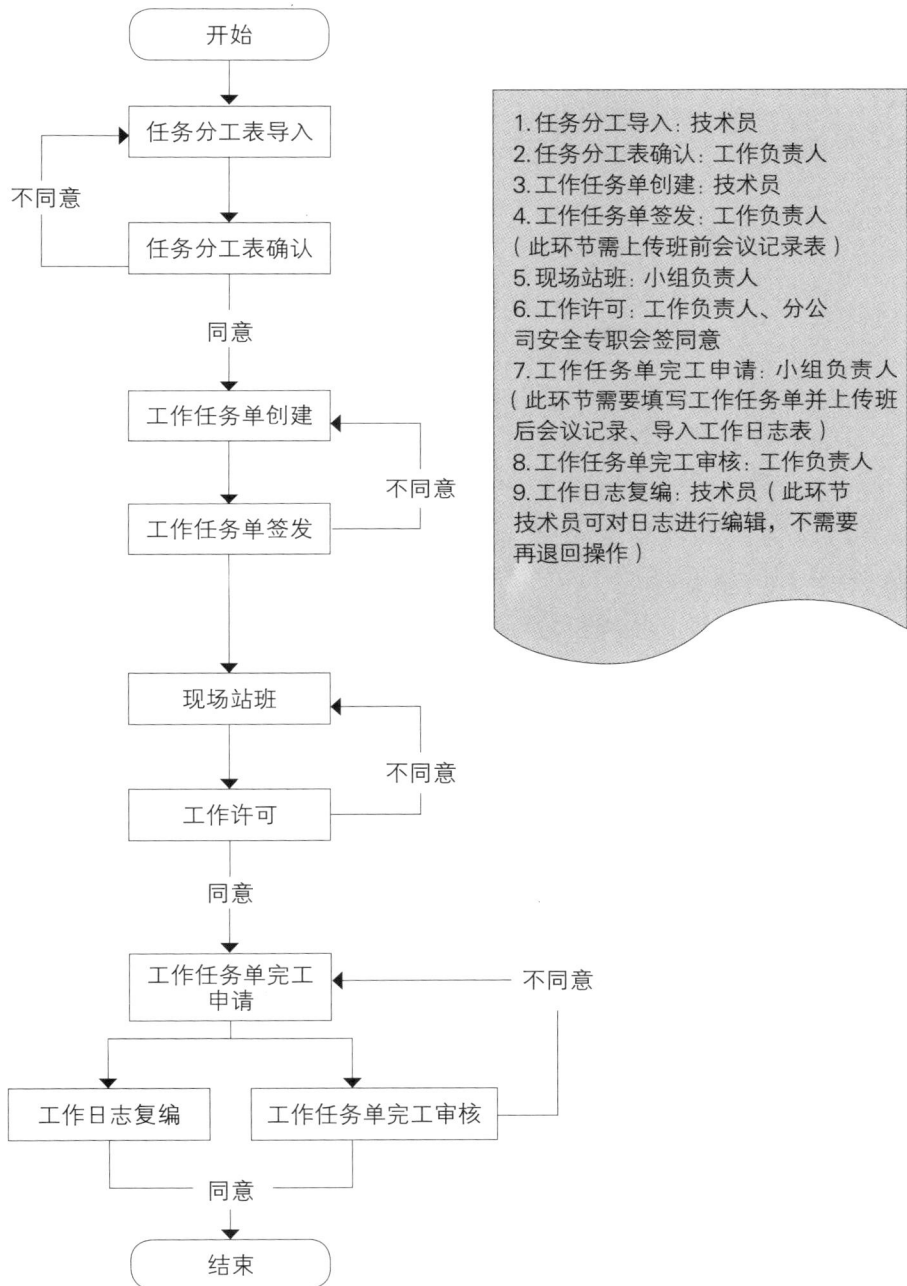

开始

任务分工表导入

不同意

任务分工表确认

同意

工作任务单创建

不同意

工作任务单签发

现场站班

不同意

工作许可

同意

工作任务单完工申请

不同意

工作日志复编　　工作任务单完工审核

同意

结束

1.任务分工导入：技术员
2.任务分工表确认：工作负责人
3.工作任务单创建：技术员
4.工作任务单签发：工作负责人
（此环节需上传班前会议记录表）
5.现场站班：小组负责人
6.工作许可：工作负责人、分公司安全专职会签同意
7.工作任务单完工申请：小组负责人
（此环节需要填写工作任务单并上传班后会议记录、导入工作日志表）
8.工作任务单完工审核：工作负责人
9.工作日志复编：技术员（此环节技术员可对日志进行编辑，不需要再退回操作）

图2　工作任务单逻辑流程

（3）检修日报逻辑流程

检修日报逻辑流程如图 3 所示。

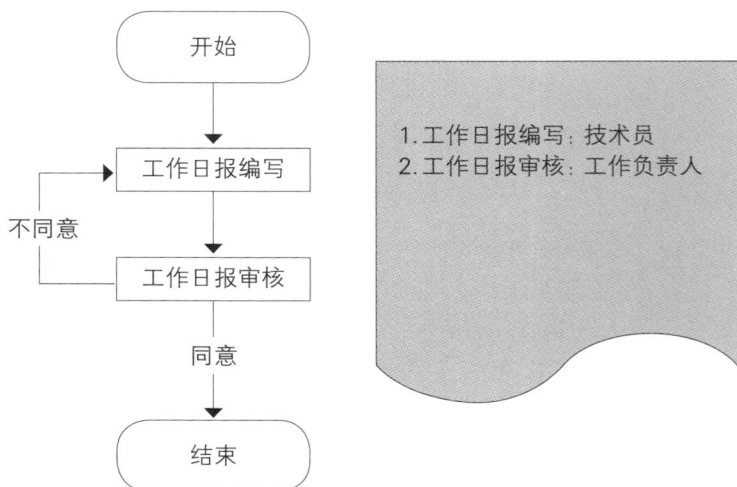

开始

工作日报编写

不同意

工作日报审核

同意

结束

1. 工作日报编写：技术员
2. 工作日报审核：工作负责人

图 3　检修日报逻辑流程

（4）检修照片逻辑流程

检修照片逻辑流程如图 4 所示。

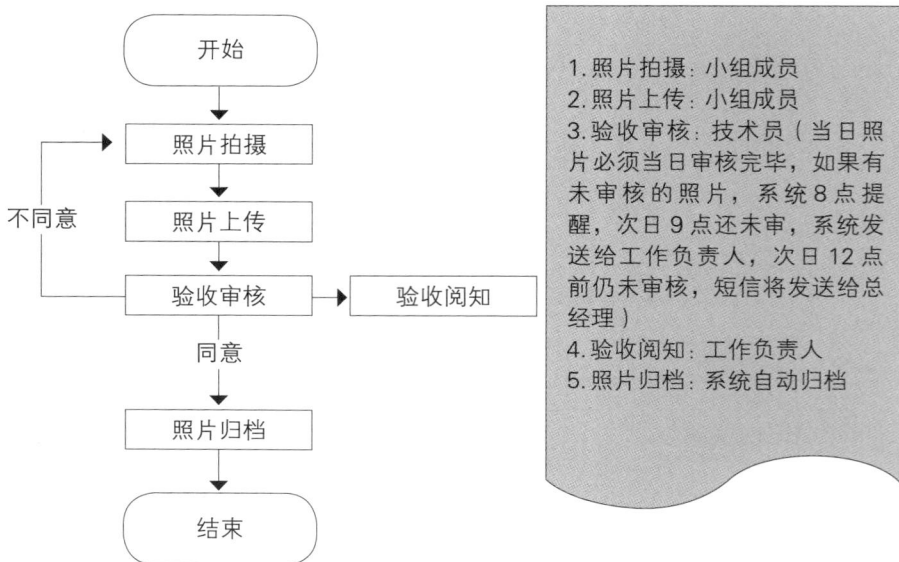

开始

照片拍摄

不同意

照片上传

验收审核

验收阅知

同意

照片归档

结束

1. 照片拍摄：小组成员
2. 照片上传：小组成员
3. 验收审核：技术员（当日照片必须当日审核完毕，如果有未审核的照片，系统 8 点提醒，次日 9 点还未审，系统发送给工作负责人，次日 12 点前仍未审核，短信将发送给总经理）
4. 验收阅知：工作负责人
5. 照片归档：系统自动归档

图 4　检修照片逻辑流程

2.检修照片上传

检修照片是相当重要的检修资料，地市公司往往通过检修照片来确认我们检修工作完成情况。在检修照片拍摄过程中队员的拍摄逻辑比较随机，往往根据队员个人习惯进行拍摄，照片排列顺序较为凌乱，无法实现软件自动顺次命名。队员从未进行过照片命名工作，对于铁塔上金具等部件称呼没有相对统一的认识。同时检修照片常规检修照片数量大，且清晰度较高的照片一般较大，往往有5MB左右的大小，批量上传时占用流量较多。

针对这一特点，我们对软件进行了如下优化。

（1）检修开始前对检修杆塔进行分类，区分直线塔与耐张塔，登塔检查照片也区分为直线塔与耐张塔，设置必拍或者非必拍照片，并依靠设定固定的拍摄步骤，使得照片命名更为简便直接，手机端操作界面如图5所示。

（2）上传照片设置为仅在手机Wi-Fi模式下进行全尺寸照片传输，若在普通手机流量环境下，仅上传缩略图版本的检修照片，方便检修人员检查照片拍摄是否完整，是否存在检修照片误拍或漏拍的情况。

（3）有针对性地对照片拍摄界面进行优化，方便检修队员拍摄、删除、重拍及跳过非必拍照片。

（4）对于上传至云端的照片也设置完整的检修照片库，可汇总往年所有通过该系统上传的检修照片，同时减轻现场技术人员在检修现场的工作量，方便汇总、搜索、检查、导出检修照片。

3.软件测试工作开展困难

目前队员文化程度参差不齐，对于手机APP等新事物接受能力较弱，存在畏难情绪不愿意进行测试。同时检修队技术员、资料员在春秋季检修期间工作量比较大，难以抽出时间开展软件测试工作。通过优化软件、简化操作的方法降低软

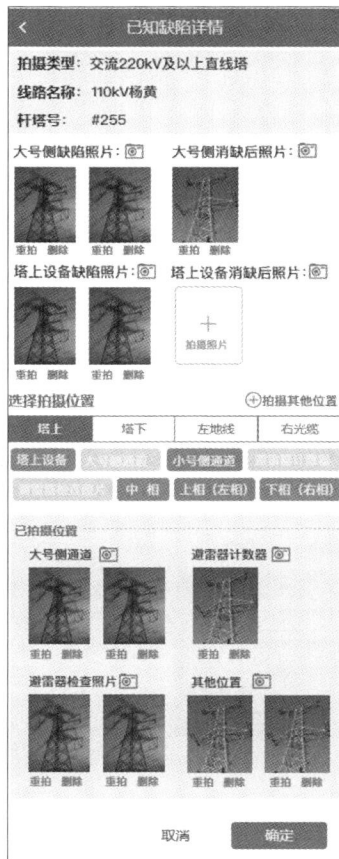

图5　照片手机设置

件使用的难度，可提高队员使用软件的积极性。

4.检修现场网络不佳

线路检修现场往往位于山区，部分地区存在信号不良、没有网络的情况。无法完成线路检修照片上传或者工作许可等流程。

5.工作计划、工作票复杂不易生成

检修工作往往涉及大量的检修工作报表、安全资料等，绝大部分资料都存在一定的重复性，这里采用设置批量导入、批量生成的方式，大批量的汇总或生成表单的方式，减轻现场技术人员重复工作量。

（四）课题开展的内容

1.初始界面

在浏览器地址栏中输入http://122.224.162.50:18888/XJB/a?login，登录巡检保系统，点击"检修管理"进入检修模块（见图6）。

图 6　进入检修模块

2.月计划

输电运检公司生技部主任或生技部副主任发布月度检修计划，可对月计划进行管理，可以执行新增、修改、删除、查看操作，并可进行批量导入。月计划上传完成后，每个队伍的技术员可以查看月计划，以便根据月计划编制工作票，工作计划录入界面如图7图至图9所示。

图 7　工作月计划界面

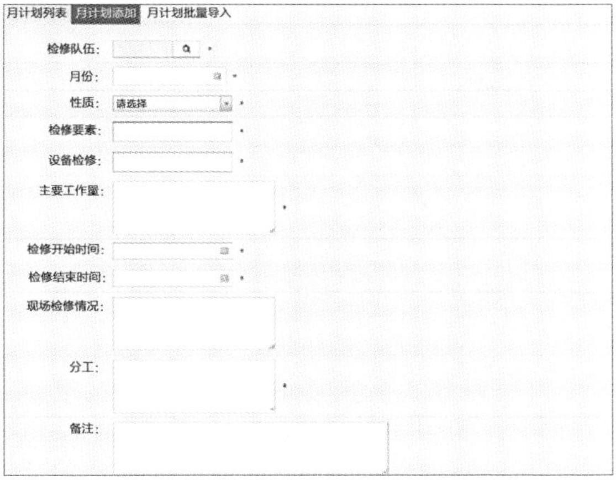

图 8　工作月计划录入界面

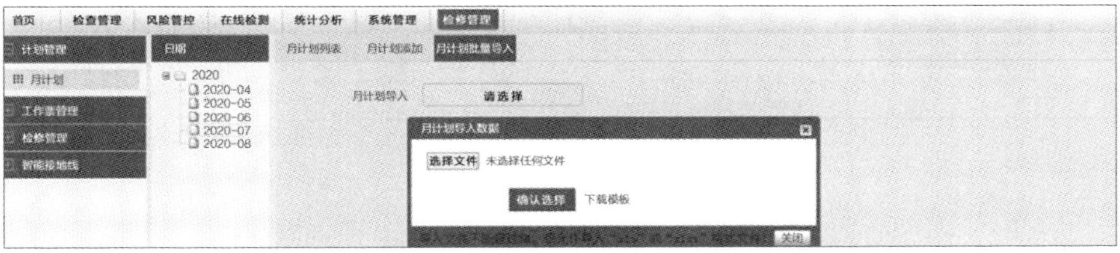

图 9　月计划导入数据界面

3.工作票

检修队技术员根据计划，下拉选择具体某条检修线路，开始进行工作票开具（一条线路可以有多个工作票），可以执行新增、修改、删除、查看操作，一条线路下一个队一张工作票，工作票签发（技术员编写后直接签发）后发送给工作负责人（可通过名单选择队长或副队长等）进行审核，审核同意后发送至技术员进行任务分工、生技部安全专职阅知。工作实施过程结束后，由工作负责人进行工作票终结填报并发送生技部安全专职阅知，工作票格式如图10、图11所示。

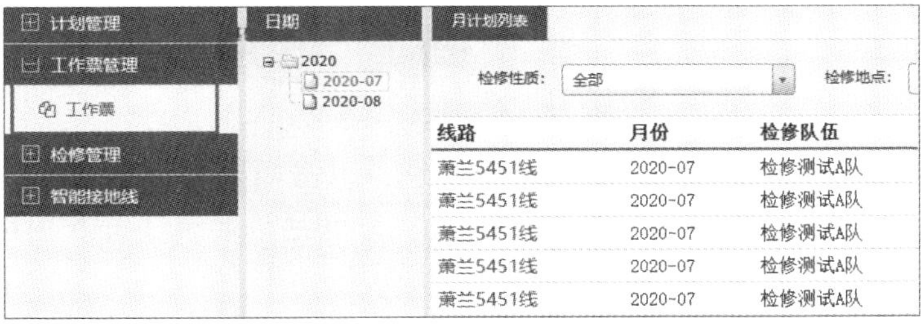

图 10　工作票界面

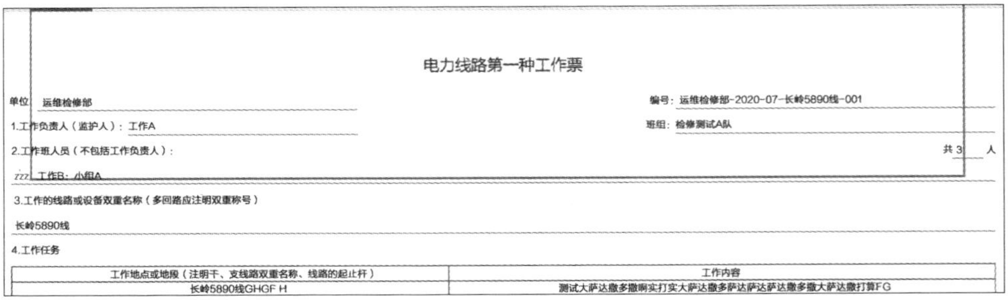

图 11　工作票开具界面

左上角 5 个页面对应所属人员需要填写的工作票（我的待办）、已经完善的工作票（我的已办）、已有工作票的列表清单（工作票列表）、尚未制作完善的工作票草稿（草稿）及新增的工作票（新增），具体情况如图 12 所示。

图 12　工作票状态

新增工作票时点击暂存，即可保存到草稿列表中（见图 13）。

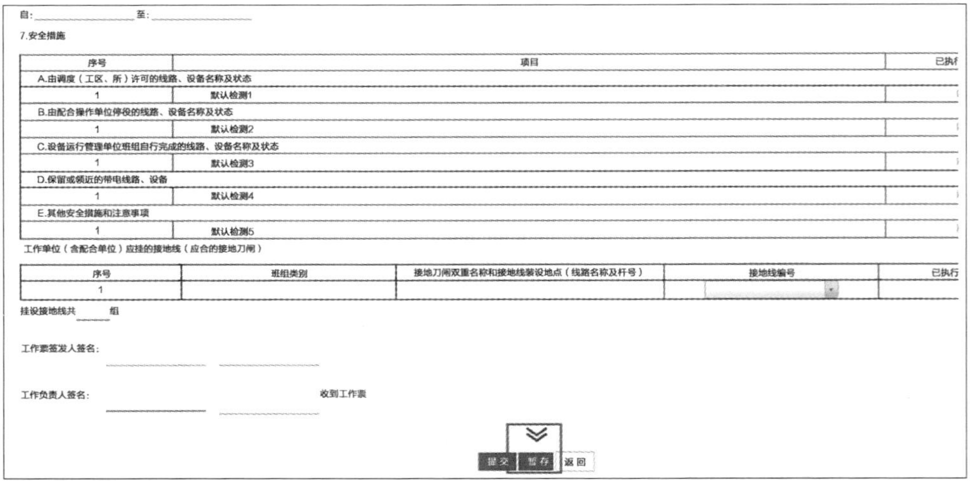

图 13　新增工作票界面

在需要签字的环节，如果在 PC 端处理，点击需要签字的地方，系统会给 APP 端发送签名申请，此时打开 APP 消息，打开消息后确认签名即可。具体操作界面如图 14 所示。

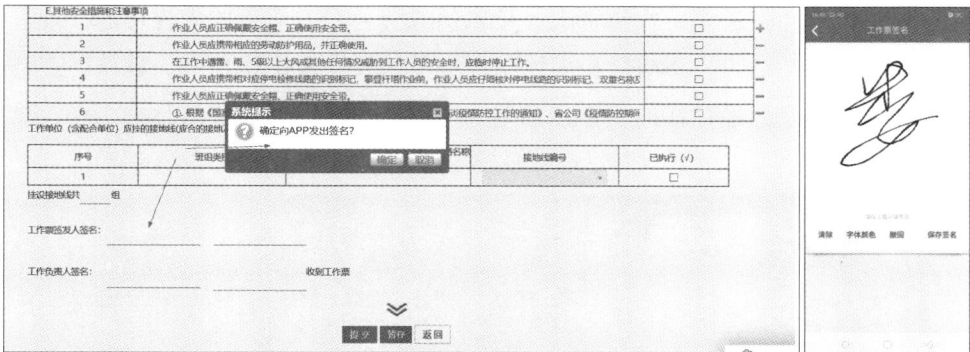

图 14　签名消息确认界面

（五）任务分工管理

技术员每日根据工作票添加各小组任务分工，发送至工作负责人（队长或副队长）确认或退回修改。工作负责人审批同意后，任务分工生效。当日工作若存在多个小组同时作业的情况，任务分工也可通过批量导入的方式进行批量化创建，以提高工作效率（见图15、图16）。

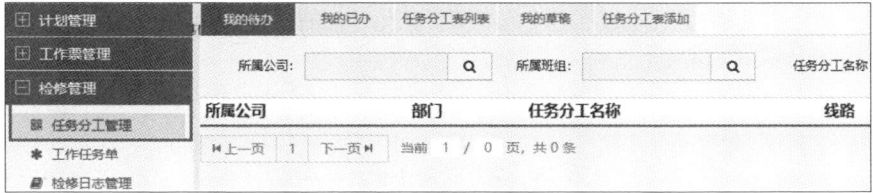

图 15　任务分工界面

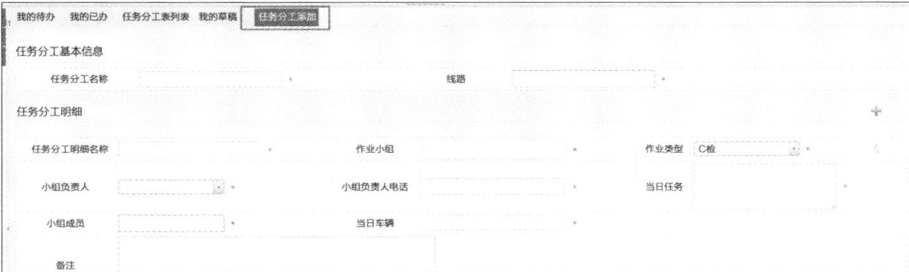

图 16　任务分工基本信息界面

（六）工作任务单

工作任务单可以通过任务分工管理模块实现批量化生成，技术员根据确认的各组任务分工表，相应生成各组的工作任务单，直接签发或由工作负责人签发，工作负责人再发送至各小组负责人。小组负责人经现场站班会、安全交底、杆号牌核对照片发送至工作负责人、技术员或分公司安全专职等许可后，现场允许施工。工作结束，小组负责人终结任务单，发送至工作负责人确认。在此处管理属于自己已经存在的工作任务单，可以查看自己所需要进行的工作（见图17、图18）。

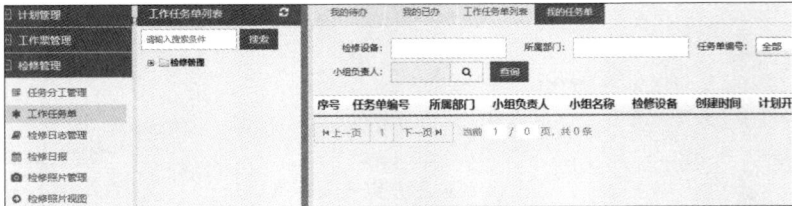

图 17　工作任务单界面

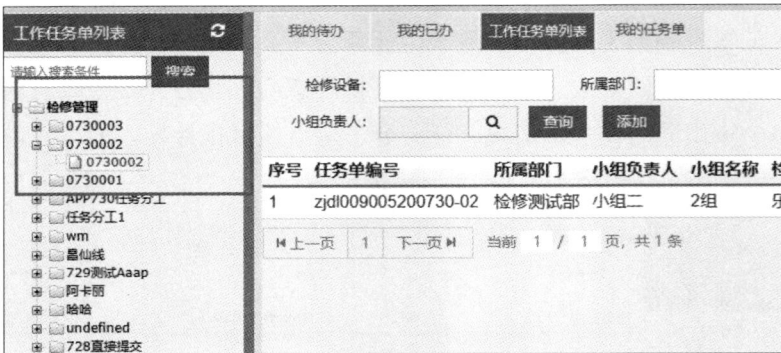

图 18　工作任务单管理界面

若不通过批量化生成工作任务单，也可单独添加生成工作任务单。通过点击左侧树显示对应的任务分工单，点击后可以在右侧进行对应的工作任务单查看、添加、修改（见图19）。

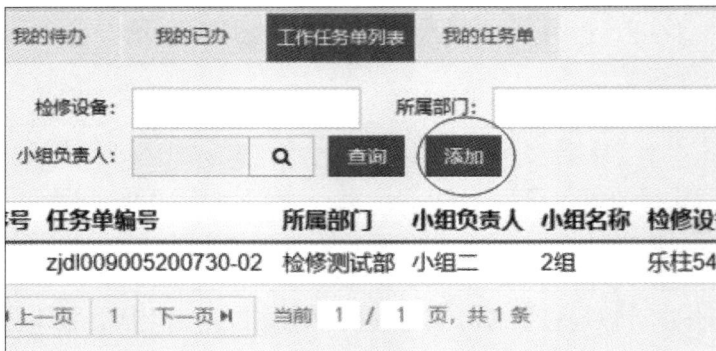

图 19　工作任务单添加

　　系统实现对任务实际施工过程中的现场管理，在现场施工前必须由生技部专责与工作负责人共同许可后方可开工，同时由系统记录开工所提供凭证，包括线路识别资料、现场站班资料、票面表卡资料。未来将实现地市公司相关人员可登录系统根据线路、工作票、任务工作单等条件进行查看、追溯等（见图20、图21）。

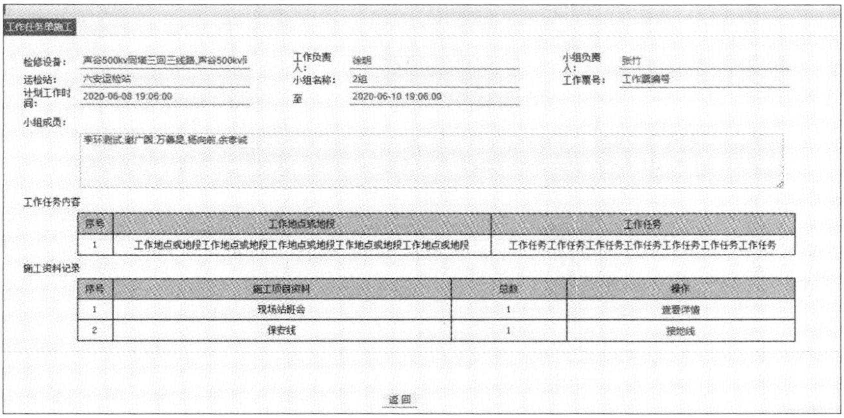

图 20　工作任务单详细信息

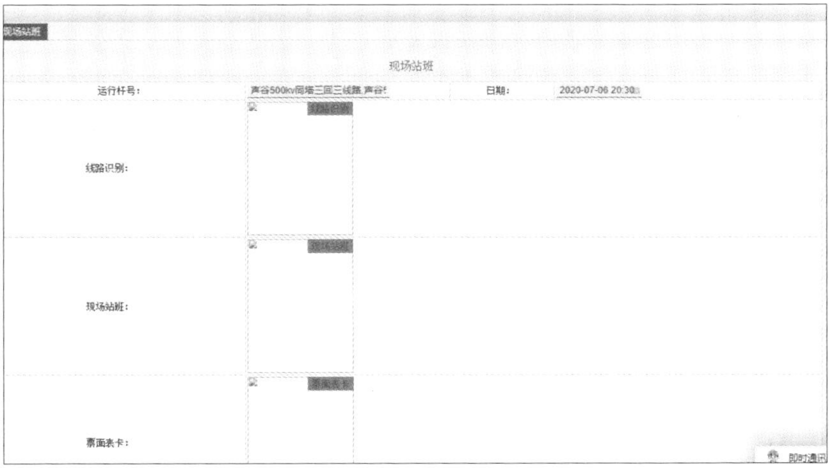

图 21　工作任务单现场站班资料

（七）检修日志

　　检修日志管理模块可以查看对应技术员、对应的检修队伍的检修日志。支持日志的导出及导入（见图22、图23）。

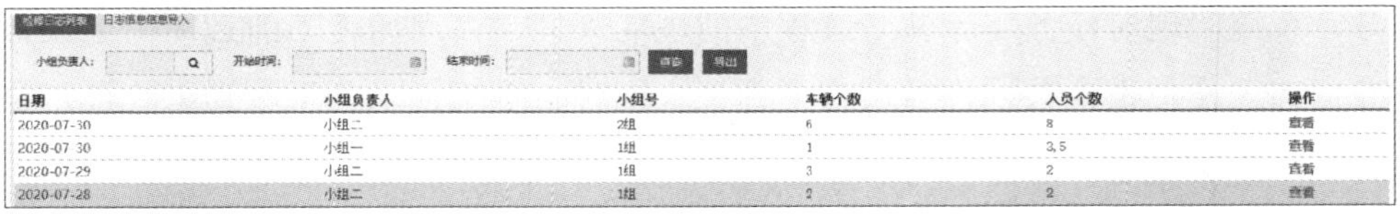

图 22　检修日志界面

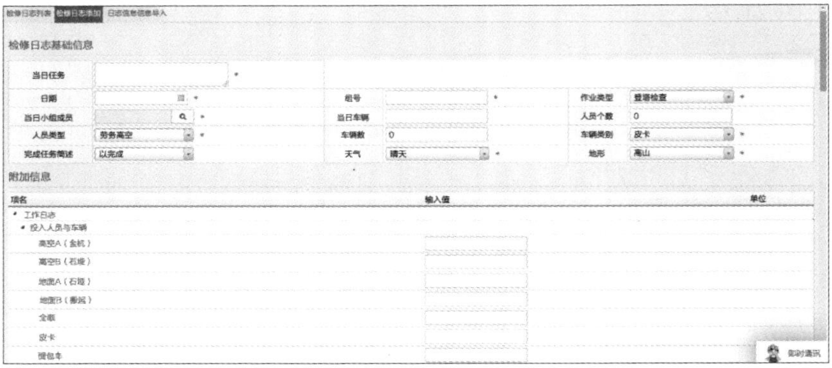

图 23　检修日志基本信息

也可在工作任务单列表数据中，点击相应按钮查看对应的工作任务单的检修日志（见图 24）。

图 24　在工作任务单中查看检修日志

（八）检修日报

在每日工作任务单完成后，技术员需要进行检修日报编辑，并在系统中完成日报的上传，上传后由工作负责人审核，审核通过后，在系统中生效可查（见图 25）。

（九）检修照片管理

每日工作结束后，需要小组组员将照片上传提交审核，检修人员按照拍摄顺序拍摄检修照片，系统实现自动命名，减少人工资料整理工作量。对需要单独提交电子版照

图 25　检修日志及界面

片的地市公司，支持按要求格式批量导出，同时满足检修照片库对照片整理、搜索的需求（见图26、图27）。

图 26　检修照片管理

图 27　检修照片显示界面

三、课题开展的成果

本课题开创性地将线路检修信息与数字化平台进行融合，实现了检修信息的系统化、规范化、自动化，在保证信息清晰明确的前提下，大幅地提升了检修现场技术、安全等方面的工作效率，符合各地市公司及监管部门的相关要求，有效减轻了现场资料员、技术员的工作负担，使得技术员有更多的时间提升自己的技术能力与知识。该平台融合了已有的运维模块，实现了输电线路检修运维一体化。

四、课题应用情况及前景

本课题相关研发构架流程已完成，目前已进入现场测试环节，后续还将通过多次测试及检修现场的应用进行改进、提升。目前电力行业中推行检修数字化的企业并不多见，所以在经济的层面上可以在开发完成后，继续在电力系统行业内部进行推广，拓展公司业务内容，在简化公司内部人工成本的同时进一步实现创盈增收。

输电线路运维检修数字化融合无人机精细化功能，在传统输电线路的基础上，将电力技术与现代高科技高度融合，实现了输电线路信息化、数字化、自动化，形成了"无人自动运检输电线路网"。未来要完全实现输电线路的智能化还将面临更多的挑战，它将是送变电企业、供电部门及无人机行业、软件开发行业等相关行业的融合，是传统电网和现代高科技的融合，是实现多个目标高度优化的综合，也是需要全社会的参与才能完成的事业。而输电线路在未来实现全面智能化是电力系统发展的历史必然，相关研究课题及发展方向尤为重要，对未来能源互联网的安全、可靠、经济、高效运行有着相当重要的意义。

基于"4S"理念的 GIS 设备管理模式专项研究报告

赵建永　吕　玮　占刚强　孙正竹

一、课题背景

在公司"双百改革"的大背景下，公司积极了解国网浙江省电力有限公司需求，解决电力生产中的薄弱环节，发挥公司浙江电网主网建设主力军、特高压应急抢修排头兵的作用，保障电网安全可靠运行。2019 年 11 月底，公司了解到国网浙江省电力有限公司需要组建 GIS 设备技术中心需求后，积极参与 GIS（geographic-information system，地理信息系统）设备技术中心方案讨论编制工作，同时梳理公司现有资源情况，进行 GIS 设备技术中心先期筹建工作。

按照国网浙江省电力有限公司坚持设备标准化、备品集中化、运检专业化、信息共享化专业管理发展思路，需整合公司及设备厂家资源，全方位提升公司 GIS 设备全业务、全过程、全寿命管理水平。

二、GIS 设备运维检修现状分析

（一）"4S"与"四位一体"

所谓"4S"是指：整体销售（sale）、备件供销（spare part）、售后服务（service）、信息反馈（survey）。4S 模式就是将上述 4 项功能集中于一体，称为"四位一体"。

汽车行业 4S 销售模式的成功实践已经证明：按照 4S 的模式，实现"四位一体"，进行销售和售后服务，对进一步贴近用户、全面服务好用户是一项重要而有意义的举措。

（二）浙江省内 GIS 设备运维检修现状

截至 2019 年 11 月底，浙江电网在运 GIS 设备共 1022 套，其中 1000、500、220、110 千伏各 3、39、180、800 套。目前 110 千伏及以上新建变电站、老旧敞开式变电站改造绝大多数选用 GIS 设备。随着 GIS 设备运行年限增长，专业维护范围更深，频次更多。

GIS 设备生产厂家较多，各厂家产品生产标准和工艺不统一，设备配件和组件接口、规格不统一，部分产品出厂质量管理较差，故障率较高，设备主人均设备维护数量逐年增加，安装、检修专业化人员需求随之增多，设备主的设备运维检修的压力较大，对于专业化和管家化设备维护需求较大。

为缓解国网浙江省电力有限公司 GIS 设备安装、检修专业人员短缺现状，加强设备源头状态管控，提升专业运检精益化水平，迫切需要成立 GIS 设备技术中心，促进浙江省电力有限公司 GIS 设备本质安全和运检效率提升。

三、GIS 设备管理模式的落地

（一）建立 GIS 技术中心组织架构

按照基于"4S"理念的 GIS 设备管理模式的设想，成立 GIS 技术中心，应集国网浙江省电力有限公司系统 GIS 专业工作技术支撑、技术研究、数据应用及专业检修工作为一体，中心下设技术研究组、分析诊断组、专项教培组、综合管理组和专业检修组。

主要承担和开展以下工作。

（1）在国网浙江省电力有限公司专业部门管理下开展中心建设和管理工作，负责和参与制定中心规划，建设和运维各阶段的技术和管理体系。

（2）负责国网浙江省电力有限公司系统 GIS 专业技术支撑工作，为各地市公司及检修分公司提供 GIS 设备专业技术培训指导及运检专业技术服务，打造专业运检团队，促进 GIS 设备运检专业化。

（3）承担 GIS 设备运行监测数据分析和异常管控，为国网浙江省电力有限公司主网相关运维决策提供数据支撑和建议，助力 GIS 设备管理信息化。

（4）以实现诊断智能化及设备标准化为目标，开展GIS设备状态评价新技术新手段研究，研究制定GIS设备标准化规则，负责科技项目攻关、实施、示范落地等工作。

（5）整合内外部资源，推进设备抢修工器具、备品备件集中化、智能化管理。

（二）GIS技术中心的工作机制

GIS技术中心在国网浙江省电力有限公司设备部指导下开展工作，协助设备部开展GIS设备专业管理工作，形成三方面工作机制。

1.内部工作机制

一是双周会机制，中心每两周由领导小组相关成员召集例会，中心各组反馈双周工作内容，梳理后续工作计划，汇报各组重点工作完成及问题解决情况，形成管理闭环。二是月报机制，每月3日前中心各组完成上月工作情况总结报送综合管理组汇总，每月5日前形成中心月度总结，经负责人审核后报送设备部。三是重点工作考核机制，每季度第一周中心负责人汇总各组重点工作情况、计划完成情况及设备部工作意见形成初步考核结果并提交领导小组相关成员，由领导小组审定后确定最终考核结果。

2.外部联络机制

一是GIS设备技术中心联络浙江省电科院各专业、浙江省送变电工程有限公司及各地市公司的研究及检修力量，配合中心开展相关研究、数据分析及专业检修工作。二是联系地市公司、省检修公司专家人才定期组织开展交流培训，为地市公司及省检修公司提供GIS设备运维技术支撑及故障缺陷诊断服务。三是联合主网运检管控中心，开展GIS相关运维数据连通工作，打造建立GIS运维信息化体系。四是联络国内主流设备制造企业，建立长期合作机制，形成设备相关信息共享机制。GIS技术中心工作联系关系如图1所示。

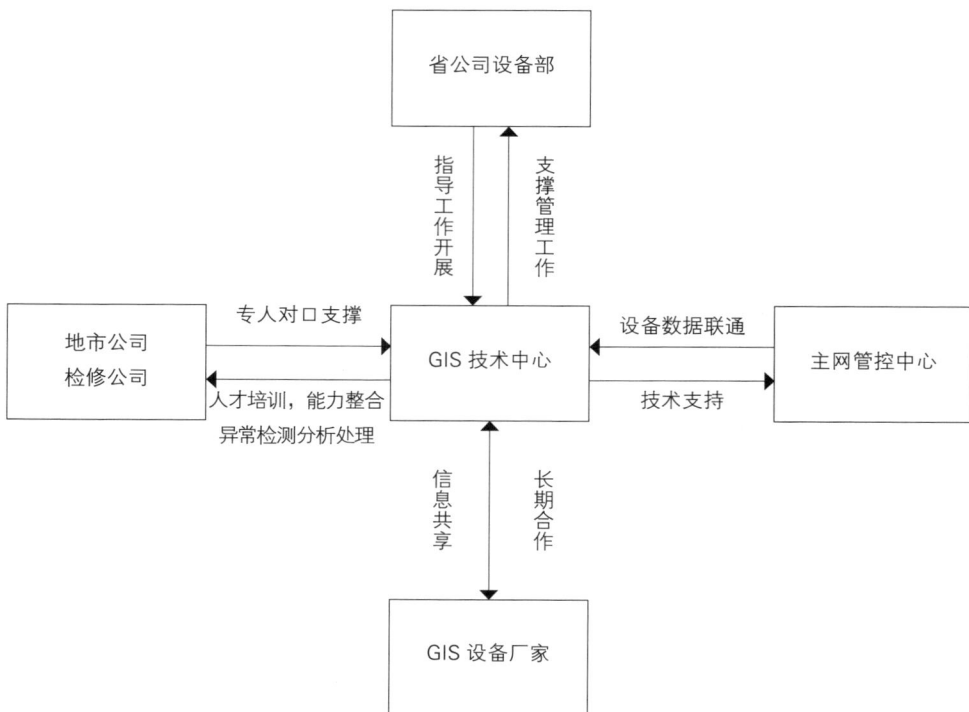

图 1 外部联络机制示意

3.应急响应机制

一是由专业检修组牵头，分析诊断组、综合管理组配合，依据《国家电网公司安全事故调查规程》，分级订立设备事件应急响应预案，明确响应时间，组织分工及处置流程。二是不定期开展应急响应演练，评价及总结演练效果，确保设备事件的快速高效及时处理。三是 220 千伏及以上及重大保电 GIS 设备发生异常时由分析诊断组开展专项分析，针对共性 GIS 设备问题开展专题研究，提出治理措施及意见。

（三）GIS 设备技术中心硬件建设计划

中心工作场地主要包括 4 个中心，分别为：GIS 设备健康管控中心、技术研究中心、装置检测中心及检修维护中心。中心硬件需求如表 1 所示。

表1　GIS设备技术中心硬件需求

序号	场地名称	现有硬件条件	计划需求	备注
1	GIS设备健康管控中心		1.办公室50平方米 2.部署服务器与监控终端，包括标准数据服务器1台，监控终端3~4台 3.健康管控系统软件	GIS设备健康管控中心设在省电科院设备技术中心，2~3人负责设备健康状态监控。2020年12月前实施
2	技术研究中心	1.仿真平台，包括： （1）252千伏GIS仿真平台 （2）局部放电缺陷模型 （3）触头接触不良模型3台 （4）六氟化硫气体回收装置1台 2.专项检测设备，包括： （1）特高频局部放电检测系统1套 （2）超声波局部放电设备1台 （3）红外测温设备2台 （4）红外检漏等检测仪器1台 （5）六氟化硫气体泄漏告警装置1套 （6）六氟化硫气体分析装置一套	1.GIS设备解体分析试验场地，包括： （1）解体分析及模拟研究试验场地1000平方米楼高满足试验安全距离 （2）配备20吨以上行吊1台 2.550千伏GIS设备技术研究平台，包括： （1）550千伏GIS真型模型 （2）外部工频耐压、冲击耐压装置 （3）特高频局放、触头测温、机械特性等在线监测系统 （4）六氟化硫气体回收装置 （5）升压升流装置 3.专项检测及分析软硬件，包括： （1）高速摄像机1台 （2）动态电阻测试仪1台 （3）声光电磁联合检测系统1套 （4）ANSYS、COMSOL等专业分析计算软件各1套	1.GIS设备解体分析试验场地由浙江省送变电工程有限公司负责 2.550千伏GIS设备技术研究平台及专项检测及分析软硬件，需设备部专项协调，电科院负责实施，预计费用约1500万元 3.预计2021年12月前实施
3	装置检测中心		1.装置检测实验室，100平方米 2.功能测试平台软硬件	1.装置检测实验室场地需由设备部负责协调 2.功能测试软硬件平台，约100万元 3.2020年12月前实施
4	检修维护中心	1.仓库约500平方米 2.小型办公室1间 3.抽真空、注气装置2套 4.其他检修、抢修工器具	1.智能仓储管理系统1套 2.仓库增加配备空调、除湿器等环境保障设备	由浙江省送变电工程有限公司负责实施

四、课题应用情况及前景

GIS技术中心将以建设GIS设备现代化管理体系、推进GIS设备智能化技术应用为工作宗旨，整合专业技术力量，创新团队管理模式，充分发挥中心技术支撑、过程监督、分析管控的综合职能。针对当前GIS设备全过程业务管理中的痛点和难点，以提升GIS设备质量及运维能力为目标，确立以下初期工作内容。

（一）开展 GIS 设备质量监督及故障分析

2020年10月前完成GIS设备质量专项技术监督方案制订，溯源分析历年GIS缺陷故障事件原因，协同电气、继保、化学、金属4个专业，深化细化GIS设备全过程监督要求。完善GIS设备抽检流程，实行以专业化技术意见为主导的抽检试验，开展动态电阻、涡流检测、液压油检测等技术试点应用，实现设备本质安全强化提升。总结整机性能和关键组部件随机抽检情况，完成《GIS设备关键组部件及整机性能抽检工作总结》。

依托GIS技术中心动态开展设备故障解体与异常分析研判，健全GIS故障应急处置团队与响应机制，同时启动设备异常数据库建设，提升浙江省内GIS设备异常数据分析能力。打通技术中心—地市公司—设备厂家信息链路，由GIS技术中心牵头负责重大GIS设备故障的解体分析工作，全面支撑电网可靠运行。

在落实GIS真型模型及相关耐压、回收装置基础上，针对目前缺陷频发的断路器、隔离开关等结构和关键金属件、绝缘件、密封件等零件，开展先进可靠检测技术试验研究与推广应用。基于冲击耐压装置、动态电阻测试仪等硬件设施，探索引入如现场冲击耐压试验、动态电阻检测分析、材料检测、零表压试验等项目，完善监督检验能力。梳理如机构液压油等试验技术标准不完善的关键材料与部件，开展试验数据收集与指标提取工作，推进相关试验标准体系建设，掌握质量评价核心话语权。建立并实施关键零件抽检长效监督机制，加强对设备源头供应商产品的质量责任约束。

（二）推进 GIS 设备智能化提升工作

做好智能化组合电器样机研制工作，结合国网新一代智能变电站的要求，持续完善《智能组合电器技术规范》，并2020年10月前完成。依据《智能化组合电器试点实施方案》的安排，完成220千伏杭州经济变与宁波湾塘变智能化组合电器试点安装应用工作。同时针对当前GIS在线监测装置厂家繁杂、可靠性普遍不高的问题，强化源头管控。2021年6月底前完成GIS在线监测技术可靠性和成熟度调研，划分技术应用场景与选择优先级。进一步明确相关在线监测装置安装规定，建立传感器数量、安装位置、实现功能、监测范围等技术条件的规范化要求。

后期计划组建集传感元件计量、信息通信校核、系统功能调试、监测分析能力验证和运行可靠性综合评价等功能于一体的GIS在线监测装置入网检测平台，对新入网在线监测装置进行统一审查与考核，保障入网装置的有效性和可靠性。

（三）细化GIS设计及装配要求

2021年6月底前联合各地市公司、浙江省送变电工程有限公司和设备厂家，完善GIS设备设计和装配要求。结合专业检修需求，提炼新建站GIS布置方式优化建议，推进GIS设备接口标准化建设，避免如大量水平盆式绝缘子等设计结构，减少设备本身安全隐患，降低因GIS设计和布置原因导致的停电扩大化和检修被动化问题。细化GIS设备制造和现场安装阶段的装配工艺要求，针对开关操作后异物清理等关键阶段，联合实施单位建立针对性工艺管控措施，参与现场监督见证。

后期计划开展设备绝缘裕度校核、缺陷问题模拟等工作，对厂家设计、装配缺陷进行验证与考核。探索GIS内部颗粒运动、异物放电、间歇性放电等机理规律，研究GIS异物清理、装配质量检测等实用技术，指导GIS设计装配质量管控。

（四）统一在线装置运维管理要求

针对在线装置数据利用率低，运行条件不佳等问题，实施统一管理要求。2021年6月底前依托GIS技术中心开展在线监测装置运行情况调研，推动存量监测资源优化配置。出台GIS在线装置运维管理要求，明确监测数据上送、监测数据存储、装置异常报送、数据报警处置等管理要求，构建标准化、常态化运维及反馈体系。

后期计划深化在线装置可靠性与实用性提升技术的研究及应用，基于特高频局放、触头测温、机械特性等在线监测装置研究在线监测装置现场校验方法，探索装置管理水平评价方式，进一步加强对公司GIS在线监测装置运行状态管控。优化数据结构，增强数据流转，充分发挥GIS在线监测装置在潜在缺陷预警和故障诊断中的重要作用，推动运检模式变革，提高运检力量综合利用率。

（五）实行GIS健康状态综合管控

2020年9月底前依托GIS技术中心收集GIS健康状态综合管控需求，制订GIS健康状态综合管控技术方案，组建GIS设备健康管控小组，研究GIS机械特性、密封性能等GIS设备状态综合管控子场景的实现。

2020年12月底前部署GIS设备健康管控平台，有效接入整合GIS设备各类健康信息数据，实时分析设备异常隐患，动态更新设备信息，定期评估设备健康状态，推进GIS设备全寿命周期精益化管理。完善GIS局部放电、机械状态、绝缘气体等智能分析策略，开发设备健康评估工具，辅助评估GIS设备各方面状态，提升设备精准评价能力与设备精益检修效益。开展GIS设备健康状态整体研究及GIS监测装置的运行评价。深化GIS设备状态量感知、健康评估、维护修理及寿命周期成本核算（life, cycle, cost, LCC）等相关技术的研究应用，实现GIS设备精准评价与精益检修。

（六）提供高效集约化备品储备

2020年12月底前建设GIS备件仓储中心，全面梳理浙江省内GIS备品备件需求，统筹管理，降低备品存储成本。实现需求地存储管理，确保7小时省内备品配送，有效支撑公司GIS设备应急抢修及检修需求。

（七）提供高效及时的应急抢修支持

2021年12月底前建立7×24小时快速响应机制，在浙江全省布点，在台州、宁波、杭州、绍兴、金华等地设立分基地，保证应急响应2小时内先期处置人员到达现场。依托各方专家资源库提供现场抢修、检修故障分析及检修技术支持，确保现场检修质量及时效性，有效支撑现场抢修、检修及试验工作。

（八）加强 GIS 管理标准化建设，加强公司渠道建设优势

坚持设备标准化、备品集中化、运检专业化、信息共享化专业管理发展思路，整合公司及设备厂家资源，全方位提升公司 GIS 设备全业务、全过程、全寿命管理水平。

设备标准化方面，重点推进 GIS 设备接口及配件的标准化，实现各厂家设备的兼容互换。备品集中化方面，整合内外部资源，推进设备抢修工器具、备品备件集中化管理。运检专业化方面，借助内外部资源推进设备专业化的运维检修、GIS 设备管控平台建设。信息共享化方面，公司和平高电气等设备厂家构建共享共赢的合作模式，实现设备技术资料、运行信息、发展战略等信息交互互通。

融运维 合检修 探索输电线路运检一体化管理新模式

韩　盛　彭立新　沈群武

一、课题背景

运维和检修工作有其不同的工作性质，运维工作的重心在于管辖范围内线路运行状态的保证，检修工作的重心是利用线路停电机会消除影响线路正常运行的缺陷和隐患，一个工作面基本不变，一个工作面不断变化，从而造成作业力量的变化较大。而随着科学技术的快速发展，输电线路运维和检修技术的日趋成熟，加之无人机和大数据平台的广泛应用，为运维与检修的有机结合及探索输电线路运检一体化管理奠定了良好的基础。

（一）运检一体化管理的必要性

实现输电线路运维与检修的相互融合，对提升工作效率，有着极大的帮助。采取一体化管理模式，通过必要的科技手段补充，运维人员、检修人员能够准确地掌握输电线路运行状态，合理地安排工作，避免不必要的人员、车辆的使用，弥补人员与车辆不足的问题，提升工作效率。同时搭建大数据平台，使管理人员足不出户而第一时间掌握现场信息。

（二）运维、检修管理的沉疴痼疾

1.管理主体的变更，导致运维和检修工作的分分合合

国网浙江省电力有限公司"三级五大"前，线路运维和检修工作都由属地供电公司线路工区承担。但受限于科技水平，只能简单地把运行班发现的缺陷交由检修班完成消缺闭环。缺乏良好的互动。

之后，500千伏及以上线路资产划归省检修分公司。但运维的职能仍由属地承担，而检修的具体工作则由输电运检公司负责。这阶段运维和检修其实是完全分离的，而造成的问题就是基础资料的缺失，不能得到互补。

2020年初，公司接入500千伏及以上线路运维工作，分公司融合运维、检修，规划运检一体化的管理新模式。

2.人员素质偏低，管理难度大

线路运维需要巡视人员具备一定的专业知识和责任心。而随着输电线路的不断增长，点多面广战线长，专业护线人员严重缺乏，管理难度急剧增大。

3.技术落后，信息更新不及时

运维脱离不了人工巡视的传统模式，仅仅依靠肉眼来查找百米高铁塔上的缺陷、隐患，往往会有遗留，从而导致停电检修时准备不充分造成二次作业的情况。

二、运检一体化管理模式的探索

（一）完善管理制度

输电线路运检一体化管理水平的提高，离不开完善的管理制度，这是输电线路运检一体化管理工作顺利开展的前提和基础。

输电运检公司在杭州、湖州、金华、宁波、台州设置五大站，每站派驻一支检修队。落实实行"站长责任制"，明确站长对运检站辖区内的运维、检修队伍的统一管理，负责辖区内线路停复役的交接，以及相关的政策处理问题解决等外部协调事宜。而检修队长仅需关注线路检修的准备、过程的安全、质量的可靠等内部管理。分工明确，管理顺畅。

对于技术、安全相关的人员，要做好信息数据的收集工作，掌握输电线路的运行状态，以此来安排与输电线路运行情况相适应的检修、技改、大修等生产工作，确保输电线路运行的高效性和安全性。

（二）智能化大数据平台建设

输电线路管理过程中需要有效的信息、数据分析和整合，这能够大大提升运检效率。基于此，智能化大数据平台的建设，能改变传统表卡、台账记录的方式，能够确保运维、检修信息数据的准确性和及时性，有效地促进输电线路运检实现一体化。

构建智能化大数据平台，可以通过GPS（global positioning system，全球定位系统）的实时定位功能有效确保运维巡视的频次及人员到位情况，同时巡视人员可以即时将发现的缺陷、隐患上传至平台，由后台技术人员审核、评估后进行归类存入数据库。结合停电检修，检修人员可以调取数据库相关信息，制定消缺策略，合理组织人员、工器具、材料，避免因准备不充分而出现未消除、重复进场等情况，提高经济效益。

运检一体化管理过程中，需要将大量的手工台账（包括线路信息、杆塔信息、绝缘子信息等）导入平台，丰富大数据库，这样能够帮助输电线路更加准确、快速地找到问题，确保运维、检修质量达到一定的目标。

（三）自主巡检、人机协同

无人机对架空输电线路开展巡检作业，具有巡检效率高、巡检成本低、杆塔顶部巡检效果好、远程操控简单可靠、受环境影响限制小等特点，可以实现对架空输电线路多范围、多频次、多角度巡检。而无人机巡检的应用，能够发现更多人工巡视无法发现的铁塔本体、挂点处的缺陷，更真实地反映线路运行状态，为线路检修提供尽可能详尽的基础数据。

同时利用无人机自主航线规划，实现普通护线员能够简便操作无人机对高海拔杆塔的自主巡检，为实现多视角杆塔本体缺陷的识别提供技术支撑，从而形成人机协同的巡检模式，实现降本增效。

三、运检一体化管理模式应用情况及前景

随着科技进步、硬件发展，无人机因其使用便利、扩展功能的强大，正在逐步替代烦琐但又简单的一些工作。红外测温、树障分析、三维建模都已是成熟的技术，能够进一步充实智能化大数据平台的数据信息，能够准确且便捷地反映线路运行的真实状态。后续准备在无人机验电技术、智能缺陷识别技术等领域深入进行研究，希望能为运检一体化管理提供了一条更加宽广的道路。

国有企业市场化经营机制建设探讨

谭舟洋　王　霖　潘建明

一、市场化经营机制研究的背景

国有企业是我们党和国家事业发展的重要物质基础和政治基础，面向未来，国有企业面临日益激烈的国际竞争和转型升级的巨大挑战。认真贯彻落实党中央、国务院战略决策，继续推进国有企业改革，切实破除体制机制障碍，坚定不移做强做优做大国有企业，是实现"十四五"规划和2035年远景目标的强大助力和重要保障。2015年，国家印发了《中共中央、国务院关于深化国有企业改革的指导意见》（中发〔2015〕22号），并提出了具体目标：要进一步完善优胜劣汰、经营自主灵活、内部管理人员能上能下、员工能进能出、收入能增能减的市场化机制。其本质是牵引国有企业由传统的"管人"向现代企业"管岗位"进行转变，实现责权利的相统一，从而推动企业向更高质量发展。按照2021年国务院国企改革领导小组要求，要力保2021年完成70%、2022年"七一"之前基本完成改革任务，确保实现国企改革三年行动目标。当前，国有企业改革已进入深水区，研究借鉴其他大型国有企业推进市场化经营机制实践经验，对公司对标世界一流企业、形成区域示范带动作用具有积极意义。

二、国企市场化经营机制改革推进情况

"三项制度"改革是国有企业市场化经营机制改革的关键内容。随着改革的不断深入推进，当前国有企业市场化运行机制更加完善，运行的质量、效率，发展的活力和动力也不断提升。

（一）职业经理人制度有序推进

2015 年，国务院国资委在新兴际华集团、中国节能环保集团有限公司、国药集团、宝钢集团开展了董事会选聘和管理经理层改革的试点工作。被选聘的经理层人员，均依法与企业建立了契约关系，约定了聘期、业绩目标等责权利和解聘条件，促进了企业领导人员向分类分层管理转变。其中，新兴际华集团包括总经理在内的经理层全部由董事会选聘和管理。新兴际华集团与选聘的总经理签订了"高级管理人员聘书"和"经营业绩考核责任书"，并实行《总经理业绩考核办法》和《总经理薪酬管理办法》，对职业经理人制度进行了积极探索。同年，招商局在招商轮船、招商港口、招商金融、招商蛇口、招商物流等 10 家二级公司展开了市场化全球公开招聘核心主管的工作，2017 年上半年又完成了招商局仁和人寿保险股份有限公司等 4 家公司领导班子部分岗位市场化选聘工作。2020 年 1 月，国企改革领导小组发布《"双百企业"推行经理层成员任期制和契约化管理操作指引》和《"双百企业"推行职业经理人制度操作指引》，推动完善国有企业领导人员分类分层管理制度，以更好地解决三项制度改革中的突出矛盾和问题。截至 2020 年，共有 5 家中央企业集团公司开展经理层成员任期制和契约化管理试点、职业经理人制度试点，40 家中央企业制定了职业经理人相关制度，977 家子企业共选聘职业经理人 4374 人，各地有 95 家省属一级企业开展职业经理人市场化选聘。

（二）激励机制改革加快推进

2018 年，国资委出台《中央企业工资总额管理办法》及实施细则，根据企业不同功能定位实施工资总额分类管理的政策措施，采取多种方式加快建立长效激励约束机制，45 家中央企业控股的 91 户上市公司实施了股权激励，24 家中央企业所属科技型子企业的 104 个激励方案正在实施，初步建立了与企业负责人选任方式相匹配、与经营业绩相挂钩、与功能定位相适应的差异化薪酬体系。其中，中国交通建设集团在房地产板块推行市场化选聘、市场化薪酬的试点改革，研究制定关于高端紧缺人才的协议薪酬制度，并健全差异化的绩效考核和薪酬分配机制，严格执行薪酬与绩效挂钩办法，切实做到收入能高能低。中国电子信息产业集团有限公司、武汉邮电科学研究院有限公司等企业控股的 16 家上市公司实施股权激励，中国航空工业集团有限公司、国家电网有限公司、中国能源建设股份有限公司、中国铁建股份有限公司等企业实施科技型子企业分红激励，企业内生活力进一步激发。

（三）市场化用工制度改革稳步推进

《国企改革"双百行动"工作方案》提出，要建立分级分类的员工市场化公开招聘制度，加强劳动合同管理，构建员工正常流动机制，优化用工结构，提高人员配置效率，实现员工能进能出。中化集团树立起以市场为导向的高绩效文化，让绩效评价体系成为干部员工的"赛马场"。通过推行全员绩效管理，中化集团实现了严格的等级强制分布：C类要处罚、D类要淘汰，保持队伍活力。对于关键岗位人员，中化集团更是建立起了"基于评价的退出机制"，优胜劣汰，干部能上能下成为常态。中国宝武钢铁集团把劳动用工专项改革与人事效率提升相结合，按照人事效率年均提升不低于8%的目标，坚持公开选拔，优化机制，并要求总部部门率先瘦身。同时，中国宝武钢铁集团要求所属企业以《中华人民共和国劳动合同法》为依据，强化岗位绩效与合同管理，积极稳妥开拓员工转型渠道，探索新形势下的员工市场化退出方式。目前，国有企业用工制度改革已取得长足进展，基本完成了从计划用工向市场用工、从固定用工制到劳动合同制的转变，实现了与劳动力市场的接轨。

三、国企市场化经营机制改革的主要做法及成效

（一）深化人事制度改革，推动干部能上能下

1.企业背景

中石化石油机械股份有限公司（以下简称石化机械）是中国石化集团公司控股企业，拥有直属分子公司9家，下设40多个经营单位。2017年面临"如果连续2年亏损将戴上'ST'帽子"的空前压力。

2.主要做法

石化机械以契约化管理为纽带，以赋权配责为核心，攻坚破解"能上不能下"、压力传导不足等突出矛盾。一是落实"赛马"机制，实施契约化选聘。推行"公开选聘+竞争上岗"模式，契约式经营团队全部通过公开竞聘产生，应聘者不限身份级别和单位，选聘方案由上级单位制订，职工代表在评审组中

占据一定比例，全程参与监督。二是取消行政级别，实施契约化管理。石化机械与竞聘经营团队签订具有法律效力的协议，以契约形式明确管理者身份和效力，取消行政级别，发挥机制优势。三是破除"能上不能下"，实施契约化退出。石化机械对完成经营目标的团队优先续聘，未完成的按照协议直接解聘或退出到人力资源池，形成"上岗靠竞争、任职凭能力"的鲜明导向。

3.改革成效

截至2020年底，累计有60多个团队先后参与石化机械二、三级单位竞聘，40多名不同级别员工进入契约式经营管理层，2个团队的4名管理者因经营业绩不达标先后被解聘。据石化机械披露，参与契约式经营管理的10家分子公司在2019年累计实现营收9.48亿元，比2016年增加5.06亿元，增幅114%。3年任期内平均企业营收7.59亿元，增幅达71.6%，超过集团公司整体增幅水平。

（二）深化用工制度改革，推动人员能进能出

1.企业背景

柳工集团是以国有资产授权经营方式组建的国有独资企业。于1993年改制上市，拥有全资及合资子企业13家，总资产近300亿元，集团总部及下属控股子公司现有员工1.3万人，外籍员工近1500人。2019年10月，被列入国资委"双百改革"试点企业以来，经营效益不断攀升。

2.主要做法

推行"末等调整和不胜任退出"制。基于能力、业绩和潜力，绘制九宫格人才发展地图，按年度实施分层分类人才盘点，输出人员淘汰退出计划、人员发展计划和继任者计划，有效保障"人员能进能出"的落实，实现优胜劣汰，构建人才梯队。柳工集团能够将制度刚性执行和贯穿到位的关键是建立了3种机制：一是建立清晰的牵引机制。明确企业每个岗位的工作牵引目标，明确和严格量化考核"标尺"，让每个职工切实感受到责任和压力。二是建立公平的竞争机制。给予每个岗位同样的机会和条件，坚持以价值创造为先导，确保淘汰机制的可持续性。三是建立一定的缓冲机制。在"末等调整和不胜任退出"实施过程中，要给予员工充分的尊重，给予足够的条件和措施保障，给员工缓冲期、降落伞，从而实现组织效率和个人稳定的平衡统一。

3.改革成效

通过持续深化改革，实现了中高级管理人员市场化、职业化和契约化管理。

每年优化不低于 5% 的中层管理人员，2020 年全集团总监级人员退出 41 人，优化比例达 10.56%，在岗职工年平均人数持续下降。

（三）深化薪酬激励改革，推动收入能增能减

1.企业背景

浙江省送变电工程有限公司是国网浙江电力有限下属子公司。2019 年 5 月被列入国企改革"双百企业"名单以来，积极围绕"五突破一加强"要求，稳妥推进"双百改革"实施，并取得阶段突破。

2.主要做法

按照"多劳多得""倾向一线"的导向，出台薪酬分配方案、绩效考核体系方案、安全奖实施细则、项目经济责任制考核办法、工地津贴调整等多项重要改革举措，打出薪酬改革的"组合拳"。一是优化薪酬激励分配制度。综合评价各单位（部门）对公司产值效益、关键业绩指标等方面的贡献度，确定机构系数，拉开机构差距。二是发挥绩效考核"指挥棒"作用。实施"效益＋发展"的组织绩效考核体系，构建"机构系数模型"，以提质增效和市场竞争为导向，综合评价各机构对公司经营效益的贡献度，根据经营数据变动年度动态化调整机构系数。三是项目经济责任制考核引入"超额利润"概念。被考核项目根据毛利率偏差率分为 A、B、C、D 四档，对超额完成利润目标的 A、B 类项目团队予以奖励，对负偏差的 D 类项目团队进行扣罚，引导项目团队主动挖潜增效。

3.改革成效

通过深化薪酬分配制度改革，持续优化和完善以"市场化"为核心要素的经营机制体系。当前，已实现同岗级员工最大收入差距拉开 30% 以上，基本体现"多劳多得"分配机制。同时，公司正在积极探索中长期激励相关政策研究及具体措施的落实。

四、可借鉴性、适用性分析

（一）积极借鉴外部选人用人成功经验

1.提升企业卓越管理能力

通过推进国有企业契约化管理，促使国企由传统的"管人员"向"管岗位"

的模式进行转变。采用"公开选聘＋竞争上岗"模式，逐步组建企业基础管理团队。科学制定"可量化、可执行、可考核、可持续"的绩效考核机制，并配套建立与绩效考核密切相关的薪酬激励和岗位调整机制，如浙江省送变电工程有限公司推进的薪酬激励和项目经济责任制等。在改革推进的同时，也适当向中高级管理人员进行延伸，不断完善优化相关配套措施，逐步打破国有企业"终身制"的现状，提升企业卓越管理能力。

2.提升企业卓越管理活力

基于各岗位人员能力、业绩和潜力，推行"末等调整和不胜任退出"制。并配套建立量化考核、公平竞争和缓冲期3种机制，进一步激活岗位人员的动力与活力，让员工明晰岗位胜任标准，并切身感受到责任与压力。同时，明确用工"优胜劣汰"要求，通过实行基于效率效益指标的工资总额管理，推行"增人不增资、减人不减资"等模式，提高骨干人员收入水平，清退能力水平低下人员，推动员工"能进能出"。

（二）积极探索中长期激励机制

企业中长期激励一般指将企业经营者与企业长远发展相关联，对经营者较长时期内的经营业绩和贡献给予回报的激励方式。从2016年起，国家相继出台了一系列相关政策，并鼓励满足条件的国有企业开展试点。国家电网有限公司也印发了《关于申报建立中长期激励机制的通知》，提出要探索建立适应不同企业特点的中长期激励机制，重点支持国网浙江省电力有限公司所属科研单位、市场化直属单位、"双创"平台、"双百企业"、混改试点企业等，积极探索应用分红激励、股权激励、虚拟股权、虚拟分红权激励等中长期激励措施。2021年3月，浙江省送变电工程有限公司在国网浙江省电力有限公司的坚强指导下，尝试开展超额利润分享政策研究，目前已向国家电网有限公司完成实施方案报送。中长期激励措施有望通过"点"的突破，跳出现有工资总额体系框架，进而带来激励约束机制改革"面"的突破，充分激发员工干事创业热情，实现企业整体效能的全面提升。

图书在版编目（CIP）数据

开拓管理之路 / 浙江省送变电工程有限公司编. —
杭州：浙江大学出版社，2022.11
ISBN 978-7-308-23208-1

Ⅰ．①开… Ⅱ．①浙… Ⅲ．①国有企业－企业管理－
中国 Ⅳ．①F279.241

中国版本图书馆CIP数据核字(2022)第202830号

开拓管理之路

KAITUO GUANLI ZHI LU

浙江省送变电工程有限公司　编

策划编辑	柯华杰	
责任编辑	曾　熙	
责任校对	李　晨	
装帧设计	林智广告	
出版发行	浙江大学出版社	
	（杭州市天目山路148号　　邮政编码　310007）	
	（网址：http://www.zjupress.com）	
排　　版	杭州林智广告有限公司	
印　　刷	杭州钱江彩色印务有限公司	
开　　本	710mm×1000mm　1/16	
印　　张	31	
字　　数	530千	
版 印 次	2022年11月第1版　2022年11月第1次印刷	
书　　号	ISBN 978-7-308-23208-1	
定　　价	93.00元	